SUSANNE BREUSS

FRANZ X. EDER (HG.)

KONSUMIEREN IN ÖSTERREICH

19. UND 20. JAHRHUNDERT

QUERSCHNITTE

BAND 21

EINFÜHRUNGSTEXTE ZUR SOZIAL-, WIRTSCHAFTS- UND KULTURGESCHICHTE

Herausgegeben von

Birgit BOLOGNESE-LEUCHTENMÜLLER, Wien
Markus CERMAN, Wien
Friedrich EDELMAYER, Wien
Franz X. EDER, Wien
Peter EIGNER, Wien (geschäftsführend)
Eduard FUCHS, Wien
Johanna GEHMACHER, Wien
Margarete GRANDNER, Wien
Sylvia HAHN, Salzburg
Gernot HEISS, Wien
Reinhold REITH, Salzburg
Martin SCHEUTZ, Wien
Wolfgang SCHMALE, Wien
Andrea SCHNÖLLER, Wien (Lektorat)
Eduard STAUDINGER, Graz
Heidemarie UHL, Graz
Marija WAKOUNIG, Wien

für den Verein für Geschichte und Sozialkunde (VGS)
und das Institut für Wirtschafts- und Sozialgeschichte der
Universität Wien, Dr. Karl Lueger-Ring 1, A–1010 Wien

SUSANNE BREUSS
FRANZ X. EDER (HG.)

Konsumieren in Österreich
19. und 20. Jahrhundert

StudienVerlag

Innsbruck
Wien
Bozen

Gedruckt mit Unterstützung des Bundesministeriums für Bildung, Wissenschaft und Kultur, des Kulturamtes der Stadt Wien, Abteilung Wissenschaft und Forschungsförderung.

StaDt ♥ Wien

Die Deutsche Bibliothek verzeichnet diese Publikation in der deutschen Nationalbibliographie; detaillierte bibliographische Daten sind im Internet über http://dnb.ddb.de abrufbar.

© 2006. Verein für Geschichte und Sozialkunde
StudienVerlag
www.studienverlag.at

Lektorat: Andrea Schnöller
Layout/Satz: Marianne Oppel
Umschlaggestaltung: Jarmila Böhm
Druck: Interpress, Budapest

ISBN-10: 3-7065-4320-6
ISBN-13: 978-3-7065-4320-0

INHALT

VORWORT

SUSANNE BREUSS, FRANZ X. EDER

„United Shoppers of America. Kein Geld, keine Jobs, aber die Amerikaner gehen trotzdem einkaufen. Sie machen mehr Schulden als je zuvor – und retten die Weltkonjunktur" titelte vor zwei Jahren „DIE ZEIT" (1. April 2004: 27). Auch wenn inzwischen Zweifel an der ungebrochenen Konsumlaune der AmerikanerInnen aufkommen, herrscht weithin Konsens darüber, dass der Konsum einen wichtigen Motor der globalen Konjunktur wie der nationalen Ökonomien bildet. „Konsumgesellschaft" – kaum ein anderer Begriff trifft die soziale Verfassung westlicher Staaten besser als dieser (auch wenn „neue Armut" ein ungebrochenes Konsumieren nur mehr in der „Zweidrittelgesellschaft" zulässt). Mit dem/der „KonsumentIn" entstand im 20. Jahrhundert eine Figur, die unsere Lebenswelt immer mehr dominiert und einen zentralen Aspekt der (post)modernen Subjektkonstruktion darstellt. Zum Konsumieren zählen inzwischen nicht bloß, so die klassische Definition, der Ge- und Verbrauch von Gütern und Dienstleistungen, sondern auch die damit verbundenen sozialen Praktiken, Diskurse, Codes, Images und Symbole, die unserem Umgang mit den Dingen erst Sinn und Bedeutung geben. Konsumforschung zu betreiben, verlangt deshalb eine Zusammenschau sozial-, wirtschafts-, kultur- und politikgeschichtlicher Ansätze, Perspektiven und Methoden.

Die Beiträge dieses Bandes ermöglichen entlang von Themenschwerpunkten einen Einblick in den Forschungsstand zur Konsumgeschichte Österreichs im (späten) 19. und 20. Jahrhundert. Sie behandeln Theorien und Konzepte des Konsumierens und seiner Geschichte, den Wandel des Einkaufens – von den ersten Konsumvereinen über das Warenhaus bis zum Shopping Center und der Erlebniswelt – sowie die Auswirkungen des Konsums auf die Stadtentwicklung. Geschlechtergeschichtliche Perspektiven spielen dabei eine große Rolle: Es wird etwa der Frage nachgegangen, wie das Konsumieren von Kleidung und Mode codiert wurde oder welche Bedeutung den Geschlechtern bei der Konstruktion des „citizen consumer" und der Politisierung des Konsumierens in der Wirtschaftswunder- und Wohlstandsgesellschaft zukam. Politisch funktionalisiert wurde der Konsum auch für die diskursive Konstruktion nationaler Gemeinschaft. Werbung, Produktkommunikation und Medien hatten einen enormen Einfluss auf den Gebrauch von Gütern und Dienstleistungen und deren kulturelle Aufladung. Dies kommt in den Beiträgen zur Geschichte der Produktgestaltung und der materialtechnischen Entwicklung in der entstehenden Massenproduktion, zur kulturellen Prägung neuer haushaltstechnischer Konsumgüter oder zur Bedeutung des Medialisierungsprozesses für die Produktkommunikation zur Sprache. Dass Kinder und Jugendliche im 20. Jahrhundert zunehmend in den Fokus des Konsums rückten, wird ebenso thematisiert wie die Genese der – gerade für diese Altersgruppen attraktiven – Eventkultur in den letzten Jahrzehnten.

Die hier versammelten Autorinnen und Autoren stehen für recht unterschiedliche Ansätze der Konsumgeschichte – deutlich wird dies vor allem in der jeweiligen Betonung wirtschafts-, technik-, sozial-, kultur- und geschlechtergeschichtlicher Fragestellungen. Multiperspektivität macht allerdings auch einen besonderen Reiz konsumgeschichtlicher Forschung aus und erhöht den Erkenntnisgewinn. Zweifelsohne hätten wir das Spektrum an Zugängen durch weitere AutorInnen, die ebenfalls zur Konsumgeschichte Österreichs gearbeitet haben und hier nicht vertreten sind, noch vergrößern können.

Dieser Band entstand im Rahmen einer Ringvorlesung an der Universität Wien im Wintersemester 2006/7. Seine Publikation wäre nicht möglich gewesen ohne die produktive Zusammenarbeit mit den BeiträgerInnen und die finanzielle Unterstützung durch das Bundesministerium für Bildung, Wissenschaft und Kultur sowie das Kulturamt der Stadt Wien, Abteilung Wissenschaft und Forschungsförderung.

Wien, im September 2006

GESCHICHTE DES KONSUMIERENS –
Ansätze und Perspektiven der (historischen) Konsumforschung

FRANZ X. EDER

Die Konsumgeschichte hat sich seit den 1980er-Jahren zu einem rasch wachsenden Forschungszweig der internationalen und seit den 1990er-Jahren auch der deutschsprachigen Geschichtswissenschaften entwickelt (frühe Arbeiten: McKendrick/Brewer/Plumb 1982; Fox/Lears 1983; Sandgruber 1982; Pierenkemper 1987). Befördert wurde dieser Boom einerseits durch wissenschaftsinterne „Strömungen": Etwa durch die Alltagsgeschichte, welche bei der Erforschung des alltäglichen Handelns und des Gebrauchs der Dinge auf das Konsumieren stieß; oder durch die feministische bzw. Geschlechtergeschichte, die bei der Durchleuchtung der Lebens- und Arbeitswelten die zentrale Rolle des Konsums für das Geschlechterverhältnis und die gesellschaftliche und politische Partizipation von Frauen und Männern erkannte. In der Wirtschafts- und Sozialgeschichte wiederum ermöglichten es konsumgeschichtliche Fragestellungen, die Angebots- und Nachfrageseite gleichermaßen zu betrachten sowie soziale und wirtschaftliche Aspekte mit kulturellen und politischen zu integrieren und dabei strukturelle und akteurszentrierte Perspektiven zusammenzudenken – das sollte auch die Zielsetzung der so genannten Gesellschaftsgeschichte sein. Ein kreativer Impuls entstammte zweifelsohne der Entwicklung der Cultural Studies bzw. der neuen kulturwissenschaftlichen Forschung, welche Fragen nach dem spezifischen Sinn und der Bedeutung des Konsumierens in historischen Gesellschaften sowie deren symbolischen Formen in den Fokus rückten – etwa die Genese, Funktion und den Wandel von sprachlichen und bildlichen Konsumcodes oder die Relevanz von Konsumdiskursen. Heute stellt die Konsumgeschichte eines jener historiographischen Forschungsgebiete dar, in denen die viel be-

schworene Multiperspektivität sowie Inter- und Transdisziplinarität weit
fortgeschritten sind (zum Forschungsstand de Grazia/Furlough 1996;
Siegrist/Kaelble/Kocka 1997b; Tanner u.a. 1998; Stearns 2001; Haupt
2003; Reith/Meyer 2003; Walter 2004; de Grazia 2005; umfangreiche
Literatur in: Eder 2006).

An Brisanz gewannen konsumgeschichtliche Fragestellungen andererseits auch deshalb, weil das Konsumieren in den letzten Jahrzehnten zu einem äußerst kontroversiellen Thema einer weltweiten Debatte wurde. Einige der meist in kritischer Absicht diskutierten Fragen
können hier nur angerissen werden: Bestehen nach dem Zusammenbruch der Sowjetunion und angesichts der Krise (real)sozialistischer
Gesellschafts- und Wirtschaftsmodelle überhaupt noch Alternativen zur
Wohlstands- und Konsumgesellschaft westlich-kapitalistischer bzw. US-
amerikanischer Prägung? Sind ohne die Etablierung eines konsumorientierten Wirtschaftssystems – samt säkularisierter Kultur – heute
noch stabile politische und gesellschaftliche Ordnungen und insbesondere demokratische Systeme möglich? War/ist nicht gerade der gren-
zenlose Konsumismus ein treibendes Element für die Liberalisierung
globaler Handelsbeziehungen und das unkontrollierte Wachstum der
Warenströme – und damit mitverantwortlich für die bestehende bzw.
zunehmende soziale Ungleichheit in und zwischen Weltregionen sowie die Schäden an der Umwelt und dem globalen Öko- und Klima-
system? Führt nicht die Bedeutungsauf- und -überladung von Konsumgütern und ihre multiple Codierung zu einer ‚Pervertierung‘ der
Vorstellung vom ‚guten Leben‘ – auch zur weitgehenden Machtlosig-
keit der als wahlfrei postulierten KonsumentInnen und deren Entfremdung durch permanent wechselnde Konsumfantasien? Können die
verloren gegangenen traditionellen sozialen, auch religiösen Beziehungen durch eine subjektive Bindung an Konsumprodukte ersetzt und
damit soziale und kulturelle Identitäten gestiftet werden?

Diese und ähnliche Fragen haben in den letzten beiden Jahrzehnten
auch die historische Forschung zu innovativen Studien motiviert, in
denen es um die Ursprünge, Ausprägungen und Entwicklungen des
Konsumierens und der Konsumkultur, um die Genese so genannter
Konsumrevolutionen und der Konsumgesellschaft, um die Entstehung
des Konsumismus und seines Subjekts – der/des KonsumentIn – ging.
Welcher der angeführten Begriffe als Untersuchungsgegenstand im
Mittelpunkt stand und wie er definiert und theoretisch konzipiert war,
blieb allerdings gerade in den historischen Untersuchungen oft recht
unscharf. Nachfolgend wird deshalb zuerst der Stand der Konsumforschung samt zentraler Begriffe und Ansätze in den wirtschafts-, sozial-

und kulturwissenschaftlichen Disziplinen und deren Bedeutung für die Konsumgeschichte skizziert. Im Anschluss geht es um die Frage, warum Menschen überhaupt konsumieren und welche Konzepte und Theorien zum Verständnis dieses Verhaltens vorliegen. Schließlich werden unterschiedliche Aspekte der Konsumgesellschaft und ihrer Entstehung im 19. und 20. Jahrhundert beleuchtet und ein Überblick über den Forschungsstand der Konsumgeschichte Österreichs gegeben.

KONSUM/IEREN ERFORSCHEN

„Konsum" und „konsumieren" gehören zu jenen deutschsprachigen Begriffen, die in der Alltagssprache mehr oder weniger beliebig eingesetzt werden können. Ein Blick in das Internet zeigt, dass die Palette sehr breit gestreut ist und von Worten wie „Drogen-" oder „Sexkonsum" bis zu Formulierungen wie „Freizeit konsumieren" reicht und (fast) alle Lebensbereiche und -äußerungen umfassen kann. Die Dynamik des Konsumbegriffes kommt auch in den zahlreichen semantischen Neuschöpfungen in diesem Feld zum Ausdruck – etwa der Bezeichnung „Prosumer", mit der (semi)professionelle KonsumentInnen genauso gemeint sein können wie jene, die durch ihr Konsumieren gleichzeitig zu „Herstellern" des von ihnen Verwendeten werden (indem sie zum Beispiel durch Konsumpräferenzen Informationen liefern, die in die Produktion neuer Konsumgüter einfließen). Etymologisch leitet sich der Konsum-Begriff vom lateinischen „consumere" ab, einem Verb, das neben dem Verwenden und Verbrauchen von Gegenständen auch jede Art von Beseitigung und verschiedene Formen der Veräußerung bezeichnete (Wyrwa 1997: 747ff.). Die derzeit gängige wissenschaftliche Begriffsdefinition entstammt den Wirtschaftswissenschaften der ersten Jahrzehnte des 20. Jahrhunderts (Teile dieser Abschnitte bereits in Eder 2004; vgl. Prinz 2003: 23ff.). Entsprechend dieser klassischen ökonomischen Definition wurde und wird unter „Konsum" die Auswahl, der Kauf, Ge- und Verbrauch von Gütern und Dienstleistungen verstanden, beim „Konsumieren" geht es also um die Tätigkeit des Wählens, Kaufens, Gebrauchens und Verbrauchens. Die Konsumforschung beschäftigt sich meist mit dem „privaten Konsum", also dem Konsum privater Haushalte und deren Mitglieder und weniger mit dem öffentlicher Institutionen und ‚Haushalte'. Entsprechend einer (vereinfachenden) ökonomischen Definition werden als konsumierbare „Güter" alle Mittel zur Befriedigung menschlicher Bedürfnisse eingestuft, darunter fallen bewegliche und unbewegliche „Sachgüter" (wie eine Banane oder ein Hotelzimmer) genauso wie „ideelle Güter" (etwa ein Patent).

„Dienstleistungen" gehen nicht aus der Güterproduktion oder -distri-
bution hervor, sondern bestehen in persönlichen Leistungen (wie einer Massage oder Modeberatung).

Anders als in der Alltagssprache wird im (wirtschafts)wissenschaft-
lichen Sprachgebrauch zumeist nur dann von „Konsumieren" gesprochen, wenn Güter und Dienstleistungen marktvermittelt erworben oder
gekauft werden. Auf eigenwirtschaftliche und nicht-marktvermittelte
Produktion aufbauende Gebrauchs- und Verbrauchsformen rangieren
in dieser ‚strengen' Definition nicht unter Konsum. Wobei allerdings
gerade in der konsumgeschichtlichen Forschung auch der nicht markt-
vermittelte Ge- und Verbrauch berücksichtigt wird – etwa die Selbstversorgung aus „Schreber"-/Kleingärten, die für die städtische Bevölkerung in Zeiten nicht oder schlecht funktionierender Märkte (auch
inoffizieller oder illegaler Märkte wie dem „Schwarzmarkt") überle-
bensnotwendig war und ohne welche die zeitgleich existierenden markt-
vermittelten Konsumformen nicht verständlich wären. Als „Markt" gilt
jener Wirtschaftsprozess, in dem Güter und Dienstleistungen angeboten und nachgefragt werden. Am Markt stehen sich – so die klassische
Definition – Produzenten und Konsumenten vermittelt durch Markt-
prozesse, insbesondere Handel, Marketing und Werbung/Produktkom-
munikation gegenüber. Wobei die ökonomische Konsumforschung auch
ohne handelnde Subjekte/Personen auskommen kann, indem sie als
Einheit „Haushalte" und deren Einkommen sowie daraus resultierend
die Haushaltsausgaben nach Konsumkategorien eruiert und nach bestimmten Konsummustern/-stilen einzelner sozialer Gruppen und
Schichten aufschlüsselt. Meist berücksichtigen heute aber auch die
Wirtschaftwissenschaften in ihrem Begriffs- und Untersuchungs-
repertoire das individuelle Konsumverhalten und einen Akteur bzw.
ein Subjekt des Konsums. Ökonomisch definiert, handelt es sich bei
diesen um eine Person, die über den Markt Güter und Dienstleistungen nachfragt, erwirbt und in der Folge gebraucht bzw. verbraucht.

Entsprechend einer solchen recht eingeschränkten Sicht des „homo
consumens" blieb auch die Konsumgeschichte vorerst vor allem ökonomisch orientiert und ging drei großen Fragenkomplexen nach: Einmal der Frage, wie das Konsumieren überhaupt entstanden ist, ab wann
also ein Rückgang der Eigenproduktion und Subsistenzwirtschaft zugunsten der Marktorientierung erfolgte. Welche gesellschaftlichen
Gruppen fragten zuerst und verstärkt marktvermittelt nach und welche Produkte wurden dabei konsumiert? Konsum lässt sich so gesehen schon in der Antike ausmachen, da etwa Adelige und Stadtbewoh-
ner viele Güter und Dienstleistungen auch oder sogar primär über den

Markt erstanden. Selbst bäuerliche Haushalte funktionierten keineswegs (nur) autark bzw. subsistenzwirtschaftlich, da viele ihrer Mitglieder – etwa zu bestimmten Anlässen des Kirchenjahres oder des landwirtschaftlichen Jahreszyklus – über die Jahrhunderte hinweg Konsumgüter auf Märkten, bei Wanderhändlern oder in Gasthäusern erwarben und konsumierten (Beispiele in Sandgruber 1982; Spieker 2000; Ziessow/Hase 2004).

Besonderes Interesse widmete die ökonomisch orientierte Konsumgeschichte zweitens der Frage nach der Entstehung und dem Wandel der so genannten „Konsumgesellschaft". In dieser würden demnach Güter und Dienstleistungen nicht mehr primär zwecks Befriedigung (lebens)notwendiger Bedürfnisse nachgefragt, hier ginge es auch oder sogar primär um Konsumprodukte, die mit Annehmlichkeiten (etwa Bilder in einer Wohnung) verbunden sind. Wobei zu manchen Zeiten regelrechte Verbreitungsschübe solcher Annehmlichkeiten („decencies") – welche weder notwendige Konsumgüter und Dienstleistungen („necessities") darstellten noch als Luxus („luxuries") galten – diagnostiziert wurden. Als „Konsumrevolutionen" waren sie auch mit einer Zunahme von Geschäften und anderen Distributionsweisen sowie neuen Werbestrategien und -maßnahmen verbunden. Je nach Fokus wurden erste Formen bzw. die „Geburt der Konsumgesellschaft" (McKendrick/Brewer/Plumb 1982) im England des 17./18. Jahrhunderts, den Niederlanden des 17. Jahrhunderts oder im Florenz der Renaissance ausgemacht. Dort avancierten kommerziell vertriebene Handwerks- oder Manufakturwaren zur Ausschmückung der Wohnung, zur modischen oder standesgemäßen Bekleidung und als Schmuck sowie verschiedenste Genussmittel zu begehrten Konsumgütern (Beispiele in Schama 1988; Brewer/Porter 1993; Jäckel/Christoph 2000; Stearns 2001; Beck 2003). Die Forschung zeigte jedoch auch, dass eine ökonomisch ausgerichtete Perspektive, die primär das Auftreten und die (zunehmende) Verbreitung von „decencies" eruiert, dem Phänomen der (entstehenden) Konsumgesellschaft (allein) nicht gerecht werden kann. Was unter einem „Bedürfnis" oder „(lebens)notwendigen" Gütern und Dienstleistungen verstanden wird bzw. zu jenen Konsumprodukten zählt, die als „Annehmlichkeiten" oder als „Luxus" gelten, differiert regional, zeitlich und sozial viel zu stark, als dass man darin ein essenzielles Definitionskriterium sehen könnte. Auch anthropologisch argumentierte Bedürfnishierarchien und -pyramiden können diese kulturelle Abhängigkeit nicht umgehen. Am bekanntesten wurde hier wohl Abraham Maslows Bedürfnispyramide (1954), nach der es folgende Stufen geben sollte: physiologische Grundbedürfnisse, Sicherheitsbedürfnisse, Bedürfnisse nach Zugehörigkeit und Liebe, Bedürfnis nach Achtung/sozialer Anerkennung, Bedürfnis nach Selbstverwirklichung (zur Kritik an Maslow und anderen Modellen vgl. Jäckel 2006: 69ff.).

Die Entwicklung des „Massenkonsums" bzw. der „Massenkonsumgesellschaft" stand im Mittelpunkt des dritten Schwerpunkts der ökonomisch ausgerichteten Konsumgeschichte. Wobei es sich beim „Massenkonsum" um eine Konsumform handelt, bei der nicht nur viele Personen und Bevölkerungsgruppen marktvermittelt Güter und Dienstleistungen nachfragen, sondern die angebotenen Artikel zudem standardisiert und uniformiert sind und in großer Zahl produziert werden. Schließlich ist mit der „Massenkonsumgesellschaft" jener Entwicklungsstand erreicht, bei dem eine enorme Zahl von Waren und Dienstleistungen von einer Mehrheit der Bevölkerung konsumiert wird und dabei Annehmlichkeiten das Konsumgeschehen dominieren (Haupt 2002: 27). Auch hier zeigte sich jedoch, dass eine vor allem auf die zunehmende Verbreitung von Konsumgütern und Dienstleistungen abzielende (historische) Forschung bei weitem zu kurz greift, um alle Erscheinungsformen des Massenkonsums erforschen zu können.

NEUERE ANSÄTZE DER KONSUMFORSCHUNG

Die nicht mehr zu übersehenden Phänomene der (Massen)Konsumgesellschaft waren seit den 1960er-Jahren auch ein Grund, warum sich eine individual- und sozialpsychologisch orientierte Konsumforschung entwickelte. Eine weitere Ursache ist in den veränderten Marktverhältnissen zu sehen: Spätestens in diesem Jahrzehnt stellte sich in den meisten westlichen Industrieländern der Markt von Nachfrage- auf Angebotsorientierung um, statt zuwenig Waren gab es nun in vielen Konsumbereichen ein Überangebot. Die psychologische Konsumforschung wandte sich den Folgen dieser Angebotsrevolution zu: Als angewandte Forschung ging es ihr einerseits um Kenntnisse der psychischen Vorgänge beim Konsumieren und hier insbesondere um die kognitiven und emotionalen Prozesse beim Wählen, Entscheiden und Kaufen. Durch praktische Umsetzung der gewonnenen Erkenntnisse sollten die KonsumentInnen bei ihrer Kaufentscheidung beeinflusst oder vor Manipulation geschützt werden. Letzteres war auch die Aufgabe der neuen Verbraucherorganisationen, etwa des 1961 von den österreichischen Sozialpartnern ins Leben gerufenen „Vereins für Konsumenteninformation", der die vier Grundrechte der KonsumentInnen – Sicherheit, Information, Auswahl und Anhörung – bewahren sollte. Als zweite Richtung etablierte sich eine allgemeine psychologische Konsumforschung, der es um die elementaren, bewussten und unbewussten psychischen Grundlagen beim Kaufen und Gebrauchen ging. Hier blieb der Aspekt der kommerziellen Verwertung eher im Hintergrund.

In den letzten Jahrzehnten folgten weitere Ansätze: Als Reaktion auf die steigende Bedeutung von Werbung und Marketing widmeten sich die Medien- und Kommunikationswissenschaften der Frage, welche kommunikativen Prozesse das Konsumieren begleiten und steuern. Hier ging es auch um den medialen Charakter eines Produkts, um seine „Zeichenaura" (Gries 2003: 89), mit deren Gestaltung man noch gezielter die gewünschten Verkaufs- und Konsumeffekte erzielen könnte. Die Psychobiologie wiederum verwies darauf, dass anthropologische Konstanten wie das so genannte „Kindchenschema" oder sexuelle Reize („sex sells") einen beträchtlichen Einfluss auf das Konsumverhalten hätten. Als eine neue Richtung entstand in den letzten Jahren das „Neuromarketing", bei dem die neuronalen Vorgänge beim Kaufen und Gebrauchen von Waren in den Fokus kommen. Erste Studien haben gezeigt, dass mit dem Konsumieren einhergehende Sinneseindrücke und Erfahrungen im menschlichen Gehirn sehr differenziert gespeichert werden. In bildgebenden Verfahren konnte man beispielsweise nachweisen, dass der Geschmackseindruck von Erfrischungsgetränken (Coca Cola und Pepsi) bei einer Blindverkostung neuronal ganz anders verarbeitet wurde, als bei einer Verkostung mit sichtbaren Markennamen (McClure 2004). Kulturelle „Images", so eine der Schlussfolgerungen, werden also bei Wahrnehmung und Erfahrung in die „Landkarten" des Gehirns mit eingeschrieben und über einen längeren Zeitraum abgebildet – ein Vorgang, der unter anderem erklären würde, warum sich manche Markenprodukte trotz großer Konkurrenz und ‚besserer' Alternativen am Markt behaupten können.

Die neue kulturwissenschaftliche Konsumforschung hat sich ganz der symbolischen Bedeutungs- und Sinngebung des Kaufens, Gebrauchens und Verbrauchens von Gütern und Dienstleistungen verschrieben. In ihren Studien werden die sozialen und technischen Einrichtungen, die Handlungs- und Konfliktformen zwischen Menschen und deren Werte und Normen untersucht, wobei auf die symbolische und mediale Vermittlung – in Form von Texten, Bildern oder Filmen – besonderes Augenmerk gerichtet wird. Anders als bei den zuvor genannten Ansätzen geht es hier weniger um anwendungsorientierte Forschung, sondern um verstehende, interpretative und analytische Zugänge. Etwa darum, welche symbolische Funktion und Wirkung Werbeträgern wie dem „Marlboro-Mann" anhaften, wie diese ‚Figur' mit den Jahren modelliert und neu konstruiert wurde, welche politischen und sozialen Messages sie transportierte und wie ihre bildliche und filmische Repräsentation das Männlichkeitsverständnis westlicher Gesellschaften beeinflusste.

WARUM KONSUMIEREN MENSCHEN?

Im Zuge der psychologischen und kulturwissenschaftlichen Forschung rückte die elementare Frage nach den Motiven und Antrieben des Konsumierens in den Mittelpunkt. Mit dem Standardmodell des ‚homo oeconomicus‘ ist das Konsumieren jedenfalls nicht ausreichend zu fassen (Stihler 1998: 177ff.). Nach dem diesem Konzept folgenden Status- oder Prestigemodell würden Konsumsubjekte ihre Wahl aufgrund der individuellen und sozialen Bewertung von Gütern und Dienstleistungen in der eigenen oder anderen sozialen Gruppe/n treffen und dabei bestrebt sein, diesem Vorbild nachzueifern (die sozial niederen Schichten) oder sich von ihm abzuheben (die sozial höheren Schichten). Der Gewinn von Status und Prestige würde soziale Anerkennung und Wertschätzung verheißen, beides (angeblich) anthropologisch festgeschriebene Bedürfnisse und Antriebe menschlichen Handelns. Lange Zeit galten aufwändiger oder verschwenderischer Konsum („conspicuous consumption") sowie demonstrative Muße als Kennzeichen eines adeligen Lebensstils und schon alleine aufgrund der ständischen Schranken als für andere Bevölkerungsgruppen unerreichbarer Luxus (Mason 1998). Aber auch in modernen Gesellschaften sollte der Sozialstatus durch Konsumprodukte und durch deren demonstrativen Ge- und Verbrauch repräsentiert sein und damit gesellschaftliche Zugehörigkeit und Differenz vermitteln. Thorstein Veblen legte schon vor mehr als einhundert Jahren eine entsprechende „Theorie der feinen Leute" (1899) vor, die noch heute die Basis für das Statusmodell bildet. Demnach würde es besonders in städtisch-anonymen Gesellschaften notwendig sein, die eigene soziale Position (im privaten wie öffentlichen Bereich) durch Konsumgüter vor Augen zu führen: „In modernen Gesellschaften begegnen wir außerdem einer Unzahl von Personen, die nichts von unserem privaten Dasein wissen – in der Kirche, im Theater, im Ballsaal, in Hotels, Parks, Läden usw. Um diese flüchtigen Beschauer gebührend zu beeindrucken und um unsere Selbstsicherheit unter den kritischen Blicken nicht zu verlieren, muß uns unsere finanzielle Stärke auf der Stirn geschrieben stehen, und zwar in Lettern, die auch der flüchtigste Passant entziffern kann. Deshalb wird wohl in der künftigen Entwicklung der Wert des demonstrativen Konsums jenen der demonstrativen Muße weit überflügeln." (Veblen 1997/1899: 95)

Die Diffundierung von Stilen und Geschmäckern wiederum – vertikal zwischen sozialen Gruppen und Schichten sowie horizontal in Form von Binnendifferenzierungen – würde eine Konsumdynamik in Gang setzen, die zwecks Abgrenzung gegenüber „sozialen AufsteigerInnen" immer neue Modetrends und entsprechende Statusobjekte in Umlauf bringe. Dabei sei es die Intention der Angehörigen höherer Schichten, sich nach unten zu abzugrenzen, die der unteren Schichten, den höheren nachzueifern. Allerdings zeigt gerade die Konsumgeschichte des 20. Jahrhunderts, dass dieses Muster etwa bei der Musik- und Bekleidungsmode nicht durchgehend gilt und auch die Sub- und Gegenkultur „der Straße" nach dem „Bottom-up"-Prinzip zum Stilvorbild des Mainstreams werden kann. Durch die „feinen Unterschiede" (Bourdieu 1982) würde jedenfalls eine „Konsumspirale" entstehen, die menschliche Bedürfnisse und Ansprüche immer wieder erneuert, modifiziert und auflöst. Diese Dynamik hat in den letzten Jahrzehnten nicht nur innerhalb von Produktkategorien zu einer Umwertung geführt (zum Beispiel von Mittelklassewagen hin zu teuren Marken- und Lebensstilfahrzeugen), sondern auch zwischen ihnen – verkürzt gesagt zu einer Verschiebung von den lange Zeit die Haushaltsausgaben dominierenden Kategorien (wie Ernährung und Kleidung) zu den Wohlstandsausgaben (wie gehobene Wohnungsausstattung, Autos, Freizeitaktivitäten und Reisen).

Die Grenzen des Status- oder Prestigemodells werden überall dort sichtbar, wo Besitz und demonstrative Zurschaustellung von Konsumprodukten nicht mehr die uneingeschränkte Fähigkeit besitzen, sozial differenzbildend zu sein. Wie angemerkt, haben sich die meisten Güterkategorien über die Konsumschichten hinweg ausgebreitet und damit an Distinktionskraft verloren. Auch das demonstrative Konsumieren büßte mit der Verbreitung postmaterieller Werte seine Funktion als sozialer Differenzmechanismus ein. Schließlich ersetzte der Individualisierungsboom soziale Konsummuster immer mehr durch eine breite Auffächerung von persönlichen Lebens- und damit einhergehenden Konsumstilen.

Das alternative Modell des „imaginativen Hedonismus" (Campbell 1987) ermöglicht es, diesen Wandel zu verstehen. Ihm zufolge ist das (post)moderne Subjekt immer mehr an genussbringenden individuellen, auch narzisstischen Erlebnissen und Erfahrungen interessiert und von diesen abhängig. Hedonistische KonsumentInnen würden von lustvollen Illusionen und Tagträumen angetrieben, die sie teilweise sehr real erleben – im „Flanieren" und „Shopping" hat diese Form von Befriedigung ihre typische Ausdrucksform gefunden. In der (Massen)Konsumgesellschaft stünden deshalb nicht mehr die eigentlichen Produkte im Mittelpunkt, sondern die mit ihnen assoziierten „Images" und Fantasiewelten. Doch auch der imaginative Hedonismus drängt auf eine Realisierung, also zum Kauf und Gebrauch der erträumten Güter und Dienstleistungen. Da der Güterkonsum jedoch nie zur finalen Befriedigung der Imagination führen und der narzisstische Wert mit den Waren verschleißen würde, seien ihm von vornherein Frustration und Desillusionierung eingeschrieben – beides Gründe, warum die Attraktivität von Produkten nach dem Erwerb so schnell verfliegt. Durch die Entzauberung im praktischen Gebrauch würde die tagträumerische Tätigkeit erneut in Gang gesetzt, der Kreislauf beginne von vorne. Zygmunt Bauman hat gezeigt, dass sich der Hedonismus inzwischen sogar in die Körperwahrnehmung eingeschrieben hat und dort als permanenter ‚Fitnessstress' samt entsprechender Konsumbedürfnisse fungiert (Bauman 1997: 187ff.). Körperlich vermittelte Konsumziele wären demnach durch die unterschwellige Angst geprägt, in der alltäglichen Praxis niemals den lustverheißenden Images gerecht zu werden.

David Riesmans inzwischen klassischer These (Riesman 1958) zufolge wird die hedonistische Konsumhaltung durch die zunehmend außen-geleitete Gesellschaft nach dem Zweiten Weltkrieg befördert. In dieser sei es für die KonsumentInnen angesichts von Werbung und Massenkommunikation immer schwieriger, sich bei Geschmacks- und Interessenfragen längerfristig auf bestimmte Produkte und Dienstleistungen zu fixieren. Außen-geleitete HedonistInnen würden in ihrer flüchtigen Erlebnissuche von den Werturteilen der Mitmenschen beeinflusst: „Ferner ist es heute möglich, viele jener Wünsche, die die Menschen in innen-geleiteten Gesellschaften zur Arbeit und zum Wahnsinn trieben, verhältnismäßig leicht zu erfüllen; ihre Befriedigung gehört heute zu den Normalansprüchen von Millionen von Menschen. Aber die Begierde bleibt bestehen. Es ist die Gier nach Befriedigungen, die anderen anscheinend gewährt sind, also eine Begierde ohne konkreten Gegenstandsbezug. Durch die Mitgliedschaft in der ‚Verbraucher-Genossenschaft' der Zeitgenossen hat der außen-geleitete Mensch die Chancen für individuell bestimmte Vorlieben und Neigungen verloren. Beschränkungen im Verbrauch werden ihm nicht durch Zielgerichtetheit, sondern durch außen-geleitete Steuerung auferlegt; die Furcht vor dem Neid der anderen und sein eigener Neid auf die anderen halten ihn einerseits davor zurück, mit seinem Konsum zu protzen, andererseits, seinen Konsum zu stark einzuschränken." (Riesman 1958, zit. n. Jäckel 2006: 66)

Gleichsam eine negative Spiegelung des Hedonismus-Modells stellt das Konzept des „kompensatorischen Konsums" dar. Hier wird davon ausgegangen, dass sich die meisten Waren der entwickelten (Massen)Konsumgesellschaft nicht mehr aufgrund ihres Gebrauchswerts – dieser ist technisch ausgereizt und stellt kein zentrales Wahlkriterium mehr dar – verkaufen, sondern aufgrund ihres symbolischen Gehalts. Der symbolische Mehrwert von Gütern und Güterbündeln sowie die mit ihnen verbundenen Repräsentationen von sozialen Beziehungen, Werten, Idealen und Glücksversprechungen stellen eine Sprache dar, mit der Menschen ihr Selbstbild und ihre Identitätssuche begreifen (können). Diese Güterumwelt würde verstärkt dazu verwendet, „intangible Eigenschaften darzustellen, die zwar erwünscht, aber nicht real vorhanden sind. Im Ergebnis bedeutet dies, dass Güter über ihren Symbolgehalt einen Ersatz für real nicht existierende Eigenschaften und Werte bieten." (Stihler 1998: 211) Das Konsumieren von Gütersymbolen würde eine kompensatorische Tätigkeit darstellen, die dem Kaschieren von sozioökonomischen Defiziten genauso dienen kann wie etwa dem Überspielen von emotionaler Leere oder mangelndem Selbstwertgefühl. Vom Kaufen und Gebrauchen bestimmter Konsumgüter würde man sich die Verwirklichung jener Glücksversprechungen erwarten, die diesen Produkten anhaften – eine Hoffnung, die genauso illusorisch ist, wie die nachhaltige Befriedigung des Hedonismus. Dennoch würden diese „Prothesen" eine symbolische Selbstergänzung ermöglichen und zumindest temporär ein Gefühl sozialer und identifikatorischer Vollständigkeit erzeugen (Haubl 1998: 223ff.). Typischerweise finden sich gerade in den Hochburgen der konsumvermittelten Erlebniskultur vermehrt Personen, die unter Vereinsamung, Langeweile und Sinnkrisen leiden und sich deshalb verstärkt der „Konsumtherapie" hingeben. Kaufsucht, Reizgier und Sensationslust sind drei besonders auffällige Erscheinungen des kompensatorischen Verhaltens, das sich gerade bei Jugendlichen immer mehr verbreitet (Vierter Bericht zur Lage der Jugend 2003). Als kompensatorisch kann das Konsumieren auch verstanden werden, wenn es „second order desires" bedient (Bolz 2002: 102ff.): Etwa indem Sorgen um die Umwelt oder ein „schlechtes" soziales Gewissen durch die Wahl entsprechender Ethik-Marken, Bio-Sigel oder Fair Trade-Zeichen entlastet werden.

Selbst wenn das Konsumieren ein kompensatorisches Verhalten darstellt, handelt es sich bei den Konsumsubjekten nicht um passive Marionetten, die in einem fremdgesteuerten Bedürfnis- und Geschmacksnetz gefangen sind. Auch wenn diese Figur in den letzten Jahrzehnten von der Konsumkritik immer wieder aufgerufen wurde, ist das Konsumieren eine aktive und kreative Praxis im Schnittpunkt wirtschaftlicher, sozialer und kultureller Anforderungen, Handlungs-

möglichkeiten und Aneignungspraktiken (Wildt 1994: 11ff.). Michel de
Certeau hat diese „Kunst des Handelns" seitens der KonsumentInnen
beschrieben und damit die Sicht des Konsum-Aktes erweitert. Nach
ihm stellt das Konsumieren ein Repertoire dar, „mit dessen Hilfe die
Verbraucher dieser Waren ihre eigenen Handlungen ausführen. Von
da an sind die Dinge nicht mehr die Grundlage unserer Berechnungen,
sondern ein Wortschatz ihrer Praktiken. Nachdem die vom Fernsehen
verbreiteten Bilder und die vor dem Bildschirm verbrachte Zeit analysiert worden ist, muß man sich fragen, was der Konsument mit diesen
Bildern und während dieser Stunden macht. Was machen die fünf-
hunderttausend Käufer von Gesundheitsmagazinen, die Kunden eines
Supermarktes, die Benutzer des städtischen Raumes und die Konsumenten von Zeitungsartikeln mit dem, was sie ‚absorbieren', erhalten
und bezahlen?" (de Certeau 1988/1980: 80)

Vielfach prägen rituelle Handlungen den Umgang der Konsument-
Innen mit den Dingen – etwa wenn es beim „Konsum der Romantik"
(Illouz 2003) trotz aller „Entzauberung" durch mediengeprägte Liebes-
ideale und -bilder eine aktive und gleichzeitig ironisch-distanzierte
Haltung im Erleben und Erfahren benötigt, um die für die Inszenierung erwünschten Waren und Dienstleistungen samt den mit ihnen
assoziierten Fantasien und Bildern einzusetzen. Wie Ironie und Zitat
hat der Konsumismus längst auch konsumkritische und Anti-Haltun-
gen (etwa der „Sub-" oder „Straßenkultur") integriert – selbst, oder
besser: gerade weil etwa jugendlichen Zielgruppen suggeriert wird, dass
sie mit dem Kauf eines Produkts ‚gegen' den Markt auftreten können
oder sich der Appell an die individuelle Wahl bei genauerer Betrachtung als konforme „Massenindividualität" erweist. Auch beim distan-
zierten Konsum geht es jedoch um kommunikative Ereignisse, für die
nicht der Besitz oder der Gebrauch im Vordergrund stehen, sondern
die damit verbundenen sozialen Praktiken und Prozesse und die (wenn
auch meist nur temporäre) Platzierung von Subjekten/handelnden Personen zueinander. Etwa beim gemeinsamen Shopping, wenn die
KonsumentInnen Personen vielfach überhaupt erst kommunikativ her-
ausfinden (müssen), was sie (kaufen, besitzen, gebrauchen) wollen. Hier
zeigt sich das Konsumieren als flexibel, dynamisch und ‚leicht': „Wer
Konsum als ein Spiel betreibt, hat das Vergnügen, Konsumformen zu
wechseln. Allein durch Auswahl, Montage und Gebrauch von Massen-
produkten erzeugt Shopping eine stimulierende Varietät. So räumen
die Ultra Consumers mit dem Vorurteil auf, daß die Tiefe wichtiger ist
als das Superfizielle." (Bolz 2002: 111)

CHARAKTERISTIKA UND ENTSTEHUNG
DER KONSUMGESELLSCHAFT

Auch in Österreich wurde das Konsumieren im 20. Jahrhundert immer weniger durch notwendige Güter und Dienstleistungen geprägt, sondern durch den Kauf und Gebrauch von Annehmlichkeiten und in den Jahrzehnten nach 1950 durch den zunehmenden „Wohlstandskonsum". In der Konsumstatistik kommt dies am deutlichsten am Rückgang der Ernährungsanteile zum Ausdruck. So machte dieser Posten in den Konsumerhebungen der Arbeiterkammer unter Wiener ArbeitnehmerInnen zu Beginn des 20. Jahrhunderts und in der Zwischenkriegszeit noch zwischen 50 und 60 Prozent aus (Eder 2003: 263ff.). Die erste repräsentative österreichweite Konsumerhebung nach Kriegsende (1954/55) ergab, dass für Ernährung noch immer etwas über die Hälfte der durchschnittlichen Ausgaben der österreichischen Privathaushalte notwendig war, ein Anteil, der bis 1999/2000 auf rund 20 Prozent zurückging. Wie die nachfolgenden Abbildungen 1 und 2 zeigen, stieg umgekehrt der Anteil der Wohnungsausgaben und der beiden Verbrauchsgruppen „Bildung, Erholung, Freizeit und Sport" sowie „Verkehr und Nachrichtenübermittlung". Auch die Entwicklung des Lohn- und Preisindex nach 1945 (Abb. 3) veranschaulicht, dass seit den späten 1950er-Jahren die Haushaltseinkommen wesentlich schneller stiegen als die Preise der Konsumprodukte – ein klares Indiz für den Wohlstandgewinn und die zunehmende Kaufkraft der österreichischen Bevölkerung.

Allein aus der wirtschaftlichen Entwicklung – wie dem Zuwachs der verfügbaren Haushalts- und Personaleinkommen sowie anderer makro- und mikroökonomischer Faktoren (Eder 2003: 201ff.) – kann diese Verschiebung in den Konsumpräferenzen allerdings nicht erklärt werden. Spätestens bei der Frage, warum und welche Dinge gekauft und gebraucht wurden, die nicht zum unmittelbaren Überleben, sondern zur Befriedigung darüber hinausgehender Wünsche und Annehmlichkeiten dienten, greift die (sozio)ökonomische Erklärung zu kurz. Um die Besonderheiten und die Entstehung der Konsumgesellschaft verstehen zu können, müssen neben wirtschaftlichen und sozialen auch kulturelle und politische Faktoren berücksichtigt werden.

Zu den Charakteristika und Voraussetzungen der Konsumgesellschaft gehören einmal die Bereitstellung eines reichhaltigen Warenangebotes jenseits der lebensnotwendigen Güter sowie die Diversifizierung der Warenpalette (vgl. Brewer 1997: 52ff.). Durch die „Angebotsrevolution" (etwa im Zuge der industriellen Massenproduktion im 19.

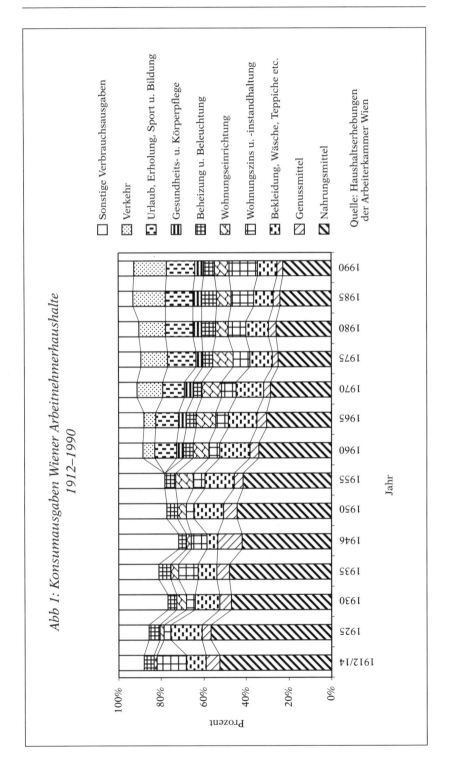

Abb 1: Konsumausgaben Wiener Arbeitnehmerhaushalte 1912–1990

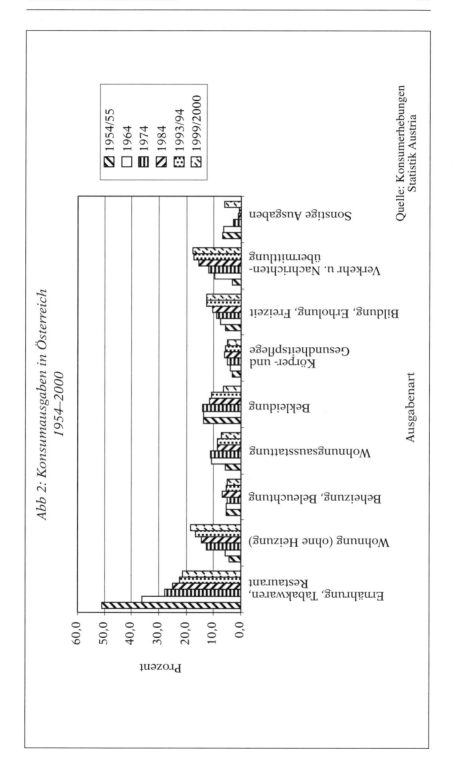

Abb 2: Konsumausgaben in Österreich 1954–2000

Quelle: Konsumerhebungen Statistik Austria

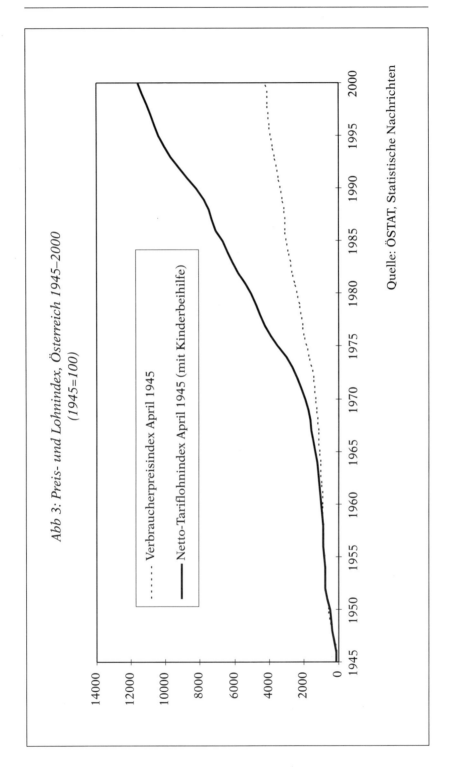

Abb 3: Preis- und Lohnindex, Österreich 1945–2000 (1945=100)

········ Verbraucherpreisindex April 1945

——— Netto-Tariflohnindex April 1945 (mit Kinderbeihilfe)

Quelle: ÖSTAT, Statistische Nachrichten

Jahrhundert oder der modernen Produktdiversifizierung seit den 1960er-Jahren) erweiterte sich für die KonsumentInnen zwar die Wahlfreiheit, gleichzeitig unterlagen sie aber immer mehr dem Zwang, aus dem Angebot wählen und so Geschmack und Kompetenz genauso zeigen zu müssen wie soziale und kulturelle Zugehörigkeit und Distinktion. Konsumieren avancierte zur Praxis eines spezifischen Subjekts – dem Konsumenten/der Konsumentin –, welchem ein besonderes Bewusstsein bezüglich seiner Handlungen unterstellt wurde. Darin liegt der maßgebliche Unterschied zwischen dem Konsum als zunehmender Verbreitung von „decencies" im 17., 18. und frühen 19. Jahrhundert (Beispiele für die Verbreitung von Konsumprodukten in Wien in der ersten Hälfte des 19. Jahrhunderts siehe in Bürgersinn und Aufbegehren 1988) und der Konsumtion als zentraler kultureller Praxis im Zuge der Entstehung der Konsumgesellschaft ab der Mitte des 19. und im 20. Jahrhundert. Nach Frank Trentmann spiegelt sich diese Differenz auch in der Verbreitung des Begriffes „Konsument"/„Verbraucher": „Though the economic use of the term can be traced back to rare instances in the early eighteenth century, the ,consumer' as a distinctive identity, as a form of self-description by individuals and groups and as a universal category of ascription and analysis by business, politics and academia only appears to have come fully into its own in mid-, late nineteenth- and early twentieth-century Europe and North America." (Trentmann 2004: 383)

Die Ausdifferenzierung der Produktkategorien ging mit entsprechenden Veränderungen im (Detail)Handel, und hier insbesondere mit der Verbreitung von Filialketten und Kauf- sowie Warenhäusern in Europa seit den 1870er-Jahren einher. Vorbild der „Department Stores" war das 1852 eröffnete Pariser Kaufhaus „Bon Marché", im deutschsprachigen Raum etablierten sich entsprechende, die Warenpräsentation ins Zentrum rückende Häuser ab den 1880er-/1890er-Jahren vor allem in den größeren Städten (vgl. Lehne 1990; Crossick/Jaumain 1999; Spiekermann 1999; Haverkamp/Teuteberg 2000; Meißl 2003; Haupt 2003; Lummel/ Deak 2004). Seit der Mitte des 19. Jahrhunderts etablierten sich auch andere innovative Konsummärkte und Distributionsformen. Zu nennen sind hier vor allem die Konsumvereine und -genossenschaften, die es neuen Bevölkerungsschichten ermöglichten, ihre „Lebens-Bedürfnisse" (Prinz 1996: 13) in größerem Ausmaß über den Markt zu erfüllen und dort auch neuartige Produkte kennen zu lernen.

Zu den Charakteristika der entstehenden Konsumgesellschaft zählte auch die Entwicklung und Verbreitung der (modernen) Werbung/ Reklame in den Jahren zwischen der Revolution von 1848 und etwa

1890 (Borscheid 1995; Gries/Ilgen/Schindelbeck 1995; Kriegeskorte
1995; Di Falco/Pfister/Bär 2002). Zahlreiche namhafte Produkte wurden nun in großer Zahl hergestellt und gekauft und überschritten dabei lokale und regionale Absatzmärkte (Gries 2006: 19). Bereits um
1900 verfügte die Reklame über ein erstaunliches visuelles und textuelles
Repertoire und entsprechende Medien – etwa Zeitungsanzeigen, Plakate oder die Inszenierung von Schaufenstern und Verkaufsräumen.
Wobei die Zunahme des individuellen Lesens und des Zeitunglesens
(samt den dort abgedruckten Annoncen und Reklamen) den „Konsum
mit den Augen" genauso förderte wie dies durch das Flanieren in Kaufhäusern und durch den Schaufensterbummel geschah (Reuveni 2001:
115). Dabei entwickelte sich ein komplexes Kommunikationssystem,
in dem Güter und Dienstleistungen zur Unterscheidung und Hervor-
hebung mit entsprechenden Vorstellungen und Bildern versehen wurden. Mit diesen „simulacren" im „System der Dinge" (Baudrillard 1968)
entstanden symbolische Bedeutungsebenen, die weit über den unmittelbaren Gebrauchswert von Konsumprodukten hinausreichten, diesen teilweise oder ganz überdeckten bzw. von ihm überhaupt losgelöst
wurden. Der „Erlebnis"-Konsum der letzten Jahrzehnte des 20. Jahrhunderts zielte dann vornehmlich auf das Eintauchen in solche Bilder-
und Symbolwelten ab (Sorgo 2006).
    Schon während der „Geburt" der Konsumgesellschaft in den letzten
Jahrzehnten des 19. Jahrhunderts wurden Produkte oft nicht mehr ein-
zeln wahrgenommen, sondern verwiesen aufeinander und ergaben so
„object domains", nämlich „Bündel von Gegenständen, die in eine gemeinsame Bedeutungsmatrix eingefügt waren und so bestimmte Orte
wie das Haus oder den Körper besetzten" (Brewer 1997: 54). Grant
McCracken hat dieses Phänomen als „Diderot-Effekt" (McCracken 1988:
118ff.) bezeichnet – nach einem Essay Diderots, in dem dieser seinen
alten Hausrock mit einer ganzen „Welt" von Gegenständen, Gefühlen
und Szenarien verband. Viele Güter wurden in der Konsumgesellschaft
durch kulturelle Konsistenz und Harmonie verbunden, die ihrem Ar-
rangement einen Mehrwert an Bedeutung verschafften und gleichzeitig andere Produkte ausschlossen bzw. eine Referenz bildeten für die
Schaffung und Abgrenzung neuer Objektbündel. Ein typisches Beispiel
für die symbolische Funktion solcher Arrangements stellt die ab den
1950er-Jahren besonders beliebte Inszenierung der „Wohnzimmer-
wand" dar: Hier wurden Konsumobjekte auf eine Art und Weise arran-
giert und in Beziehung gesetzt, dass sie die Lebenswelt der BewohnerInnen und ihre Träume und Sehnsüchte nach Innen und Außen
repräsentierten.

Ab den 1950er-Jahren entstand durch die Reduktion der Arbeitszeit, die Verlängerung des Urlaubsanspruches und die damit einhergehende Aufwertung der Konsumsphäre gegenüber der Arbeitswelt – Freizeit und Konsum wurden mit der Zeit höher bewertet als Arbeit und Produktion – ein Raum, in dem immer mehr Menschen scheinbar ‚frei' und ‚selbstbestimmt' agieren konnten. Gleichzeitig vergrößerte sich durch Werbung und Marketingstrategien jedoch der Konformitätsdruck auf das Konsumieren. Als Folge avancierte der/die „KonsumentIn" zu einer zentralen sozialen und politischen Figur, deren Verhalten, Charakter und Eigenart zum Thema einer öffentlichen Auseinandersetzung wurde. Wobei die Konsumentin als (angebliche) Einkaufs- bzw. Verbrauchsspezialistin deutlich öfter ins Zentrum der Diskussion geriet als ihr männliches Pendant. Vorläufer dieser Debatte finden sich bereits in den letzten Jahrzehnten des 19. Jahrhunderts, als man fragte, ob Frauen den Verführungen der neuen Passagen und Warenhäuser widerstehen könnten. Auch in der Zwischen- und Nachkriegszeit sollten Hausfrauen angesichts der Mangelökonomie zum sparsamen und rationalen Einsatz der vorhandenen Mittel animiert werden und damit nationale Verantwortung übernehmen: Durch gezielten Einkauf könnten sie zum Aufbau und Erstarken der Ökonomie beitragen und solcherart den allgemeinen Wohlstand des Landes genauso sichern wie die Arbeitsplätze. „Citizen Consumer" (Bürger-KonsumentIn) nannte Lizabeth Cohen (Cohen 2001) diese Rolle, welche den KonsumentInnen auch eine politische und gesellschaftliche Verantwortung zusprach (vgl. Kroen 2003). Bezeichnenderweise wurde dies nach dem Zweiten Weltkrieg auch zu einer zentralen Zielsetzung des Marshall-Plans bzw. der „Marilyn Monroe-Doktrin" (Bischof 1995: 2): Durch Musik, Medien, direkte Propaganda und andere Formen des Kulturtransfers sollten auch die österreichischen BürgerInnen nach westlichem Vorbild in KonsumentInnen verwandelt werden (vgl. de Grazia 2005: 337ff.).

Zu den Spezifika der Konsumgesellschaft gehört zudem, dass sie von Beginn an von Konsumkritik und -pessimismus begleitet wurde – in beidem konnte an die Luxuskritik früherer Jahrhunderte angeschlossen werden (Beispiele in Reith/Meyer 2003). Der Grundtenor blieb relativ konstant: Demnach würde der „homo consumens" als ein rationales und wissendes Subjekt, das sich (wahl)frei entscheiden und durch Konsum seine spezifischen Bedürfnisse befriedigen könnte, bloß einen praxisuntauglichen Idealtyp darstellen. Spätestens seit Karl Marx wurden im Gegenzug all jene Konsumprodukte skeptisch beäugt, welche eine Kluft zwischen ihrem Waren-/Gebrauchswert und Tauschwert kaschierten und sich mit einem „Mystizismus", mit „Zauber und Spuk"

umgaben und gleichsam in eine „Nebelregion der religiösen Welt"
(MEW 23/1972: 85ff.) entrückten. Sie zu konsumieren würde einer
Selbsttäuschung gleichkommen, da mit ihnen unlösbar fremde/entfrem-
dende Bedeutungen und Sinngebungen verknüpft seien, die diese Dinge nicht per se besäßen, sondern erst im Prozess der Distribution und
Zirkulation (durch Werbung, Produktkommunikation, aber auch durch
ihre Codierung in der populären Kultur) erhielten. Durch diese (Über)-
Codierung würden Konsumprodukte allerdings die Kraft besitzen,
menschliche Begierden, Sehnsüchte und Fantasien an sich zu binden –
und gleichzeitig die von ihnen ausgehenden Energien kaschieren, indem sie diese zu den Bedürfnissen der KonsumentInnen machten. In
der Praxis würde also der individuelle Ursprung menschlicher Bedürfnisse durch Manipulation und Täuschung ersetzt, die Wahlfreiheit der
KonsumentInnen durch mediale Beeinflussung und symbolische Über-
ladung der Dinge, ja sogar durch deren Fetischisierung geprägt. Hier
wurzelt ein der Konsumgesellschaft eingeschriebenes Misstrauen gegenüber dem standardisierten genauso wie dem schrankenlosen Güter-
ver- und -gebrauch, das sich im Extremfall durch radikale Kritik, Aske-
se und Verweigerung oder aber durch kritiklosen und ironischen bzw.
zynischen Konsumrausch, Hedonismus und Warenfetischismus aus-
zeichnet.

Doch selbst im Fall des Fetischismus haben Ordnung und Disziplin
sowie Selbstregulierung und Gouvernementalität nur eine begrenzte
Chance: Wie Hartmut Böhme gezeigt hat, sind auch Konsumfetische
transitorisch und mobil, sie nützen sich ab, werden durch andere ausgetauscht und fördern so die ständige Zirkulation von Produkten. Auch
der Warenfetischismus vermittelt „‚zauberhaft' zwischen dem Erwartungshorizont des Marktes und dem Erwartungshorizont eines
erlebnishungrigen Massenpublikums. Er schafft das Tableau, auf dem
bewusste wie unbewusste Identifikationssehnsüchte und Markt-
interessen sich gewissermaßen die Hand reichen." (Böhme 2006: 351f.)

FORSCHUNGSSTAND ZUR KONSUMGESCHICHTE ÖSTERREICHS

Die Forschungen zur Konsumgeschichte Österreichs haben in den vergangenen Jahrzehnten die eben beschriebene paradigmatische Wende – verkürzt gesagt von einer wirtschafts- und sozialgeschichtlich orientierten Verbrauchsperspektive zu einer mehr theoretisch und kon-
zeptuell angelegten Multiperspektivität mit stärker kulturwissenschaftlicher Ausrichtung – mitgemacht. Verglichen mit den kaum mehr zu

überblickenden Publikationen zur Geschichte des Konsum/ieren/s in den USA, in England und Deutschland ist die hiesige Forschung allerdings noch immer recht ungleich gewichtet. Kenntlich wird dies an deutlichen thematischen und zeitlichen Schwerpunktsetzungen, die nachfolgend skizziert und mit exemplarischen Literaturangaben vorgestellt werden.

Bezeichnenderweise fehlt bislang eine monographische Darstellung zur österreichischen Konsumgeschichte des 20. Jahrhunderts, die die Spezifika der Entwicklung und eine Periodisierung herausarbeitet (Ansätze dazu bei Karazman-Morawetz 1995); solche Studien liegen für das 18. und 19. Jahrhundert (Sandgruber 1982) und für Wien im 20. Jahrhundert (Eder 2004) vor. Auch in Österreich findet die Konsumthematik jedenfalls inzwischen standardmäßig Eingang in wirtschafts- und sozialgeschichtliche Überblicksdarstellungen (etwa Sandgruber 1995; Eigner/Helige 1999), und Quellen bzw. Materialien aus dem österreichischen Raum rangieren prominent in allgemeinen kulturgeschichtlichen Darstellungen (wie Sandgruber 1986, 2006). Dass die Konsumgeschichte bereits zum Forschungs- und Lehrkanon zählt, zeigt auch die große Zahl einschlägiger Diplomarbeiten und Dissertationen an Österreichs Universitäten.

Wenn es ein konsumgeschichtliches Thema gibt, bei dem man auch in Österreich auf eine lange Forschungstradition verweisen kann, ist dies die Geschichte von Konsumvereinen und -genossenschaften. Studien dazu resultierten aus der ArbeiterInnenhistoriografie genauso wie der Parteien-, Institutionen- und Frauengeschichte. Neben allgemeinen Werken liegen hier Detailuntersuchungen zu einzelnen Bundesländern und Städten vor, zur Bindung an die politischen Parteien, zum ‚Schicksal' des KONSUM-Österreich, zur Geschichte bürgerlicher und proletarischer Vereinigungen und deren Politik (etwa in Hinblick auf die Geschlechter), zu den Konsumpraktiken in einzelnen Genossenschaften u.a.m. (wie Schmidt 1947; Klohs 1952; Baltzarek 1976; Korp 1977; Seibert 1978; Hauch 1987; Blaich 1988, 1995; Ellmeier 1990b, 1995; Ellmeier/Singer-Meczes 1989; Brazda/Todev/Schediwy 1996; Strommer/Strommer 2001; Hirschberg 2002). Im Gefolge dieser Untersuchungen entwickelte sich auch eine schicht- bzw. klassenspezifische Perspektive auf die Konsummöglichkeiten; dies gilt für die Geschichte der Arbeiterschaft, weniger für historische Konsumformen in Bürgertum und Adel (wie Hautmann 1978; Hauch 1987; Safrian 1984; Bürgersinn und Aufbegehren 1988; Ellmeier/Singer-Meczes 1989; Wakounig 1989; Knittler 1990; Landau 1990; Hornung 1990; Sandgruber 1991; Strommer/Strommer 2001).

Formen der Warendistribution, des (Detail)Handels, von Handelsorganisationen und -vereinigungen, vom Warenhaus bis zur Shopping
City, vom Greißler über die Selbstbedienung bis zum Supermarkt sind
im Vergleich dazu konsumgeschichtlich bei weitem noch nicht so ausführlich erforscht (etwa Thalhammer 1968; Lehne/Meißl/Hann 1990;
Döcker/Sieder 1994; Otruba 1994; Koiner 1995; Spalt 1999; Bernold
2000; Dirninger 2000; Lehrbaumer 2000; John 2003; Meißl 2003; Eckert
2004; Kühschelm 2005a, 2005b); das trifft auch auf die Geschichte des
Einkaufens, Flanierens und „Shoppens" sowie die Inszenierung und
Ritualisierung von Konsumorten und -formen zu (vgl. Ellmeier 1990b;
Breuss 2002; Békési 2005; Mattl 2006; Sorgo 2006). Weitere spannen-
de Ergebnisse sind jedenfalls von Studien zur Konstruktion der/des
Konsumentin/Konsumenten und der auch für Österreich zweifelsoh-
ne wichtigen politischen Funktion des „citizen consumer" sowie zur
Entwicklung des Konsumentenschutzes und der Konsumpolitik zu er-
warten (vgl. Stockhammer 1976; Schuhmacher 1981; Ladstätter 1985;
Leinfellner 1985; Hornung 1990; Lichtenberger-Fenz 1992; Kollmann/
Steger-Mauerhofer 1994; Bernold/Ellmeier1997; Hanisch 2003; Kollmann 2004; Ellmeier 2005, 2006).

Im Gefolge des sozialgeschichtlichen und insbesondere auch alltags-
und frauengeschichtlichen Interesses für wirtschaftliche Krisen, Not
und Mangel in den Kriegs- und Nachkriegsjahren sowie in der Weltwirtschaftskrise entstanden zahlreiche Untersuchungen, die sich mit
Phänomenen wie dem Schwarzmarkt, Hamstern, der (Hyper)Inflation
oder der Versorgung durch die Besatzungsmächte beschäftigten (Hautmann 1978; Mühlpeck/Sandgruber/Woitek 1979; Safrian 1984; Kretschmer 1985; Eisterer 1986; Längle 1986; Weiss 1994; Bandhauer-Schöff-
mann/Hornung 1991, 1995; Bandhauer-Schöffmann 1995; Renner 1999;
Weber 2000). Im Anschluss daran sind Arbeiten zur Verbreitung der
westlich-amerikanischen Konsumkultur und des Fordismus in Österreich nach dem Zweiten Weltkrieg zu sehen (Wagnleitner 1985, 1991,
1997; Karazman-Morawetz 1995; Schmidlechner 1995; Schwartz 1995;
Marling 1997; Maderthaner/Musner 2004). Dass dabei die Medien eine
eminente Rolle spielten – wie insgesamt seit Beginn der modernen
Werbung in der zweiten Hälfte des 19. Jahrhunderts –, zeigten Forschungen zur Geschichte der Reklame und Produktkommunikation,
der Markenprodukte und des Designs sowie des Fernsehens (Tagebuch
der Straße 1981; Katzinger 1982; Müller 1984; Steiner 1987; Bernold
1990; Bernold/Ellmeier 1997; Dienes 1997; Kabelka/Bennersdorfer
1997; Woldrich 1997; Korner 1998; Gries 2003; Massenware Luxusgut
2004; Kühschelm 2005c; Gries/Gartner 2006).

Schwer überblicken lässt sich für Österreich der konsumgeschichtlich relevante Forschungsstand in den ‚klassischen' Konsumkategorien, die auch in den statistischen Erhebungen seit Jahrzehnten abgefragt werden: Ernährung, Bekleidung, Wohnen, Gesundheits- und Körperpflege, Urlaub, Erholung, Sport, Bildung und Verkehr – diese Bereiche sind teils gut beforscht, wenn auch vielfach nicht unter (neueren) konsumgeschichtlichen Perspektiven. Eine kleine Literaturauswahl muss hier genügen: Ernährung, Essen, Trinken, Genussmittel, Lokale und Gaststätten, Kochen (z.B. Sandgruber 1977, 1982, 1986, 1991, 2004, 2006; Kropf/Rauter 1982; Neuber 1988; Schulz 1990; Bandhauer-Schöffmann 1994; Schwendter 1995; Postmann 2003; Breuss 2004, 2005a; Weigl 2004; Sorgo 2005); Wohnen, Einrichtung, Haushaltsgeräte, Bekleidung (etwa Vocelka-Zeidler 1985; Arnold 1986; Hösl/Pirhofer 1988; Witt-Döring 1988; Wolf/Vollmann 1990; Kos 1994; Nierhaus 1996; Breuss 2005b; Sandgruber 2006); Freizeit, Sport, Reisen, Urlaub (wie Luger 1995; Luger/ Rest 1995; Bachleitner 1998; Huber/Nicoletti 2004; Sandgruber 2006).

Auch für die konsumgeschichtliche Forschung zu und in Österreich wird es in Zukunft notwendig sein, die in den letzten Jahrzehnten beschrittenen Wege zusammenzuführen, die Forschungsfelder zu sichten, neue Perspektiven und Konzepte zu finden und damit die Forschung voranzubringen. Dass dies angesichts des ‚starken' Gegenstandes gar nicht so einfach sein wird, hat schon Michel de Certeau in Aussicht gestellt. Nach ihm bestehen kaum Möglichkeiten, der omnipräsenten Konsumkultur und ihren Diskursen und Imagos zu entgehen: „Die Konsumpraktiken sind die Phantome einer Gesellschaft, die ihren Namen trägt." (de Certeau 1988/1980: 86)

LITERATUR

Eine umfangreiche Literaturliste zur österreichischen und internationalen Konsumgeschichte findet sich unter Franz X. Eder: http://wirtges.univie.ac.at/Eder/Literatur Konsumgeschichte.html (Zugriff am 28.9.2006)

Andersen, Arne (1997): Der Traum vom guten Leben. Alltags- und Konsumgeschichte vom Wirtschaftswunder bis heute. Frankfurt am Main/New York

Arnold, Viktoria (1986): Als das Licht kam. Erinnerungen an die Elektrifizierung. Wien/ Köln/Graz

Bachleitner, Reinhard (1998): Freizeit – Tourismus – Sport. Zur Entdifferenzierung und Pluralisierung in der Postmoderne. In: Preglau, Max/Richter, Rudolf (Hg.): Postmodernes Österreich? Konturen des Wandels in Wirtschaft, Gesellschaft, Politik und Kultur. Wien: 267–288

Baltzarek, Franz (1976): Die geschichtliche Entwicklung der Konsumgenossenschaften in Österreich. In: Rauter, Anton E. (Hg.): Verbraucherpolitik und Wirtschaftsentwicklung. Wien: 169–242

Bandhauer-Schöffmann, Irene (1994): Coca-Cola im Kracherlland. In: Sandgruber, Roman/Kühnel, Harry (Hg.): Genuß und Kunst. Ausstellung Schloß Schallaburg. Wien: 92–101

Bandhauer-Schöffmann, Irene (1995): Schlechte Karten für Frauen. Die Frauendiskriminierung im Lebensmittelkartensystem im Nachkriegswien. In: Historisches Museum der Stadt Wien (Hg.): Frauenleben 1945 – Kriegsende in Wien. Ausstellungskatalog. Wien: 41–58

Bandhauer-Schöffmann, Irene/Hornung, Ela (1991): Von der Trümmerfrau auf der Erbse. Ernährungssicherung und Überlebensarbeit in der unmittelbaren Nachkriegszeit in Wien. In: L'Homme. Zeitschrift für feministische Geschichtswissenschaft 2/1: 77–105

Bandhauer-Schöffmann, Irene/Hornung, Ela (1995): Von der Erbswurst zum Hawaiischnitzel. Geschlechtsspezifische Auswirkungen von Hungerkrise und „Freßwelle". In: Albrich, Thomas/Eisterer, Klaus u.a. (Hg.): Österreich in den Fünfzigern. Innsbruck/Wien: 11–34

Baudrillard, Jean (1968): Das System der Dinge. Über unser Verhältnis zu den alltäglichen Gegenständen. Frankfurt am Main

Bauman, Zygmunt (1997): Flaneure, Spieler und Touristen. Essays zu postmodernen Lebensformen. Hamburg

Beck, Rainer (2003): Luxus oder Decencies? Zur Konsumgeschichte der Frühneuzeit als Beginn der Moderne. In: Reith, Reinhold/Meyer, Torsten (Hg.): Luxus und Konsum – eine historische Annährung. Münster u.a.: 29–46

Békési, Sándor (2005): Lücken im Wohlstand? Einkaufswege und Nahversorgung in Wien nach 1945. In: Breuss, Susanne (Hg.): Die Sinalco-Epoche. Essen, Trinken, Konsumieren nach 1945. Ausstellungskatalog. Wien: 38–45

Berghoff, Hartmut, Hg. (1999): Konsumpolitik. Die Regulierung des privaten Verbrauchs im 20. Jahrhundert, Göttingen

Bernold, Monika (1990): Kino(t)raum. Über den Zusammenhang von Familie, Freizeit und Konsum. In: diess. u.a.: Familie: Arbeitsplatz oder Ort des Glücks? Historische Schnitte ins Private. Wien: 135–163

Bernold, Monika (1996): ein paar österreich. Von den „Leitners" zu „Wünsch dir was". Mediale Bausteine der Zweiten Republik. In: Österreichische Zeitschrift für Geschichtswissenschaften 7 (1996), 4: 517–532

Bernold, Monika (2000): Selbstbedienung und Sichtbarkeit: Bilder vom „zeitgemäßen Leben". In: Relation. Medien – Gesellschaft – Geschichte 7/1-2: 137–144

Bernold, Monika/Ellmeier, Andrea (1997): Addressing the Public. Television, Consumption and the Family in Austria in the 1950s and 1960s. In: Nava, Mica u.a. (Hg.): Buy this Book. Studies in Advertising and Consumption. London/New York: 191–206

Bernold, Monika/Ellmeier, Andrea (1997): Konsum, Politik und Geschlecht. Zur „Feminisierung" von Öffentlichkeit als Strategie und Paradoxon. In: Siegrist, Hannes/Kaelble, Hartmut/Kocka, Jürgen (Hg.): Europäische Konsumgeschichte. Zur Gesellschafts- und Kulturgeschichte des Konsums (18. bis 20. Jahrhundert). Frankfurt am Main/New York: 441–466

Bischof, Günter (1995): Introduction. In: ders./Pelinka, Anton (Hg.): Austria in the Nineteen Fifties. New Brunswick/London: 1–11

Blaich, Robert (1988): Die Entwicklung der Konsumgenossenschaften in Österreich. Wien

Blaich, Robert (1995): Der rote Riese wankt ... 1988 – Vision, 1995 – Realität. Die Entwicklung der Konsumgenossenschaften in Österreich. Wien

Böhme, Hartmut (2006): Fetischismus und Kultur. Eine andere Theorie der Moderne. Hamburg

Bolz, Norbert (2002): Das konsumistische Manifest. München

Borscheid, Peter, Hg. (1995): Bilderwelt des Alltags. Werbung in der Konsumgesellschaft des 19. und 20. Jahrhunderts. Stuttgart

Bourdieu, Pierre (1982), Die feinen Unterschiede. Kritik der gesellschaftlichen Urteilskraft, Frankfurt am Main

Brazda, Johann/Todev, Tode/Schediwy, Robert (1996): Zur Geschichte der bürgerlichen Konsumgenossenschaften und des Allgemeinen Verbandes in Österreich. Wien

Breuss, Susanne (2002): Feiern, schenken, konsumieren. Muttertag, Vatertag, Valentinstag, Halloween. In: Kreissl, Eva /Scheichl, Andrea/Vocelka, Karl (Hg.): Feste feiern. Katalog zur Oberösterreichischen Landesaustellung im Stift Waldhausen. Linz: 183–190

Breuss, Susanne (2004): Einverleibte Heimat. Österreichs kulinarische Gedächtnisorte. In: Brix, Emil/Bruckmüller, Ernst/Stekl, Hannes (Hg.): Memoria Austriae I. Menschen, Mythen, Zeiten. Wien: 301–329

Breuss, Susanne, Hg. (2005a): Die Sinalco-Epoche. Essen, Trinken, Konsumieren nach 1945. Ausstellungskatalog. Wien

Breuss, Susanne (2005b): Jede Frau kann zaubern. Technik, Tempo und Fortschritt in der Küche. In: dies. (Hg.): Die Sinalco-Epoche. Essen, Trinken, Konsumieren nach 1945. Ausstellungskatalog. Wien: 110–121

Brewer, John (1997): Was können wir aus der Geschichte der frühen Neuzeit für die moderne Konsumgeschichte lernen? In: Hannes Siegrist/Hartmut Kaelble/Jürgen Kocka (Hg.): Europäische Konsumgeschichte. Zur Gesellschafts- und Kulturgeschichte des Konsums (18. bis 20. Jahrhundert). Frankfurt am Main/New York: 51–74

Brewer, John/Porter, Roy, Hg. (1993): Consumption and the World of Goods, London

Bürgersinn und Aufbegehren (1988): Biedermeier und Vormärz in Wien 1815–1848. Ausstellungskatalog. Wien

Campbell, Collin (1987): The Romantic Ethic and the Spirit of Consumerism. Oxford

Cohen, Lizabeth (2001): Citizens and Consumers in the United States in the Century of Mass Consumption. In: Daunton, Martin/Hilton,Matthew (Hg.): The Politics of Consumption. Material Culture and Citizenship in Europe and America. Oxford/New York: 203–222

Crossick, Geoffrey/Jaumain, Serge, Hg. (1999): Cathedrals of Consumption. The European Department Store, 1850–1939. Aldershot u.a.

de Certeau, Michel (1988/1980): Kunst des Handelns. Berlin

de Grazia, Victoria (2005): Irresistible Empire. America's Advance through Twentieth-Century Europe. Cambridge/London

de Grazia, Victoria/Furlough, Ellen, Hg. (1996): The Sex of Things. Gender and Consumption in Historical Perspective. Berkeley/Los Angeles/London

Di Falco, Daniel/Pfister, Christian/Bär, Peter, Hg. (2002): Bilder vom besseren Leben. Wie Werbung Geschichte erzählt. Bern/Stuttgart/Wien

Dienes, Gerhard M. (1997): Die Kunst des Banalen. Von der Wirtschaftswerbung zur Marketingkommunikation. Ausstellungskatalog des Stadtmuseums Graz. Graz

Dirninger, Christian (2000): Handel im Wandel – Vom Greißler zum Supermarkt. In: Haas, Hanns/Hoffmann, Robert/Kriechbaumer, Robert (Hg.): Salzburg. Städtische Lebenswelt(en) seit 1945. Wien/Köln/Weimar: 185–205

Döcker, Ulrike/Sieder, Reinhard (1994): Einkaufen, Kochen, Essen und Trinken im praktischen Lebenszusammenhang. Transkripte der Interviews. Teilstudie des multidisziplinären Forschungsprojektes „Ernährungskultur in Österreich", Bd. 4B. Wien

Eckert, Hermann (2004): Die Geschichte des österreichischen Lebensmittelhandels seit 1945. Diss. Univ. Linz

Eder, Franz X. (2003): Privater Konsum und Haushaltseinkommen im 20. Jahrhundert. In: ders./Eigner, Peter/Resch, Andreas/Weigl, Andreas: Wien im 20. Jahrhundert. Wirtschaft, Bevölkerung, Konsum. Innsbruck/Wien/München: 201–285

Eder, Franz X. (2004): „Konsum/ieren". Begriffe und Ansätze der Konsumforschung und -geschichte. In: Historische Sozialkunde. Geschichte – Fachdidaktik – Politische Bildung, H. 2: 4–12

Eder, Franz X. (2005): Vom Mangel zum Wohlstand. Konsumieren in Wien 1945-1980. In: Susanne Breuss (Hg.): Die Sinalco-Epoche. Essen, Trinken, Konsumieren nach 1945. Ausstellungskatalog. Wien: 24–36

Eder, Franz X. (2006): http://wirtges.univie.ac.at/Eder/LiteraturKonsumgeschichte. html (Zugriff am 28.8.2006)

Eigner, Peter/Helige, Andrea (1999): Österreichische Wirtschafts- und Sozialgeschichte im 19. und 20. Jahrhundert. Wien

Eisterer, Klaus (1986): Hunger und Ernährungsprobleme in Tirol aus der Sicht der französischen Besatzungsmacht 1945/46. In: Pelinka, Anton/Steininger, Rolf (Hg.): Österreich und die Sieger. 40 Jahre Zweite Republik – 30 Jahre Staatsvertrag. Vorträge gehalten an der Universität Innsbruck im Mai bzw. Juni 1985. Wien: 189–204

Ellmeier, Andrea (1990a): Das gekaufte Glück. Konsumentinnen, Konsumarbeit und Familienglück. In: Bernold, Monika u.a.: Familie. Arbeitsplatz oder Ort des Glücks? Wien: 264–280

Ellmeier, Andrea (1990b): Konsumentinnen. Einkaufen in Wien 1918–1933 (II). Eine Analyse konsumgenossenschaftlicher Frauen(presse)Politik und bürgerlicher Frauen- und Kundenzeitschriften. Diplomarbeit aus Geschichte an der Univ. Wien

Ellmeier, Andrea (1995): Handel mit der Zukunft. Zur Geschlechterpolitik der Konsumgenossenschaften. In: L'homme. Zeitschrift für feministische Geschichtswissenschaft 6/1: 62–77

Ellmeier, Andrea (1998): Konsum als politische Praxis. In: Diendorfer, Gertraud/Jagschitz, Gerhard/Rathkolb, Oliver (Hg.): Zeitgeschichte im Wandel. 3. Österreichische Zeitgeschichtetage 1997. Wien: 248–255

Ellmeier, Andrea (2005): Konsum, Politik und Geschlecht. Österreich in den 1950er und 1960er Jahren. Diss. an der Univ. Wien

Ellmeier, Andrea (2006): Die Konsumentin als politisches Subjekt / Subjekt der Politik. Am Beispiel Österreich im 20. Jahrhundert. In: Stuhlpfarrer, Karl/Rettl, Lisa (Hg.):, Demokratie-Zivilgesellschaft-Menschenrechte, Zeitgeschichtetag 2001. Innsbruck u.a. (im Erscheinen)

Ellmeier, Andrea/Singer-Meczes, Eva (1989): Die Modellierung der sozialistischen Konsumentin. Konsumgenossenschaftliche (Frauen)Politik in den 20er Jahren. In: Zeitgeschichte 16/11-12: 410–426

Fox, Richard Wightmann/Lears, T. J. Jackson, Hg. (1983): The Culture of Consumption. Critical Essays in American History, 1880–1980. New York

Gries, Rainer (2003): Produkte als Medien. Kulturgeschichte der Produktkommunikation in der Bundesrepublik und der DDR. Leipzig

Gries, Rainer (Mitarbeit Barbara Gartner) (2006): Produkte & Politik. Zur Kultur- und Politikgeschichte der Produktkommunikation. Wien

Gries, Rainer/Ilgen, Voker/Schindelbeck, Dirk (1995): Ins Gehirn der Masse kriechen! Werbung und Mentalitätsgeschichte. Darmstadt

Hanisch, Ernst (2003): Konsumgesellschaft und Säkularisierung. Die Signaturen der zweiten Hälfte des 20. Jahrhunderts. In: Reith, Reinhold/Meyer, Torsten (Hg.): Luxus und Konsum – eine historische Annäherung. Münster u.a.: 9–27

Hannes Siegrist/Hartmut Kaelble/Jürgen Kocka, Hg. (1997b): Europäische Konsumgeschichte. Zur Gesellschafts- und Kulturgeschichte des Konsums (18. bis 20. Jahrhundert). Frankfurt am Main/New York

Haubl, Rolf (1998): Geld, Geschlecht und Konsum. Zur Psychologie ökonomischen Alltagshandelns. Gießen

Hauch, Gabriella (1987): „Revolutionäre im Schlafrock" und „Instrumente des Klassenkampfes". Konsumgenossenschaften in der österreichischen Arbeiterbewegung bis 1914. In: Maderthaner, Wolfgang (Hg.): Arbeiterbewegung in Österreich und Ungarn bis 1914. Referate des österreichisch-ungarischen Historikersymposiums in Graz vom 5. bis 9. September 1986. Wien: 216–226

Haupt, Heinz-Gerhard (2003): Konsum und Handel. Europa im 19. und 20. Jahrhundert. Frankfurt am Main

Hautmann, Hans (1978): Hunger ist ein schlechter Koch. Die Ernährungslage der österreichischen Arbeiter im Ersten Weltkrieg. In: Botz, Gerhard u.a. (Hg.): Bewegung und Klasse. Studien zur österreichischen Arbeitergeschichte. 10 Jahre Ludwig Boltzmann Institut für Geschichte der Arbeiterbewegung. Wien/München/Zürich: 661–681

Haverkamp, Michael/Teuteberg, Hans-Jürgen, Hg. (2000): Unterm Strich. Von der Winkelkrämerei zum E-Commerce. Bramsche

Hirschberg, Helmut (2002): Konsumgeld. Gebrauch und Verbreitung konsumgenossenschaftlicher Geldzeichen. In: Mitteilungen der Anthropologischen Gesellschaft in Wien 132: 81–89

Hornung, Ela (1990): Sie sind das Glück, sie sind die Göttin. Glück und Arbeit in bürgerlichen Hauswirtschaftsratgebern. In: Bernold, Monika u.a. (Hg.): Familie: Arbeitsplatz oder Ort des Glücks? Historische Schnitte ins Private. Wien: 105–133

Hösl, Wolfgang/Pirhofer, Gottfried (1988): Wohnen in Wien 1848–1938. Studie zur Konstruktion des Massenwohnens. Wien

Huber, Michael/Nicoletti, Doris (2004): Vom Rock'n'Roll zum Techno. Ein Blick auf die Sozialgeschichte des Musikkonsums Jugendlicher seit den 1950er-Jahren. In: Historische Sozialkunde 34/3: 4–11

Illouz, Eva (2003): Der Konsum der Romantik. Liebe und die kulturellen Widersprüche des Kapitalismus. Frankfurt am Main/New York

Jäckel, Michael (²2006): Einführung in die Konsumsoziologie. Fragestellungen – Kontroversen – Beispieltexte. Wiesbaden

Jäckel, Michael/Kochhan, Christoph (2000): Notwendigkeiten und Luxus. Ein Beitrag zur Geschichte des Konsums. In: Rosenkranz, Doris/Schneider, Norbert F. (Hg.): Konsum. Soziologische, ökonomische und psychologische Perspektiven. Opladen: 73–92

John, Michael (2003): Vom Krämerladen zum Warenhaus. Zur Etablierung moderner
   Konsumkultur in einer österreichischen Provinzstadt im 19. und 20. Jahrhundert. In: Reith, Reinhold/Meyer, Torsten (Hg.): Luxus und Konsum – eine historische Annährung. Münster u.a.: 181–208

Kabelka, Viktor/Bennersdorfer, Ernestine (1997): Reklame anno dazumal. Wien

Karazman-Morawetz, Inge (1995): Arbeit, Konsum, Freizeit. Veränderungen im Verhältnis von Arbeit und Reproduktion. In: Sieder, Reinhard/Steinert, Heinz/Tálos,
   Emmerich (Hg.): Österreich 1945–1995. Gesellschaft Politik Kultur. Wien: 409–
   425

Katzinger, Willibald (1982): Werbungen in den Zeitungen des vorigen Jahrhunderts.
   Katalog der Ausstellung des Linzer Stadtarchivs vom Juni-August 1982. Linz

Klohs, Ernst (1952): Die Bedeutung der Konsumgenossenschaft in der deutschen und
   österreichischen Sozialdemokratie. Diss. Univ. Wien

Knittler, Herbert, Hg. (1990): Adel im Wandel. Politik, Kultur, Konfession 1500–1700.
   Ausstellungskatalog. Wien

Koiner, F. (1995): Hundert Jahre ADEG. Partnerschaft zum Erfolg. Wien

Kollmann, Karl (2004): Verbraucherpolitik in Österreich. Institutionen, Praxis, Theorie. Ein kleiner Rück- und Ausblick. In: Blaschek, Beate u.a.: Konsumentenpolitik
   im Spannungsfeld von Liberalisierung und sozialer Verantwortung. Festschrift
   für Gottfried Mayer. Wien/Graz: 101–114

Kollmann, Karl/Steger-Mauerhofer, Hildegard (1994): Verbraucher oder Verbrauchte. Wenn wir 30 Jahre älter sind. Wien

König, Wolfgang (2000): Geschichte der Konsumgesellschaft. Stuttgart

Korner, Roswitha B. (1998): Die Veränderung von Konsument und Werbung im
   Ernährungsbereich seit Beginn der Industrialisierung. Diss. Univ. Linz

Korp, Andreas (1977): Der Konsumverein Teesdorf. Ein Beitrag zur Frühgeschichte
   des österreichischen Genossenschaftswesens. Wien

Kos, Wolfgang (1994): Eigenheim Österreich. Zu Politik, Kultur und Alltag nach 1945.
   Wien

Kretschmer, Helmut (1985): Konfrontation amtlicher und privater Darstellungen bei
   der Beurteilung historischer Ereignisse. Dargestellt am Beispiel Wien 1945. In:
   Jahrbuch des Vereins für Geschichte der Stadt Wien 41: 156–177

Kriegeskorte, Michael (1995): 100 Jahre Werbung im Wandel. Eine Reise durch die
   deutsche Vergangenheit. Köln

Kroen, Sheryl (2003): Der Aufstieg des Kundenbürgers? Eine politische Allegorie für
   unsere Zeit. In: Prinz, Michael (Hg.): Der lange Weg in den Überfluss. Anfänge
   und Entwicklung der Konsumgesellschaft seit der Vormoderne. Paderborn/Wien:
   533–564

Kropf, Rudolf/Rauter, Horst (1982): Erklärungsansätze zum Einfluß der Ernährung
   auf die Gesundheit und Lebenserwartung des Menschen im 19. Jahrhundert. In:
   Konrad, Helmut (Hg.): Der alte Mensch in der Geschichte. Wien: 185–204

Kühschelm, Oliver (2005a): Julius Meinl, Patriarchalisch, (groß)bürgerlich, österreichbewußt). In: Brix, Emil/Bruckmüller, Ernst/Stekl, Hannes (Hg.): Memoria Austriae,
   Bd. 3. Wien: 43–96

Kühschelm, Oliver (2005b): Selbstbedienung und Supermärkte. Das Versprechen von
   Zeitersparnis, Wahlfreiheit und unerschöpflicher Fülle. In: Breuss, Susanne (Hg.):
   Die Sinalco-Epoche. Essen, Trinken, Konsumieren nach 1945. Ausstellungskata-
   log. Wien: 46–60

Kühschelm, Oliver (2005c): Markenprodukte in der Nachkriegszeit. Wahrzeichen der Konsumkultur am Übergang zur Wohlstandsgesellschaft. In: Breuss, Susanne (Hg.): Die Sinalco-Epoche. Essen, Trinken, Konsumieren nach 1945. Ausstellungskatalog. Wien: 61–74

Ladstätter, Josef (1985): Konsumentenpolitik hat Geschichte. Wien

Landau, Karl-Heinz (1990): Bürgerlicher und proletarischer Konsum im 19. und 20. Jahrhundert. Ein kultursoziologischer Beitrag zur Sozialgeschichte schichtspezifischen Verbraucherverhaltens. Köln/Wien

Längle, Julius (1986): Die Ernährungslage in Vorarlberg 1945. In: Wanner, Gerhard (Hg.): 1945. Ende und Anfang in Vorarlberg, Nord- und Südtirol. Lochau: 99–102

Lehne, Andreas (mit Beiträgen von Gerhard Meißl und Edith Hann) (1990): Wiener Warenhäuser 1865–1914. Wien

Lehrbaumer, M. (2000): Womit kann ich dienen? Julius Meinl – Auf den Spuren einer großen Marke. Wien

Leinfellner, Christine (1985): Kinder, Küche, Kirche, Kosmetik, Konsum. Lebensbereiche unserer Urgroßmütter. Zwänge von heute. Wien

Lichtenberger-Fenz, Brigitte (1992): „Frauenarbeit mehrt den Wohlstand". Frauen und das „Wirtschaftswunder" der 50er Jahre. In: Zeitgeschichte 19/7-8: 224–240

Luger, Kurt (1995): Die konsumierte Rebellion. Geschichte der Jugendkultur von 1945 bis 1995. In: Sieder, Reinhard/Steinert, Heinz/Tálos, Emmerich (Hg.): Österreich 1945–1949. Gesellschaft, Politik, Kultur. Wien: 497–510

Luger, Kurt/Rest, Franz (1995): Mobile Privatisierung. Kultur und Tourismus in der Zweiten Republik. In: Sieder, Reinhard/Steinert, Heinz/Tálos, Emmerich (Hg.): Österreich 1945–1949. Gesellschaft, Politik, Kultur. Wien: 655–670

Lummel, Peter/Deak, Alexandra, Hg. (2004): Einkaufen! Eine Geschichte des täglichen Bedarfs. Berlin

Maderthaner, Wolfgang/Musner, Lutz (2004): Im Schatten des Fordismus – Wien 1950 bis 1970. In: Horak, Roman u.a.: Randzone. Zur Theorie und Archäologie von Massenkultur in Wien 1950–1970. Wien: 31–56

Marling, William (1997): Where's the Coke? Theorising the Export of American Culture from the Marshall Plan Experience in Austria. In: European Contributions to American Studies 38: 53–60

Marx, Karl/Engels, Friedrich (1972): Werke (MEW). Berlin

Mason, Roger (1998): The Economics of Conspicuous Consumption. Theory and Thought since 1700. Cheltenham/Northhampton

Massenware Luxusgut (2004): Technik und Design zwischen Biedermeier und Wiener Weltausstellung 1804 bis 1873. Ausstellungskatalog. Technisches Museum Wien

Mattl, Siegfried (2006): Räume der Konsumtion, Landschaften des Geschmacks. In: Sommer, Monika u.a. (Hg.): Imaging Vienna. Innensichten Außensichten Stadterzählungen. Wien

Mazohl-Wallnig, Brigitte/Saurer, Edith (1978): Lombardo-venetianische Studien. Zentralgewalt und Lokalverwaltung in Lombardo-Venetien, 1848–1859. Die Konsumbesteuerung Österreichs und Lombardo-Venetiens, 1829–1859. In: Mitteilungen des Instituts für Österreichische Geschichtsforschung 86/3 u. 4: 365–389, 390–415

McClure, Samuel M. u.a. (2004): Neural Correlates of Behavioral Preference for Culturally Familiar Drinks. In: Neuron 44/14 October 2004: 379–387

McKendrick, Neil/Brewer, John/Plumb, John H. (1982): The Birth of the Consumer Society. The Commercialization of Eighteenth-Century England. London

Meißl, Gerhard (2003): Vom Stadtgewölb zum Urban Entertainment Center. In: Kaufleute, Greißler und Shopping Malls (=Historische Sozialkunde. Geschichte – Fachdidaktik – Politische Bildung 2003/2): 26–34

Miles, Steven/Anderson, Alison/Meethan, Kevin, Hg. (2002): The Changing Consumer. Markets and Meanings. London/New York

Mühlpeck, Vera/Sandgruber, Roman/Woitek, Hannelore (1979): Index der Verbraucherpreise 1800 bis 1914. Eine Rückberechnung für Wien und den Gebietsstand des heutigen Österreich. In: Österreichisches Statistisches Zentralamt (Hg.): Geschichte und Ergebnisse der zentralen amtlichen Statistik in Österreich 1829–1979. Wien: 649–688

Müller, Robert (1984): Fremdenverkehrswerbung in Österreich. Historische Beispiele seit 1884. Wien (Bundesministerium für Handel, Gewerbe und Industrie)

Neuber, Bertha (1988): Die Ernährungssituation in Wien in der Zwischenkriegszeit, während des Zweiten Weltkrieges und in den ersten Nachkriegsjahren. Diss. Univ. Wien

Nierhaus, Irene (1996): Heimat und Serie. Zum Wohnbau nach 1945. In: Kos, Wolfgang/Rigele, Georg (Hg.): Inventur 45/55. Österreich im ersten Jahrzehnt der Zweiten Republik. Wien: 329–344

Otruba, Gustav (1994): Die Organisation des Lebensmittelkleinhandels in Wien. In: Wiener Geschichtsblätter 49/2: 80–103

Pelzer, Birgit/Reith, Reinhold (2001): Margarine. Die Karriere der Kunstbutter. Berlin

Pierenkemper, Toni, Hg. (1987): Haushalt und Verbrauch in historischer Perspektive. Zum Wandel des privaten Verbrauchs in Deutschland im 19. u. 20. Jahrhundert. Ostfildern

Postmann, Klaus (2003): Mein Wein aus Österreich. Die soziale und wirtschaftliche Entwicklung der Weinkultur in Österreich im 20. Jahrhundert. Linz

Prinz, Michael (1996): Brot und Dividende. Konsumvereine in Deutschland und England vor 1914. Göttingen

Prinz, Michael (2003): Konsum und Konsumgesellschaft. Vorschläge zu Definition und Verwendung. In: ders. (Hg.): Der lange Weg in den Überfluss. Anfänge und Entwicklung der Konsumgesellschaft seit der Vormoderne, Paderborn/Wien: 11–36

Promitzer, Christian (1990): Solidarisch handeln. Die Anfänge der Konsumbewegung in der Steiermark. In: Schöpfer, Gerald (Hg.): Menschen – Münzen – Märkte. Steirische Landesausstellung in Judenburg vom 29. April bis 19. Oktober 1989. Fohnsdorf: 277–284

Reith, Reinhold/Meyer, Torsten, Hg. (2003): Luxus und Konsum – eine historische Annährung. Münster u.a.

Renner, Cornelia (1999): „Nicht einmal Brot hat man genug!" Ernährung und Stimmung im Gau Tirol-Vorarlberg 1942/43. In: Zeitgeschichte 26/2: 90–107

Reuveni, Gideon (2001): Lesen und Konsum. Der Aufstieg der Konsumkultur in Presse und Werbung Deutschlands bis 1933. In: Archiv für Sozialgeschichte 2001/41: 97–118

Riesman, David (1958): Die einsame Masse. Eine Untersuchung der Wandlungen des amerikanischen Charakters. München

Rosenkranz, Doris/Schneider, Norbert F., Hg. (2000): Konsum. Soziologische, ökonomische und psychologische Perspektiven. Opladen

Ruppert, Wolfgang, Hg. (1993): Fahrrad, Auto, Fernsehschrank. Zur Kulturgeschichte der Alltagsdinge. Frankfurt am Main

Safrian, Hans (1984): „Wir ham die Zeit der Orbeitslosigkeit schon richtig genossen auch". Ein Versuch zur (Über-)Lebensweise von Arbeitslosen in Wien zur Zeit der Weltwirtschaftskrise um 1930. In: Botz, Gerhard/Weidenholzer, Josef (Hg.): Mündliche Geschichte und Arbeiterbewegung. Wien/Köln: 293–331

Sandgruber, Roman (1977): Lebensstandard und Ernährung in Oberösterreich im 18. und 19. Jahrhundert. In: Österreich in Geschichte und Literatur 21/5: 273–294

Sandgruber, Roman (1982): Die Anfänge der Konsumgesellschaft. Konsumgüterverbrauch, Lebensstandard und Alltagskultur in Österreich im 18. und 19. Jahrhundert. Wien

Sandgruber, Roman (1986): Bittersüße Genüsse. Kulturgeschichte der Genussmittel. Wien/Köln/Graz

Sandgruber, Roman (1991): Das Essen der Arbeiterfrauen. Geschlechtsspezifische Konsumunterschiede in Arbeiterhaushalten. In: L'Homme. Zeitschrift für feministische Geschichtswissenschaft 2/1: 45–56

Sandgruber, Roman (1995): Ökonomie und Politik. Österreichische Wirtschaftsgeschichte vom Mittelalter bis zur Gegenwart. Wien

Sandgruber, Roman (2004): Das Geschlecht der Esser. In: Walter, Rolf (Hg.). Geschichte des Konsums. Erträge der 20. Arbeitssitzung der Gesellschaft für Sozial- und Wirtschaftsgeschichte 23.–26. April 2003 in Greifswald. Wiesbaden: 379–407

Sandgruber, Roman (2006): Frauensachen – Männerdinge. Eine „sächliche" Geschichte der zwei Geschlechter. Wien

Schama, Simon (1988): Überfluß und schöner Schein. Zur Kultur der Niederlande im Goldenen Zeitalter. München

Schindelbeck, Dirk (2001): Illustrierte Konsumgeschichte der Bundesrepublik Deutschland 1945–1990. Erfurt

Schiner, Sebastian (2004): Die Entwicklung der Konsumgesellschaft und deren Einfluss auf den Einzelhandel in Österreich nach dem Zweiten Weltkrieg unter besonderer Berücksichtigung des Konsum Österreichs. Diplomarbeit Wirtschaftsuniv. Wien

Schmidlechner, Karin M. (1995): Youth Culture in the 1950s. In: Bischof, Günter/Pelinka, Anton (Hg.): Austria in the Nineteen Fifties. New Brunswick: 116–137

Schmidt, Franz R. (1947): Die Geschichte vom Konsumenten und von der Konsumgenossenschaft. Wien

Schuhmacher, Wolfgang (1981): Verbraucher und Recht in historischer Sicht. Wien

Schulz, Wolfgang (1990): Zwischen Rauschmittel und Genußmittel – die Weinkultur als Beispiel sozial integrierten Alkoholkonsums. In: Weinkultur. Ausstellung, Gamlitz, vom 28. April bis 11. November 1990. Graz: 113–116

Schwartz, Thomas A. (1995): Coca-Cola and Pax Americana. The Limits of Americanization in Postwar Europe. In: Bischof, Günter/Pelinka, Anton (Hg.): Austria in the Nineteen Fifties. New Brunswick: 262–272

Schwendter, Rolf (1995): Arme Essen – Reiche Speisen. Neuere Sozialgeschichte der zentraleuropäischen Gastronomie. Wien

Seibert, Franz (1978): Die Konsumgenossenschaften in Österreich. Geschichte und Funktion. Wien

Siegrist, Hannes (1997): Konsum, Kultur und Gesellschaft im modernen Europa. In: Hannes Siegrist/Hartmut Kaelble/Jürgen Kocka, Hg. (1997a): Europäische Konsumgeschichte. Zur Gesellschafts- und Kulturgeschichte des Konsums (18. bis 20. Jahrhundert). Frankfurt am Main/New York: 13–49

Sorgo, Gabriele (2005): Koche nur mit Liebe. Die Multifunktionshausfrau. In: Breuss, Susanne (Hg.): Die Sinalco-Epoche. Essen, Trinken, Konsumieren nach 1945. Ausstellungskatalog. Wien: 75–89

Sorgo, Gabriele (2006): Abendmahl in Teufels Küche. Über die Mysterien der Warenwelt. Wien/Graz/Klagenfurt

Spalt, Johannes (1999): Portale & Geschäfte. Historische Wiener Geschäftsanlagen. Wien/Köln/Weimar

Spiecker, Ira (2000/2001): Ladenfräuleins und Geschäftsfrauen. Ideale und Realitäten von Frauen im Handel zu Beginn des 20. Jahrhunderts. In: Mitteilungen der Anthropologischen Gesellschaft in Wien 130/131: 201–214

Spieker, Ira (2000): Ein Dorf und sein Laden. Warenangebot, Konsumgewohnheiten und soziale Beziehungen um die Jahrhundertwende. Münster u.a.

Spiekermann, Uwe (1999): Basis der Konsumgesellschaft. Entstehung und Entwicklung des modernen Kleinhandels in Deutschland 1850–1914. München

Stearns, Peter N. (2001): Consumerism in World History. The Global Transformation of Desire. London

Steiner, Gertraud (1987): Die Heimat-Macher. Kino in Österreich 1946–1966. Wien

Stihler, Ariane (1998): Die Entstehung des modernen Konsums. Darstellung und Erklärungsansätze. Berlin

Stockhammer, Siegmund (1976): Der „Verein für Konsumenteninformation". Institutionelle Verbraucherpolitik in Österreich und konsumeristische Zielvorstellungen. phil. Diss. an der Univ. Linz

Strommer, Roswitha/Strommer, Franz (2001): Im Vertrauen auf die Macht der Hausfrau. Die Rolle der Frauen in den österreichischen Arbeiterkonsumvereinen 1856 bis 1977. Wien

Tagebuch der Straße (1981): Wiener Plakate. Ausstellung der Wiener Stadt- und Landesbibliothek. Wien

Tanner, Jakob u.a., Hg. (1998), Geschichte der Konsumgesellschaft. Märkte, Kultur und Identität (15.–20. Jahrhundert). Zürich

Thalhammer, Anton (1968): 50 Jahre, 1918–1968, A(rbeitsgemeinschaften) D(er) E(inkaufs) G(enossenschaften). St. Pölten

Trentmann, Frank (2004): Beyond Consumerism. New Historical Perspectives on Consumption. In: Journal of Contemporary History 39/3: 373–401

Veblen, Thorstein (1986/1899): Theorie der feinen Leute. Eine ökonomische Untersuchung der Institutionen. Frankfurt am Main

Vierter Bericht zur Lage der Jugend in Österreich – Teil A: Jugendradar 2003 (=http://www.bmsg.gv.at/cms/site/liste.html?channel=CH0243 Zugriff am 20.8.2006)

Vocelka-Zeidler, Sylvia (1985): Ausstattung der Haushalte. Vergleich 1974–1979–1984 nach sozialer Stellung, Gemeindetyp und Bundesländern. Ergebnisse des Mikrozensus Juni 1984. In: Statistische Nachrichten 40 NF/7: 476–483

Wagnleitner, Reinhold (1985): Die Kinder von Schmal(t)z und Coca-Cola. Der kulturelle Einfluß der USA im Österreich der fünfziger Jahre. In: Jagschitz, Gerhard/Mulley, Klaus-Dieter (Hg.): Die „wilden" fünfziger Jahre. Gesellschaft, Formen und Gefühle eines Jahrzehnts in Österreich. Wien: 144–172

Wagnleitner, Reinhold (1991): Coca-Colanisation und Kalter Krieg. Die Kulturmission der USA in Österreich nach dem Zweiten Weltkrieg. Wien

Wagnleitner, Reinhold (1997): Die Marilyn-Monroe-Doktrin oder das Streben nach Glück durch Konsum. Die US-Popkultur und die Demokratisierung Österreichs im Kalten Krieg (=IWM Working Papers No. 5/1997)

Wakounig, Maria (1989): Konsumverhalten des Wiener Bürgertums im 19. und 20. Jahrhundert. In: Jahrbuch des Vereins für Geschichte der Stadt Wien 44/45: 154–186

Walter, Rolf, Hg. (2004): Geschichte des Konsums. Erträge der 20. Arbeitssitzung der Gesellschaft für Sozial- und Wirtschaftsgeschichte 23.–26. April 2003 in Greifswald. Wiesbaden

Weber, Franz Chr. (2000): „Wir wollen nicht hilflos zu Grunde gehen!" Zur Ernährungskrise der Steiermark im Ersten Weltkrieg und ihren politisch-sozialen Auswirkungen. In: Blätter für Heimatkunde 74/ 3: 96–131

Weigl, Andreas (2004): Zwischen Ausspeisung und Fast Food. Zum Wandel der Ernährungsgewohnheiten Wiener Schulkinder nach 1945. In: Beiträge zur historischen Sozialkunde (2004), 2: 13–21

Weiss, Wolfgang (1994): Ernährung und Lebensmittelversorgung in Graz 1945. In: Graz 1945 (= Historisches Jahrbuch der Stadt Graz 25): 283–299

Wildt, Michael (1994): Am Beginn der „Konsumgesellschaft". Mangelerfahrung, Lebenshaltung, Wohlstandshoffnung in Westdeutschland in den fünfziger Jahren. Hamburg

Wirtschaftsstatistisches Jahrbuch (1926ff.), hrsg. von der Arbeiterkammer Wien. Wien

Witt-Döring, Christian (1988): Der differenzierte Konsum. Das Wiener Möbel 1815–1848. In: Bürgersinn und Aufbegehren. Biedermeier und Vormärz in Wien 1815–1848. Ausstellungskatalog. Wien: 367–387

Woldrich, Thomas (1997): Das schöne Austria. Tourismuswerbung für Österreich mittels Landschaft, Kultur und Menschen. In: Prutsch, Ursula /Lechner, Manfred (Hg.): Das ist Österreich. Innensichten und Außensichten. Wien: 37–59

Wolf, Walter/Vollmann, Kurt (1990): Ausstattung der Haushalte. Vergleich 1974–1979–1984–1989 nach sozialer Stellung, Gemeindetyp und Bundesländern. Ergebnisse des Mikrozensus Juni 1989. In: Statistische Nachrichten 45 NF/9: 658–666

Wyrwa, Ulrich (1997): Consumption, Konsum, Konsumgesellschaft. Ein Beitrag zur Begriffsgeschichte. In: Hannes Siegrist/Hartmut Kaelble/Jürgen Kocka, Hg. (1997): Europäische Konsumgeschichte. Zur Gesellschafts- und Kulturgeschichte des Konsums (18. bis 20. Jahrhundert). Frankfurt am Main/New York: 747–762

Ziessow, Karl-Heinz/Hase, Wolfgang (2004): Vom Diederich Mayer auf Kredit … Kaufen und Verkaufen in der bäuerlichen Gesellschaft. In: Peter Lummel/Alexandra Deak (Hg.): Einkaufen! Eine Geschichte des täglichen Bedarfs. Berlin: 47–52

Zoitl, Helge (1988): Gegen den Brotwucher! Die Gründung der Wiener Hammerbrotwerke. In: Zeitgeschichte 16/3: 79–103

(DETAIL)HANDEL UND KONSUM IN ÖSTER-
REICH IM 20. JAHRHUNDERT
Die Geschichte einer Wechselbeziehung

PETER EIGNER

VORBEMERKUNGEN

Die sektorale Wirtschaftsentwicklung Österreichs im 20. Jahrhundert wird durch einen starken Bedeutungsverlust des primären Sektors (Land- und Forstwirtschaft), einen etwas schwächer ausgeprägten Rückgang der Sachgüterproduktion (Industrie und Gewerbe) und durch eine dementsprechend deutliche Zunahme des Dienstleistungssektors charakterisiert. Diese Entwicklungstendenzen haben sich nach 1945 noch beschleunigt. Im expandierenden Dienstleistungssektor ragt ein Wirtschaftsbereich weiterhin heraus, der Handel. Seine aktuelle gesamtwirtschaftliche Bedeutung zeigt sich unter anderem in der österreichischen Arbeitsstättenzählung 2001: Handel sowie die Reparatur von Kraftfahrzeugen und Gebrauchsgütern machten rund 25 Prozent der Arbeitsstätten und 18 Prozent der Beschäftigten aus. Im Jahr 2003 umfasste dieser Bereich 77.653 Unternehmen mit 591.850 Beschäftigten, worunter sich 523.649 unselbstständig Beschäftigte befanden (Statistisches Jahrbuch Österreichs 2006).

Wie die anderen Wirtschaftsbereiche war auch der Handel einem rasanten Wandel ausgesetzt. Die Entwicklungen von Warendistribution und -verkauf müssen dabei im Kontext des gesellschaftlichen Umfelds gesehen werden, sie sind abhängig von Produktionsformen, Technik, Einkommensverhältnissen, kulturellen, politischen und sozioökonomischen Strukturen (Meißl 2003: 33). Handel und Konsum standen und stehen dabei in einer engen Wechselbeziehung. Das allmähliche Aufkommen einer etwas breiteren Konsumentenschicht um 1900, der Bruch mit dem Weg Österreichs in die Kleinstaatlichkeit nach 1918, die Verheerungen durch Weltwirtschaftskrise, Nationalsozialismus und Zweiten Weltkrieg, die rasche Überwindung einer Mangelgesellschaft nach 1945, die etwas verspätete Herausbildung der Konsumgesellschaft in Österreich bis zur Entstehung des Massenkonsums, der rasche Wandel der Konsumgewohnheiten, die Entwicklung hin zur Überfluss- und Wegwerfgesellschaft, begleitet von der Entstehung einer Zwei-Drittel-Gesellschaft und des Phänomens der so genannten „Neuen Armut", bilden hier wesentliche Etappen und Weichenstellungen.

Aufkommende Warenvielfalt charakterisierte bereits das späte 19. Jahrhundert. Erste Massenprodukte stießen angesichts leicht verbesserter Einkommensverhältnisse auf vermehrte Nachfrage. Rascher gesellschaftlicher Wandel drängte auf eine Veränderung der Handelsabläufe und der Distributionsformen und führte zu Innovationen im Detailhandel. Der Wunsch nach billigeren Waren steckte hinter der institutionellen Neuerung der Konsum-, Einkaufs- und Kreditgenossenschaften. Auch Filialisten und Warenhäuser zielten auf eine Reduktion des Zwischenhandels, waren gegenüber dem kleinen Einzelhändler durch günstigere Finanzierungsmöglichkeiten im Vorteil und kamen auf einen rascheren Warenumschlag. Warenhäuser zeigten zudem eindrucksvoll die neue Produktvielfalt und ästhetisierten den Einkauf.

Als offensichtlichste Entwicklungen und prägnanteste Umwälzung in der Handelsstruktur (nicht nur) Österreichs nach dem Zweiten Weltkrieg können die Einführung der Selbstbedienung und die Durchsetzung des Supermarktes in nahezu allen Branchen sowie eine Beschleunigung der Konzentrationstendenzen (in großen Handelsketten, so genannten Filialisten, und großflächigen Betriebsformen) ausgemacht werden, weiters eine steigende Bedeutung von dezentralen Standorten bzw. Randlagen von Stadtgebieten. Die Verbreitung von Einkaufsagglomerationen auf der „grünen Wiese" in Form von Einkaufszentren und Fachmärkten ging und geht dabei Hand in Hand mit einem Bedeutungsverlust, oft einer weitgehenden Verdrängung des kleinen und mittelständischen Einzelhandels, wobei insbesondere bei Familienunternehmen auch Nachfolgeprobleme hinzukamen. Auffällig ist eine Beschleunigung, geradezu eine Dynamisierung dieser Entwicklung seit den 1960er-Jahren.

Der Lebensmittelhandel stellte gewissermaßen den Präzedenzfall dar, in diesem Bereich wurden Entwicklungen eingeleitet, denen ein Großteil der sonstigen Einzelhandelsbranchen (Drogerien, Möbelhändler, Einrichtungshäuser, Elektrogeschäfte, Textil- und Schuhverkäufer, Autobedarfs- und Zubehörbetriebe, Sport- und Spielwarenhändler etc.) mit geringem zeitlichen Abstand folgen sollten.

In nahezu jeder Branche fanden Konzentrationsprozesse statt, und
es vollzog sich der Übergang von kleinen, serviceorientierten Fachgeschäften zu großen, flächenintensiven, mit einem besonders breit ge-
fächerten Sortiment versehenen Selbstbedienungsläden. Die Ausweitung der Verkaufsflächen ging mit einer Reduktion der Anzahl der Betriebe bzw. Einzelunternehmen einher. Die Kleinunternehmen nahmen
dabei nicht nur zahlen-, sondern auch umsatzmäßig ab. Das Verkaufs-
flächenangebot wurde teils bis an die Marktkapazität, manchmal darüber hinaus vergrößert, was den Verdrängungswettbewerb und die
Marktkonzentration nur weiter anheizte (Rupp 1991: 3). Die höchste
Konzentration im Einzelhandel wiesen 1999 die Lebensmittelbranche,
der Sportartikelbereich und der Drogerie-/Parfümeriebereich auf, hier
lag der Marktanteil der jeweils fünf größten Anbieter bei 90 Prozent
und mehr (Gössinger 2001: 8). Diese Entwicklungstendenzen setzten
zuerst in den Städten ein, verbreiteten sich aber rasch bis in kleine
Gemeinden. Immer mehr Orte verfügen heute über keine Nahversorgung mehr.

Gesellschaftlicher Wandel hat zahlreiche Veränderungen im Einzelhandel bewirkt und einen neuen Konsumententypus kreiert. Shopping
Cities, die ihr umfassendes Spektrum an Geschäften unter einem Dach
versammeln und in denen nicht nur Waren ver- und gekauft werden,
sondern auch Erlebnisse und Sinneseindrücke konsumiert werden, in
denen Kinos, Restaurants, Cafes die Geschäfte ergänzen, können als
eine Antwort des Handels auf die neuen gesellschaftlichen Wünsche
verstanden werden. Sie werden nicht mehr nur als Einkaufs-, sondern
zudem als Freizeitzentren aufgesucht.

Im Zuge dieser Entwicklung veränderte sich auch die Beschäftigungs-
struktur im Handel. Nach einer längeren Periode der Ausdehnung kam
es in den letzten Jahren zu einer geringfügigen Abnahme an Arbeitsplätzen, parallel dazu reduzierten sich die Vollzeitjobs zugunsten von
Teilzeitbeschäftigung. Auch die insbesondere nach 1945 gewaltigen,
später immer noch beträchtlichen Umsatzzuwächse im Handel scheinen heute an Grenzen gestoßen zu sein, wobei die Branchen unterschiedlich betroffen sind. Der Handel, der im Laufe des 20. Jahrhunderts sehr rasch auf gesellschaftliche Veränderungen reagierte, steht
heute vor einer seiner größten Herausforderungen.

Die skizzierten Entwicklungen können durch einige Zahlen nach-
drücklich belegt werden: Die Anzahl der Lebensmitteleinzelhändler in
Österreich (exklusive Hofer/Lidl; ohne Spezialgeschäfte des Lebensmittelsektors wie Bäckereien, Fleischereien, Milchgeschäfte und Spezialgeschäfte für Obst/Gemüse, Kaffee/Tee und Spirituosen) ging von

23.859 im Jahr 1960 auf 13.176 1980 und weiter auf 5.731 2005 zurück, die Umsätze haben sich in diesem Zeitraum mehr als verzehnfacht (von 1,1 Mrd. Euro auf 11, 7 Mrd. Euro) (vgl. AC Nielsen http://www.acnielsen. at/site/documents/Handel05.pdf). Auf REWE LH (Billa-Konzern) und Spar, die beiden Giganten im österreichischen Lebensmittelhandel, entfielen 2005 49 Prozent aller Lebensmitteleinzelhandelsgeschäfte und fast 73 Prozent des Umsatzes.

Laut Ernährungsstudie 2002 werden 50 Prozent aller Lebensmittel im Supermarkt oder Diskonter erworben, bei Milchprodukten sind es sogar 82 Prozent, bei Obst und Gemüse 74 Prozent (Wirtschaftsblatt 31.10.2002). Verlierer dieser Entwicklung ist der kleine Fach- und Einzelhandel. Pro Jahr gibt es rund hundert Greißler im klassischen Sinne weniger, besonders betroffen von dieser Entwicklung scheint Wien. Hier ging die Zahl der Lebensmitteleinzelhändler zwischen 1953 und 1980 von 10.700 auf rund 3.300 und bis 2001 auf nicht ganz 1.700 zurück (Kühschelm 2005a: 51), ähnlich dramatische Rückgänge verzeichneten Bäcker, Obst- und Gemüsehändler oder Fleischhauer. Einen noch stärkeren Aderlass gab es bei den Kleinstbetrieben selbstständiger Gewerbetreibender wie Schuster oder Taschner.

Während Einzelhandels-Kleinbetriebe bzw. kleine Filialisten mit bis zu neun Beschäftigten zwischen 1983 und 1995 Umsatzeinbußen von mehr als zehn Prozent zu verzeichnen hatten, verdoppelte sich der Umsatzanteil von Betrieben mit über 500 Arbeitnehmer/n/innen im Vergleichszeitraum beinahe. Die Gesamtzahl der österreichischen Einzelhandelsbetriebe sank von 1983 bis 1995 um 8,9 Prozent (von 42.491 auf 38.727), die Umsätze pro Betrieb stiegen jedoch um 74 Prozent (Gössinger 2001: 7ff.).

ENTWICKLUNGSTENDENZEN BIS 1945: VERZÖGERTER EINTRITT INS KONSUMZEITALTER

Der sozioökonomische Strukturwandel im Detailhandel, auf dem das Hauptaugenmerk der folgenden Ausführungen liegt, sowie organisatorische und betriebliche Innovationen haben sich zwar – obwohl noch weit von US-amerikanischen städtischen Verhältnissen einer nahezu vollständigen Suburbanisierung des Einzelhandels entfernt – nach 1945 deutlich beschleunigt, reichen aber zumindest bis zum Beginn der Industrialisierung zurück. Einige dieser Entwicklungsstufen bzw. ihre typischen institutionellen Ausprägungen werden im Folgenden, beginnend mit dem ausgehenden 19. Jahrhundert, exemplarisch vorgestellt.

Konsumvereine, Einkaufs- und Kreditgenossenschaften

Neue Detailhandelsformen (Magazine, Konfektionäre) verstanden sich
seit Beginn des 19. Jahrhunderts als Bindeglied zwischen dem traditionellen Handwerk und den Konsumenten. Im Lebensmittelbereich,
auf den das Gros der damaligen Konsumaktivitäten entfiel, fehlten
derartige Innovationen bis zum Aufkommen der Konsumvereine bzw.
-genossenschaften (Meißl 2003: 27). Hinter deren Vordringen stand die
Idee, unter Umgehung des Zwischenhandels – im Kleinhandelssystem
des 19. Jahrhunderts erreichten die Waren den Detailverkäufer oft über
mehrere Import- und Großhandelsstufen mit dem Effekt einer Verteue-
rung – im Großen billig einzukaufen und die Waren zum Selbstkosten-
preis bzw. mit geringem Aufschlag an die Vereinsmitglieder abzuge-
ben. Feindbild war der private Einzelhandel, personalisiert im kleinen
Kaufmann, dem Greißler. Die Gewinne der Unternehmen der Genossenschaften sollten ihren Mitgliedern zukommen. Als österreichischer
Pionier dieser Entwicklung gilt der 1856 gegründete „Wechselseitige
Unterstützungsverein der Fabrikarbeiter zu Teesdorf" in Niederösterreich. Im Jahr 1901 kam es zur Etablierung des in enger Verbindung
mit der Sozialdemokratie stehenden „Zentralverbandes österreichischer
Konsumvereine", 1905 wurde die „Großeinkaufsgesellschaft österreichischer Consumvereine (GÖC)" geschaffen, diese Institutionen waren der Vorläufer des „Konsum". Neben dem gemeinsamen Einkauf
bemühte man sich um die Schaffung eigener Nahrungsmittelbetriebe,
die zu einer Verbilligung des Sortiments beitragen sollten. Nachfrage
und Bedürfnis nach dieser Organisationsform waren beträchtlich, 1913
gab es in der österreichischen Reichshälfte der Habsburgermonarchie
bereits 1.469 Konsumgenossenschaften. Die großen Erfolge der GÖC
begannen mit dem Ersten Weltkrieg, als der Großeinkaufsgesellschaft
und damit auch einzelnen Konsumgenossenschaften die Versorgung
der Kriegsleistungsbetriebe übertragen wurde (Baltzarek 1976: 187ff.).
    Genossenschaften trugen auch zur stärkeren Integration der agrari-
schen Gemeinden in die Industrie- bzw. entstehende Konsumgesellschaft bei (vgl. Meißl 2003: 28). Ideen Friedrich Wilhelm Raiffeisens
aufgreifend, wurden im deutschen Sprachraum Kreditgenossenschaften gegründet, einerseits Vermarktungsgenossenschaften, die der Op-
timierung des Verkaufs von Produkten wie Milch, Getreide, Wein etc.
dienten, andererseits Lagerhausgenossenschaften, die den Agrar-
produzenten einen günstigen Bezug von Saatgut, Düngemittel oder
Baumaterialien ermöglichten. Die erste Raiffeisengenossenschaft wurde
1886 im niederösterreichischen Mühldorf ins Leben gerufen, bis 1909

wuchs ihre Zahl allein in den Alpenländern der Monarchie auf 1.953 an.

Für die Verbreitung des genossenschaftlichen Konzepts im Sinne Hermann Schulze-Delitzsch', das sich im Gegensatz zu Raiffeisen auf den städtisch-gewerblichen Bereich konzentrierte, sorgte als Vorreiter in Österreich der 1895 konstituierte „Grazer Kaufmännische Einkaufsverein". Mehrere Einkaufsgenossenschaften schlossen sich 1929 zu einer „Arbeitsgemeinschaft der Einkaufsgenossenschaften" (ADEG) zusammen. Der private Einzelhandel reagierte insgesamt eher verspätet mit eigenen Zusammenschlüssen. Durch die gemeinsame Organisation von Einkauf, Lagerhaltung und Werbung sowie durch die Bereitstellung günstiger Kredite festigten diese Genossenschaften nicht nur die ökonomische Basis ihrer Mitglieder, sondern trugen durch Fortbildungsangebote in Buchhaltung, Warenkunde oder Schaufenstergestaltung auch maßgeblich zur weiteren Modernisierung und Professionalisierung des Einzelhandels bei.

Filialketten und Warenhäuser

Wie die Konsum- und Einkaufsgenossenschaften reduzierten auch Waren- und Versandhäuser sowie Filialbetriebe den Zwischenhandel und erzielten höhere Warenumschläge, wodurch niedrigere Endverbraucherpreise kalkulierbar wurden (König 2000: 91ff.). Den Anstoß zur Filialbildung von Geschäften gab meist der Vertrieb wichtiger Nahversorgungsgüter (Lebens- und Genussmittel wie Kaffee, Tabakwaren, Milch oder Brot), mit denen ein Händler, der oft zugleich Importeur und/oder Weiterverarbeiter war, seinen lokalen Kundenkreis durch die Eröffnung zusätzlicher Geschäfte an anderen Standorten auszuweiten versuchte (vgl. Meißl 2003: 29).

Für Österreich ist hier auf die Rolle der Firma Julius Meinl zu verweisen, bei der die Filialbildung ihren Ausgang zunächst von selbst geröstetem Kaffee nahm (vgl. Kühschelm 2005c: 45ff.). Julius Meinl eröffnete 1862 auf dem Wiener Fleischmarkt sein erstes Kaffeegeschäft. Diesem Produkt verdankte Meinl maßgeblich seinen exklusiven Ruf, und die Identifizierung von Meinl mit Kaffee bzw. von Kaffee mit Wiener Kultur trug dazu bei, dass die Firma unverzichtbarer Bestandteil einer auf Wien zentrierten österreichischen Identität wurde (Kühschelm 2005c: 74). 1899 erwarb Meinl den Gewerbeschein für Gemischtwaren und erweiterte sein Sortiment. Zwischen 1894 und 1914 wuchs die Zahl der Filialen in Wien auf 44, in der Habsburgermonarchie insgesamt auf 115. Dem Lebensmittelhandel wurde die Eigenproduktion hinzugefügt und trug zur

Expansion bei, von Meinl selbst erzeugte Produkte machten bald den Großteil des Sortiments aus. Meinl war sehr geschickt, was die Substitution der im 19. Jahrhundert in den Haushalten noch weit verbreiteten Selbstversorgung durch die Inanspruchnahme von Dienstleistungen des Handels betraf (Kühschelm 2005c: 56). Am Beginn des Aufstiegs der Firma stand die Idee, das Kaffeerösten nicht mehr den KonsumentInnen zu überlassen. Als das Unternehmen 1912 mit der Erzeugung von Marmelade begann, war das Einkochen von Obst noch eine Selbstverständlichkeit. Insgesamt bemühte sich die Firma von Anfang an stärker um eine bürgerliche, eher wohlhabende Kundschaft.

Der große kommerzielle Erfolg des Filialsystems, für den Meinl stellvertretend steht, beruhte auf der Vermarktung von Eigenprodukten und der Ausschöpfung des Einsparungspotenzials durch die Zentralisierung von Einkauf, Lagerhaltung, Verwaltung und Preisgestaltung (Anschreiben war verpönt), vor allem aber auf der Konstruktion eines Firmenimages, einer unverwechselbaren Corporate Identity. Durch eine einheitliche Gestaltung der Geschäftsportale und der Innenausstattung, ebensolche Werbung und Verpackung sowie durch die Festlegung gewisser Qualitätsstandards u. ä. wurde ein hoher Wiedererkennungswert für die gesamte Kette geschaffen und damit auch die Stammkundschaft vergrößert. Die Firma Meinl verkörperte viele Jahrzehnte hindurch das perfekte Beispiel einer patriarchalischen Unternehmenskultur und eines dynastischen Prinzips, in der sich trotz der 1913 erfolgten Umwandlung in eine Aktiengesellschaft alle Macht auf die Eigentümerfamilie konzentrierte, symbolisiert durch die gleich bleibenden Vornamen (Julius) der jeweiligen Firmenchefs aus der Familie, die sich nur – Königen gleich – durch ihre an den Namen angehängten römischen Ziffern unterschieden. Der Aufstieg der Firma basierte aber wie erwähnt nicht zuletzt auf Artikeln für eine gehobene Klientel. Fester Bestandteil war dabei die besonders freundliche und zuvorkommende Bedienung (charakteristisch für Meinl wurde ein devoter Umgangston: „Womit kann ich dienen, gnädige Frau, gnädiger Herr?"). Im Gefolge des Schwindens der bürgerlichen Welt und Werte verlor Meinl etliche Jahrzehnte später den Anschluss an die neuen Konsumgewohnheiten.

Nachahmer solcher Filialketten fanden sich – weit seltener – auch im Bereich des Gebrauchsgütersektors, wobei es sich meist um Vertriebsnetze von Industrieunternehmen handelte. Als Beispiele seien hier die Humanic-Geschäfte der Grazer Schuhfabrik Pollack oder die Verkaufsstandorte der amerikanischen Singer-Nähmaschinen erwähnt. Das Ausmaß der regionalen Diffusion solcher Filialstandorte dient dabei retrospektiv als guter Indikator für die räumliche Differenzierung von

Konsumverhalten und Kaufkraft. Das Wiener Beispiel, wo sich etliche dieser Ketten bereits vor 1914 erstmals auch in Arbeiterbezirken ansiedelten, deutet auf Ansätze zu einer breiteren Durchsetzung der modernen Konsumgesellschaft hin.

Die maßgebliche Rolle des Handels bei der allmählichen Etablierung der Konsumgesellschaft war auch an der Differenzierung von Spezialgeschäften, etwa für den Verkauf industriell gefertigter Gebrauchsgüter wie Fahrräder oder Grammophone, abzulesen. Als Reaktion auf die wachsende Nachfrage durch den Handel, aber auch auf die von Konsumgenossenschaften, Filialketten etc. selbst produzierten Waren griffen die Industriefirmen schon vor 1900 zur Markenartikel-Strategie. Marken vermindern aus Sicht der VerbraucherInnen die subjektiv wahrgenommenen Kaufrisiken, der Preis spielt dabei weniger Rolle (Kühschelm 2005b: 61ff.). Durch aufwändige Werbung, darauf abgestimmte Verpackung, genormte Produktbeschaffenheit und Menge wurde ein Qualitätsimage konstruiert und die Nachfrage stimuliert, so dass im Extremfall der Markenname für eine bestimmte Produktgattung stehen konnte (z. B. Dr. Oetker Backpulver, Persil-Waschmittel) (Meißl 2003: 30). Den Hintergrund der Entwicklung neuer Distributionsmethoden bildete das stark vermehrte Warenangebot der sich kontinuierlich ausweitenden Verbrauchsgüterindustrie. Deren zunehmend auf Massenkonsum abzielendes Angebot traf wiederum auf veränderte Bedürfnisse in großen Teilen der Bevölkerung sowie auf einen generellen, wenn auch sozial abgestuften Anstieg der Kaufkraft (Gerlach 1988: 20).

Besondere Aufmerksamkeit erfuhr die Innovation Warenhaus. Ähnlich der von Maschinen betriebenen arbeitsteiligen Fabrik, die als Leitbild der neuen Welt der Warenproduktion fungierte, wurde mit dem Kauf- oder Warenhaus ein Pendant für die Neuorganisation der Warenverteilung geschaffen, in dem die Produktinnovationen in gebündelter Form zu finden waren: „Einsatz großer Kapitalien, Gliederung in Spezialabteilungen, ausgefeilte Organisation, Großeinkauf, niedrige Gewinnspannen, rascher Warenumschlag, aufwändige Werbung, Sonderangebote, auf Schildern vermerkte Fixpreise, freie Besichtigung – das waren die aufeinander abgestimmten Elemente eines Systems, mit dessen Hilfe analog zur Serienproduktion des Großbetriebes die Waren massenhaft (es gab Häuser mit mehreren tausend Beschäftigten) abgesetzt werden sollten." (Meißl 2003: 29) Bezeichnenderweise nannte sich eines der ersten Wiener Warenhäuser „Zur großen Fabrik" (vgl. Meißl 2003: 29f.; zur Entwicklungsgeschichte des Warenhauses in Österreich: John 2003: 182f.). Da in diesen „Department Stores" kein Kaufzwang bestand und das Verkaufspersonal Anweisung zur Zurückhal-

tung hatte, vollzog sich ein erster Schritt zur Selbstbedienung. Weiters
neu war neben der geradezu überwältigenden Warenpräsenz – das Prinzip der Bedarfsdeckung wich dem der Bedarfsweckung – vor allem die
zum Kauf verführende, im Kontext von Modernität und Luxus einge-
bettete Präsentation sowohl der Waren wie des Gebäudes selbst. Zur
Ästhetisierung des Verkaufsumfeldes – eine Vorstufe zum rund ein Jahrhundert später entwickelten Konzept des Erlebniseinkaufs – gehörten
meist ein zentraler Standort, eine imposante Architektur mit prächti-
gen Glas-Stahl-Fassaden und sorgfältig gestalteten, hell erleuchteten
Auslagen, großzügige, Licht durchflutete Stiegenanlagen oft unter einer Glaskuppel, elektrische Aufzüge und Rolltreppen, verführerische,
immer wieder neu inszenierte Warenarrangements u. ä., die in Einzel-
fällen von Dienstleistungsangeboten wie Cafés oder Frisörstuben ergänzt wurden. Beispielhaft sei hier die Neueröffnung des Wiener Kaufhauses Herzmansky im Dezember 1897 in einem imposanten Neubau
in der Stiftgasse 3 (nahe der Wiener Mariahilfer Straße) erwähnt. Mit
weiteren Kaufhäusern wie Esders oder Gerngross wurde die Mariahilfer
Straße neben Graben, Kohlmarkt und Kärntner Straße zu einer zentralen Einkaufsstraße Wiens. Nicht nur im Zuge der Citybildung, sondern auch durch die ersten öffentlichen Verkehrsmittel bzw. ihre Sta-
tionen erfuhren bestimmte Standorte eine Aufwertung, was wiederum
zur Konzentration von Geschäften in Einkaufsstraßen führte. Nahezu
jedes Warenhaus verfügte über einige der zuvor genannten Merkmale,
so auch das erste Linzer Warenhaus Vereinigte Firmen Hofmann, Kraus
& Schober, das 1909 in einem ehemaligen Palais untergebracht wurde
und ab 1910 über einen elektrisch betriebenen Lift verfügte (John 2003:
186f.). Als besonders innovativ erwiesen sich die Geschäftsleute Carl
Kastner und Hermann Öhler, die 1883 in Graz ein Warenhaus eröffneten und im deutschen Sprachraum die ersten waren, die Kataloge ver-
schickten und das Versandgeschäft betrieben (Münzer 1986: 65ff.).

Um und nach 1890 konzentrierte sich die dynamische Entwicklung
und Expansion des Warenhauses insbesondere auf Wien, wo sich die
meisten größeren Handelsbetriebe in der Textilwarenbranche sowie im
so genannten Ver- bzw. Gemischtwarenhandel befanden (Meißl 1990:
63). Der größte Handelsbetrieb in Wien mit 316 Beschäftigten entfiel
laut Gewerblicher Betriebszählung 1902 auf den Textilhandel, eine eigene Kategorie „Warenhaus" wurde noch nicht ausgewiesen (John 2003:
184f.). In der Monarchie verfügten Wien, Prag und Budapest über die
modernste Handelsstruktur, die Landeshauptstädte folgten abgestuft.
In Linz war die Warendistribution um die Jahrhundertwende beispielsweise noch vorwiegend kleinbetrieblich organisiert: So befanden sich

unter 48 Betrieben des Textilhandels 9 Einmann-Betriebe, 20 Betriebe mit 2 bis 5 Beschäftigten, 10 Betriebe mit 6–10, 4 Betriebe mit 11–20 und 5 Betriebe mit 21–50 Beschäftigten. Noch kleinteiliger strukturiert war der Gemischtwarenhandel, wo es unter den 292 Betrieben 88 Einmann-Betriebe und 189 Unternehmen mit 2–5 Beschäftigten gab (John 2003: 185, Anm. 16; nach Daten der Gewerblichen Betriebszählung von 1902, Österreichische Statistik Bd. LXXV 1905: 11).

Wie zuvor die Fabriken, so polarisierten auch die Warenhäuser. Galten sie für die einen als Ikone der modernen Gesellschaft, in der sich erstrebenswerte Potenziale der Konsumwelt materialisierten, so waren sie für die anderen Anlass für Konsum- und Kapitalismuskritik. Warenhäuser würden die (insbesondere weibliche) Kundschaft zu hemmungslosem Einkaufen verführen und damit überkommene bürgerliche Werte untergraben. Die neuen Detailhandelsformen, wie Konfektionäre, Kettenläden und Warenhäuser, und der Aufstieg der Konsumgenossenschaften wurden jedoch vor allem von Kaufleuten und Kleingewerbetreibenden zunehmend als Bedrohung empfunden. Ab den 1880er-Jahren begannen sich in weiten Teilen Europas Mittelstandsbewegungen zu formieren, mit antikapitalistischen (meist auch antisemitischen), antiliberalen bzw. antisozialistischen Untertönen (John 2003: 183; Seliger/Ucakar 1985: 585ff.). Im wirtschaftlich vergleichsweise rückständigen Österreich scheinen diese Elemente besonders stark ausgeprägt gewesen zu sein. Geradezu ein Symbol ihrer Bedrohung wurde das Warenhaus, insbesondere ein von Juden geführtes. Dass etliche Warenhäuser jüdische Besitzer hatten, hing nicht unwesentlich damit zusammen, dass Juden nicht zuletzt durch Verbote anderwertiger Erwerbsmöglichkeiten auf Geld- und Handelsgeschäfte festgelegt worden waren und dadurch lange Erfahrung im Engros-Handel und im Umgang mit Magazinen aufwiesen, während die Mehrheit der Kleingewerbetreibenden und Kaufleute noch stärker zünftischen Regeln verhaftet war. Umso mehr war deren Kritik an der Liberalisierung von Handel und Gewerbe, an den Auswüchsen des aufkommenden Kapitalismus häufig mit antisemitischen Tendenzen verbunden.

Zwischenkriegszeit und Nationalsozialismus: Im Wellental der Ideologie

Letztlich erwiesen sich die von den kaufmännischen Interessenvertretungen gegen die neuen Distributionsformen entworfenen Bedrohungsszenarien als heillos übertrieben, der Anteil der Warenhäuser am Gesamtumsatz des Detailhandels blieb gering. Die Kritik am Warenhaus vermochte dies nicht zu schmälern. Sie verstärkte sich insbesondere im Ständestaat, der programmatisch durch eine Mischung aus Elementen der christlichen Soziallehre und der romantischen Ökonomie, eine weit verbreitete Technikskepsis des Bürgertums und eine rückwärts gewandte, antimodernistische Heimatideologie charakterisiert werden kann. So verbot das Untersagungsgesetz aus dem Jahr 1935 de facto den bestehenden Handelsketten und Warenhäusern die Errichtung neuer Filialen (John 2003: 190f.; Sandgruber 1995: 397ff.).

Es ist hervorzuheben, dass jüdische Kaufleute nur einen Entwicklungsstrang des Warenhauses im Österreich der Zwischenkriegszeit repräsentierten. Einen zweiten stellte die konsumgenossenschaftliche Einrichtung größerer Handelsunternehmen dar, die GÖC-Betriebe machten einen zunehmend wichtigen Faktor im Einzelhandel aus. Einen weiteren Entwicklungsstrang bildeten Großkrämer im ländlichen Raum, die nur wenig Konkurrenz und ein Quasi-Monopol hatten (John 2003: 191).

Insgesamt kann man die Zwischenkriegszeit als eine eher ruhige, fast stagnative Phase, was neue Entwicklungen im Detailhandel betrifft, charakterisieren. Die forcierte Elektrifizierung wirkte insgesamt als Impuls für Neuerungen, doch mit Ausnahme von Bügeleisen und Radio erweiterte sich das Spektrum an langlebigen Konsumgütern kaum. Im Gefolge der Weltwirtschaftskrise führte die Massenarbeitslosigkeit der 1930er-Jahre mangels anderer Erwerbsmöglichkeiten zu einer verstärkten Selbstständigentätigkeit, auch im Bereich des Kleinhandels, darunter befanden sich allerdings viele Existenzen, die z. B. als Hausierer am oder unter dem Existenzminimum dahinvegetierten.

Die Konsumgenossenschaften konzentrierten sich nach dem Krieg auf den Auf- und Ausbau zentraler Eigenproduktionen. Mit der Wohnbautätigkeit des Roten Wien ging eine Expansion von Konsumverkaufsstellen Hand in Hand, die in die neu entstehenden Gemeindebauten integriert waren. Als der Sozialdemokratie nahe stehend gerieten die Konsumgenossenschaften in den Jahren des Ständestaates unter Druck, konnten aber gerade das Verbot von Investitionen in neue Filialen nutzen, um ihre Eigenproduktionsbetriebe, die in der 1938 gegründeten COOP-Industriegesellschaft zusammengefasst wurden, auszubauen und neue zu errichten (Knotzer 2003: 21f.).

Selbst unter den schwierigen Bedingungen der Zwischenkriegszeit blieb die Firma Meinl erfolgreich. In den neuen Nachfolgestaaten gründete sie jeweils nationale Tochterunternehmen, um das Geschäft nach dem Zusammenbruch der Habsburgermonarchie fortführen zu können. In Österreich baute sie ihr Filialnetz aus, erweiterte durch vertikale Integration

das Sortiment entscheidend und modernisierte den Betrieb durch Fließ-
bandarbeit, was auch eine deutliche Reduktion des Personalstandes nach
sich zog. Besonderes Augenmerk wurde auf Werbung gelegt, ab 1926
verfügte Meinl über ein eigenes Werbeatelier, neben Zeitungsinseraten
wurde eine sehr intensive Plakatwerbung betrieben. Der berühmte
„Meinl-Mohr", lange Zeit das Firmenlogo Meinls, war eine Kreation des
bedeutenden Werbegrafikers Joseph Binder aus dem Jahr 1924.

Stinkbombenattentate auf Wiener Kaufhäuser im Besitz prominen-
ter Juden (etwa auf das Kaufhaus Gerngross im Dezember 1932),
Boykottaufrufe etc., zumeist von illegalen Nationalsozialisten initiiert,
waren Vorboten jener turbulenten Entwicklungen, die sich nach dem
„Anschluss" Österreichs an das Deutsche Reich vollzogen. Nationalsozialistische Ideologen knüpften an die Kritik der Mittelstandsbewegung
an, sahen im Warenhaus schrankenloses kapitalistisches Profitstreben
verkörpert und setzten dies mit der jüdischen Herkunft erfolgreicher
Warenhausbesitzer bzw. -manager gleich. Antijüdische Tendenzen kul-
minierten, Warenhäuser wurden zu bevorzugten Aggressionsobjekten
der Nazis nach dem „Anschluss" (John 2003: 192; Beispiele zur NS-
Politik gegenüber größeren Handelsunternehmen insbesondere in Linz
ebd., 194ff.). Jene mit jüdischen Besitzern, wie Gerngross oder Herzmansky in Wien, Kastner & Öhler in Graz, Kraus & Schober in Linz,
wurden sogleich in kommissarische Verwaltung genommen und „Arisierungen" unterzogen.

Mit den „Arisierungen" sind wir bei einem der beschämendsten Kapitel der österreichischen Wirtschaftsgeschichte angelangt. Von dieser
Politik waren sowohl Teile des Groß- wie des Kleinhandels neben Hand-
werksbetrieben besonders massiv betroffen (vgl. Felber u.a. 2004). Letztlich wurde weit weniger „arisiert" als Betriebe liquidiert. Man geht in
Österreich von rund 11.000 Handelsbetrieben aus, die zur „Entjudung"
vorgesehen waren. Davon wurden über drei Viertel stillgelegt. Am deutlichsten war die Liquidierungstendenz im Einzelhandel, der radikal
„entkrämert" werden sollte, 82 Prozent der „jüdischen" Betriebe waren betroffen. Deutlich verringert wurde die Zahl der Einzelhandelsbetriebe bei den Juwelieren, in den Bereichen des Handels mit Textili-
en, Rundfunkgeräten, Möbeln, Eisenwaren, Drogerie-, Papier- und
Galanteriewaren. Tausende Existenzen wurden auf diese Weise zerstört,
Lebensgrundlagen entzogen.

Die Nationalsozialisten scheinen mit ihrer Wirtschaftspolitik mehrere Zielsetzungen verfolgt zu haben. Neben der „Entjudung" der österreichischen Wirtschaft dienten die Geschäftsliquidationen auch als Mittel zur Wirtschaftsrationalisierung und Strukturbereinigung im klei-

nen Einzelhandel, insbesondere in so genannten überbesetzten Branchen. „Arisierungen" stellten zudem ein sozialpolitisches Instrument dar. Sie eröffneten Schichten einen Aufstieg zum Unternehmer, denen dies unter anderen Bedingungen mangels Kapital verwehrt geblieben wäre. Vor allem altbewährten verdienten Nationalsozialisten der ersten Stunde wurde auf diese Weise Dank erstattet. Typische Opfer dieser Form von „Wiedergutmachung" waren Trafiken, Cafés und Kinos. Bei den Rückstellungen nach 1945 gingen die noch lebenden vormaligen Eigentümer von Kleinhandelsbetrieben meist leer aus. Die Wiederherstellung ihrer Betriebe war in der Nachkriegszeit wirtschaftspolitisch unerwünscht.

ENTWICKLUNGSTENDENZEN NACH 1945: DURCHBRUCH DES MASSENKONSUMS

Mit Ausbruch des Ersten Weltkriegs war die Modernisierungsdynamik des Distributionssektors europaweit ins Stocken geraten. Diese Stagnationsphase hielt im Wesentlichen (mit Ausnahme einiger kurzer Boomphasen) über die krisenhafte Zwischenkriegszeit bis in die Rekonstruktionsperiode nach dem Zweiten Weltkrieg an und verzögerte Österreichs Eintritt in die moderne Konsumgesellschaft. Zu Kriegsende und in der unmittelbaren Nachkriegszeit traten gravierende Versorgungsmängel auf. Staatliche Eingriffe wie Rationierungen und Lebensmittelkarten milderten die Situation, gleichzeitig war die Bevölkerung zum Ausweichen auf „vormoderne" Formen der Sicherung des alltäglichen Bedarfs, wie Schwarzmarkt, Tauschhandel und Eigenversorgung durch Schrebergärten verwiesen. Die Zeit des ökonomischen Mangels wirkte bis in die 1950er-Jahre nach. Zu beobachten war ein Boom von Niedrigpreiskaufhäusern für einkommensschwache Schichten, wie Texhages oder Die Chance, in letzterem, einer Art Second-Hand-Laden, wurde anfangs in beträchtlichem Ausmaß Tauschhandel betrieben (John 2003: 201). Zu einer deutlichen Verbesserung der Lebensumstände kam es zu Beginn der 1950er-Jahre. Gut Essen und Trinken – der Nachholbedarf war hier zunächst am größten und resultierte in einer regelrechten „Fresswelle" – sollten als erster Luxus auf die Zeit des Mangels und der Entbehrungen folgen.

Um die Mitte der 1950er-Jahre setzte schließlich ein lang anhaltender Wirtschaftsaufschwung ein, der auch in Österreich – begleitet von steigenden Reallöhnen und Haushaltsbudgets – zu einer breiten Durchsetzung der Konsumgesellschaft führte. Ein wesentliches Charakteristikum der (Massen)Konsumgesellschaft besteht in der Bereitstellung eines reichhaltigen Warenangebotes jenseits der lebensnotwendigen Güter sowie in einer Diversifizierung der Warenpalette. Neuerlich bildeten „Innovationen im Einzelhandel zugleich (den) Transmissionsriemen und Motor für diesen Prozess" (Meißl 2003: 30).

Die Jahre des österreichischen „Wirtschaftswunders" 1953 bis 1962 stellten für den innerstädtischen Handel, sowohl für kleine Geschäfte wie für Kaufhäuser, durchaus eine Boom-Phase dar. Gleichzeitig hatten v. a. deutsche Kapitalgruppen den Entwicklungsrückstand der Konsumkultur in Österreich erkannt und drangen auf den heimischen Markt vor. Zunächst konzentrierten sie sich auf die Warenhäuser. So befanden sich 1965 die beiden größten Linzer Kaufhäuser, Donau- (1959 als erstes Warenhaus eines deutschen Konzerns in Österreich eröffnet) bzw. Passage-Kaufhaus, mehrheitlich im Besitz westdeutscher Eigentümer (John 2003: 204f.). Die ebenfalls deutschen Quelle Versand- und Warenhäuser verbreiteten sich nach 1959 in mehreren österreichischen Städten. Einheimische Investoren unter der Ägide der Creditanstalt-Bankverein konterten gewissermaßen 1965/66 mit dem Erwerb einiger Kaufhäuser, darunter Herzmansky, Gerngross und Steffl in Wien. Eine positive Geschäftsentwicklung verzeichnete zunächst eine Reihe von Vorstadtkaufhäusern an der Peripherie der Städte, jedoch war ihre Boomphase nur von kurzer Dauer. Seit den 1960ern, verstärkt in den 1970ern kam es zu ihrer Auflösung. Überhaupt schien die große Zeit der Warenhäuser vorbei; Supermärkte, Fachmärkte und später auch Shopping Center begannen ihnen den Rang abzulaufen.

Zu einer Massenbewegung mit bald hunderttausenden Mitgliedern wurden die Konsumgenossenschaften, die von der Etablierung der Konsumgesellschaft in Österreich nach 1945 profitierten. Parallel dazu kam es zum Ende ihrer Eigenproduktion, da die nun von den Konsumenten geforderte breitere Sortimentsauswahl durch die Privatindustrie günstiger auf den Markt gebracht werden konnte. Die wesentliche Innovationsleistung der Konsumgenossenschaften bestand in der Durchsetzung von Rationalisierungsmaßnahmen im Einzelhandel. Am revolutionärsten erwies sich die Einführung der Selbstbedienung in den Konsum-Märkten, die in manchen Städten und Gegenden geradezu ein Monopol besaßen.

Revolution im Handel:
Der Siegeszug der Selbstbedienung und des Supermarktes

Sinkende Anteile von Ausgaben für Nahrungsmittel bei insgesamt stark steigenden Konsumausgaben verweisen auf die betriebswirtschaftliche Problematik des Lebensmitteleinzelhandels. Es bedurfte großer Rationalisierungsanstrengungen des Handels, um die aufgehende Umsatz(Ertrags)-Kostenschere schließen zu können. Entscheidend für die weitere Umformung des Detailhandels nach 1945 war dabei die Übernahme des vom US-Amerikaner Michael Cullen entwickelten Modells des Supermarkts, einer Art Selbstbedienungs-Warenhaus mit großer Sortimentsbreite und -tiefe, für den er wegen des großen Platzbedarfs für Verkaufsfläche und Parkplätze einen Standort am Stadtrand vorschlug. „Das zum Supermarkt gesteigerte Selbstbedienungsgeschäft, gleichermaßen ein Ort der Rationalisierung von Arbeitsprozessen und Feld der Realisierung von zunehmender Konsumkraft, ist Resultat des Übergangs zu einem fordistischen Wirtschaftsmodell." (Kühschelm 2005a: 46f.)

Massenhaft industriell gefertigte Güter verlangten nach entsprechend rationellen und Absatz steigernden Distributionsformen, die in den Selbstbedienungsläden gefunden und verwirklicht wurden. Ausgeklügelte Logistik, sparsamer Personaleinsatz, genormte Verpackungen (mit fortschreitender Selbstbedienung trat eine wahre Verpackungsrevolution ein), massive Werbung und Sonderangebote, knappe Kalkulation, große Auswahl und Möglichkeit zum Preisvergleich für die Kunden, die mit einem Einkaufswagen bequem im Laden herumfahren konnten und dabei zu nicht geplanten Impulskäufen verführt wurden – das alles trug zum schier unaufhaltsamen Siegeszug dieses Konzepts bei. Ähnlich wie das Vordringen der Espressos gegenüber dem Kaffeehaus in den 1950ern die zunehmend knappen Zeitbudgets symbolisierte, lag in der Zeitersparnis das am häufigsten vorgebrachte Konsumentenargument für die Selbstbedienung.

In den USA bereits 1916 eingeführt, in Deutschland dauerhaft 1948 etabliert, wurde in Österreich der erste Selbstbedienungsladen im Jahr 1950 in einer Linzer Konsumfiliale eröffnet. Die Neuerung wurde von einigen Ängsten und Befürchtungen begleitet: „Im Kreis des privaten Handels war man der Meinung, daß die Mentalität der österreichischen Hausfrauen zu persönlichkeitsverbunden sei, um der Selbstbedienung eine Chance zu geben. Auch befürchtete man größere Verluste, weil in Zeiten des Warenmangels und der beginnenden Kaufkraftverknappung die Gefahr bestand, daß Waren unberechtigterweise mitgenommen werden könnten." (75 Jahre 1967:17, zitiert nach John 2003: 200)

Es war auch der Konsum, also eine Organisation der VerbraucherInnen, der 1964 in Wien den ersten wirklichen Supermarkt (definiert als Einzelhandelsgeschäft mit einem normalen Lebensmittelsortiment in Selbstbedienung, das eine Verkaufsfläche von mindestens 400 m^2

und höchstens 1.000 m² aufweist) und 1969 in Graz den ersten Verbrauchermarkt (ein Einzelhandelsbetrieb mit einer Verkaufsfläche über
1.000 m², der v. a. Güter und Dienstleistungen des täglichen Bedarfs
anbietet und dessen Sortiment in seiner Breite einem Kaufhaus ähnelt, wobei sich Verbrauchermärkte meist in Stadtrandlagen befinden
und über weiträumige Kundenparkplätze verfügen; vgl. Schicker 1977:
175ff.) eröffnete, der also die Betriebsform des alten Greißlerladens als
erster vollends abstreifte und moderne Verkaufsformen einführte.

Der private Lebensmittelhandel reagierte erst in den späten 1950er-
und 1960er-Jahren durch verstärkte Zusammenschlüsse auf den Vorsprung der Konsumgenossenschaften. Meinl und die von ihm 1936
erworbenen Kunz-Geschäfte setzten ihre Ansätze einer echten Filialbildung fort, blieben aber auf eine eher gehobene Käuferschicht ausgerichtet. Spar wurde als freiwilliger Zusammenschluss von Klein- und
Großhändlern 1954/55 gegründet und war ab 1959 in Österreich flächendeckend vertreten. 1953 kam es zu einer Erweiterung der 1929
gegründeten Arbeitsgemeinschaft der Einkaufsgenossenschaften, die
Einzelgenossenschaften nahmen in ihrer Gesamtheit den Namen ADEG
an (Koiner 1995: 77ff.). Zielsetzung waren die Rationalisierung der
Handelsfunktionen und eine gemeinsame Marketingstrategie, wobei
die rechtliche Selbstständigkeit der Kaufleute erhalten bleiben sollte.

Mit der Expansion von Konsum-Märkten und durch die Errichtung
erster Verbrauchermärkte (KGM bzw. COOP) gelang es den Konsumgenossenschaften in den 1970er-Jahren ihren Marktanteil auf über 20
Prozent des österreichischen Lebensmitteleinzelhandels zu steigern.
1981 erreichte die Konsumgenossenschaftsbewegung über 800.000
Mitgliedshaushalte. Die Konsumgenossenschaften gerieten aber zunehmend ins Hintertreffen, insbesondere als neben einigen regionalen
Filialisten die österreichweit als Diskonter (mit relativ wenigen, aber
sehr schnell „drehenden" Artikeln) auftretenden Firmen Billa (seit 1961)
und Hofer (1963, seit 1967 beim deutschen Aldi-Konzern) in den Markt
eintraten und rasch expandierten. 1995 erfolgte die Insolvenz von Konsum Österreich.

Das Konzept der Selbstbedienung verbreitete sich rasant, regional
aber höchst unterschiedlich. Vorreiter der Selbstbedienung waren die
westlichen Bundesländer Tirol und Vorarlberg, Wien gehörte zu den
Nachzüglern. Allein zwischen 1967 und 1977 vergrößerte sich österreichweit der Anteil der Selbstbedienungsgeschäfte an der Zahl der
gesamten Lebensmittel-Einzelhandelsgeschäfte von 34 auf 70 Prozent
(Mahr 1978: 12f.). Über den Zeitraum von 1960 bis 2000 stieg der Anteil der Selbstbedienungsläden an den Lebensmittelgeschäften sogar

von 11 auf 80 Prozent, der Umsatzanteil von 25 auf rund 97 Prozent.
Die eigentlichen Supermärkte (mit über 400 m² Verkaufsfläche) setzten sich etwas langsamer durch, wobei auch hier seit den 1970er-Jah-
ren eine sprunghafte Vermehrung festzustellen war. 1976 waren nur 3
Prozent aller Lebensmittelläden Supermärkte, erwirtschafteten aber
bereits 14 Prozent des Lebensmittelumsatzes, 1998 erzielten 1.881
Supermärkte, das entsprach 26 Prozent aller Lebensmittelgeschäfte,
41 Prozent des Lebensmitteleinzelhandelsumsatzes. Auf die Verbrauchermärkte entfielen 27 Prozent des Umsatzes. 2005 stellte sich die
Situation im Vergleich wie folgt dar: 35 Prozent aller 5.731 Lebensmittelgeschäfte hatten weniger als 250 m² Verkaufsfläche. Ihr Anteil am
Gesamtumsatz lag bei nur 8,3 Prozent. Supermärkte und Diskonter
mit 400 bis 1000 m² stellten rund 43 Prozent der Geschäfte, ihr Anteil
am Umsatz lag bei rund 50,6 Prozent. Die 348 Verbrauchermärkte mit
mehr als 1.000 m² Verkaufsfläche, was einem Anteil von 6 Prozent der
Lebensmittelgeschäfte entsprach, kamen auf fast 30 Prozent des Gesamtumsatzes. Der Rest verteilte sich auf die Kategorien dazwischen
(AC Nielsen http://www.acnielsen.at/site/documents/Handel05.pdf).
Derartige Konzentrationsprozesse fanden auch im Lebensmittel-Groß-
handel statt. 1970 waren beispielsweise noch ca. 60 Großhändler und
Importeure am Yppenmarkt tätig, 1986 nur noch drei.

Der Vormarsch der Supermärkte wurde von einigen Faktoren be-
günstigt. Vor allem die niedrigeren Preise und Sonderangebote lock-
ten die Konsumenten in die Selbstbedienungsgeschäfte und prägten
das Einkaufsverhalten nachhaltig, da sie den Konsumenten zusätzlich
die Befriedigung verschafften, beim Einkauf Geld gespart zu haben
(vgl. Kühschelm 2005a: 55). Die Inszenierung niedriger Preise durch
aufwändige Werbekampagnen und die Verbreitung von großflächigen
Verbrauchermärkten mit erweitertem Sortiment, mit der in Österreich
Konsum (KGM), Meinl (Pam-Pam) und BILLA (Merkur) begannen,
taten ein Übriges. Dass noch dazu die Hersteller von Markenartikeln
zunächst sehr großzügige Handelsspannen in die empfohlenen Endverbraucherpreise einkalkulierten, gerade um dem Greißler das Überleben zu ermöglichen, lud einige Supermarktketten geradezu ein, mit
aggressiver Preispolitik zu beginnen.

Tabelle 1: Entwicklung im österreichischen Lebensmitteleinzelhandel 1960–2005*

	1960	1970	1980	1990	2000	2005
Anzahl absolut	23.859	20.130	13.176	9.989	6.656	5.731
Selbstbedienungsläden in %	–	30	56	67,8	80,4	–
Fläche in %						
Verbraucherm. ab 1000m²			1,2	2,3	4,5	6,1
Supermärkte 400–1000m²			4,1	13,1	29,7	43,4
Supermärkte 151–399m²			14,5	27,1	17,2	15,4
ab 150m²		5,1				
bis 150m²		94,9	80,1	57,4	48,5	35,1

(250–400m²   bis 250m² — für 2000/2005)

* ohne Hofer und Lidl bzw. Spezialgeschäfte des Lebensmittelsektors
Quelle: http://www.acnielsen.at/site/documents/Handel05.pdf

Nachfolgende Zeittafel veranschaulicht die Erfolgsgeschichte des Billa-Konzerns.

Schaubild 1: Die Expansion des Billa-Konzerns

1953	gründet Hobby-Pianist Karl Wlaschek seine erste Diskontparfümerie Warenhandel Karl Wlaschek (WKW)
1960	45 Filialen; Wlaschek überträgt Diskontidee auf Lebensmittelbereich
1961	Namensgebung Billa (Billiger Laden); Umstellung auf Selbstbedienung
1963	67 Filialen
1965	109 Filialen mit Jahresumsatz von 275 Mio. S
1966	erster Supermarkt Österreichs mit 1.000m²; Beginn des Verkaufs frischer Waren wie Milch, Käse, Gemüse, Obst und Tiefkühlkost
1969/70	Überschreitung der ersten Umsatz-Milliarde
1970	erstmals Werbung im Fernsehen
1975	zweite Umsatz-Milliarde überschritten
1977	Umwandlung in AG
1979	Papierfachmarkt Libro
1981	Bipa Parfümerie-Kette
1983	mit Mondo Erschließung des Diskontbereichs
1984	fünfte Umsatz-Milliarde
1986	Einführung der Billa-Feinkost
1987	331 Filialen mit 3.300 MitarbeiterInnen; Jahresumsatz 8,6 Mrd. S
1990er	Expansion ins Ausland
1993	alle Billa-Filialen in Österreich mit Scannerkassen ausgerüstet; Umstellung auf automatisches Warenwirtschaftssystem mit computergesteuerter Bestellung; Konzernumsatz über 50 Mrd. S
1994	Einführung der Bio-Linie Ja! Natürlich (6% des Umsatzes, Frischfleisch und Trinkmilch werden ausschließlich, Molkereiprodukte zu drei Viertel aus Österreich bezogen)
1996	Konzern (Billa, Merkur, Mondo, Bipa) von deutscher REWE Gruppe übernommen
1998	Einführung von ITS Billa Reisen; Billa drittgrößtes Unternehmen im Land, größter privater Arbeitgeber Österreichs
Juli 2006	Eröffnung der 1.000 Billa-Filiale

Quelle: http://www.billa.at

Für den Kunden erwiesen sich neben den Preisen die Unterschiede im Sortiment als wesentliche Motivation, Supermärkte aufzusuchen. Während ein Greißler knapp 100 Artikel verkaufte, verfügte ein durchschnittlicher Supermarkt in den 1970er-Jahren über rund 3.000, ein Verbrauchermarkt über ca. 6.000 Artikel. Selbstbedienung bedeutete somit auch Zeitersparnis. Die meist einmal wöchentlich durchgeführten Vorratskäufe gingen Hand in Hand mit der Ausweitung des Warensortiments, da die Konsumenten bei einer entsprechenden Wegstrecke zum jeweiligen Super- oder Verbrauchermarkt erwarteten, alle benötigten Produkte unter einem Dach zu erhalten. Das Konzept des „One-Stop-Shopping" verschaffte den großen Einzelhandelsketten vor dem Hintergrund von Zeitoptimierung, Wegstreckenersparnis und Rationalisierung einen entscheidenden Vorteil gegenüber dem traditionellen Einzelhandel, der aufgrund seiner breiter gestreuten Branchenstruktur und der Kleinteiligkeit der Unternehmen nicht sämtliche Artikel des Kurzfristbedarfs (mit den Bedarfsgruppen Ernährung, Körperpflege, Haushaltsartikel – im Gegensatz zum Auswahlbedarf mit den Bedarfsgruppen Bekleidung, Hausrat, Wohnungseinrichtung und sonstiger Bedarf wie Heimwerkerbedarf, Sportgeräte, Bücher, Foto/Film/Video, Tonträger, Spielwaren, Schmuck etc.) in einem Geschäft anbieten konnte.

Der betriebswirtschaftliche Nutzen der Selbstbedienung für den Handel lag und liegt in der Reduktion der Personalkosten, so wurde der Aufwand für das Wiegen und Verpacken der Waren vom Handel an den Hersteller weitergegeben (vgl. Kühschelm 2005a: 47ff.) Dem Personal obliegt in erster Linie die Lager- und Regalbetreuung, die Abwicklung der Bezahlung bzw. die Betreuung des Wurst- oder Brotsortiments. Die Interaktion und der Verkaufsakt erfolgen direkt zwischen Produkt bzw. dessen Verpackung und Konsument, was Impulskäufe fördert und die Umsätze erhöht. Der raschere Warenumschlag verringert das im Lager gebundene Kapital. Dazu kommen Größen- und Verbundvorteile, der günstigere Einkauf durch Mengenrabatte bei Herstellern und Großhändlern oder die einheitliche Werbe- und Marketingschiene. Modernisierungsinvestitionen in die Ladenausstattung, Regalbau, Einsatz diverser Kühlgeräte, neue Wäge-, Kassen- und EDV-Systeme verhalfen Großbetrieben zu Wachstumsimpulsen, während diese Investitionen für Kleinbetriebe in der Regel kaum finanzierbar waren (Marschner 1982: 30 ff; Rupp 1991: 1).

Zu den auf den Verkauf von Lebensmitteln konzentrierten Supermärkten kamen in der Folge immer mehr branchenspezifische Fachmärkte wie Drogerie-, Bekleidungs-, Einrichtungs-, Elektro- oder Baumärkte hinzu. Die ersten Nichtlebensmittel-Filialisten waren die Parfümerie- bzw. Drogerieketten Douglas (1972) sowie Gerstenberger und dm. 1973 wurde das Einrichtungshaus kika gegründet, 1976 mit Baumax der erste Fachmarkt für Heimwerker in Kindberg. Die Eröffnungen von Donauzentrum 1975 und insbesondere der Shopping City Süd 1976 stehen für eine neue Entwicklungsstufe im Handel.

„Greißlersterben" und die Nahversorgungsproblematik

Der Vormarsch von Selbstbedienung und Supermarkt ging zu Lasten des kleinen Lebensmittelhandels. Dazu wurde durch die Sortimentszusammenfassung die ursprünglich gesetzlich geregelte Sortimentsaufteilung aufgebrochen, der zufolge ein Greißler weder Milch noch

Fleisch verkaufen durfte und die den einzelnen Bereichen eine Art Monopolstellung und damit eine sichere Marktposition eingebracht hatte. Nunmehr konnten fast alle Waren unter einem Dach verkauft werden (Békési 2005: 38). Für den kleinteiligen Lebensmitteleinzelhandel erwies sich diese Maßnahme als fatal. Dem kleinen Greißler war damit nicht nur im Supermarkt ein Konkurrent erwachsen, sondern auch in den früher zu ihm in einer Art symbiotischer Wechselbeziehung stehenden anderen Lebensmittelversorgern, wie etwa dem Bäcker, dem Milchgeschäft oder Fleischhauer, die nun ihr Sortiment ebenfalls erweitern konnten (Hatz 1996: 200ff.). Immer mehr Betriebe hielten der Konkurrenz nicht stand.

Ab 1970 rückten das „Greißlersterben" und die Nahversorgungsthematik stärker in den Blickpunkt öffentlicher Aufmerksamkeit. Unterversorgung bestand in einigen Gebieten nicht nur im Lebensmittelbereich, auch an Postämtern, Apotheken, Frisören, Schustern, Schneidern, Wäschereien und Putzereien mangelte es zunehmend. Stadtentwicklungspläne sahen demzufolge wieder eine enge Verflechtung der städtischen Nutzungen vor, Förderinstrumente wie Kleinbetriebszuschüsse und Kreditaktionen wurden eingerichtet. Der seit den 1960er-Jahren unaufhaltsam voranschreitende Niedergang nicht mehr konkurrenzfähiger Kleinhändler, insbesondere des „Greißlers um's Eck", hatte auf dem Land oft noch schwerwiegendere Auswirkungen, manche kleine Dörfer standen bald ohne Nahversorgung da. Mit dieser Institution ging zugleich ein lokales Kommunikationszentrum verloren, dem dann oft auch noch das einzige Gasthaus folgte. Da sich durch das Auto der Einkaufsradius erweiterte, schwand der Standortvorteil „Nähe" für viele kleine Geschäfte. Neue, autofahrerfreundliche Verbrauchermärkte bedrohen mittlerweile nicht nur den kleinen Greißler, sondern das Netz der kleineren Supermärkte in relativer Wohnnähe.

Zwischen dem Phänomen „Greißlersterben" und dem Auseinanderdriften der Lebensbereiche Wohnen, Arbeiten, Einkaufen und Erholen, das dem städteplanerischen Leitbild nach 1945, der Idee der aufgelockerten, funktional gegliederten „autogerechten" Stadt, entsprach, bestand und besteht demnach ein enger Zusammenhang. Die einsetzende Massenmotorisierung ermöglichte es den Konsumenten, größere Distanzen zu überwinden und zu den meist an den Stadträndern gelegenen Supermärkten zu gelangen, und führte zu geänderten Einkaufsgewohnheiten, die wieder zu einem gesteigerten Verkehrsaufkommen beitrugen. Der Kofferraum wurde gewissermaßen zu einem großen „Einkaufskorb", mit dessen Hilfe man die Menge der eingekauften Güter erhöhte und gleichzeitig die Einkaufshäufigkeit senkte (Stöckl 2001: 54).

Das Beschaffungsverhalten der Konsumenten änderte sich, Zeit wurde immer kostbarer. An die Stelle des täglichen Einkaufs beim Greißler trat der zwei- bis dreimal pro Woche durchgeführte Besuch im Supermarkt bzw. der Großeinkauf am Wochenende (mit Einführung der 40-Stunden-Woche 1975 entstand das „freie Wochenende"), die oft mit dem Auto durchgeführt wurden. Heute werden Frischwaren, wie Milchprodukte, Brot, Obst und Gemüse, weiterhin zum überwiegenden Teil in Nähe des Wohn- oder Arbeitsortes fußläufig besorgt, Nahrungsmittel, die dem längerfristigen Verzehr oder der Bevorratung dienen, beschafft man im Selbstbedienungsladen (Békési 2005: 38f.). Die Wahl des Einkaufsortes variiert nach Motivlage: Die räumliche Nähe spricht für den Nahversorger, die Exklusivität und Besonderheit der Waren für das Spezialgeschäft, beim Verbraucher- oder Großmarkt ist es das reichhaltige Sortiment, beim Diskonter der niedrige Preis (Békési 2005: 41).

Für den kleinen Lebensmittelhandel besteht derzeit wohl die einzige Überlebenschance in der Wahrnehmung von Nischen, der Spezialisierung auf Waren, die es im Supermarkt nicht oder nicht in entsprechender Qualität gibt, etwa orientalische Spezialitäten. Doch reagieren die Supermärkte rasch auf neue Trends und erweitern ihre Sortimente. Hatte es bis 1945 mit der Kolonialwarenhandlung noch einen eigenen Geschäftstyp für exotische Waren gegeben, so verloren mit dem erweiterten Sortiment der Supermärkte Lebensmittel aus fernen Ländern ihr exklusives Flair und wurden jederzeit verfügbar. Was man gar nicht oder nur von Urlaubsreisen kannte, fand sich bald im Supermarkt. Mögliche Rettungsanker, wie in jüngster Zeit der Verkauf von Bioprodukten, konzentrieren sich zudem auf den städtischen Raum, wo eine ausreichende Nachfrage nach derartigen Produkten besteht, und auch den Biotrend haben Supermarktketten erfolgreich aufgegriffen. Ein weiterer Vorteil des Greißlers besteht in dessen Kundennähe, er ist oft die einzige Kontaktperson für ältere Menschen. Ähnlich wie den Greißlern erging es Detailmärkten und Marktstandlern. Nur mehr wenige haben überlebt, Obst und Gemüsestände sind bereits in der Minderzahl, auf zwei Dritteln der Verkaufsfläche werden Textilien angeboten. Das Überleben der Märkte steht in einem direkten Zusammenhang mit der Zuwanderung. Waren es in den 1970er-Jahren Russen, Bulgaren, Jugoslawen, die an die Stelle einheimischer Marktstandler traten, so sind es heute vor allem türkische Arbeitsmigranten, teilweise auch Asiaten, die das Marktleben aufrechterhalten. Befanden sich früher rund um die Märkte Likörstuben, Branntweiner, Kaffee- und Gasthäuser bzw. andere Fachgeschäfte, so sind diese neben Wettbüros, die überall aus dem Boden schießen, vor allem durch Spezialgeschäfte für diese Zuwanderergruppen ersetzt wor-

den. Rund um den Wiener Brunnenmarkt häufen sich beispielsweise
türkische und asiatische Lebensmittelsupermärkte, türkische Kebab-
stände, Juweliere, Reisebüros, Kreditbüros etc.

Mit den späten 1960er-Jahren verbreitete sich vor allem unter der
Jugend eine gewisse Skepsis und Kritik am Massenkonsum und an den
Handlungspraktiken in der Überfluss- und Wegwerfgesellschaft (Eder
2005: 30; Schindelbeck 2001: 54ff.). Doch wurden diese Strömungen
meist rasch in das konsumistische System integriert und mittels Heim-
werker- und Do-it-Yourself-Märkten, bestes Beispiel ist der schwedische
Möbelkonzern IKEA, neu vermarktet. Ähnliches passierte mit der zunehmenden Orientierung bestimmter Gesellschaftsschichten an Lebensqualität, Umweltbewusstsein, Bio-Affinität, Wellness und Gesundheit.
Der Markt reagierte mit Produktinnovation und -adaption. Für kritische
Konsumenten werden heute Produkte unter dem Siegel „fair trade" ver-
trieben, dieses bezieht sich in erster Linie auf die Produktions- und Arbeitsbedingungen. Naturprodukte werden von eigenen Filialläden verkauft. Gleichzeitig sind die negativen Folgewirkungen des Massenkonsums, etwa des Verpackungswahns, für Umwelt und Lebensqualität
unübersehbar, und der Handel, sofern er sich dieser Verantwortung
bewusst ist/wird, steht vor einer großen Herausforderung.

Die Massenkonsumgesellschaft führte im Einzelhandel zu tief grei-
fenden Veränderungen durch eine Neuformierung der traditionellen
Verkaufspolitik unter dem Begriff Marketing. Durch die Ausdifferenzierung des Produktangebots gewannen Verpackung, Präsentation
und Werbung an Bedeutung. Da noch dazu in den Selbstbedienungsläden die Vermittlung und Beratung durch Verkaufspersonal ausfielen,
musste die Ware selbst über ihre Präsentation kommunizieren (Eder
2003: 233). Auch Produktnamen kam in der entstehenden Konsumgesellschaft mehr Bedeutung zu, insbesondere englischsprachige Bezeich-
nungen (Sprite oder Seven-Up) sowie Fantasienamen galten als modern und trendgemäß.

Die neuen Formen der Massendistribution arbeiteten nach dem Prinzip, durch niedrige Preise hohe Umsätze und durch die daraus entstehende Kostendegression wieder niedrigere Preise kalkulierbar zu machen, um weitere Umsatzsteigerungen zu erzielen (König 2000: 106).
Diesem Zweck wurde alles untergeordnet und neue Wege der Organisation beschritten: Getrennte Vertriebsformen näherten sich wieder
an oder wuchsen zusammen. Versandhäuser führten auch Kaufhäuser, Einzelhändler schlossen sich zu Ketten oder Genossenschaften
zusammen, Fachgeschäftsfilialisten gründeten Fachmärkte, Lebens-
mittelfilialbetriebe strukturierten ihre Geschäfte zu Super- und Verbrau-

chermärkten oder Diskontern um. Folge dieser Entwicklung im gesamten Einzelhandel waren ein enormes Betriebsgrößenwachstum, eine Sortimentserweiterung bzw. -differenzierung sowie eine Konzentration auf immer weniger bzw. größere Unternehmen. Klein- und Kleinstfilialen einzelner Ladenketten, etwa von Konsum oder Meinl wurden so durch größere Selbstbedienungsgeschäfte mit weiterem Einzugsbereich und entsprechend höherer Frequenz ersetzt (Kühschelm 2005a: 54).

Die anfänglich von den Konsumenten noch kritisch beäugte Selbstbedienung avancierte bald zu einer neuen Qualität des Einkaufs, die den Kaufvorgang personalisierte und individualisierte, ihn zu einer für den Konsumenten „lustvollen" Handlung machte (vgl. Kollmann 1998: 23; Kühschelm 2005a: 55). Die Konsumenten fanden Gefallen an der individuellen Auswahl aus einer immer breiter werdenden Produktpalette, an der Möglichkeit des Preisvergleichs und der Selbstbestimmung des Einkaufstempos. Die Besichtigung der angebotenen Produkte ohne Kaufverpflichtung, vom Warenhaus her bereits bekannt, hatte die Niederungen des alltäglichen Lebensmitteleinkaufs erreicht. Lustvolles Einkaufen bedeutete nicht nur Einkaufen in einer angenehmen Atmosphäre, sondern auch Erlebnisgewinn durch preisgünstiges Einkaufen (zu den auffälligsten Elementen der Verkaufstechnik des Supermarktes gehört der als sensationell niedrig beworbene Preis). Einkaufen hat somit immer mehr Eventcharakter angenommen, eine Entwicklung, woran der kleine Detailhandel nicht teilhaben kann.

Vorläufer dieser Entwicklung waren die zunächst noch an städtischen Standorten eingerichteten Einkaufszentren. Ökonomische Gründe und die erhöhte Mobilität breiter Bevölkerungsteile führten aber zunehmend zur Planung von Einkaufsagglomerationen auf der „grünen Wiese", am Stadtrand oder außerhalb. Diese begannen städtischen Einkaufsstraßen und -zentren allmählich den Rang abzulaufen, die Folge waren gravierende Verschiebungen der Regionalstrukturen und beträchtliche Verkehrsprobleme. Um die an der Peripherie von Städten wuchernden Märkte und Shops in einem aufeinander abgestimmten Branchen-Mix synergetisch zu bündeln, entstanden schließlich die Shopping Cities. Die 1976 südlich von Wien eröffnete Shopping City Süd ist mittlerweile (laut Eigendarstellung) Europas größtes Einkaufszentrum mit 230.000 m² Fläche, 300 Shops und 10.000 Parkplätzen. Auch die zur Standortsicherung notwendige Ausweitung des Angebots in Richtung Erlebniseinkauf ist mit Show-Events, Multiplex-Kino, Disco etc. schon vollzogen.

Als Gegenmodell zu den außer- bzw. randstädtischen Einkaufszentren bildeten sich seit den 1990er-Jahren „Urban Entertainment Centers", wo neben dem Freizeit- und Unterhaltungsangebot Detailhandels-

läden aus freizeitorientierten Sparten (wie Sportartikel, Bücher oder
Unterhaltungselektronik) angesiedelt waren. Die Expansion von Diskontern im Lebensmittelbereich, aber auch bei Schuhen und Textilien,
die Suche nach dem Schnäppchen und dem billigsten Angebot stehen
im Zusammenhang mit einer zunehmenden Einkommenspolarisierung
der Bevölkerung.

Modellhaft zusammengefasst zeichneten sich für den großflächigen
Einzelhandel in Westeuropa seit den 1960er-Jahren folgende Ent-
wicklungslinien ab (nach Berekoven 1995: 9ff.):

Schaubild 2: Entwicklungstendenzen im Einzelhandel 1960–2000

Bis Ende 1960er-, Anfang 1970er-Jahre
Die zunehmende Mobilität der Kunden führte zu neuen auf Selbstbedienung basierenden Einzelhandelskonzepten in Form von Super- und Verbrauchermärkten, großflächigen Verkaufsstätten, die häufig auf der „grünen Wiese" errichtet wurden und
über ein großzügiges Parkplatzangebot verfügten. Niedrige Preise, ein reichhaltiges
Sortiment sowie intensive Werbemaßnahmen brachten entsprechende Einbußen im
Fachhandel.

Bis Anfang 1980er-Jahre
Die Verschärfung des Wettbewerbs führte zu beträchtlichen Einzelhandelskonzen-
trationen. Die Verkaufsflächen der Super- und Verbrauchermärkte wurden ausgeweitet, Ausstattung und Sortiment erweitert und in die Tiefe spezialisiert. Im Umfeld dieser meist noch im Lebensmittelbereich angesiedelten Großmärkte entstanden die ersten Fachmärkte für Möbel, Heimwerker- oder Gartenbedarf. Deren Sortiment wurde auf alle wichtigen Branchen ausgeweitet, was diese Betriebsform zu
großflächigen, preisaktiven, personalarmen und filialisierten Fachgeschäften werden ließ. Die Ansiedlung der Supermärkte erfolgte nun auch zunehmend in urbanen
und innerstädtischen Zonen.

Seit Anfang der 1980er-Jahre
Fachmärkte mit typischen Leitsortimenten der Innenstädte (Bekleidung, Schuhe und
Unterhaltungselektronik) verbreiten sich an der Peripherie. Ergänzende Handwerks-
und Servicebetriebe fanden hier attraktive Standorte wie Fast-Food-Gastronomie,
kommerzielle Freizeitanlagen wie Kinos und Einrichtungen des öffentlichen Diens-
tes. Diese neuen Einzelhandelsagglomerationen und Einkaufszentren lagen häufig
in relativer Nähe zu den neuen suburbanen Wohnanlagen.

Seit Mitte der 1980er-Jahre
Spätestens seit Mitte der 1980er-Jahre entstanden konzeptionell geplante Einzel-
handels-Agglomerationen in peripherer Lage mit meist hervorragender Anbindung
an das hochrangige Straßennetz. Diese nicht-integrierten Shoppingcenter (=Ansamm-
lungen von Geschäften und Dienstleistungsbetrieben, die räumlich gesehen außerhalb einer geschlossenen Bebauung anzutreffen sind; auch Einkaufszentren auf der
„grünen Wiese"; vgl. Mayr 1980: 28ff.) sind mehrheitlich mit Freizeitanlagen und
auch Gastronomie kombiniert und zielen auf eine Erlebnisqualität des Einkaufs ab.
Charakteristisch ist die Verbindung großflächiger Fachmärkte mit Verbrauchermärkten und kleinen Einzelhandelsgeschäften in Komplexen mit witterungsunabhängigen
Ladenstraßen und Transferzonen. Die Verwaltung dieser Einkaufszentren erfolgt
durch ein eigenes Management, das die Ladenöffnungszeiten regelt und für einen
einheitlichen Werbeauftritt zuständig ist.

STATUS QUO, TRENDS UND ZUKUNFTSMUSIK

Die Entwicklungen im Detailhandel scheinen sich zu beschleunigen. Selbstbedienung ist allgegenwärtig geworden und begegnet uns in Modegeschäften, Buchhandlungen, Tankstellen-Shops, Bankfoyers oder Schnellrestaurants. In seiner Entwicklung weiter vorangeschritten ist der Versandhandel. An die Stelle der früheren großen Versandhäuser wie Kastner & Öhler, Quelle, Universal oder Moden-Müller sind mit der technologischen Weiterentwicklung neue Verkaufsformen wie Internethandel bzw. Teleshopping getreten, die sich zunehmender Popularität erfreuen und einige Branchen wie den Buchhandel bedrohen. Neuere und jüngste Trends umfassen neben der Schaffung von Einkaufserlebniswelten die auf gesteigerte Nachfrage nach Designer-Labels reagierenden Factory-Outlets oder so genannte Convenience-Geschäfte (z. B. Tankstellen-Shops mit breiterem Sortiment). Im Lebensmittelbereich boomt ein auf Single- bzw. Kleinhaushalte zugeschnittenes Angebot. Die überproportionale Zunahme von Ein- bzw. Zwei-Personen-Haushalten ließ eine erhöhte Nachfrage, besonders im Bereich der langfristigen Konsumgüter und der mittelfristigen Bedarfsgüter entstehen. Der Handel profitiert weiters davon, dass sich die Ausgaben statistisch gesehen pro Person erhöhen, wenn weniger Personen in einem Haushalt leben.

Seit den 1980er-Jahren gab es keine eigentliche Massenbewegung der Konsumnachfrage und des Verbraucherverhaltens mehr, stattdessen bestehen heute vielfältige Trends und Strömungen nebeneinander (Stöckl 2001: 89). Produktion und Handel reagieren darauf mit stärker ausdifferenzierten Produktpaletten und -variationen. Mit dem Durchbruch des Massenkonsums hat sich zudem ein – von der Werbung zusätzlich stimuliertes – Bedürfnis zum distinktiven Konsum mittels international renommierter Marken und Labels verstärkt. Besonders für Jugendliche und junge Erwachsene spielten seit den späten 1980er-Jahren Identitätsbildung, soziale Distinktion und Kommunikation via (Prestige)Konsum eine immer zentralere Rolle (Amann 1989; Schindelbeck 2001: 63). Die voranschreitende Pluralisierung von Stilen und Trends ließ die bewusst zur Schau gestellte Markenpräsenz zum Inbegriff subtil vermittelter Differenzierung werden. Luxusmarken eroberten die teuren Geschäftsviertel der Städte. So befinden sich Gucci, Chanel etc. am Wiener Kohlmarkt bzw. Graben. Mittlerweile weisen die Geschäftsstraßen vieler Großstädte durch die allgegenwärtigen Filialen internationaler Konzerne ein schwer unterscheidbares Erscheinungsbild auf.

Die Befunde über die Entwicklungschancen im Handel sind jedoch widersprüchlich. Trotz hoher Adaptions- und Innovationsfähigkeit

scheint das Goldene Zeitalter, die Zeit der unaufhörlich steigenden Umsätze, für den Detailhandel vorbei. So werden Umsatzzuwächse im
Möbelhandel heute nur mehr mit Zusatzsortimenten (Vasen, Zimmer-
pflanzen, Heimtextilien) erzielt, deren Anteil heute so groß ist wie der
der klassischen Wohnungseinrichtung. Unter den Handelsketten kommt
es vor dem Hintergrund stagnierender Umsätze und des verschärften
Preiswettbewerbs allmählich zu einem Umdenken in Richtung quali-
tativer Kundenbindung. Unter den Klein- und Mittelbetrieben des Handels scheinen beratungsintensive, eher zentral gelegene Spezialgeschäfte des gehobenen und des Luxus-Preissegments noch die besten Überlebenschancen zu haben, die Masse der Detailhändler – österreichweit
insbesondere im Lebensmittelbereich, in den Städten auch im Textil-
und Schuhbereich – schließt jedoch nach und nach ihre Läden.

Ein Hoffnungsschimmer für den Handel scheinen längere Öffnungszeiten zu sein, wobei offen bleibt, ob die Umsätze dadurch tatsächlich gesteigert werden oder sich nur auf längere Zeiträume verteilen. Insbesondere
kleine (Lebensmittel)Geschäfte könnten Nutznießer dieser Situation sein,
wie die Beispiele anderer Städte belegen, allerdings nur, wenn sie bei einer
Erweiterung der Öffnungszeiten nicht der Konkurrenz großer Supermarktketten ausgesetzt werden. Zugleich gelten die Arbeitsverhältnisse im Handel (die Verkaufstätigkeit im Einzelhandel ist vorwiegend weiblich) ohnehin als vergleichsweise schlecht. Charakteristisch dafür ist eine meist niedrige Bezahlung, ein Großteil des Verkaufspersonals weist Teilzeit- oder
geringfügige Beschäftigungen auf; verschiedene Tätigkeiten fallen auch
in den Bereich der Selbstständigkeit. Eine für alle Beteiligten befriedigen-
de Lösung zu finden, wird noch einiger Anstrengungen bedürfen.

LITERATUR

75 Jahre Konsum Linz 1892–1967. Bilanz eines Erfolges (1967). Linz
AC Nielsen, Mehr Wissen. Mehr Erfolg. Handel in Österreich. Basisdaten 2005. http://
    www.acnielsen.at/site/documents/Handel05.pdf
Amann, Anton, Hg. (1989): Konsumverhalten Jugendlicher. Wien
Baltzarek, Franz (1976): Die geschichtliche Entwicklung der Konsumgenossenschaf-
    ten in Österreich. In: Rauter, Anton E. (Hg.): Verbraucherpolitik und Wirtschafts-
    entwicklung. Wien
Békési, Sandor (2005): Lücken im Wohlstand? Einkaufswege und Nahversorgung in
    Wien nach 1945. In: Breuss, Susanne/Wien Museum (Hg.): Die Sinalco-Epoche.
    Essen, Trinken, Konsumieren nach 1945. Wien
Berekoven, Ludwig (1995): Erfolgreiches Einzelhandelsmarketing. Grundlagen und
    Entscheidungshilfen. München
Breuss, Susanne (2005): „Jede Frau kann zaubern." Technik, Tempo und Fortschritt
    in der Küche. In: Breuss, Susanne/Wien Museum (Hg.): Die Sinalco-Epoche. Es-
    sen, Trinken, Konsumieren nach 1945. Wien

Crossick, Geoffrey/Jaumain, Serge, Hg. (1999): Cathedrals of Consumption. The European Department Store, 1850–1939. Aldershot

Eder, Franz X. (2003): Privater Konsum und Haushaltseinkommen im 20. Jahrhundert. In: Eder, Franz X. u.a.: Wien im 20. Jahrhundert. Wirtschaft – Bevölkerung – Konsum (= Querschnitte 12, Einführungstexte zur Wirtschafts-, Sozial- und Kulturgeschichte). Innsbruck/Wien/München/Bozen

Eder, Franz X. (2005): Vom Mangel zum Wohlstand. Konsumieren in Wien 1945–1980. In: Breuss, Susanne/Wien Museum (Hg.): Die Sinalco-Epoche. Essen, Trinken, Konsumieren nach 1945. Wien

Eggert, Ulrich (1998): Der Handel im 21. Jahrhundert. Perspektiven 2010. Düsseldorf

Eigner, Peter/Resch, Andreas (2003): Die wirtschaftliche Entwicklung Wiens im 20. Jahrhundert. In: Eder, Franz X. u.a.: Wien im 20. Jahrhundert. Wirtschaft – Bevölkerung – Konsum (= Querschnitte 12, Einführungstexte zur Wirtschafts-, Sozial- und Kulturgeschichte). Innsbruck/Wien/München/Bozen

Felber, Ulrike u.a. (2004): Ökonomie der Arisierung. Teil 1: Grundzüge, Akteure und Institutionen. Wien

Gerlach, Siegfried (1988): Das Warenhaus in Deutschland. Seine Entwicklung bis zum Ersten Weltkrieg in historisch-geographischer Sicht. Stuttgart

Gössinger, Marlene (2001): Der Konsument im Spannungsfeld zwischen Nahversorger und Shopping Center – Eine empirische Untersuchung. Dipl.-Arb. Wien

Hatz, Gerhard (1996): Es geht um die Wurst. Die letzten Greißler von Wien. In: Banik-Schweitzer, Renate (Hg.): Wien wirklich. Der Stadtführer. Wien

Haupt, Heinz-Gerhard (2002), Konsum und Handel. Europa im 19. und 20. Jahrhundert. Frankfurt am Main

Hocquel, Wolfgang/Kellermann, Friedel, Hg. (1996): Architektur für den Handel. Kaufhäuser, Einkaufszentren, Galerien. Geschichte und gegenwärtige Tendenzen. Basel

Jagschitz, Gerhard/Mulley, Klaus Dieter, Hg. (1985): Die „wilden" fünfziger Jahre. Gesellschaft, Formen und Gefühle eines Jahrzehnts in Österreich. St. Pölten/Wien

John, Michael (2003): Vom Krämerladen zum Warenhaus. Zur Etablierung moderner Konsumkultur in einer österreichischen Provinzstadt im 19. und 20. Jahrhundert. In: Reith, Reinhold/Meyer, Thorsten (Hg.): Luxus und Konsum. Eine Historische Annäherung (= Cottbuser Studien zur Geschichte von Technik, Arbeit und Umwelt, Bd. 21). Münster/New York/München/Berlin

Knotzer, Emil J. (2003): Die Marketingpolitik des „Konsum Österreich reg. Gen. m.b.H." 1978–1995 (=Schriftenreihe des Forschungsvereins Entwicklung und Geschichte der Konsumgenossenschaften, Bd. 2). Wien

Koiner, Franz (1995): Hundert Jahre ADEG. Partnerschaft zum Erfolg. Wien

Kollmann, Karl (1998): Konsumentenfreundliche Nahversorgung in Stadt und Land

König, Wolfgang (2000): Geschichte der Konsumgesellschaft. Stuttgart

Kühschelm, Oliver (2005a): Selbstbedienung und Supermärkte. Das Versprechen von Zeitersparnis, Wahlfreiheit und unerschöpflicher Fülle. In: Breuss, Susanne/Wien Museum (Hg.): Die Sinalco-Epoche. Essen, Trinken, Konsumieren nach 1945. Wien

Kühschelm, Oliver (2005b): Markenprodukte in der Nachkriegszeit. Wahrzeichen der Konsumkultur am Übergang zur Wohlstandsgesellschaft. In: Breuss, Susanne/Wien Museum (Hg.): Die Sinalco-Epoche. Essen, Trinken, Konsumieren nach 1945. Wien

Kühschelm, Oliver (2005c): Julius Meinl. Patriarchalisch, (groß)bürgerlich, österreichbewusst. In: Brix, Emil/Bruckmüller, Ernst/Stekl, Hannes (Hg.): Memoriae Austriae III. Unternehmer, Firmen, Produkte. Wien

Lancaster, Bill (1995): The Department Store. A Social History. Leicester/London/New York

Lummel, Peter/Deak, Alexandra, Hg. (2004): Einkaufen! Eine Geschichte des täglichen Bedarfs. Berlin

Mahr, Erwin (1978): Strukturveränderungen im Lebensmitteleinzelhandel und ihre Auswirkungen auf die Nahversorgung in Wien. Dipl. Arb. Wien

Marschner, Hubert (1982): Handelsmarketing, Konsumentenverhalten und Nahversorgung. Wien

Mayr, Alois (1980): Entwicklung, Struktur und planungsrechtliche Problematik von Shopping-Centern in der Bundesrepublik Deutschland. In: Heineberg, Heinz (Hg.): Einkaufszentren in Deutschland. Paderborn

Meißl, Gerhard (1990): Altväterisches Wien oder modernes Wien? Zur Diskussion um die Warenhäuser und die Warenhaussteuer in Wien zwischen 1890 und 1914. In: Andreas Lehne (Hg.): Wiener Warenhäuser 1865–1914. Wien

Meißl, Gerhard (2003): Vom Stadtgewölb zum Urban Entertainment Center. Zur Entwicklung des Detailhandels seit dem Beginn der Industrialisierung. In: Historische Sozialkunde 2/2003. Kaufleute, Greißler und Shopping Malls

Münzer, Edith (1986): Alte Grazer Kaufmannsfamilien. Graz

Österreichische Raumordnungskonferenz (ÖROK): Einkaufszentren und Nahversorgung – Sorgenkinder der Raumordnung. Schriftenreihe Nr. 74. Wien

Österreichische Statistik (1905): Band LXXV (Ergebnisse der gewerblichen Betriebszählung vom 3. Juni 1902), Heft 4. Wien

Rupp, Brigitta (1991): Der österreichische Einzelhandel – unter Berücksichtigung von Einkaufszentren. Entwicklung und Zukunftsperspektiven. Diss. Wien

Sandgruber, Roman (2003): Das 20. Jahrhundert (=Geschichte Österreichs Bd. 6). Wien

Sandgruber, Roman (1995): Ökonomie und Politik. Österreichische Wirtschaftsgeschichte vom Mittelalter bis zur Gegenwart. Wien

Schicker, Rudolf (1977): Auswirkungen der Funktionsveränderungen im Einzelhandel. Ein Diskussionsbeitrag. In: Mitteilungen des Österreichischen Instituts für Raumplanung Heft 4

Schindelbeck, Dirk (2001): Illustrierte Konsumgeschichte der Bundesrepublik Deutschland 1945–1990. Erfurt

Schober, Sabine (1990): Vergleich der Entwicklung von Einkaufszentren. Ausgewählte Großstädte des deutschsprachigen Raumes unter besonderer Berücksichtigung der Wiener Entwicklung (=Beiträge zur Stadtforschung, Stadtentwicklung und Stadtgestaltung, Bd. 22). Wien

Seliger, Maren/Ucakar, Karl (1985): Wien. Politische Geschichte. Entwicklung und Bestimmungskräfte großstädtischer Politik. Teil 1: 1740–1895. Wien

Siegrist, Hannes/Hartmut Kaelble/Jürgen Kocka, Hg. (1997): Europäische Konsumgeschichte. Zur Gesellschafts- und Kulturgeschichte des Konsums (18.–20. Jahrhundert). Frankfurt a. M./New York

Statistisches Jahrbuch Österreichs (2006): http://www.statistik.at/jahrbuch_2006/deutsch/start.shtml

Stöckl, Sandra (2001): Einzelhandel im Umbruch. Der traditionelle Einzelhandel im Wettbewerb mit den Einkaufszentren, Dipl. Arb. Wien

Tanner, Jakob, Hg. (1998): Geschichte der Konsumgesellschaft. Märkte, Kultur und Identität (15.–20. Jahrhundert). Zürich

KARNEVAL DER WAREN
Warenhaus und Überschreitung

WERNER MICHAEL SCHWARZ

Wenn sich die Marx Brothers in „The Big Store" (USA 1941) als Warenhausdetektive betätigen und im aberwitzigen Showdown ganze Abteilungen verwüsten, Charlie Chaplin in „Modern Times" (USA 1936) sich für eine Nacht im Warenhaus als einem sonst unerreichbaren Paradies vergnügt oder Jerry Lewis als unerfahrener Verkäufer in „Who's Minding the Store" (USA 1963) vom Ansturm kaufwütiger Frauen überwältigt wird, dann zeigen sie einige der populären Motive, die das Warenhaus wenigstens bis in die 1960er-Jahre angeregt hat. Alle drei Filme erzählen von Überschreitungen, vom regelwidrigen Gebrauch der Waren und der modernen Technik wie im Fall der Marx Brothers, der sozialen Verwandlung bei Chaplin oder dem Verlust der Selbstkontrolle in „Who's Minding the Store".

Mit Émile Zolas 1883 erschienenem Warenhausroman „Au bonheur des dames/Das Paradies der Damen" haben die populären Darstellungen des Warenhauses spätestens ihren Anfang genommen, die sich über zahlreiche in der Regel heute vergessene literarische und filmische Verarbeitungen fortsetzten und selbst in den ungarischen Musicalfilm der Stalinära Eingang gefunden haben (Àllami Àruház/Staatliches Warenhaus, H 1952). Es waren bestimmte Figuren, wie der Detektiv, das Ladenmädchen oder der mächtige Warenhausbesitzer, die den Stoff für Geschichten lieferten, ebenso wie die ungeheure Anhäufung von Waren und ihre lebensechten Arrangements dazu inspirierten, diesen tatsächlich Leben und Persönlichkeit einzuhauchen. Der Einsatz modernster Technik, wie Lifte, Rolltreppen, Rohrpost oder Telefon und die neuartige Arbeitsorganisation wurden zu Sinn- und Zerrbildern der Großstadt und die Beziehungen zwischen KundInnen und Personal erzählten häufig von einer Welt, die in eine glänzende Oberfläche und eine deprimierende Realität zerfällt.

Viele dieser Motive haben auch die intellektuellen und wissenschaftlichen Debatten bis in die Gegenwart beschäftigt. Die neuen Verkaufstechniken oder die behauptete „Kaufwut" der Frauen haben Fragen
nach dem emanzipatorischen Potenzial dieser frühen Orte des Konsums aufgeworfen oder wurden als Funktion der antimodernistischen,
antifeministischen und antisemitischen Diskurse der Jahrhundertwende diskutiert. Das Motiv der Verwandlung wurde auf die Konstruktionen moderner Identität bezogen, die Herrschaft des Blicks und die
Verbindungen zu anderen visuellen Attraktionen der Großstadt, wie
dem Kino. Die Figur des Detektivs wiederum steht für die Anwendung
unsichtbarer Kontrollen in der kapitalistischen Gesellschaft.

Die erstaunliche kulturelle Produktivität, die das Warenhaus in Gang
setzte, steht allerdings in einem Missverhältnis zu seiner ökonomischen
Bedeutung im engeren Sinn. Sein Anteil am Umsatz oder der Zahl der
Beschäftigten im Handel blieb trotz der großbetrieblichen Organisation
lange Zeit vergleichsweise gering, sodass etwa Uwe Spiekermann von
einem der „am meisten überschätzten" Orte der Moderne spricht
(Spiekermann 2005: 207). Tatsächlich gab es in Wien um 1900, also der
Zeit, in der die Warenhäuser bereits als Flaggschiffe des Kapitalismus
und des modernen Großstadtlebens intensiv und kontroversiell diskutiert wurden, gerade eine Handvoll von nennenswerter Größe. Zwischen
dem „Haas-Haus" am Stephansplatz, das der Fabrikant von Möbelstof-
fen und Teppichen Philipp Haas 1865 errichten ließ und das als erstes
Warenhaus Wiens angesehen wird und jenem der Teppichfirma Schein
1895, vergehen immerhin 30 Jahre (Lehne 1990: 32ff.). Erst mit den
Neubauten der Firmen Gerngroß und Herzmansky knapp nach der Jahrhundertwende besitzt Wien Warenhäuser von internationalem Format.
1911 kommt mit dem „Mariahilfer Zentralpalast", dem späteren Stafa,
ein drittes hinzu. Damit lagen die drei wichtigsten Wiener Warenhäuser
nur wenige hundert Meter voneinander entfernt an der zentralen Wiener Geschäftsstraße, der Mariahilferstraße.

Auch für den Massenkonsum seit den 1950er-Jahren spielt das Warenhaus quantitativ keine herausragende Rolle. In dieser Zeit wird es
bereits heftig vom Versandhandel und den neuen Handelsketten
konkurrenziert, bis es auch in Europa seit den 1970er-Jahren durch
die Errichtung von Shopping-Malls nach amerikanischem Vorbild in
die Krise gerät. Sein endgültiger Niedergang vollzieht sich, ökonomisch
und kulturell, im Verhältnis zur Auflösung seines historischen „Nähr-
bodens", der klassisch-modernen Großstadt, durch grundlegende Verschiebungen der städtischen Ökonomie und der damit verbundenen
Suburbanisierung.

Die Bedeutung des Warenhauses liegt dementsprechend weniger in seinen quantifizierbaren Größen, den Umsätzen und Arbeitsplätzen, als seiner besonderen Lage an einer Schnittstelle zwischen Ökonomie, Politik und Kultur. Seitdem, so lässt sich vorweg behaupten, lassen sich diese Bereiche unmöglich mehr voneinander trennen. Den Waren wurde tatsächlich Leben eingehaucht und Konsum wurde zu Politik und Kultur in einem unmittelbaren Sinn.

DIE PRODUKTION DES KONSUMENTEN

Die ökonomische Logik des Warenhauses, wie es seit der Mitte des 19. Jahrhunderts entstand und sich ab den 1890er-Jahren in den europäischen und nordamerikanischen Großstädten fest etablierte, erscheint auf den ersten Blick vergleichsweise simpel, veränderte aber alle bis dahin üblichen Vorstellungen von Warenwert, Preis oder das Verhältnis von Angebot und Nachfrage. Indem die Preise und damit der Gewinn nicht mehr in erster Linie über die Kosten, sondern über den Umsatz kalkuliert wurden, etablierte es den modernen Kapitalismus und die industrielle Produktionsweise im System des Einzelhandels. Voraussetzung waren gleichermaßen die anlaufende industrielle Produktion von Gebrauchsgütern wie eine steigende Nachfrage. Beide wurden wiederum vom Warenhaus mit kräftigen Impulsen angetrieben. Die Produktion erhielt durch das Warenhaus Anreize zu weiteren Innovationen sowie Rationalisierungen und die Nachfrage wurde durch vergleichsweise niedrige Preise, durch innovative Techniken des Verkaufs und der Reklame, die wiederum ein komplexes Zusammenspiel neuer sozialer und kultureller Praktiken zur Voraussetzung hatten, gesteigert. Das Ziel, die Nachfrage zu heben, konkret also die Zahl der Verkäufe und der potenziellen Käufer zu erhöhen, schuf zugleich die Basis für ein Verständnis von Bedürfnissen, die weit über das eigentliche Warenangebot hinausreichten. Das Warenhaus wurde zu einem Ort, an dem gesellschaftliche Bewegungen und Veränderungen genau studiert wie abgebildet wurden. Die KäuferInnen rückten in dieser Kalkulation nicht mehr an das Ende einer Kette von Produktion und Handel, sondern wurden zu einem Element in einer Kreisbewegung, in der die Rollen beständig wechselten. Die KäuferInnen wurden auf diese Weise selbst zum Produkt, das es zu kennen, zu bearbeiten und auszuwerten galt, wie die Produktion nicht mehr am Anfang, sondern auch am Ende stehen konnte.

Die Koppelung der Preise an den zu erwartenden Absatz hatte Innovationen in Bereichen zur Voraussetzung, die im Einzelhandel nicht

neu, aber bis dahin vergleichsweise unbedeutend waren. Die Vergrö-
ßerung der Schaufensterflächen, wie allgemein die Gestaltung der Fas-
saden unter dem Aspekt der Warenpräsentation, die Herstellung von
Reklamezetteln oder die Annoncen in den Zeitungen gehörten zu den
vergleichsweise noch herkömmlichen Methoden. „Lockangebote", also
Waren, die unter ihren Kosten angeboten wurden – und somit strategische Verluste – erforderten und ermöglichten demgegenüber bereits
ein komplexes System der Preis- und Angebotskalkulation. Das betraf
auch den Warenmix selbst, der gegen Ende des 19. Jahrhunderts sukzessive ausgeweitet wurde. Zu Beginn waren die Warenhäuser in der
Regel überdimensionierte Einzelhandelsgeschäfte – im wörtlichen Sinn
Häuser nur für Waren – für Textilien und Möbel, die auch zu den ersten industriell gefertigten Gebrauchsgütern gehörten. Was aus der Perspektive der KäuferInnen als eine Erhöhung des Angebotes erscheinen
musste, eröffnete dem Warenhausmanagement die Möglichkeit zu feinen Preisabstimmungen in einem System, das den Wert der Waren
nicht mehr in festen Größen, sondern in Relationen zueinander defi-
nierte. Damit eröffneten sich auch neuartige Möglichkeiten zur Markt-
beobachtung und zur Einschätzung künftiger Absätze.

Dem Kunden blieb das freilich in der Regel verborgen oder wurde
als das gesehen, was es auch war, eine Repräsentation der modernen,
europäisch-westlichen Welt und ihres imperialen Anspruchs. Hier waren die Warenhäuser, was sich auch an der architektonischen Gestaltung, dem Einsatz von Glas und Eisen zeigte, dem Spiel von Innen und
Außen, eng verwandt mit anderen zentralen Orten des 19. Jahrhunderts, den großen Ausstellungen oder den neuen Museen. Mit diesen
teilte das Warenhaus, wie zuletzt Jörg Brauns (2003) überzeugend argumentiert hat, einen dramaturgischen Wechsel bei der Präsentation
der Objekte zwischen Auratisierung und scheinbar liebloser Anhäufung. Ersteres, in Glas und Licht inszeniert, praktizierte einen durch
die industrielle Produktionsweise eigentlich obsoleten Kult des Ein-
zelstücks, letzteres vermittelte die ebenso irrige Vorstellung von einer
ständigen Verfügbarkeit der Waren (Brauns 2003: 253ff.).

DER KONSUMENT ALS SOUVERÄN

Entscheidender für den Aufstieg des Warenhauses aber waren Innovationen, welche die Verkaufstechniken im engeren Sinn betrafen. Dazu
gehörten die feste Preisausschilderung, das Angebot des freien Zugangs,
die transparente Wareninformation, das Rückgaberecht bei Barbezahlung oder die strikte Gleichbehandlung der Kunden. Anders for-

muliert, Preise mussten nicht mehr wie auf den Märkten oder in den kleinen Läden individuell ausgehandelt und Informationen nicht mehr nachgefragt werden. Die Barbezahlung war ein zentrales Instrument in der Vermittlung der Gleichbehandlung der Kunden, im Sinn der Bedeutung des Geldes als universales, von der Person unabhängiges Tauschmittel und es ersparte zudem dem Warenhaus komplizierte Nachforderungen. Die Brüskierung von im ständischen Sinn hochgestellten Personen durch diese noch ungewohnten Praktiken wurde zu einem regelmäßigen Motiv in den literarischen Darstellungen, die das Warenhaus mit der Aura sozialer Gerechtigkeit umgaben. „Das Geschäft soll sich in vollster Offenheit und Ehrlichkeit vollziehen", beschreibt Paul Göhre 1907 in seinem emphatischen Bericht die zentrale Maxime des Warenhauses Wertheim in Berlin (Göhre 1907: 42). Es sollte alles unterbleiben, was den KundInnen als „Kaufzwang" erscheinen und ihnen ein Gefühl der Unterlegenheit vermitteln könnte. Anders gesagt, sie sollten zum Kauf veranlasst werden, ohne sich dazu gezwungen zu fühlen. Damit bediente sich das Warenhaus eines „psychologischen Tricks", der allerdings erst in einem spezifischen kulturellen und sozialen Kontext möglich wurde. Richard Sennett hat diese Techniken aus jenem Umfeld abgeleitet, in dem sich auch das Warenhaus etablieren konnte: den Großstädten des 19. Jahrhunderts und einem bürgerlichen Milieu, in dem der Schrift und der eigenen Anschauung mehr Vertrauen geschenkt wurde als dem Gespräch und in dem die Vermeidung von Begegnungen und unmittelbarer Interaktionen als ein Gewinn an Souveränität, Freiheit und Sicherheit betrachtet wurde (Sennett 2000: 186ff.). Das Warenhaus offerierte so gesehen eine Situation, die auch zunehmend von der Stadt und dem öffentlichen Leben eingefordert wurde: Scheinbar störungsfreie, sichere, durchschaubare und kalkulierbare Abläufe zu ermöglichen, die zum einen vom großstädtischen Leben und den neuen Anforderungen auf rasche Beweglichkeit von Menschen und Gütern verlangt wurden und zum anderen auf spezifisch bürgerliche Konstruktionen von „öffentlich" und „privat" verwiesen, die ihre Entsprechung in einer räumlichen Definitionen des Menschen hatten: in ein Innen und Außen, eine unsichtbare, intime und eine sichtbare, öffentliche Sphäre oder in einen Bereich des Gefühls oder der Neigung gegenüber Rationalität und Norm. Damit grenzte sich der Bürger nach zwei Richtungen ab: gegenüber dem Adel oder höfischen Menschen, der nur als Hülle ohne Inneres definiert wurde und dem Proletarier oder Wilden, dem wiederum in dieser Sichtweise das mäßigende und rationale Äußere fehlte. Diese Teilung prägte die Verhaltensnormen und -praktiken des öffentlichen und politischen

Lebens seit dem ausgehenden 18. Jahrhundert maßgeblich und wurde auch zu einer zentralen Vorgabe für die neuartigen Anlagen der Großstädte, die dieses komplexe Programm von außen und innen, öffentlich und privat architektonisch phantasievoll variierten. Teil dieser Definition des bürgerlichen Menschen ist, wie Jürgen Habermas in seiner berühmten Studie „Strukturwandel der Öffentlichkeit" hervorgehoben hat, die Vorstellung des öffentlichen Lebens als „privat" im Sinne einer von willkürlich-obrigkeitlichen Normen freien Sphäre der Rationalität und Selbstorganisation (Habermas 1990: 69ff.). Mit seinen zentralen Neuerungen, dem freien Zugang und der festen Preisausschilderung offerierte das Warenhaus einen Ort, der sich diesen Vorstellungen zufolge „privat" aneignen ließ und der zumindest an der Oberfläche als kontroll- und herrschaftsfrei erscheinen musste.

Die Betonung auf Oberfläche ist hier besonders angebracht, denn gerade die Warenhäuser etablierten hinter den Kulissen ein komplexes System der Kundenüberwachung, sowohl bezogen auf ihr ökonomisches wie ihr soziales Verhalten. Die Detektive ermittelten verdeckt, ebenso wie Management und Buchhaltung in einer Art streng abgeschottetem „war room" jene wesentlichen Informationen sammelten, die für eine nachfrageorientierte Kalkulation lebensnotwendig waren. Warenaufstellung, Warenmix und Preise wurden beständig im Fluss gehalten, möglichst im Gleichschritt mit verfügbaren Angeboten, wechselnden Bedürfnissen und der Notwendigkeit, beide zu steuern. Auch die Organisation stand zur kundenfreundlichen Oberfläche in einem deutlichen Widerspruch. Analog den Industriebetrieben funktionierte das Warenhaus nach einem straffen System von Arbeitsteilung, Kontrolle und Unterordnung und tendierte dazu, möglichst viele Produktionsschritte an das Unternehmen zu binden. Mit seinen oft mehreren tausend Angestellten, den VerkäuferInnen, KassierInnen, Boten, Monteuren, Arrangeuren, Buchhaltern gehörte es zu jenen Orten, die wie die Riesenhotels oder Passagierdampfer als eine Welt für sich literarische und filmische Fantasien beflügelten, die darüber ein zentrales Spannungsfeld des modernen, industriellen Lebens reflektierten: das Verhältnis zwischen unpersönlichen Arbeits- und Organisationsabläufen und individuellen Geschichten und Perspektiven. Was den Kunden als Freiheiten geboten wurde, verlangte man vom Personal in gewisser Weise wieder zurück. Während erstere sich als Individuen gewürdigt fühlen durften, wurde dies dem Personal durch Uniformierung und durch ein System, das ihre Austauschbarkeit forcierte, wieder genommen.

Die Innovationen, die das Warenhaus für die Begegnung mit den Kunden etablierte, entsprach den Idealvorstellungen der Weltaneignung des bürgerlichen Subjekts. Dessen Souveränität, Urteilsvermögen und Gleichrangigkeit wurden als unantastbar inszeniert. Das war das eine Angebot, das die Warenhäuser dem großstädtischen Publikum offerierten und das eine zentrale Voraussetzung für seine Akzeptanz und Prosperität war.

WAREN UND IMAGINATION

Das andere Angebot erweiterte diesen „privaten" Zugang noch um eine wesentliche Dimension. Die Warenhäuser stellten von Beginn an Möglichkeiten zur Verfügung, die mit dem eigentlichen Warenverkauf in keiner unmittelbaren Verbindung standen. Restaurants, Teestuben oder Lesesäle wurden zur Erholung und Unterhaltung der KundInnen eingerichtet. Aus der Perspektive der Unternehmen sollten sie die Verweildauer und damit das Potenzial der Verkäufe erhöhen. Diesem Zweck dienten auch die rasch wechselnden Arrangements, in welchen die Waren inszeniert wurden, wie insgesamt das Warenhaus darauf angewiesen war, durch ständige Neuerungen, tatsächliche und scheinbare, das Interesse der Kunden immer von Neuem zu erregen. Das Warenhaus musste dementsprechend einen Widerspruch zwischen der Beibehaltung einer etablierten Ordnung, die von den KundInnen aus Gründen der Souveränität gefordert wurde, und beständigen Überraschungen überbrücken. Seine Attraktivität beruhte, wie gesagt, weniger darauf, gewünschte Waren bereitzuhalten, als darin Waren und deren möglichen Gebrauch überhaupt erst bekannt und begehrenswert zu machen. Dabei wurde das traditionelle Verhältnis von Dingen und ihren symbolischen Bedeutungen umgekehrt. Letztere standen nicht mehr am Beginn von Produktion und Verkauf, sondern wurden den Waren als Mehrwert erst nachträglich beigefügt. Erst im „Rahmen", wofür die Schaufenster oder Vitrinen stellvertretend stehen, und den Geschichten, die über sie erzählt wurden, entfalteten sie ihre volle Bedeutung und Wirkung. Dadurch suggerierten sie die Erfüllung von Wünschen, die von den Waren selbst nicht geleistet werden konnte, wie Schönheit, Glück, Wohlstand oder andere Werte des sozialen und kulturellen Lebens. Auf diese Weise wurden die Waren gleichsam wieder entmaterialisiert und Kategorien wie Bedarf oder Gebrauch auf eine emotional-symbolische Ebene gehoben. Das Vergnügen, welches das Warenhaus bot, beruhte daher weniger auf Tatsachen als auf Möglichkeiten, die eine banale Auswahl zwischen verschiedenen Waren ebenso betreffen konnte wie das eigene Leben in einem wesentlich umfassenderen Sinn. Man konnte sich so oder anders kleiden, so oder anders wohnen – durch diese Wahloptionen wurde das Warenhaus auch zu einem Ort, in dem Möglichkeiten und Wünsche nach einem anderen Leben und gesellschaftlicher Teilhabe nachgefragt und angeboten wurden. Die Warenhäuser hatten von Beginn an aus diesen Motiven der Nachahmung und des Vergleichs einen wichtigen Teil ihrer Anziehungskraft bezogen, indem sie die den Oberschichten eigentlich vorbehaltenen Luxuswaren – die nun industriell gefertigt werden konnten – auch den bürgerlichen Mittelschichten zu moderaten Preisen zugänglich machten. Dass die Waren dadurch ihren ursprünglichen Wert wieder verloren, setzte eine andauernde „Aufholjagd" und einander immer rascher abwechselnde Moden der Abgrenzung in Gang, die wiederum der Produktion und dem Handel kräftige Impulse verschafften.

FRÜHE ERLEBNISWELTEN

Die Stimulierung des Konsums durch die Imagination, durch das Angebot zumindest temporärer Verwandlungen und einer symbolischen Aufhebung gesellschaftlicher Unterschiede und Ordnungen, wird im Verlauf des letzten Drittels des 19. Jahrhunderts auch zum prägenden Prinzip neuartiger großstädtischer Vergnügungen. Gemeinsam waren den bereits erwähnten großen Ausstellungen, allen voran den Weltausstellungen, den neuartigen Zoos oder den „exotischen" Dörfern, wie sie um 1900 auch im Wiener Prater gezeigt wurden, dass sie ihre Attraktionen zunehmend in scheinbar kompletten und originalgetreuen Ensembles zeigten und damit im wörtlichen Sinn eine „ganze Welt" mitlieferten. Für den Betrachter simulierten sie das Erlebnis einer möglichst großen zeitlichen und räumlichen Entfernung von der eigenen großstädtischen Lebenswelt und eine unmittelbar sinnliche Teilhabe. Dementsprechend ist häufig auch von „Reisen" die Rede, oder wie es Theodor Herzl angesichts eines präsentierten afrikanischen Dorfes 1897 zynisch ausdrückte, „Reisen für Leute, die sich solche niemals leisten könnten". Voraussetzung war auch hier eine durch die westlich-europäische Expansion vermittelte Vorstellung von der uneingeschränkten Verfügbarkeit der Dinge und Menschen. Oft weit zurückreichende europäische Fantasien nahmen konkrete Gestalt an und ließen sich gegen Eintrittsgeld erleben. Entscheidend war auch hier ein möglichst ungehinderter oder zumindest von sichtbarer Kontrolle freier Zugang und damit eine Position für den Betrachter, der sich selbst als souverän und unbeobachtet vorstellen konnte. Auf der Wiener Weltausstellung 1873 hatte das Publikum Gelegenheit, den Harem des Vizekönigs von Ägypten, ein nordamerikanisches Wigwam, ein türkisches Kaffeehaus oder eine japanische Teestube, jeweils in Originalgröße und mit „echtem" Personal, zu besuchen. 1896 wurde im Wiener Prater die Kulissenstadt „Venedig in Wien" errichtet. Detailgetreu rekonstruierte Paläste, die an einem Netz von Kanälen lagen, beherbergten Restaurants, Theaterbühnen und Verkaufsläden. Der innovative Hamburger Tierhändler und Zoogründer Karl Hagenbeck steigerte bei der Errichtung seiner Tiergärten und temporären Tierausstellungen die Unmittelbarkeit des Erlebnisses durch den Abbau sichtbarer Barrieren und durch aufwendige künstliche Landschaftsbauten. 1896/97 ist im Wiener Prater seine Schaustellung „Das Eismeer und seine Tierwelt" zu sehen. Das Publikum der „exotischen" Dörfer wiederum konnte deren „Bewohner" nicht nur aus nächster Nähe betrachten, sondern an ihrem „alltäglichen" Leben teilhaben. Im Dorf wurde gekocht, gegessen, gebetet, gelernt, und letztlich auch geboren und gestorben. Von der Möglichkeit „sich hineinzuträumen" spricht Peter Altenberg in seinem dem 1896 gezeigten „Aschantidorf" gewidmeten Text „Ashanteé" und entfaltet – wahrscheinlich stellvertretend für viele zeitgenössische Betrachter – seine erotischen Obsessionen. Diese Gegenorte des großstädtischen Alltags, zu welchen man, wie es zeitgenössisch heißt, bequem mit der Straßenbahn anreisen konnte, zeigten in der „Fremdheit" und der spielerischen Überschreitung gesellschaftlicher Normen zugleich auch immer das Vertraute. Die „Wilden" hatten ebenso Familie, Arbeit und Schulen und produzierten Waren, die sich im Dorf direkt erwerben ließen.

Die Imagination wurde in diesen frühen „Erlebniswelten" damit selbst zur Ware, wie im Warenhaus umgekehrt die Ware zum Gegenstand der Imagination.

WARENHAUS UND KINO

Der Ort, an dem diese Wechselbeziehungen von Ware und Imagination erstmals massenwirksam wurde, ist das Kino. Anne Friedberg hat auf der Grundlage vor allem kritischer Analysen der Zwischenkriegszeit (Walter Benjamin, Siegfried Kracauer etc.) enge Parallelen zwischen Warenhaus und Kino hergestellt (Friedberg 1993: 109ff.) und auf mehreren Ebenen argumentiert: der Nachfrageorientierung und einer zumindest vordergründigen Erfüllung der Kunden- oder Publikumswünsche, der industriellen Herstellung, dem Marketing und vor allem den Praktiken ihres Gebrauchs. Konkret ist das Kino mindestens bis in die 1950er-Jahre zugleich auch immer ein virtuelles Warenhaus, in dem neuartige Waren und ihre Verwendung als Attraktionen vorgeführt wurden.

Gemeinsam ist beiden, dass sie einen Blick ermöglichen, der zugleich nach innen gerichtet ist und das Geschaute mit dem eigenen Begehren in Dialog setzt. Im Warenhaus sind es die Waren, die mit einem tatsächlichen oder imaginären Potenzial von Möglichkeiten aufgeladen werden, im Kino sind es die Bilder und Geschichten. Mit der kritischen Perspektive Siegfried Kracauers (1927) müsste man hingegen von „Unwahrscheinlichkeitsräumen" im Sinn einer Ablenkung von den tatsächlichen politischen und ökonomischen Verhältnissen sprechen (Kracauer 1977: 279ff.). Ambivalenter äußerte sich Walter Benjamin und spricht 1935 von den „Zwangsläufigkeiten" des modernen Lebens und einer „Kerkerwelt", die das Kino zumindest für Momente „gesprengt" hätte (Benjamin 1977: 35ff.). Es hätte „gelassen abenteuerliche Reisen" ermöglicht. Als eine Gelegenheit wiederum, sich zu „vertiefen", bezeichnet Paul Göhre das Angebot der prachtvollen Warenausstellung in der Eingangshalle bei Wertheim (Göhre 1907: 11). Begriffe, wie „Traum", „Reise" oder „Vertiefung", wie sie regelmäßig für die großstädtischen Attraktionen vom Warenhaus über die frühen Erlebniswelten bis zum Kino benutzt wurden, machen deren Bedeutung als Angebote zur imaginären Durchbrechung eines alltäglichen Lebens besonders deutlich. Hinzugefügt werden muss allerdings, dass ein solcher Alltag, also ein berechenbarer Rhythmus von Arbeit und arbeitsfreier Zeit, öffentlichem und intimem Leben zumindest für den Zeitraum um 1900 nur für einen kleineren Teil der großstädtischen Bevölkerung Gültigkeit hatte. Erst mit der Verbesserung der Lebens- und Arbeitsbedingungen auch für die Arbeiterschaft in den beiden Jahrzehnten vor dem Ersten Weltkrieg durch Sozialreformen, durch den Druck der Arbeiterbewegung und dem Interesse von Industrie und Handel an neuen „Verbrauchern", wird die gesellschaftliche Basis dieser Praktiken des Konsums allmählich erweitert, die allerdings in den wirtschaftlichen Krisen der Zwischenkriegszeit wieder großteils verloren geht.

Auch im ambivalenten Verhältnis gegenüber der Großstadt und dem modernen Alltag – in deren Zentren Warenhäuser und Kinos am besten prosperierten –, in einer gleichzeitigen Bewegung der Zu- wie Abwendung, zeigen sich auffallende Ähnlichkeiten. Beide verfügten über keine der bis dahin üblichen Eintrittsschranken und beide traten mit ihren Angeboten in eine intensive Kommunikation mit dem Stadtraum, das Warenhaus etwa über Schaufenster, Reklametafeln oder Wühltische, das Kino über Plakate oder Ausrufer. In den Warenhäusern, aber auch in den Kinopalästen der 1920er-Jahre wurde das Großstadtleben spielerisch auch im Inneren fortgeführt. Nicht zufällig wurden in zeitgenössi-

schen Schilderungen Warenhaus und Großstadt in der Regel mit denselben Metaphern umschrieben, als „Riesenmaschinen" oder „Organis-
men", die sich von der Vorstellung fortlaufender Zirkulationen von Menschen und Waren ableiteten. Tatsächlich zeigten sich die Warenhäuser
äußerst innovativ, wenn es um den Einsatz neuer Systeme der Perso-
nenbeförderung ging, um Rolltreppen oder Lifte. Die Verlängerung des
Großstadtlebens in das Innere der Anlagen wurde zugleich und durchaus beabsichtigt gegenüber dem Außen in fein abgestimmten Angeboten wiederum aufgehoben, sodass ein intimes, privates und scheinbar
unkontrolliertes Verhalten als möglich und erwünscht vermittelt wurde.
Von einer „rettenden Insel" im „Gewühl" der Großstadt spricht Göhre
und beschreibt den Eingangsbereich des Warenhauses Wertheim als einen langsamen Übergang von außen und innen (Göhre 1907: 11). So
würde das Plätschern eines Brunnens zwischen dem Verkehrslärm und
der verhältnismäßigen Ruhe im Warenhaus vermitteln.

In der Dunkelheit des Kinoraums und der überwältigenden Vielfalt
von Waren und Warenensembles boten beide Gelegenheit, sich und
die Anwesenheit der anderen temporär auszublenden. So gesehen stellten Warenhäuser und Kinos Räume zur Verfügung, die eine soziale
(nicht politische) Teilhabe in selbstbestimmten Dosen und Intensitäten
ermöglichten oder in gewisser Weise Erholung davon boten, was sie
selbst mitverursachten.

DAS WARENHAUS ALS ORT DER FRAUEN

Diese Besonderheit des Warenhauses, Elemente des öffentlichen und
privaten Lebens, wie Anonymität, Fremdes und Vergnügliches mit Sicherheit, Selbstständigkeit und dem scheinbaren Unbeobachtetsein zu
verschränken, oder anders formuliert Sichtbarkeit und Unsichtbarkeit,
war eine der Voraussetzungen, die es von Beginn an auch für Frauen
zugänglich und attraktiv gemacht hatte. Voraussetzungen dafür waren
gesellschaftliche Verschiebungen, die Frauen zunächst aus mittleren
und gehobenen Gesellschaftsschichten sukzessive größere finanzielle
Unabhängigkeit einräumten, zu welchen später, was vor allem für die
Etablierung des Kinos relevant wurde, jene hinzukamen, die sich durch
eigene Berufstätigkeit gewisse Freiräume verschaffen konnten. So gesehen hatten die Warenhäuser auch in dieser Beziehung demokratisie-
rende und emanzipatorische Wirkungen, wenn es auch aus der Sicht
der Unternehmen in erster Linie um das Prinzip der möglichst uneingeschränkten Nachfrage ging. In ihrem instruktiven Artikel berichtet
Mica Nava von zeitweise offenen Bündnissen zwischen New Yorker

Warenhäusern und der frühen Frauenbewegung (Nava 1995: 55). Ein Raum für Frauen war das Warenhaus aber auch auf der Ebene der Organisation. Warenhäuser beschäftigten mehrheitlich weibliche Angestellte, auch in Funktionen, die man eher als Männern vorbehalten erwarten würde, wie jene der Hausdetektive. In der Struktur des Warenhauses und seiner vielschichtigen Hierarchie eröffneten sich für Frauen erstmals auch Möglichkeiten zu einem selbstständigen beruflichen und sozialen Aufstieg.

WARENHAUSDEBATTEN

Diese gesellschaftlichen Wirkungen des Warenhauses entzündeten zeitgenössisch intensive Debatten. Bewunderern wie Skeptikern erschienen die Warenhäuser als Räume der „Überschreitung". Für Erstere entstand ein „allgemein" zugänglicher, gleichsam egalitärer Bereich, für Letztere ein Ort der Verführung und Verschwendung, in dem soziale Regeln in einer karnevalesken Situation zur Steigerung des Profits außer Kraft gesetzt würden. Dabei waren die warenhauskritischen Positionen in der Regel Teil modernekritischer und antiurbaner Diskurse, die gegen Ende des 19. Jahrhunderts zunehmend antisemitisch geprägt waren. In Wien, wie Gerhard Meißl dargelegt hat, wurden die Warenhäuser vor allem seit dem Aufstieg der christlichsozialen Partei unter Karl Lueger seit den 1890er-Jahren als Bedrohung eines vermeintlich alteingesessenen, kleinbürgerlichen Handelsstandes intensiv bekämpft, obwohl es im Vergleich zu anderen europäischen und nordamerikanischen Metropolen kaum Warenhäuser in vergleichbaren Dimensionen gab (Meißl 1990: 61ff.). In Wien erwies sich, wie Siegfried Mattl argumentiert, die in der höfischen Ökonomie begründete und vom gehobenen Bürgertum tradierte Nachfrage nach hochspezialisierten Luxuswaren als hinderlich für die Etablierung großer Warenhäuser (Mattl 2006: 106ff.). Lediglich Gerngroß auf der Mariahilferstraße mit seinen 800 Angestellten im Jahr 1907 war ein Großbetrieb mit internationalem Format, auch wenn er sich etwa im Vergleich zu Wertheim in Berlin mit seinen 6.000 Angestellten nur bescheiden ausnahm (Meißl 1990: 78). Diese Debatten, die auch um die Einführung einer eigenen Steuer für Warenhäuser kreisten, konstruierten eine Opposition zwischen einem traditionellen, soliden, deutschen und heimatverbundenen Handel und einem nomadisierenden, jüdischen Kapitalismus. Diese Begründung über so genannte „Volkseigenschaften" wurde auch von einflussreichen Theoretikern wie dem deutschen Volkswirt und Soziologen Werner Sombart vertreten.

DIE WOHLHABENDE WARENHAUSDIEBIN

Eine heute eher kurios anmutende Debatte, die die Warenhauskritiker
zeitgenössisch aber intensiv beschäftigte, vermittelt besonders deutlich die Unsicherheit angesichts dieser neuartigen Orte, die gewohnte
soziale und kulturelle Kategorien außer Kraft setzten. Diese Debatten
entzündeten sich an jenem einzigen auch als solchem geahndeten Regelbruch, der dem System des Warenhauses immanent war: dem Diebstahl. Seit den 1880er-Jahren, ausgehend von der „Beobachtung", wo-
nach sich unter den Warenhausdieben vorwiegend Frauen aus „besseren" sozialen Schichten befunden hätten, wurde der Warenhaus-
diebstahl in von Gerichts- und Polizeiärzten in der Hauptsache geführten Diskursen als Symptom typisch modern-großstädtischer psychischer Störungen (Neurasthenie, Hysterie etc.) interpretiert (Dubuisson:
1903; Laquer: 1907). Das Warenhaus erscheint hier als gleichsam „heim-
tückischer" Ort, in dem durch den Mangel sichtbarer Kontrolle und
der Vorspiegelung eines „regellosen" und „privaten" Raumes vor allem
Frauen, die entsprechend der diesen Diskursen zugrunde liegenden
Vorstellung ohnehin besonders ihren Trieben ausgesetzt wären, nicht
nur zum Konsum, sondern auch zum Regelbruch verführt würden.
Ihre in diesem Zusammenhang erhobenen Forderungen nach unifor-
miertem Wachpersonal und damit nach der Offenlegung der Kontrolle, stießen allerdings auf wenig Verständnis bei den Warenhaus-
betreibern.

Die Problematik des Warenhausdiebstahls und vor allem die in diesen Diskursen entworfene Figur der „triebhaften Diebin" fand eine
ebenso vergleichsweise breite literarische Verarbeitung, die sich bis in
die Gegenwart noch in juristischen und polizeilichen Diskursen verfol-
gen lässt. In diesem Zusammenhang erscheint als ihr Gegenspieler auch
die zweite, kulturell besonders produktive Figur des Warenhauses: der
Detektiv, der in ständig wechselnder Tarnung unbemerkt das Verhalten der Kunden studiert und seine volle Aufmerksamkeit auf diesen
einen, gleichsam einzigen denkbaren Regelbruch richtet. Er ist zugleich
aber auch derjenige, der die untereinander „teilnahmslosen" KundInnen
und VerkäuferInnen in ein System gesellschaftlicher Beziehungen
bringt, wie das die Erfolgsautorin der Zwischenkriegszeit, Vicki Baum,
beschreibt: „Die Menschen, die im Warenhaus angestellt sind, sehen
immer nur einen winzigen Ausschnitt; sie sind in ihrer Abteilung fest-
gewachsen wie Korallen am Meeresgrund. Aber wer ruhelos durch alle
Teile wandert wie der alte Philipp, der sieht das Ganze, die ganze Welt"
(Baum 1983: 65).

Mit dem Warenhaus erscheint damit erstmals jene Problematik, die
seitdem Orte des Konsums charakterisiert, sei es ob diese wie in den
Warenhäusern mit den Annehmlichkeiten eines „privaten" oder wie
bei den Shopping Malls eher mit den Vorzügen eines „öffentlichen"
Raumes ausgestattet sind: die Frage nach den Möglichkeiten und Techniken des Ausschlusses jener, die dieses Angebot „missverstehen" und
somit die kalkulierte „Überschreitung" überschreiten.

FILMVERZEICHNIS

Ein Sonntag im Sommer in Wien (Ö 1934), Regie: Fritz Schulz, Drehbuch: Rudolph
 Bernauer, Karl Farkas, Kamera: Viktor Gluck, Musik: Hans May, Darsteller: Fritz
 Schulz, Olly Gebauer, Rosi Barsony, Fritz Bressart
Modern Times (USA 1936), Regie und Drehbuch: Charlie Chaplin, Kamera: Ira H.
 Morgan, Roland Totheroh, Darsteller: Charlie Chaplin, Paulette Goddard, Henry
 Bergman
The Big Store (USA 1941), Regie: Charles Reisner, Drehbuch: Nat Perrin, Sid Kuller,
 Kamera: Charles Lawton Jr., Darsteller: Groucho, Chico und Harpo Marx, Tony
 Martin, Margaret Dumont
Àllami Àruház (H 1952), Regie: Viktor Gertler, Drehbuch: Tibor Barabás, Szilárd Darvas,
 Kamera: Ottó Forgács, János Kerekes, Darsteller: Miklós Gábor, Kálmán Latabár,
 Kamill Feleki
Who's minding the store? (USA 1963), Regie: Frank Tashlin, Drehbuch: Harry Tu-
 gend, Frank Tashlin, Kamera: W. Wallace Kelley, Darsteller: Jerry Lewis, Jill St.
 John, Ray Walston

LITERATUR

Baum, Vicki (1983, erstmals 1937): Der große Ausverkauf. Köln
Brauns, Jörg (2003): „Schauplätze". Untersuchungen zur Theorie und Geschichte der
 Dispositive visueller Medien, phil. Diss. Weimar
Benjamin, Walter (1977, erstmals 1935): Das Kunstwerk im Zeitalter seiner techni-
 schen Reproduzierbarkeit. Frankfurt am Main
Briesen, Detlef (2001): Warenhaus, Massenkonsum und Sozialmoral. Zur Geschichte
 der Konsumkritik im 20. Jahrhundert. Frankfurt am Main/New York
Dubuisson, Paul (1903): Die Warenhausdiebinnen. Leipzig
Fallada, Hans (1992, erstmals 1932): Kleiner Mann was nun?. Hamburg
Friedberg, Anne (1993): Window Shopping. Cinema and the Postmodern. Berkeley
Göhre, Paul (1907): Das Warenhaus. Frankfurt am Main
Habermas, Jürgen (1997, erstmals 1962): Strukturwandel der Öffentlichkeit. Unter-
 suchungen zu einer Kategorie der bürgerlichen Gesellschaft. Frankfurt am Main
Ingram, Susan, Hg. (2003.): Placing History, Themed Environments, Urban Con-
 sumption and the Public Entertainment Sphere, Orte und ihre Geschichte(n). Wien
König, Gudrun M. (2000): Zum Warenhausdiebstahl um 1900. Über juristische Defi-
 nitionen, medizinische Interpretamente und die Geschlechterforschung. In:
 Mentges, Gabriele u.a. (Hg.): Geschlecht und materielle Kultur. Frauen-Sachen,
 Männer-Sachen, Sach-Kulturen. Münster u.a.: 49–64

Kracauer, Siegfried (1977, erstmals 1927): Die kleinen Ladenmädchen gehen ins Kinos. In: derselbe: Das Ornament der Masse. Frankfurt am Main: 279–294

Lancaster, Bill (2000): The Department Store. A Social History. Leicester

Laquer, Leopold (1907): Der Warenhaus-Diebstahl. Halle

Lehne, Andreas (1990): Wiener Warenhäuser 1865–1914. Wien

Mattl, Siegfried (2006): Räume der Konsumtion, Landschaften des Geschmacks. In: Sommer, Monika u.a. (Hg.): Imaging Vienna. Innensichten Außensichten Stadterzählungen. Wien: 106–121

Meißl, Gerhard (1990): Altväterliches oder modernes Wien? In: Lehne, Andreas (Hg.): Wiener Warenhäuser 1865–1914. Wien: 61–84

Nava, Mica (1995): Modernity's Disavowal. Women, the City and the Department-Store. In: dies./O'Shea, Alan (Hg.): Modern Times. Reflection on a Century of English Modernity. London: 38–76

Sennett, Richard (2000, erstmals 1977): Verfall und Ende des öffentlichen Lebens. Die Tyrannei der Intimität. Frankfurt am Main

Spiekermann, Uwe (2005): Das Warenhaus. In: Geisthövel, Alexa/Knoch, Habbo (Hg.): Orte der Moderne. Erfahrungswelten des 19. und 20. Jahrhunderts. Frankfurt am Main/New York: 207–217

Spiekermann, Uwe (1994): Warenhaussteuer in Deutschland. Mittelstandsbewegung, Kapitalismus und Rechtsstaat im späten Kaiserreich. Frankfurt am Main

Williams, Rosalind (1982): Dream Worlds. Mass Consumption in Late Nineteenth-Century France. Berkeley

Zola, Émile (1883): Au bonheur des dames. Paris

KONSUMTION UND STADTENTWICKLUNG
IN WIEN

―――――――――

SIEGFRIED MATTL

DÖRRKRÄUTER & KNÖPFE

Österreichs EU-Präsidentschaft 1998 war der Zeitschrift „profil" Anlass,
um unter AuslandsjournalistInnen und MigrantInnen den Status Wiens
zu erfragen. Der amerikanische Schriftsteller Jonathan Carrol, seit den
späten 1970er-Jahren in Wien lebend, wählte zur Charakterisierung
der Stadt die dem U-Bahnbau nachfolgende rasche Umgestaltung einer Straße wie der Mariahilferstraße zur Flaniermeile entlang von De-
signer-Geschäften und schicken Cafés. Stefanie Flamm, Korresponden-
tin der „Berliner Zeitung" und der „Neuen Zürcher", stöberte die Individualität der Bundeshauptstadt in der zählebigen Präsenz von Haus-
halts-, Zuckerl- und Nähzubehörgeschäften, von kleinen Elektrogeschäf-
ten, Änderungsschneidereien, Romantauschzentralen und Gemischt-
warenläden auf; Zeitfenster, möchte man meinen, die sich überall in
der Stadt auftun. Man muss „nicht erst in die Außenbezirke, nach Otta-
kring, Hernals oder Meidling, hinausfahren, um in Wien eine Gegenwart zu finden, die in West-, inzwischen auch in Osteuropa schon lange Vergangenheit ist. Hausrat, Romane, Zubehör – die handgemalten
Firmenschilder stammen aus einer Zeit, als Supermarkt noch ein
Fremdwort und die Sortimentsaufteilung zwischen den einzelnen Betrieben gesetzlich bestimmt war. Milch, Dörrkräuter, Knöpfe – heute
wirken sie wie Wegweiser in eine übersichtliche, irgendwie heile Welt."
(profil 12/1983: 53, 56ff.)

Consumtion matters. Die Orte und die Praktiken der Konsumtion
sind die nächstliegenden Elemente, wenn die Beschreibung des Le-
bensgefühls einer Stadt gefordert ist. Sie tragen zu deren Individualität bei. Ist Wien unter Umständen der bedeutendste Schauplatz einer

Archäologie der urbanen Konsumtion? Das so signifikant gesehene
Überleben der kleinen Geschäfte bildet einen günstigen Ausgangspunkt,
um Fragen der lokalen Mentalität, der Machtbeziehungen, der Moralen
nachzugehen, deren Verschränkung mit harten Fakten der Modernisierung die Physiognomie der Stadt ausmacht.

KONSUM ALS HISTORISCHE AVANTGARDE

Um die Rolle der Waren und der Konsumtion für das moderne Leben
zu verstehen, ist es immer noch angezeigt, auf die Überlegungen des
Soziologen Georg Simmel zurückzugreifen (Simmel 1903). Als Waren
lösen sich die Arbeitsprodukte aus dem Raum und der Zeit, die ihren
Gebrauch regeln. Waren brechen die moralischen Traditionen auf, die
über die Ressourcen und die Verteilung des gesellschaftlichen Arbeits-
produkts bestimmen und setzen die soziale Phantasie frei. Sie lösen
sich aus dem alltäglichen Wissen und erfordern wie mobilisieren damit Information, die nötig ist, um unabhängig von tradierten Gewohnheiten Entscheidungen treffen zu können. Diese Informationen sind
unterschiedlicher Art – Angaben über den Zweck und den Gebrauch
der Waren, über ihre Herkunft, ihren Preis, ihre Pflege usw., aber auch
hinweisende Zeichen auf Wertvorstellungen und deren Wandel. Die
Konsumtion von Waren, und darauf kommt es bei der Frage nach ihrer Modernisierungsfunktion an, vervielfacht – nach Simmels Charakterisierung der großstädtischen Lebensformen – die bestehenden Kom-
munikationsnetze und erzwingt die Erfindung von neuen, etwa in Form
der Werbemedien. Darauf, auf dieser Explosion warenbezogener Informationen, beruht eine mentale Veränderung, die Simmel als „Habitus" bezeichnet. Der großstädtische Habitus, den Simmel meint, bezeichnet die Fertigkeit der Individuen, mit Zeichen, anstatt mit Gewohnheiten zu leben, Oberflächen zu deuten, und zunächst Unzusam-
menhängendes sinnvoll zu kombinieren. Eines der Phänomene, das
aus diesem Habitus hervorwächst, ist die Mode, d.h. die kontinuierli-
che Veränderung der Erscheinungsweise der Dinge in Nuancen, die
dennoch zu einer enormen Beschleunigung des Lebens führt, an die
sich urbane Menschen selbsttätig anpassen müssen. Die Warenkon-
sumtion wird damit zur stärksten dynamischen Kraft in der modernen
Gesellschaft.

Der Gesichtspunkt der Innovation durch Konsumtion, der auf die
Güterproduktion zurückschlägt, steht auch im Zentrum von Emile Zolas
epochalem Roman „Das Paradies der Damen", der Simmel bei seinen
Thesenbildungen durchaus beeinflusst haben könnte (Zola 1960). Zola

gelingt es in dem Roman, dessen Zentrum ein Pariser Großkaufhaus der 1870er-Jahre ist, das Universum der Waren als hauptsächliches Steuerungselement der Gesellschaft vorzustellen. Die „modernen" Geschäftsmethoden im „Bonheure des Dames" mit seinen Sonderangeboten, exotischen Inszenierungen, spektakulären Werbefeldzügen u.a.m. dringen immer tiefer in das Bild der Stadt vor. Dem Expansionsdrang des Warenhauses und seiner riesigen Schaufensterfluchten, die zum bestimmenden Moment der Blick- und Bewegungsdiagramme des Viertels werden, fallen die kleinräumlichen Strukturen und Milieus der alten Handelsorganisation zum Opfer. Nicht die politisch inspirierten Planungen des Baron Haussmann, sondern die ökonomisch-kulturellen Interessen von Herrn Mouret, Inhaber des „Bonheure des Dames", prägen die Stadtentwicklung (in diesem fiktiven Ausschnitt der Stadt Paris):

> „Unterdessen sprach das ganze Stadtviertel von der großen Straße, die man unter dem Namen Rue du Dix-Décembre von der neuen Oper bis zur Börse anlegen wollte. Die Enteignungsbescheide waren zugestellt, zwei Rotten Abrißarbeiter begannen bereits von den beiden Enden her mit dem Durchbruch, indem die eine die Patrizierhäuser der Rue Louis-le-Grand niederriß, die andere die leichten Mauern des ehemaligen Théâtre du Vaudeville umlegte; und man hörte, wie die Spitzhacken immer näher rückten, die Rue de Choiseul und die Rue de la Michodière nahmen leidenschaftlich Partei für ihre zum Fallen verurteilten Häuser. Vor Ablauf von vierzehn Tagen sollte der Durchbruch sie durch einen breiten, von Lärm und Sonne erfüllten Einschnitt beseitigen." (Zola 1960: 327)

Die Ströme der Kunden verändern das Leben auf der Straße und verdrängen den gemächlichen Rhythmus des alteingesessenen Gewerbes. Das Spektakel der Waren im „Bonheure des Dames" wird zum dominierenden Gesprächsstoff der Stadt und die Zentralisierung der Nachfrage sichert seinem Besitzer nach und nach nicht nur den Sieg über seine Handels-Konkurrenten, die an ihren veralteten Branchenstrukturen und Geschäftsbeziehungen festhalten, sondern auch die Kontrolle über die französische (Textil-) Industrie. Zolas Roman versucht zu zeigen, wie sich die Gesellschaft vom Modell der Fabrik zum Modell des Department-Stores verwandelt und wie ein „Traumreich" unbegrenzbarer Wünsche die Oberhand gewinnt. Der Gebrauchswert der Waren tritt hinter eine Orgie inszenierter Sinneseindrücke zurück, wie Zola anhand der Dekorationswut des erfinderischen Mouret beschreibt, der komplexe und mit Exotik und Erotik aufgeladene Szenarien als Lockmittel für den Verkauf von standardisierter Massenware entwirft; dabei gelingt es Zola – und darauf kommt es bei einem Roman letztlich an – das Spektakel der Ware in der symbolischen Kraft der Sprache zu ordnen, zu klassifizieren, und den Warenfetisch in der Imagination komplexer Lebensbilder aufscheinen zu lassen:

> „So gab es schon gleich beim Eingang ein großes Staunen, eine Überraschung, die alle entzückte. Es war ein Einfall von Mouret gewesen. Als erster hatte er in der Levante zu ausgezeichneten Bedingungen eine Kollektion alter und neuer Teppiche gekauft, dieser seltenen Teppiche, die bis dahin nur die Raritätenhändler verkauften, und zwar sehr teuer; und er war im Begriff, damit den Markt zu überschwemmen, er ließ sie fast zum Einkaufspreis ab, verwendete sie lediglich zu einer prächtigen Dekoration, die die vornehme Kundschaft der Kunstverständigen zu ihm locken sollte. Schon von der Mitte des Place Gaillon aus gewahrte man diesen orientalischen Salon, der ganz und gar aus Teppichen und Portieren gemacht war, die Ladendiener nach Mourets Anweisungen aufgehängt hatten. Zunächst waren an der Decke Smyrnateppiche ausgespannt, deren verschlungene Muster sich von einem roten Grund abhoben. Dann hingen an den vier Säulen Portieren herab: Portieren aus Karaman und aus Syrien, zebraartig gestreift in Grün, Gelb und Zinnoberrot; gewöhnlichere Portieren aus Diyarbekar, die sich rauh anfühlten wie Hirtenmäntel; und ferner Teppiche, die als Wandbehang dienen konnten, die schmalen Teppiche aus Isfahan, aus Teheran und Kermanschah, die besten aus Summaka und aus Madras, eine seltsame Flora von Päonien und Palmen, eine sich im Garten der Träume ergehende Phantasie. Auf dem Fußboden abermals Teppiche, eine weiche Schicht dicker Vliese: in der Mitte lag ein Teppich aus Agra, ein ungewöhnlich schönes Stück mit weißem Grund und einer breiten zartblauen Kante, die blaßviolette Ornamente von erlesener Phantasie durchzogen; überall waren Wunderdinge ausgebreitet, die Teppiche aus Mekka mit samtigem Schimmer, die Gebetsteppiche aus Dagestan mit einem Stich ins Symbolische, die mit strahlenden Blüten besäten Teppiche aus Kurdistan; schließlich lag in einer Ecke aufgehäuft eine außerordentliche Masse billiger Stücke, Teppiche aus Ghiordes, aus Kula und aus Kirschehir, von fünfzehn Francs an (…) Visionen vom Orient tauchten auf zwischen der Pracht dieser barbarischen Kunst, in dem starken Geruch, der den alten Wollen aus dem Land des Ungeziefers und der Sonne anhaftete." (Zola 190: 139f.)

Es ist zugleich ein Reich, wie der Titel des Romans schon anzeigt, das in zuvor ungekanntem Ausmaß den Frauen eine entscheidende Rolle in der Entfaltung urbaner Öffentlichkeit zuweist – auch wenn dieser Prozess bei Zola noch ins Sarkastische gezerrt wird.

DEPARTMENTSTORES UND STADTRAUM

Gehen wir noch einmal auf Simmel zurück (Simmel 1907). Der Tausch,
elementares Ereignis der Urbanität, beruht auf Geld. Geld hat für
Simmel die Eigenschaften, soziales Geschehen zu anonymisieren, zu
vervielfachen, und zu beschleunigen. Es „rationalisiert" Verhaltens-
formen, und es demokratisiert das Begehren, weil es sich über sozial-
kulturelle Schwellen hinwegsetzt. Hier sprechen wir nicht mehr von
Geld schlechthin, sondern von der Monetarisierung der Gesellschaft,
das heißt vom Ersatz aller anderen denkbaren Werte durch den Geldwert von Waren und Dienstleistungen. Wie konnte man, so fragt man
sich nach den vielen Büchern, die in den letzten Jahren zum Thema
erschienen sind, die Schlüsselrolle übersehen, die im Prozess der
Monetarisierung den Department-Stores zugekommen ist, den städtischen Großkaufhäusern und ihrem diversifizierten Warenangebot, ihrem Fix-Preis-System, wahlweise Bargeld- oder Ratenzahlung, den
Sonderangeboten, der Reklame, den Vergleichsmöglichkeiten von Preis
und Leistung, der standardisierten Qualität und den Tausenden (meist
weiblichen) Angestellten (Leach 1994; Nava 1995; Crossik/Jaumain
1999; Jackson/Thrift 1995: 204ff.)? Das „Samaritaine" in Paris, „Macy's"
in New York, „Harrod's" in London bildeten bereits in der zweiten Hälfte
des 19. Jahrhunderts die Avantgarde einer neuen "consumer culture",
die erfolgreich in ältere Gewohnheiten einbrechen sollte. Sie setzte
außer Kraft, was man als persönliche „Vertrauensbeziehung" zwischen
Händlern und Kunden bezeichnet hat, das wechselseitige Wissen um
Vorlieben, Geschmack, Kreditwürdigkeit, Zuverlässigkeit, Kenntnis um
den Produktionszusammenhang der Dinge und ihre Gebrauchsweisen;
in einer Zeit, in der die Händler für gewöhnlich nicht nur Fertigpro-
dukte verkauften, sondern Vorfabriziertes oftmals selbst raffinierten,
Sonderwünsche aufgriffen, Reparaturen übernahmen, nach Stück und
Gewicht flexibel verkauften. „Vertrauensbeziehung", das hieß auch:
fallweise oder regelmäßiger Kauf auf Kredit, wochen-, monats- oder
jahresweise Verrechnung, Gespräche über das Verhalten und die Entscheidungen anderer usw. (Carrier 1995).

Wien war anders. Die Großkaufhäuser, die auch hier – mit Verzögerung – entstanden, waren in der ersten Phase Firmenrepräsentanzen,
wie das Textilkaufhaus Phillip Haas am Stock-im-Eisen-Platz, oder der
Flagship-Store der Porzellanfabrik Haas und Czjcek in der Kärntnerstraße. Sie residierten im Zentrum und in der Kärntnerstraße, ohne
die Struktur der Stadt im Sinne einer metropolitanen Polygonalität zu
beeinflussen, wie dies in anderen Großstädten der Fall war. Erst die

Gründungen der 1890er-Jahre brachten Unternehmungen hervor, die sich mit den Department-Stores anderswo in ihrem Konzept vergleichen ließen, ohne allerdings deren breites Sortiment zu bieten und ohne an deren Ausdehnung auch nur annähernd heranzureichen. Immerhin eröffnete sich mit der Konzentration auf der Mariahilferstraße eine neue urbane Zone, die – stadträumlich gesehen – eine Art Insellage innerhalb einer kleinteiligen und quartiersbezogenen Struktur der Konsumtionsorte ausbildete. Anders gesagt: in Wien hielten sich die persönlichen Vertrauensbeziehungen zwischen Händlern und Konsumenten länger als in den übrigen Großstädten.

Vielleicht war es in der Haupt- und Residenzstadt des Habsburger-Reiches Folge der übermäßigen Präsenz der Aristokratie, des sie imitierenden Bürgertums und der Hofbeamten, die allesamt dem massendemokratischen Appeal der Department-Stores skeptisch gegenüberstanden; vielleicht war es Folge der unter den anderen Bevölkerungsschichten, neben knappen Ressourcen, mangelnder Mobilität und der Loyalität zum eigenen Wohnviertel; vielleicht fand auch beides zusammen zum lokalen Wiener Phänomen, dass Department-Stores eine Ausnahme geblieben sind, konzentriert auf zwei Straßen, und mit ausnahmslos weniger als 300 Angestellten bescheiden in der Dimension. Wir reden von 1900, als Wien sich mit der Eingemeindung der Vororte am Sprung zur Metropole befand, und gleichzeitig eine Revolte der kleinen und mittleren Kaufmannschaft gegen die Großkaufhäuser erlebte; mit antisemitischen Untertönen und unter Patronanz der Wien regierenden christlichsozialen Partei (Meißl 1990). Ich setze mit „vielleicht" fort, weil wenig dazu erarbeitet worden ist – was für sich genommen bereits ein moralisches Zeichen ist: Konsumtion als „conspicious consumption", als niedere Tätigkeit, als Unterminierung einer wahlweise auf Religion, Arbeit oder Hochkultur bezogenen Gesellschaftsmoral. Vielleicht war es auch das Interesse der gründerzeitlichen Bauherren, überwiegend private Einzelbesitzer, an der Rendite durch kleinteilige Geschäftsstrukturen in der Sockelzone, was den kleinen Händlern einen weiteren Verbündeten und damit Macht sicherte. Ganz sicher aber war es die politische Entscheidung gegen das projektierte metropolitane Bahn- und Untergrundbahn-Netz (Eigner 1988), das der kleinen Kaufmann- und Händlerschaft in den Bezirksstraßen Wiens die Dominanz innerhalb der Ordnung der „konsumtiven Räume" garantierte.

Mit solchen Festlegungen wurde in Wien etwas Anderes entscheidend – eine andere Form von „Modernität" im Konsum, die ihren idealtypischen architektonischen und sozialen Ausdruck im distinguierten

Ladenbau eines Adolf Loos fand. Im Rückblick immer noch beispiel-
gebend wird sein Entwurf für den Modesalon Knize am Graben erachtet (Feuerstein 1977: 35): ein dominantes, dennoch zurückhaltendes
und materialbewusstes Portal, das ein in den Dimensionen beinahe
privates Entrée rahmt, schmale Vitrinen für Einzelpräsentationen und
ein auf das Nötigste reduzierter Schriftzug; gestaffelte, enge Räume
im Inneren, die sich der Eigenerkundung des Angebots entgegenstel-
len. Was wir aus dieser Rhetorik der Geschäftsarchitektur schließen
können, dazu gibt Friedrich Achleitners Architekturführer durch Wien
am Beispiel des Kerzenladens Retti, Kohlmarkt 12, Auskunft (Achleitner
1990: 68f.): Es ist der Impetus, den Warenfetisch auf den Kopf zu stellen und den Warenkörper zu verbergen, statt zu zeigen. Ladenarchi-
tekturen in der Tradition Loos' stellen dem Schaufenster und der Ent-
hüllung des profanen Charakters der Waren das raffinierte Etui entgegen, das Prinzip der Individualisierung der Güter und der intimen Beziehung zu Gegenständen, die erst durch Wissen und Besitz ihren Wert
gewinnen. Hinter einer Architektur des Verbergens und der Schwelle
offenbart sich ein anderes Konsumtionsprinzip als jenes der Depart-
mentstores, eine Konsumtion, die Distinktion nicht aus Demonstration,
sondern aus Understatement bezieht, die sich der Einsicht der Öffentlichkeit entzieht und eine hohe Autonomie und Kompetenz des Kunden voraussetzt, in der gleichsam die kulturellen Beziehungen zwischen
Händler und KonsumentIn die kommerziellen Tauschbeziehungen
überlagern. Seine Garantie findet dieses System geschichtlich gesehen
in der Auszeichnung der Geschäfte als „Hoflieferanten", und in ihrer
Anciennität, die mit dem Gründungsjahr klargestellt wird. Im Verbund
mit der zuvor genannten „wienerischen" Ladenarchitektur, an die spätmoderne Wiener Architekten wie Hans Hollein (Haas-Haus, Juwelier-
laden Schulin u.a.) nochmals anschließen werden, rufen sie das Prädi-
kat einer „Wiener Geschmackskultur" ins Leben, das in den Mythos
der Stadt eingepasst wird (Mattl 2006: 106ff.).

Es dauerte, ehe die moderne Produktion aus ihrem historistischen
Formenbabel heraus- und zu einem „Stil" fand. Die Department-Stores
bildeten den Nukleus eines urbanen Designs, in dem sich Technologie
und Ästhetik zur Modernität verbanden und zur Massenerfahrung wurden. Aufzüge, Rolltreppen und Air-Condition, Stahlkonstruktionen und
Glasfassaden, Spiegelwände, Seide, Leder, künstliche Beleuchtung, Wer-
begrafik, Plakate, modernistisch-exotische Dekors, Lautsprecher, die
zu einem einzigen suggestiven Effekt zusammengeführt wurden; Tee-
Salons, Dachterrassen mit Pergola und Eisring, Klub- und Schreibräume,
Bankschalter, Reisebüros, Lichtbildvorträge und Tanzveranstaltungen –

Department-Stores des Fin de Siècle bildeten eine Stadt in sich, eine künstliche Stadt, ein „dream land", in dem sich alles um die Weckung des Begehrens drehte und wo den in Industrieserien hergestellten Waren ein symbolischer Mehrwert aufgestempelt wurde. Das großstädtische Kaufhaus als Attraktion im Range von Kathedralen, an deren Präsenz sich die Bedeutung einer Metropole maß; Konsumtion als Ziel und Inhalt eines „guten Lebens", zelebriert in den pseudo-sakralen Stätten der Warenästhetik. Oder umgekehrt: wo eine mächtige Amtskirche den Lebensstil beeinflusste, die Zeit- und Raumordnungen regulierte, dort kamen auch Department-Stores nicht auf (Leach 1994: 21). Von hier aus spannen sich mehr oder weniger sichtbare Fäden zum frühen Feminismus und zur Eroberung des Stadtraums durch die Frauen des Mittelstandes (Nava 1995: 57). Und doch blieben die Department-Stores Heterotope, Orte, die durch ihre singuläre Funktion und ihre eigenen Regeln unverwechselbar waren und einen Ausnahmezustand markierten, der in der Literatur und in der Kritik assoziiert wurde mit dem „Anderen" der bürgerlichen Gesellschaft: mit Verführung und Vergeudung statt Disziplin und Ökonomie, mit Vergnügen und Hysterie, mit scheinbaren geschlechtsspezifischen Pathologien (Zola 1960).

Waren die Department-Stores schon vor 1914 dabei gescheitert, die Konsumtionsstruktur Wiens zu prägen, so setzte die wirtschaftliche Krise der 1920er- und 1930er-Jahre einer neuerlichen Expansion enge Grenzen. Die Bedeutung der Großkaufhäuser kann daher weniger in ihrer stadtbildnerischern Funktion ausgemacht werden, als in ihrer Rolle als Sponsoren eines imaginären „anderen" Lebens – ein Leben der Fülle und der Exaltation, das in schroffem Gegensatz zu den Praktiken des Alltagslebens und zu den politischen Ideologien der Zeit stand.

Anders als in Zolas Roman, wo die Saisonen statt von der Meteorologie von Mourets Dekorationen festgelegt wurden, waren es in der Wirklichkeit der Wiener Warenhäuser die „Weißen Wochen" Ende Jänner, Anfang März, zu denen die Geschäfte in Themenlandschaften umgewandelt wurden. Wählt man stichprobenartig einige der Geschäfte und einzelne Jahre nach der Inflationszeit aus, so überrascht die Anlehnung an historische, exotisierende und hochkulturelle Themen. 1926 präsentierte das „Stafa" temporäre neue Innendekorationen mit dem Titel „Wundergarten der Gralsburg aus der Parsifalsage", während Gerngross ein Rokoko-Ensemble „Aus galanter Zeit" inszenierte – ein, wie ein Foto zeigt, Phantasieschloss mit höfischen Figurinen in einem über die drei offenen Stockwerke quellenden Meer an Laubwerk und Ziergärten (*Das Illustrierte Blatt* 9/1926); nur das Modepalais Krupnik zeigte sich in diesem Jahr etwas zeitgenössischer mit „Pariser Woche –

Frühlings Erwachen im Reiche der Mode". 1927 folgte zu den „Weißen Wochen", der Zeit des Abverkaufs von Stoffen und Textilien der vergangenen Modesaison, „Aus dem goldenen Mittelalter" bei Gerngross und „Tausendundeine Nacht" bei Herzmansky. „Frühling in Japan!" hatte die Dekoration im „Stafa" zwei Jahre zuvor geheißen.

Die Dekorationen waren Gegenstand der Zeitungsberichte, wenn man so will: Höhepunkte im Leben der „Galerie der Straße". Dass der Phantasie keine Grenzen gesetzt waren – trotz einer Arbeitslosigkeit von an die 30 Prozent und dem aus der Not geborenen massenhaften Vordringen von Straßenhändlern (Ellmeier 1990) – zeigt eine Beschreibung der „Weißen Wochen" bei Herzmansky im Jahre 1931. Diesmal hatte sich die Direktion für Indien, genauer gesagt für einen „indischen Tempelhain" entschieden, über den die *Neue Freie Presse* vom 15. Februar 1931 berichtete: „Anläßlich der ‚Weißen Woche' wurde auch heuer wieder das große Mittelhaus in der Stiftgasse mit einer sehr wirkungsvollen Dekoration ausgestattet, und zwar wurde dieser schöne Säulen-Innenbau in einen stilgerechten ‚Indischen Tempelhain', wie man sie allenthalben in Reisebeschreibungen über Indien farbenprächtig geschildert liest, verwandelt. Der sechsarmige Gott Vishnu, der Erhalter, thront mächtig vor der große Strahlen aussendenden Sonne, während originell geschmückte, braunhäutige Bajaderen vor Vishnu ihre eigenartigen Reigen tanzen. Fakire beschwören im Vordergrunde der Tempelhalle durch monotones Flötenblasen Schlangen, die in Verzückung geraten und deren Bewegungen besonders naturgetreu herausgebracht wurden. Um die großen Säulen winden sich riesige geflügelte Drachen; alles ist in der bevorzugten Farbe Indiens, ‚blau', gehalten. Auch die Lichteffekte sind sehr wirkungsvoll, so dass diese wohlgelungene Dekoration dem ungemein lebhaften Publikumstreiben, das sich unter dieser ganzen Szenerie um die riesigen, dort aufgestapelten Weißwarenmengen abspielt, einen schönen Rahmen bietet. Die Idee stammt vom Chefarrangeur der Kaufhäuser A. Herzmansky und wurde unter seiner Leitung im eigenen Atelier ausgeführt; die mechanischen Bewegungen der Dekoration wurden vom technischen Personal wie immer in vollendetster Weise verwirklicht." (Neue Freie Presse 15.2.1931)

Erstaunlich war auch die Zusammenführung von Werbung und popularer Kultur, die Verbindung von Spektakel- und Starprinzip, von Pop und Konsum, die Weihnachten 1925 in Wiener Geschäften praktiziert wurde, als sich Wiener Bühnen-Künstler wie Leo Slezak, Rudi Merstallinger, Louise Kartousch, Fritz Imhof und der Kabarettist Fritz Grünbaum (mit seiner „Girltruppe") als Verkäufer zur Verfügung stellten (*Das Illustrierte Blatt* 3/1926); das „Stafa" hatte im selben Jahr schon

eine Schaufensterdekoration mit den Filmlieblingen Pat & Patachon
gestaltet (*Das Illustrierte Blatt* 6/1926).

Man müsste allerdings noch ein Konzept entwickeln, um die kollektive Verarbeitung des Gegensatzes von imaginärer Konsumtion, vermittelt über die Strategien der Großkaufhäuser und die Derivate der
Konsumtionsindustrie, und realen Beschränkungen im Alltag zu erfassen. Filmische Beispiele wie „Weiße Wochen" bei Herzmansky; die
GÖC-Revue oder der Film „Ein Sonntag im Sommer in Wien" (Wien
1934) stehen jedenfalls in einem aufschlussreichen Kontrast zu den
retrospektiven Bildern der materiellen Not in der Zwischenkriegszeit
und der damit verbundenen Vorstellung einer solidarischen und anti-
kommerziellen Kultur. Sie zeigen zugleich, wie der städtische Alltag
von einer in sich geschlossenen Ästhetik der Ware überformt wird, die
mehr und mehr den Platz der Zukunft besetzt.

„Ein Sonntag im Sommer in Wien" (R.: Fritz Schulz, Ö 1934) zeichnet die Lebenswelt Anfang der 1930er-Jahre vollständig aus dem Blick-
welt der Konsumtion. Protagonisten dieses „Revuefilms" sind ein Wa-
renhaus-Animateur, der auf höchst charmante Art und Weise den Umsatz hebt, und eine Verkäuferin in einem hochmodernen Blumensalon,
die nicht nur – wie sollte es im Umfeld des „Wien-Films" anders sein –
nach vielen humorigen Missverständnissen ein glückliches Paar werden, sondern letzten Endes auch den sozialen Aufstieg bis in die Direk-
tionsstellen des Kaufhauses schaffen. Hauptdarsteller ist das Warenhaus selbst, mit seiner inneren Branchendifferenzierung, seinem Personal und seiner eigenwilligen Kundschaft. Die Besonderheit liegt dabei weniger in der sozialromantischen Erzählung des Films, sondern
in seiner visuellen Kohärenz: Dieses (konsumierende) Wien ist nicht
das Wien der Ungleichzeitigkeiten, der Ausgesteuerten, der beschränkten Wohnverhältnisse, der Arbeitslosigkeit, der politischen Massen-
bewegungen und so fort, sondern das Wien einer gemilderten Bau-
haus-Moderne – ein vom Glas der Geschäftsportale und Vitrinen struk-
turierter, transparenter und lichtdurchfluteter Raum, der von den glatten weißen Oberflächen der Interieurs reflektiert wird. Nichts wird hier
auf die Zeit festgelegt, keine Spuren der Vergangenheit und der überlieferten Praktiken haften an den Dingen. Alles ist in Bewegung, alles
scheint möglich, denn auch die Transaktion selbst, der Verkauf, bindet
sich niemals ans Geld, das scheint immer schon da zu sein und nur
eine dienende Funktion einzunehmen, sondern allein an die Fantasie – und für diese Fantasie muss der Waren-Animateur in der Rolle
eines „Barons" sorgen, der immer dann, wenn Kunden lästig und kauf-
unwillig sind, als Interessent auftritt und mit kleinen Listen und Lü-

gengeschichten bei den Kunden den symbolischen Wert der zuvor ab-
gelehnten Dinge ins Unermessliche hebt.

Die Zirkulation ist das Lebensprinzip der Ware, und so gibt es noch
einen zweiten Ort neben dem Warenhaus, das Revuetheater, das in der
Spielhandlung logisch mit ersterem verknüpft wird und ihm mit seinem Design und den Bewegungen, die in diesem offenen Raum möglich sind, in der visuellen Inszenierung auf bestechende Art gleicht.
Hier sind wir sozusagen einen Schritt weiter gelangt, weil die Konsumtion nicht mehr physische Dinge, sondern nur noch Gesten und
Symbole – Tanz und Musik – zum Gegenstand hat; die Zirkulation ist
kulturell in eine perfekte Form gebracht, weil das Prinzip der Num-
mern-Revue nur noch von einem Gegenstand des Begehrens zum nächsten springt und keinen Abschluss, keine Schließung finden kann. Weder
Tanz noch Musik sind im Revuetheater auf etwas anderes, auf ihren
sozialen Gebrauch beispielsweise, festgelegt. Sie dienen so wie die
Waren – in der filmischen Inszenierung von „Ein Sonntag im Sommer
in Wien" – der Zerstreuung und dem Zeitvertreib durch das Sprechen
über ihren (folgenlosen) Attraktionscharakter. Produktivität und Krea-
tivität sind von der Seite der Herstellung der Dinge vollständig auf die
Seite ihrer Vermarktung hinübergewechselt, und der Revue-Song, der
eben noch als Tanzmusik diente, wird zum erfolglosen Reklameschlager
für das Warenhaus umgedichtet.

Wie immer bei solchen Artefakten geht es aber nicht um eine ideo-
logiekritische Gegenüberstellung zur gesellschaftlichen Wirklichkeit.
Vielmehr geht es um die Plausibilisierung einer Gegenwelt im Film,
und hier, konkret, um die Zeichnung eines Universums, das alle Bindung an den politischen Schlüsselbegriff der Zeit, nämlich „Arbeit",
samt dessen disziplinatorischen Implikationen abgestreift hat.

WIEN NACH 1945: DIE VERZÖGERTE MODERNITÄT

Nach 1945 beherrscht global gesehen ein neuer Raum die Konsumtion. Es sind die nach amerikanischem Muster konzipierten Shopping-
malls, die zum Gradmesser der Modernisierung, jetzt aber nicht mehr
der Urbanisierung, sondern der Suburbanisierung werden. Aber auch
hier geht Wien einen anderen Weg, nicht zuletzt deshalb, weil bei einer
abnehmenden und alternden Wohnbevölkerung der Druck zur Exten-
sion der Stadt an ihre Ränder äußerst maßvoll blieb. Die Integration
von Quartiersbewusstsein, Distinktion durch Konsum, und sozialer
Kommunikation als Regelungsmechanismus von Kaufverhalten bleibt
indes, wie Interviews zeigen, hoch. Das Gewebe der Stadt wird bis in

die 1970er-Jahre dominiert von dem Netzwerk der Bezirkshaupt- und Nebenstraßen, in denen die hauptsächlichen konsumtiven Aktivitäten stattfinden, korrespondierend dem atmosphärischen konsumtiven Raum der innerstädtischen Geschäftsstraßen und der mehr funktionalen Ausrichtung der Mariahilferstraße. Erst mit den 1970er-Jahren setzen sich globale Trends auch in Wien langsam durch, Trends, die zu einer Segregierung der Räume führen. In Zahlen ausgedrückt wird eine enorme Ausweitung der Konsumtionsräume sichtbar.

Eines der schönsten Dokumente, das die traditionale Struktur der Wiener Konsumtion in den 1960er-Jahren einfängt, findet sich in der Avantgarde-Produktion „Hernals" von Valie Export und Peter Weibel (Wien 1967, 11 min.). Die Intention des Films ist keine dokumentarische. Vielmehr geht es um ein Wahrnehmungsexperiment, das die Autoren selbst folgendermaßen beschreiben:

„in *Hernals* wurden dokumentarische und pseudodokumentarische vorgänge jeweils von zwei kameras gleichzeitig von verschiedenen blickpunkten aus aufgenommen. dieses material wurde in seine einzelnen bewegungsphasen zerlegt. in der montage wurde jede phase verdoppelt. die dabei verwendeten techniken variieren. der ton wurde ebenfalls verdoppelt, auch hier mit verschiedenen techniken. zwei verschieden wahrgenommene wirklichkeiten, eben aus den bedingungen des films, werden zu einer synthetischen wirklichkeit montiert, wo alles wiederholt wird. diese verdoppelung zerstört das postulat: identität von abbild und bild. verlust der identität, verlust der wirklichkeit (cf. schizophrenie). man stelle sich ein theaterstück vor, wo die akteure jeden satz zweimal sagen, jede geste zweimal machen, jede szene zweimal spielen und man begreift vielleicht die ungeheuerlichkeit unserer wirklichkeit, in der nichts wiederholbar ist. zeit wird nicht angehalten, doch verlängert, zeit als riß zwischen abbild und bild, zeit die raum schafft. (peter weibel)" (http://filmvideo.at)

In einem weiteren Bezugsfeld wird allerdings offensichtlich, dass die Wahl des Settings – unter anderem ein Geschäftsladen in Hernals – nicht arbiträr ist, sondern sich in das Konzept der Wiener Avantgardefilmer einreiht, die Stadt vor allem in ihren Anti-Klischees und Anti-Mythen, man könnte auch sagen: in ihren retardierten popularen Alltagsorten aufzufinden.

Die Offenheit des Mediums Films erlaubt es allerdings, sich auch bloß auf den festgehaltenen Realitätsausschnitt zu konzentrieren, diesfalls auf die Selbst-Repräsentation eines quartierbezogenen Konsumtionsraumes im Wien der 1960er-Jahre.

Ein Avantgarde-Film wie „Hernals" kann uns in einer Nebenbedeutung des Films ein „Gefühl" der Stadt vermitteln, das scharf kontrastierend ist zu den Modernisierungskonzepten der Stadtplanung und zur Ikonografiegeschichte des „neuen Wien", wie sich die Stadt nach 1945 (in Absetzung zum und Nachfolge des „Roten Wien" der Zwischenkriegszeit) nannte. Wir stoßen auf die Resistenz eines quartierbezogenen, wenig spezialisierten Ortes der Konsumtion, in dem sich die kleinteilige Struktur der Gründerzeit immer noch bemerkbar macht. An diesem Ort geht es vorrangig um den Alltagskonsum, um legitime und illegitime Geschmacks- und Gebrauchsweisen, die für die Identität eines Viertels wichtig sind. Anhand der täglichen Einkäufe und ihrer symbolischen und kommunikativen Bedeutungen ließe sich eine eigenartige Kartografie der Stadt erstellen, deren Wege und Bewegungsräume soziale, ökonomische und kulturelle Beziehungsgeflechte wiedergeben: feine Differenzierung, wer bei welchem der drei, vier Fleischer, die es in den 1950er- und 1960er-Jahren in einem Quartier noch gab, gekauft hat, wann man (in den Bezirken rund um den Naschmarkt) wo auf die Plateauwagen traf, auf denen die Markthändler nach Betriebsschluss ihr unverkauftes Obst und Gemüse anboten; auf die kleinen Besonderheiten, wie speziell verfeinerte Gurken, die Kleinhändlern ihre Stammkundschaft sicherten; auf den bewussten Einkauf von Textilien und anderen dauerhaften Konsumgütern bei Händlern und Handwerkern im Bezirk, um die Kaufkraft im Bezirk zu halten.

Dies alles bildet die andere Seite zu den Konzepten, die die Stadtplanung verfolgte. In der Logik der Nachkriegsstadt ging es so wie in anderen Funktionen auch bei der Konsumtion um Zentralisierung, Teilung und Rationalisierung. Am forciertesten kam diese Forderung in den Planungen des bedeutenden Architekten Roland Rainer zum Ausdruck, der 1958 zum Wiener Stadtplaner bestellt wurde. Rainers Grundkonzept beruhte – so wie diejenigen seiner Vorgänger – auf der „Entdichtung" der gewachsenen Stadt. In Rainers Vorstellungen sollte die historische Stadt nicht weiter bebaut, sondern durch die Forcierung von Entwicklungsachsen im Süden und Osten entlastet werden. Die Monozentrierung der Stadt sollte durch die Aufwertung von Bezirkszentren zu „Neben-Cities" aufgelöst werden. In unserem Zusammenhang ist hierbei vor allem die Idee relevant, auch die Konsumtion lokal zu konzentrieren und mit neuen, vor allem kulturellen Funktionen in neuen architektonischen Typen zusammenzuführen. Rainer gab diesem Typus das Kürzel EKZ – Einkaufszentrum, eine Art kleinmaßstäbliche innerstädtische Shoppingmall, doch wurde nur eines dieser Zentren nach seinen Vorstellungen tatsächlich errichtet: das EKZ in Hietzing, das neben den passageartigen Geschäften auch ein Großkino und ein Hotel umfasste. Es wurde allerdings Anfang der 1990er-Jahre als unrentabel liquidiert und einer vollständigen Neukonzeptionierung unterzogen.

Die nahe liegende Frage nach den Ursachen für das Scheitern der Rainer'schen Planung in diesem Punkt lässt sich nicht eindeutig beantworten. Es zeigt sich an diesem Beispiel eher, wie komplex die Fragen von Stadtentwicklung und Konsumtion verknüpft sind mit sozialen und kulturellen Gewohnheiten, wie sie gemeinsamer Ausdruck einer gesellschaftlichen Formation sind. In diesem Sinne könnte man sagen: Wien nimmt an der (globalen) Umgestaltung der Großstädte nach 1945 zu fordistischen Produktions- und Konsumtionsorten nicht in vollem Umfang teil, um allerdings an einem bestimmten Punkt der Entwicklung, in etwa in den 1970er-Jahren, einen raschen Transformationsprozess hin zu nachfordistischen Strukturen zu durchleben – zu neuen und topografisch ausdifferenzierten Mustern unterschiedlicher Konsumtionsorten, die in einer Komplementärbeziehungen zueinander stehen: unspektakuläre, aber hochspezialisierte Flächen in kostengünstigen Stadtrandlagen und bild- und erlebnisgetränkte Orte der faktischen und symbolischen Konsumtion im Zentrum.

„Hernals" hält noch einen Moment vor der Transformation fest, die dennoch, wie wir eingangs gesehen haben, das Stadtbild nicht gänzlich verändert, sondern resistente Elemente einer shopping-Archäologie hinterlassen hat. Zwischen 1970 und 1995 kommt es – noch ohne Fachmärkte und Shoppingmalls – zu einem Anstieg der Verkaufsflächen von 350.000 auf 841.000 m², d.h. zu mehr als einer Verdoppelung des Volumens. Dieses Quantum vervielfacht sich, wenn man Fachmärkte und Malls wie die SCS hinzurechnet. Die Gesamtverkaufsfläche wird mit 1,500.000 m² ausgewiesen. Erst mit dieser Entwicklung können wir auch in Wien einen Übergang von der Arbeits- in die Konsumtionsgesellschaft festmachen, denn mit dem quantitativen Wachstum der Verkaufsflächen geht auch eine Veränderung der Ausgabenstruktur einher – vom Alltagsbedarf zu symbolischen Gütern im weitesten Sinn. Während 1986 noch 42,6 Prozent der Konsumausgaben auf den kurzfristigen Bedarf („Supermarket"-Angebot, Lebensmittel) entfallen sind, der vor allem in den eingangs genannten Haupt- und Nebengeschäftsstraßen gedeckt worden ist, stellen diese 1995 nur noch 36 Prozent. Unter den Gütern des Langfristbedarfs dominieren Bekleidung und Schuhe vor Wohnung und Hausrat sowie Elektrogeräten. Dieser Veränderung entspricht der Niedergang der Haupt- und Nebengeschäftsstraßen, der sich in der Vermehrung von leer stehenden Verkaufsflächen ausdrückt, und der Aufstieg der Fachmärkte am Stadtrand seit

Mitte der 1980er-Jahre, die relational das stärkste Wachstum – auf 8
Prozent des Gesamtumsatzes – verzeichnen (Stadtprofil 10/1996; Stadt-
profil 16a/1997: 24). Allerdings halten die beiden Konsumtionszonen
City und Mariahilferstraße ihre Position.

Betrachtet man die Entwicklung qualitativ, dann zeigt sich aber eine
signifikante Umschichtung im City-Angebot, die für die oben genannte imaginäre „Wiener Geschmackskultur" relevant ist. In der Innenstadt sinkt das Angebot an so genannten „geistigen" Waren wie Büchern, Kunst und Kunsthandwerk, die Elisabeth Lichtenberger in einer der raren Studien über die Konsumtionsstadt Wien in den 1960er-
Jahren noch als prägend registriert hat, deutlich (Wiener Institut für
Standortberatung 1966). Ebenso verschwinden die traditionellen Fir-
menrepräsentanten, die der Innenstadt die Rolle eines einzigartigen
Marktes zugeschrieben haben. An ihre Stelle rücken transnationale
Ketten und Labels vor allem aus dem Sektor der Modeindustrie und
der Accessoires ein. An dieser Stelle ist jedenfalls eine Verzögerung im
internationalen Vergleich zu bemerken: Labels und Franchising-Mo-
delle scheinen in Wien nicht vor den späten 1970er- und frühen 1980er-
Jahren präsent zu sein. So zumindest die Interviews, die eine Wiener
Tageszeitung 1982 mit Wiener Boutiquenbesitzern führte (Kurier
13.3.1982). Schließlich erhöht sich in der Innenstadt der Anteil der
Flagship-Stores, denen eine vorwiegend symbolische Funktion zukommt.

In Zusammenhang mit diesen Tendenzen lässt sich eine Veränderung
der Organisationsform der Konsumtionsräume vermerken: Es stellt sich
mit den 1990er-Jahren eine Bedeutungszunahme binnenorientierter,
semi-privater Architekturen wie Passagen und kleinmaßstäblicher In-
nenstadt-Malls ein, denen die Öffentlichkeit und die Multifunktionalität der Straße fehlt (wie die Ringstraßen-Galerie oder das umgebaute
Palais Harrach) Und es kommt, wenn wir die konzeptionelle Tendenz
betrachten, im selben Zeitraum zu einer Konkurrenzierung der nunmehr traditionellen Department-Stores durch Einkaufszentren wie die
Galleria, die Lugner-City und die Zentren an U-Bahn-Knoten.

In der Neuorganisierung der Räume der Konsumtion bildet sich indes auch ein geändertes Konsumentenverhalten ab. Gegenüber einer
Quasi-Hierarchie, die von Gütern des täglichen Bedarfs in den Quar-
tieren zu den Luxus- und Symbolgütern der City reichte und die mit
einer sozialen Ethik des Konsums verbunden war, wird ein „gespalte-
nes" Konsumentenverhalten beobachtet. Es ist rational-kalkulierend,
wo es um funktionale Waren geht wie bei den Fachmärkten. Zugleich,
aber an anderem Ort, wird die kulturelle Aufladung des Konsums und

dessen Verknüpfung mit Ambiente und Gastronomie gesucht, die zur Forderung nach Ausgestaltung von Stadtzonen zu „Erlebnisräumen" führt bzw. zu deren Spektakularisierung, sodass – zumindest temporär – diese Stadtzonen selbst „konsumiert" werden. Daneben, und in Opposition dazu, entwickelt sich eine „nomadisierende" Konsumtion, die spezifischen Attraktoren (wie vor der Schließung etwa dem Virgin Megastore in der Mariahilferstraße) folgt, oder diese (etwa im Falle des so genannten „Bermuda-Dreiecks" um die Rotenturmstraße) aus Distinktionsgründen wieder verlässt, wenn die Vermarktung dieses Ortes eine kritische Schwelle überschreitet (Stadtprofil 16a/1997: 32f.).

Die Rückwirkungen dieser Prozesse sind mannigfaltig. Architektonisch kommt es zu einer Zunahme von Ausschließungsräumen, d.h. von urbanen Orten, die ohne Konsumtionszwang nicht nutzbar sind oder an denen private Regeln gelten, wie die Verweisung von marginalisierten oder sonstwie „störenden" Personen und Gruppen. Stadtökonomisch wächst der Zwang, Mittel für die Festivalisierung der Stadt zur Verfügung zu stellen, um den Trend zu suburbanen Malls und Fachmärkten einzudämmen (Noller 1999). Schließlich stellt sich auch die Frage nach einer forcierten Ausdifferenzierung der Stadt nach Tarif- und Zeitzonen, von denen einzelnen, exakt bezeichneten Räumen der Konsumtion, und hierbei vor allem der City, Sonderrechte, wie etwa jenes auf abweichende Öffnungszeiten, eingeräumt werden müssen. In einer Art Quadratur des Kreises müssen sich Institutionen und Stadtplanung gleichzeitig bemühen, aus Gründen der Integration des historischen Stadtgefüges die bedrohten Hauptgeschäftsstraßen durch verschiedenste Interventionen aufzuwerten, sofern man das Ideal der fordistischen Stadt, d.h. eines homogenen und egalitären Stadtraumes, nicht gänzlich aufgeben will (Stadtprofil 16a/1997: 74ff.).

DUTT & MOTTENPULVER

Ordnung und Konsum – das mag auf den ersten Blick paradox erscheinen. Und doch: die Wiener Topografie lässt sich, wie wir in den oben zitierten Beobachtungen Stefanie Flamms gesehen haben, in Kategorien des Konsums erfassen; solange wir uns innerhalb der gründerzeitlichen Strukturen bewegen. Was Wien mehr als alles andere charakterisiert, jedenfalls visuell, ist der geradezu elementare Aufbau der Stadtfigur: das Zentrum als Repräsentanz der transnationalen Luxusgüter und Labels – die das Zentrum umschließenden Bezirke gleichförmig figuriert durch Geschäftsstraßen erster Ordnung, in denen langlebige Massengüter dominieren, und solche zweiter Ordnung, die von

Gütern des täglichen Bedarfs geprägt werden (Stadtprofil 10/1996). Und eingebettet in allen diesen Einheiten Gebrauchtwarenhandlungen, Kurzwaren, Gemüsegeschäfte, eine Drogerie, kurz die Nischen, die Zeitfenster, welche die Gleichförmigkeit brechen:

> „Wer bei der alten Dame mit dem silbernen Dutt etwas kaufen will, muss vorher wissen, was. Zielsicher greift sie dann das gewünschte Produkt aus den bis zur Decke mit Waschmittel, Mottenpulver, Wäscheleinen, Rasierwässern, Damenbinden und Taufkerzen bepackten Regalen", wie Stefanie Flamm protokolliert (profil 12/1998: 53).

Ein Schwebezustand, ein Zustand des Übergangs, prolongiert durch die andere Seite der Konsumtion, durch ihre kommunikativen Aspekte, und an eine Generation gebunden. Viele der alten Geschäfte überleben, weil ihre Besitzer über das Pensionsalter hinaus auf das Vergnügen nicht verzichten wollen, mit ihren gleichfalls meist betagten Stammkunden verbunden, im Gespräch zu bleiben (Kurier 8.12.2005: 9).

LITERATUR

Achleitner, Friedrich (1990): Österreichische Architektur im 20. Jahrhundert, Bd.III/ 1. Wien

Carrier, James G. (1995): Gifts & Commodities. Exchange & Western Capitalism since 1700. New York

Crossick, Geoffrey/Jaumain, Serge (1999): The World of the Department Store. Distribution, Culture and Social Change. In: Crossick, Geoffrey/Jaumain, Serge (Hg.): Cathedrals of Consumption. The European Department Store, 1850–1939. Aldershot

Eigner, Peter (1988): Mechanismen urbaner Expansion am Beispiel der Wiener Stadtentwicklung 1740–1934. Diplomarbeit aus Geschichte an der Univ. Wien

Ellmeier, Andrea (1990): KonsumentInnen. Einkaufen in Wien (II). Diplomarbeit aus Geschichte an der Univ. Wien

Feuerstein, Günter (1977): Wien heute und gestern. Architektur – Stadtbild – Umraum. Wien

Jackson, Peter/ Thrift, Nigel (1995): Geographies of Consumption. In: Miller, Daniel (Hg.): Acknowledging Consumption. A Review of New Studies. London/New York

Leach, William (1994): Land of Desire. Merchants, Power, and the Rise of a New American Culture. New York

Mattl, Siegfried (2006): Räume der Konsumtion, Landschaften des Geschmacks. In: Sommer, Monika u.a. (Hg.): imaging vienna. Innensichten außensichten stadterzählungen. Wien

Meißl, Gerhard (1990): Altväterliches oder modernes Wien?. In: Lehne, Andreas: Wiener Warenhäuser 1865–1914. Wien

Nava, Mica (1995): Modernity's Disavowal. Women, the City and the Department-Store. In: Nava, Mica/O'Shea, Alan (Hg.): Modern Times. Reflection on a Century of English Modernity. London

Noller, Peter (1999): Globalisierung, Stadträume und Lebensstile. Kulturelle und lokale Repräsentationen des globalen Raumes. Opladen

Profil extra, Nr.12/1998. Wien

Simmel, Georg (1903): Die Großstädte und das Geistesleben. Dresden

Simmel, Georg (1907): Philosophie des Geldes. Leipzig

Stadtplanung Wien / Wirtschaftskammer Wien, Hg. (1996): Stadtprofil 10. Zentren-situation im Raum Wien. Wien

Stadtplanung Wien / Wirtschaftskammer Wien, Hg. (1997): Stadtprofil 16a. Erneuerungsstrategien für ausgewählte Geschäftszentren. Wien

Wiener Institut für Standortberatung (1966): Rangordnung und Entwicklung von Wiener Einkaufsstraßen. Wien

Zola, Émile (1960): Das Paradies der Damen. Wien

TECHNISCHER WANDEL UND KONSUM IM 19. UND FRÜHEN 20. JAHRHUNDERT

HUBERT WEITENSFELDER

Erzeugung, Verteilung und Gebrauch von Gütern werden in der historischen Zunft recht arbeitsteilig erforscht. Die einen befassen sich mit der Produktion in Gewerben und Fabriken, andere mit dem Handel und seinen Formen, während eine (wachsende) Gruppe sich für die vielfältigen Aspekte des Konsums interessiert.

In diesem Beitrag möchte ich einige Zusammenhänge zwischen Erzeugung und Konsum veranschaulichen. Dabei geht es um den Wandel in der Auswahl und Bearbeitung von Roh- bzw. Werkstoffen, ferner um den Gebrauch neuer Werkzeuge und Maschinen, mit denen diese Stoffe bearbeitet wurden, sowie um Änderungen in den Herstellungsverfahren – und zwar überwiegend im Hinblick auf die erzeugten Waren und damit auf die VerbraucherInnen. Der nächste Abschnitt behandelt einen Aspekt, in dem Produktion und Konsum eine besonders interessante Verbindung eingehen, nämlich die Techniken der Oberflächenbeschichtung und den dadurch bewirkten Täuschungscharakter von Gütern. Abschließend folgen einige Gedanken über die Rolle der KonsumentInnen. Um die Zahl der Literaturverweise im gebotenen Rahmen zu halten, greife ich vor allem auf vier ältere Standardwerke zurück, welche im Zeitraum zwischen 1819 und 1873 erschienen sind und die einen ausgeprägten Bezug zur Habsburgermonarchie aufweisen (Keeß 1819–1823; TE=Technologische Encyklopädie 1830–1869; Karmarsch 1872; Exner 1873).

WERKSTOFFE – WAS WIRD BEARBEITET?

Im naturwissenschaftlich-technischen Sinn können wir Keramik-, Metall-, Polymer- und Verbundwerkstoffe unterscheiden. Im Folgenden fasse ich diesen Begriff aber etwas weiter und behandle vor allem Holz, Metall, Glas, Keramik, Leder, Textilien, Papier sowie „Kunststoffe" und ihre Vorläufer.

Am Beispiel Holz: traditionelle Werkstoffe in neuer Verwendung

Holz war bis ins 19. Jahrhundert der dominierende Werkstoff; man spricht geradezu vom „hölzernen" Zeitalter. Eine Eigenschaft des Holzes, seine Biegsamkeit, ermöglichte schließlich neue Nutzungen im großen Stil und die Fertigung ganz neuartiger Produkte.

Bereits in vorindustrieller Zeit begannen Schiffs- und Brückenbauer sowie Wagner und Küfer, Holz unter Einsatz von Feuchtigkeit und Wärme zu biegen; die Balken und Bretter mussten allerdings in dieser Lage fixiert werden, damit sie nicht in den ursprünglichen Zustand zurückkehrten. Seit Anfang des 19. Jahrhunderts entwickelten Handwerker Verfahren, Hölzer dauerhaft zu biegen. So beantragte 1821 der aus Bregenz (Vorarlberg) stammende Wagner Melchior Fink ein Privileg (Patent) auf gebogene Radfelgen. In den 1830er-Jahren gelang es dem Möbeltischler Michael Thonet in Boppard am Rhein, aus gekrümmten und zusammengeleimten dünnen Holzstreifen (Furnieren) dauerhaft gebogene Konstruktionen herzustellen. 1842 übersiedelte Thonet nach Wien, wo er vom Staatskanzler Metternich gefördert wurde; zu seinen frühesten Auftraggebern zählten die Fürsten Liechtenstein. Thonet präsentierte seine Produkte auf den ersten Weltausstellungen in London 1851 und in Paris 1855, wodurch sie einen großen Bekanntheitsgrad erlangten. In der Folge ging er dazu über, mit Hilfe von Blechstreifen auch massive Hölzer in beliebige Formen zu biegen. Zwischen 1850 und 1871 erzeugte die Firma Thonet mit diesem Verfahren fast 4,2 Millionen Möbel, darunter rund 3,6 Millionen Stühle, von denen zwei Drittel exportiert wurden (Exner 1876: 3ff.).

Papier wurde in Europa seit dem 11. Jahrhundert hergestellt. 800 Jahre lang bildeten Hadern bzw. Lumpen aus Leinen den wichtigsten Rohstoff für seine Herstellung. Viele Papiermühlen litten allerdings immer wieder unter Hadernmangel; daher wurde mit anderen Pflanzenrohstoffen, z.B. mit Stroh, experimentiert, um daraus Papier herzustellen. 1843 entwickelte Friedrich Gottlob Keller in Sachsen ein Verfahren, Holz an einem rotierenden Stein so zu zerfasern, dass sich aus dem dabei entstehenden „Holzschliff" Papier herstellen ließ. In der Folge wurde dieser Vorgang auf großen Sandsteinen mit Wasser- oder Dampfkraft durchgeführt. Holz enthält neben der Zellulose allerdings auch Stoffe wie Lignin, welches das Papier schnell vergilben lassen und es durch Säurebildung sehr brüchig machen. Trotzdem setzte sich der neue Rohstoff in der zweiten Hälfte des 19. Jahrhunderts durch, weil er reichlich vorhanden war (Schachtner 1999: 66ff.).

Zink, Nickel, Kautschuk: neue Werkstoffe

Traditionelle Werkstoffe wie Holz fanden also neue Anwendungen; andere erfuhren im Verlauf der Industrialisierung eine enorme Verbreitung oder gelangten überhaupt erstmals auf den Markt. Zu den ersteren zählten einige Metalle, die bereits bekannt und in europäischen Erzlagerstätten vorhanden waren, darunter Zink und Nickel, ferner eine ganze Reihe von Legierungen (Metallmischungen). Darüber hinaus fanden aus den überseeischen Kolonien neu entdeckte Stoffe wie Kautschuk (Gummi) und Guttapercha – eine dem Kautschuk ähnliche Substanz – den Weg nach Europa.

Zink war als Legierungsmetall seit langer Zeit im Gebrauch; so entstand z.B. Messing durch die Verschmelzung von Zinkerzen („Galmei") mit Kupfer. Die Herstellung von Zink als reines Metall erforderte allerdings fortgeschrittene chemische Kenntnisse und verursachte einigen technischen Aufwand, der erst um 1800 realisiert werden konnte. Schon wenige Jahre später wurde das spröde, aber preiswerte Metall unter anderem zur Erzeugung von Dachblechen verwendet (Keeß 2/2/1823: 726). Seit den 1820er-Jahren wurden ferner viele Gegenstände aus Zink gegossen, zunächst einfache wie Gewichtstücke, später auch Büsten, Bildsäulen, Vasen, Lampenfüße, architektonische Verzierungen sowie Buchstaben für Aufschriften und Beschriftungstafeln, die keiner großen Festigkeit bedurften. Die unansehnliche graue Farbe des Zinks wurde durch Lacke oder durch Überzüge mit anderen Metallen versteckt. Zink eignete sich seinerseits sehr gut zur Beschichtung von Eisenblech und schützte dieses vor Korrosion (TE 25/1869: 425ff.). Welche Bedeutung das Zink erlangte, zeigt der Umstand, dass die Produktion dieses Metalls in Europa zwischen 1806 und 1866 eine 550-fache Zunahme erfuhr (Karmarsch 1872: 231). Ein besonders kundennaher Hersteller von Zinkwaren war damals Alexander Markus Beschorner, der in Wien eine der größten Zinksargfabriken Europas betrieb (Exner 1873/1: 384f.).

Ähnlich wie Zink war auch Nickel nur schwer in reiner Form zu gewinnen. Einer der ersten, der das Metall in größeren Mengen erzeugte, war Johann Rudolf Ritter von Gersdorff; er produzierte Nickel seit 1824 in Schlöglmühl bei Gloggnitz (Niederösterreich) aus Rückständen der dortigen Kobaltfarbenerzeugung (Weiß 2001: 39). Einen großen Aufschwung erlebte Nickel aber als Bestandteil einer Legierung, die ursprünglich aus China stammte: Dort wurde es nämlich schon seit langer Zeit mit Zink und Kupfer zu einer weißglänzenden Mischung namens Pakfong (auch Paktong) verarbeitet und gelangte im 17. Jahrhundert in kleinen Mengen nach Europa. Nachdem das Mischungsverhältnis des chinesischen Pakfong entschlüsselt worden war, ging man in Europa dazu über, aus diesen drei Metallen eine ähnliche Legierung herzustellen. Sie wurde vielfach als Neusilber oder Argentan bezeichnet (TE 10/1840: 382ff.). In den Alpenländern gründeten 1843 Alfred Krupp aus Essen und der aus dem Rheinland stammende Alexander Schoeller eine Fabrik in Berndorf (Niederösterreich), in der sie unter anderem Bestecke aus Neusilber herstellten; sie nannten die Legierung Alpacca, nach der hell glänzenden Wolle des peruanischen Alpaka-Lamas (Lauscham 2005: 38).

Auch andere Legierungen erhielten phantasievolle, bisweilen patriotisch klingende Namen, z.B. das „Britannia"-Metall, das überwiegend aus Zinn, ferner aus Antimon, Zink und Kupfer bestand (TE 25/1869: 443). Englische Fabrikanten fertigten daraus ovale und runde Tee-, Kaffee- und Milchkannen sowie Tafelgeschirr (Keeß/Blumenbach 2/1830: 336f.). Seit dem ersten Drittel des 19. Jahrhunderts kamen in Wien ferner „Bronzewaren" in Mode; dabei handelte es sich um vergoldete Erzeugnisse aus gelben Metallmischungen, z.B. aus Bronze im engeren Sinn (vorwiegend Kupfer und Zinn), aber auch aus Messing (Kupfer und Zink). In Wien wurden daraus Schreib- und Feuerzeuge, Figuren, Leuchter, Uhrgehäuse und -kästen sowie Möbelverzierungen verfertigt (Keeß 2/2/1823: 510; TE 3/1831: 158ff.).

Aus Übersee kamen neue Substanzen, darunter die Milchsäfte tropischer Pflanzen. Der Kautschuk bzw. Gummi, von den Zeitgenossen auch „Federharz" genannt, gelangte zunächst aus Brasilien nach Österreich. Um 1820 verwendeten Maler und Zeichner Kautschuk zum Radieren; durch Kochen im Wasser konnte man außerdem mehrere Stücke an den Rändern miteinander verbinden und daraus Gefäße, Röhren und Bänder herstellen. Wegen seiner Elastizität erwies sich Kautschuk als besonders geeignet für chemische und chirurgische Instrumente (Keeß 1/1/1819: 264). In naturbelassenem Zustand zeigte er allerdings nur eingeschränkte Verwendungsmöglichkeiten, daher wurden Verfahren entwickelt, um seine Eigenschaften stärker zur Geltung zu bringen. 1839 vermischte Charles Goodyear in den USA Kautschuk mit Schwefel und erhitzte die Mischung; diese „Vulkanisierung" verbesserte die Elastizität des Werkstoffs deutlich und verlängerte seine Lebensdauer. 1851 erhöhte Goodyear den Anteil des Schwefels und gab weitere Substanzen dazu. Die so entstehende Masse wurde als Hartgummi bzw. als Ebonit bezeichnet, weil sie als Ersatz für das teure Ebenholz diente.

Der vulkanisierte Kautschuk diente unter anderem als Ersatz für Horn oder Fischbein; hergestellt wurden Spazierstöcke, Schirmrippen, Kämme, Federhalter, Messergriffe sowie luft- und wasserdichte Gewebe (TE 23/1861: 26ff.). In Wien befasste sich seit 1825 der Schneidersohn Johann Nepomuk Reithoffer mit der Erzeugung elastischer Gewebe aus Kautschuk. 1845 beschäftigte er bereits 220 Personen; unter anderem ließ er Hosenträger, Schuhe und Mieder sowie wasserdichte Röcke und Mäntel erzeugen. 1850 verlegte er seinen Betrieb nach Wimpassing (Niederösterreich). In seinem Todesjahr 1872 arbeiteten bei Reithoffer 800 Menschen; damit wurde er zum Begründer der österreichischen Kautschukindustrie (Weitensfelder 2001: 57).

Papiermaché, Zellulose, Linoleum: von „natürlichen" zu „künstlichen" Stoffen

Die Vermischung von Kautschuk mit Schwefel brachte eine Substanz mit neuen Eigenschaften hervor, in gewisser Hinsicht also einen „Kunststoff". In der Forschung wird die Frage nach den ersten künstlichen Stoffen allerdings unterschiedlich beantwortet (der Begriff „Kunststoffe" tauchte erst 1911 als Titel einer gleichnamigen Fachzeitschrift auf). Manche nennen das Leder als einen Vorläufer: Im Rohzustand kaum zu verwenden, wird es durch die Gerbung als abgewandelter Naturstoff geschmeidig, beständig gegen Wasser und sehr haltbar.

Der Wunsch, natürliche Stoffe miteinander zu vermischen und etwa durch Erhitzung Substanzen mit neuen Eigenschaften zu gewinnen, reicht jedenfalls weit zurück. Die meisten Materialien erforderten eine eher aufwändige und mühsame Bearbeitung, ehe aus ihnen nützliche Gegenstände entstanden. Gut verarbeiten ließ sich Horn, das in siedendem Wasser weich und beim Trocknen wieder hart wird; man kann es leicht biegen und pressen. Aus Horn wurden unter anderem Trinkgefäße, Schnupftabakdosen, Stock- und Türgriffe sowie Kämme hergestellt. Ähnliche plastische Eigenschaften besaß das Schildpatt, das allerdings teurer war. Eine künstliche formbare Masse, das Papiermaché, ließ sich 1772 Henry Clay in Birmingham patentieren; zu dessen Fertigung wurden Papier, Pappe, Farbpigmente, Gips und andere Substanzen miteinander vermischt. Im Unterschied etwa zu Holz ließen sich mit Papiermaché größere Serien von Produkten ähnlicher Qualität erzeugen, zum Beispiel Möbel und architektonische Dekorationsteile.

Eine Grundlage für Kunststoffe im engeren Sinn bildete die in Holz und Baumwolle enthaltene Zellulose; wurde sie mit Salpetersäure behandelt, entstand Zellulosenitrat. Als einer der Ersten präsentierte 1862 Alexander Parkes diesen neuen Stoff unter dem Namen „Parkesin" auf der zweiten Londoner Weltausstellung. Später erlangte die Substanz unter dem Markennamen „Zelluloid" weltweite Bekanntheit. Zu den frühesten daraus gefertigten Gegenständen zählten übrigens Billardkugeln, die zuvor überwiegend aus Elfenbein hergestellt worden waren. In den 1880er-Jahren wurden auch Kleidungsstücke wie Krägen, Manschetten und Hemdbrüste aus Zelluloid hergestellt; sie waren sehr dauerhaft und leicht abwaschbar. Mit der Erfindung des Kinos erlangte dieser Kunststoff als Filmmaterial weitere Verbreitung.

Als einer der frühesten künstlichen Stoffe gilt ferner das „Linoleum": 1860 erhielt Frederick Walton in England ein Patent auf oxidiertes Leinöl, das Lynoxyn, 1863 ein weiteres auf einen elastischen Fußbodenbelag, den er mit Hilfe des Leinöls produzierte. 20 Jahre später wurde auch in Deutschland Linoleum erzeugt; dabei wurde auf eine Gewebeunterlage, gewöhnlich Jute, ein Gemisch aus Korkmehl und Leinölfirnis aufgewalzt. Um die Wende zum 20. Jahrhundert war Linoleum das beliebteste Material für Innenausstattungen (Waentig 2004: 10ff.; König 2000: 197).

WERKZEUGE UND MASCHINEN – WOMIT WIRD GEARBEITET?

Strohspalter, Zündholzhobel, Schnellschütze:
die Verbreitung traditioneller und die Erfindung neuer Werkzeuge

Gewerbetreibende verwendeten hunderte verschiedene Werkzeuge zur Herstellung ihrer Waren. Die Tischler benutzten viele Spezialhobel, die Schmiede eine Unzahl von Hämmern, die Schlosser bedienten sich der Feilen, und die Holzdrechsler setzten höchst unterschiedlich geformte Drehmeißel ein.

Manche Instrumente waren zunächst in bestimmten Regionen heimisch und fanden dann darüber hinaus Verbreitung. Ein Beispiel für ein einfaches und effizientes Werkzeug ist der Strohspalter, ein stählerner gebogener Dorn, an dem mehrere strahlenförmig angeordnete Schneiden angebracht sind. Wird ein Strohhalm auf den Dorn gespießt, zerschneiden diese den Halm der Länge nach in schmale Streifen, die dann für Flechtwaren verwendet werden können (Technisches Museum Wien 2004: 108f.). In Lombardo-Venetien und in der Toskana war

die Strohflechterei weit verbreitet. Die „Florentiner Hüte" aus Stroh
genossen einen guten Ruf; und aus Florenz gelangte auch um 1808 der
Strohspalter nach Wien (Keeß/Blumenbach 1/1829: 548; Exner 1873/1:
273).

Im Verlauf der Industrialisierung fand nicht einfach ein Übergang
vom Werkzeug zur Maschine statt, es wurden auch neue Instrumente
entwickelt, z.B. zur Erzeugung von Zündhölzern. Diese wurden anfangs
umständlich durch Spalten von Holzschindeln hergestellt. Um 1820 erfand der Tischler Heinrich Weilhöfer in Wien einen Zündholzhobel, dessen Eisen statt der Schneide eine horizontal angebrachte, vorne zuge-
spitzte Lochform aufwies. An einem glatten Brett entlanggeführt, wurde mit ihrer Hilfe ein „Holzdraht" geschnitten. Verbesserte Hobel dieser
Art wiesen drei bis fünf solcher Vorrichtungen auf, und ein guter Arbeiter konnte mit ihnen täglich 400.000 bis 450.000 gleich geformte Hölz-
chen erzeugen (TE 23/1861: 67f.; Technisches Museum Wien 2004: 82f.).

Auch einfache Vorrichtungen an Maschinen und Mechanismen dienten gewissermaßen als Werkzeuge und trugen dazu bei, Produkte
schneller und präziser zu fertigen. So erfand um 1733 der englische
Weber John Kay den „Schnellschützen", mit deren Hilfe seine Berufs-
genossen am Webstuhl den gewebebildenden, querlaufenden Schuss-
faden erheblich schneller einbringen konnten. Seine Verbreitung setzte sich allerdings nur recht zögernd durch: In Wien wurden Schnellschützen erst seit 1797 zur Erzeugung von Baumwollstoffen eingesetzt
und verdreifachten die Produktionsgeschwindigkeit (Exner 1873/1:
261). Bei der Bearbeitung von Metallwaren auf der Drehbank brachte
der Einsatz eines Werkzeugschlittens, des „Supports", eine wesentliche Verbesserung. Bis zum 18. Jahrhundert wurde der Drehstahl frei-
händig oder nur auf einer Stütze aufliegend gegen das Werkstück geführt; danach wurde er in zunehmendem Maß in einen Support einge-
spannt und ermöglichte dadurch wesentlich genaueres Arbeiten
(Weitensfelder 2004: 134).

Kämmen, drucken, kneten: vom Werkzeug zur Maschine

Die Entstehung großer Betriebe und der Übergang zur massenhaften
Fertigung von Gegenständen hatten zur Folge, dass die händische Arbeit mittels Werkzeugen zusehends an Maschinen übertragen wurde.
Dieser Prozess wurde schon öfters ausführlich beschrieben. Die Aufstellung in Tabelle 1 nennt, nach Werkstoffen gegliedert, in exemplari-
scher Kürze eine Reihe von Tätigkeiten, die zwischen ca. 1750 und
1850 einen solchen Übergang erfuhren (Weitensfelder 2004: 128ff.).

Tabelle 1: Mechanisierung von Arbeitsvorgängen

Holz:	Erzeugung von Dachschindeln, von Seilblöcken für Segelschiffe
Metall:	Herstellung von Nägeln, Drahtstiften, Knopföhren aus Blech; Feilen hauen
Textilien:	Schafwolle kämmen, Spinnen, Weben, Tuchscheren, Nähen
Leder:	Felle enthaaren
Papier:	Tapeten drucken
Keramik:	Lehm kneten
Nahrungsmittel:	Teig kneten, Biermaische rühren
Horn:	Kammzähne schneiden

VERFAHREN – AUF WELCHE ART WIRD ERZEUGT?

Gießen, walzen, pressen:
Ausweitung und Verfeinerung bestehender Verfahren

Beim Gießen erhält ein Gegenstand seine Form; man spricht daher auch vom „Urformen". Um gut für den Guss geeignet zu sein, muss ein Metall sich leicht schmelzen lassen, ein dichtes und blasenfreies Gefüge aufweisen und die Gießform genau ausfüllen. Gold und Silber waren gewöhnlich zu teuer für den Massivguss, Kupfer wurde leicht löchrig und porös, Zink war spröde und oxidierte leicht. Gut zu gießen waren hingegen Legierungen wie Messing, Tombak (Messing mit hohem Kupferanteil), Bronze, Pakfong und bleihaltiges Zinn (TE 9/1838: 638f.). Der Guss von Eisenwaren erfuhr in der Industriellen Revolution entscheidende Verbesserungen. Lange Zeit wurden diese direkt aus dem Hochofen gegossen. Um 1794 setzte John Wilkinson in England Kupolöfen ein, die ein Umschmelzen des Eisens und damit die Erzeugung feinerer Waren ermöglichten. Als eine der Ersten begann die 1804 gegründete Königliche Eisengießerei in Berlin mit der Erzeugung von Schmuck und Galanteriewaren aus Eisen; in Böhmen folgte seit 1820 Rudolf Graf Wrbna, in Wien ab 1831 Joseph Glanz mit solchen Erzeugnissen (Keeß 2/2/1823: 548f.; Keeß/Blumenbach 2/1830: 350f; Karmarsch 1872: 298f). Wrbna stellte unter anderem kleine Statuen, Büsten, Vasen, Lampen und Schreibtisch- sowie Küchengeräte her; von Glanz stammten Ohrgehänge, Ketten, Briefbeschwerer, Uhrgestelle, Kruzifixe und Tischglocken (Bericht 1835:171,163).

Unter den anderen Werkstoffen eignete sich das dick- und zähflüssige Glas lediglich zum Gießen von Flächen, etwa von Spiegeln; dies wurde in Frankreich und England seit der zweiten Hälfte des 17. Jahrhunderts praktiziert. Um 1870 wurde auch dickes Fensterglas gegossen (Karmarsch 1872: 541, 531). Für Hohlformen war Glasguss dagegen nicht geeignet, denn es drang nur schwer in Gießformen ein und erhielt dabei keine glatte Oberfläche. Lediglich durch zusätzlichen Druck vermochte die Masse die Formen ganz auszufüllen (TE 23/1861: 347f.). Daher wurde Glas eher gepresst.

Gegenstände aus Porzellan wurden gewöhnlich als feste Masse geformt und dann gebrannt. In der ersten Hälfte des 19. Jahrhunderts ging man auch hier zum Guss über; zu diesem Zweck wurde kaolinhaltiger Brei in eine Gipsform gegossen, wobei sich die Masse an der Innenseite der Form anlegte. Die übrig bleibende Flüssigkeit wurde wieder ausgegossen und erneut Brei nachgefüllt. Der Vorgang wurde so oft wiederholt, bis das Gussstück eine ausreichende Wanddicke aufwies. Gegossene Objekte aus Porzellan waren allerdings weniger kompakt als geformte, verzogen sich beim Brand oft und schrumpften im Feuer mehr zusammen (TE 18/1852: 362f.).

Stellt der Guss ein Urformen dar, so handelt es sich beim Walzen und Pressen um Umformverfahren. Schon vor der Industrialisierung wurden weichere Metalle und Legierungen wie Blei, Kupfer, Messing, Bronze, Zinn, Zink, Gold und Silber kalt gewalzt, also ohne zuvor erhitzt zu werden. Frühe Abbildungen von Walzverfahren fertigte um 1495 Leonardo da Vinci an. Härtere Metalle wie Eisen wurden dagegen mit Hilfe wasserkraftgetriebener Hämmer zu Blechen gestreckt. Trotz des riesigen Bedarfs an diesem Metall in der Industrialisierung erfolgte nur ein zögernder Übergang zum Walzen, da dies einen erheblichen Kraftaufwand erforderte. Im Vergleich mit dem Hämmern konnten durch das Walzen größere Flächen erzeugt werden, die zudem eine gleichförmigere Breite und Dicke aufwiesen. Große Eisenbleche wurden für Dampfmaschinen, Salzsiedepfannen und Schiffe benötigt. Mit „kalibrierten" Walzen wurden Profile erzeugt; sie erlangten große Bedeutung für die Herstellung von Eisenbahnschienen.

1786 gründete John Wilkinson in Bradley (England) offenbar das erste dampfbetriebene Eisenblechwalzwerk. In Österreich nahm in den 1790er-Jahren Max Thaddäus Graf Egger in Lippitzbach (Kärnten) mit Hilfe englischer Techniker das erste Eisenwalzwerk in Betrieb. Um 1792 gründete der aus England zugewanderte Matthäus Rosthorn (eigentlich: Matthew Rawsthorne) in Fahrafeld an der Triesting (Niederösterreich) ein Messingblechwalzwerk mit Wasserkraft (Lackner 1990: 113ff.). Seine Söhne gaben diesen Betrieb auf und errichteten dafür 1818 einen neuen in Öd (Niederösterreich) (Slokar 1914: 506). Leistungsfähige Dampfwalzwerke setzten sich in der Habsburgermonarchie aber nur langsam durch: Noch um 1830 wurden große Werke mit Wasserkraft betrieben, kleinere mit Pferden oder sogar mit menschlicher Muskelkraft (TE 2/1830: 237).

Ob gewalzte Bleche besser waren als gehämmerte, war umstritten; Letztere waren dichter, zäher und biegsamer. Dennoch zogen viele Schlosser und Spengler gewalzte Bleche vor, da diese eine natürlichere Spannung aufwiesen; außerdem mussten die Handwerker bei gehämmerten oft zuerst Vertiefungen und Falten bearbeiten, ehe sie diese weiter verwenden konnten. Auch für Konsumgüter erlangte das Walzen erhebliche Bedeutung. Gewalzte dünne Bleibleche, auch als „Tabakblei" bezeichnet, dienten zur Verpackung von Rauch- und Schnupftabak, Tee, Farben und anderen Waren, um sie vor dem Austrocknen zu schützen (Keeß 2/2/1823: 712). Ein wichtiges Anwendungsgebiet für die Walztechnik wurde die Fertigung von Essbestecken. Traditionellerweise wurden Blechlöffel gehämmert oder von Löffelschmieden hergestellt (Keeß 2/2/1823: 698). Seit den späten 1830er-Jahren erzeugte aber in Essen Hermann Krupp gravierte Walzen zur Erzeugung von Löffeln und anderen Besteckteilen; dieses Verfahren übernahm sein Bruder Alfred Krupp für seine bereits erwähnte Firma in Berndorf. Mit den neuen Walzen konnten dort 1845 täglich 200 bis 300 Dutzend Besteckteile erzeugt werden (Lauscham 2005: 37f.).

Dünne Bleche, durch Walzen hergestellt, wurden durch mechanische Bearbeitung zu Gegenständen geformt. So erzeugten etwa die handwerklich arbeitenden Gürtler durch „Treiben" mittels Hämmern und Punzen Metallstäbe, Medaillons, Wallfahrtsbilder, Kastenbeschläge sowie Verzierungen auf Uhrkästen. Schneller und leichter wurden solche Produkte aber durch Pressen mit Maschinen hergestellt. Dafür kamen Fallwerke mit frei fallenden Hämmern zum Einsatz, ferner Stoßwerke mit Schraubenspindeln sowie Druckpressen. Dabei formten gravierte stählerne Stanzen und Stempel die Gegenstände aus den Blechen. Die Schläge der Fallwerke auf die Bleche wurden ein- oder mehrmals durchgeführt. Presswerke übten viel mehr Kraft aus und eigneten sich deshalb besser für flache Gegenstände mit reineren, schärferen Konturen. Nach dem Pressen wurden die Bleche meistens von Frauen mit Laubsägen von noch anhaftenden Metallteilen befreit und mit der Feile bearbeitet. Die Anschaffung von Fallwerken, Stoßwerken und Pressen erforderte viel Kapital, daher wurden zu diesem Zweck fabriksmäßige Betriebe gegründet (Keeß 2/2/1823: 518ff.; Karmarsch 1872: 370f.).

In Wien und Umgebung machte die Erzeugung gepresster Metallwaren seit etwa 1800 bedeutende Fortschritte, wie sich am Beispiel einiger Firmen zeigen lässt. Um 1820 arbeitete hier „Franz Feils Wit-

we" mit acht Fallwerken und einer großen Anzahl gravierter Stanzen;
der Betrieb lieferte Verzierungen für Möbel und Uhrkästen in mehr als
tausend verschiedenen Größen und Mustern. Ferner erzeugte Friedrich Arlt (sein Betrieb war von Rosthorn gegründet worden) Kastenbeschläge und Schlüsselschilder, während der Knopffabrikant Joseph
Metz jährlich rund drei Millionen Kreuze für Rosenkränze lieferte.
Franz Winkler in (Kaiser-)Ebersdorf (Niederösterreich) produzierte
Kastenbeschläge, Leisten, Medaillons, Heiligenbilder, Kreuzchen und
Verzierungen für Möbel, Luster, Uhren, Pianos und Fenstergardinen
(Keeß 2/2/1823: 520f.). 1830 hieß es: „Die Anwendung des Fallwerkes
ist ungemein ausgedehnt." (TE 2/1830: 304)

Andere Gegenstände aus Metallblech wurden durch Drücken auf der
Drehbank erzeugt. Dieses Verfahren wurde vor 1820 in Frankreich entwickelt und 1822 in Wien bekannt. Dabei wurden Holzmodelle auf der
Drehbankspindel befestigt und in Drehung versetzt; auf diese Formen
trugen die Arbeiter durch langsamen Druck mit Hilfe stumpfer Werkzeuge Bleche auf. Durch diese Technik konnten sehr schnell und preis-
wert viele einander ähnliche Produkte erzeugt werden, z.B. Schüsseln,
Teller, Becher, Büchsen, Dosen und Leuchter (Keeß/Blumenbach 2/1830:
282ff.; TE 2/1830: 314f.; Karmarsch 1872: 374).

Das Pressen fand auch Eingang in die Glaserzeugung. Hohlgläser
wurden im Allgemeinen erzeugt, indem der Glasmacher durch eine Pfeife
Luft in einen heißen Glasklumpen blies. Dabei entstanden kugel- oder
birnenförmige, ovale und ähnliche hohle Körper, deren Form durch
Drücken mit Zangen oder anderen Werkzeugen modifiziert werden konnte. Für kompliziertere Körper blies man zuerst eine kleine Kugel,
platzierte sie glühend in einer hohlen Messingform, klappte diese zusammen und vollendete das Aufblasen (TE 7/1836: 16). Solche Formen
beschleunigten die Arbeit und ermöglichten die Erzeugung einer größeren Zahl ähnlicher Gefäße. In der zweiten Hälfte der 1820er-Jahre entstanden in den Vereinigten Staaten erste Fabriken, die Pressglas erzeugten. Gepresste Gläser waren viel preiswerter als geblasene, allerdings
auch zerbrechlicher. Während die frei geformten Waren oft durch Schleifen veredelt wurden, erhielten die neuen Produkte durch die Pressform
ihre Verzierung; diese war zwar reichhaltiger, wies aber rundere Ecken
und Kanten sowie eine unregelmäßige Oberfläche auf (TE 23/1861: 377f.).

Tonwaren wurden gewöhnlich als weicher Teig geformt und dann
gebrannt; aber auch hier erfolgten um 1840 Experimente mit Press-
techniken. Dabei wurden die Rohstoffe als trockenes feines Pulver unter starkem Druck in Formen gepresst, ehe sie in die Brennöfen gelangten. Mit diesem Verfahren wurden etwa in Birmingham Porzellan-

knöpfe, Fußbodenplatten, Mosaiksteine und Untertassen hergestellt (Karmarsch 1872: 508f.).

Gerben, bleichen, Essig machen:
die Beschleunigung bestehender Verfahren

Eine Reihe traditioneller Erzeugungs- und Veredelungsverfahren nahm erhebliche Zeit in Anspruch. Dies war unter anderem dann der Fall, wenn dabei chemische Prozesse in Gang gesetzt wurden, wie etwa beim Gerben, dem Bleichen von Textilien und bei der Herstellung von Essig.

Bei der herkömmlichen Art zu gerben wurden die Häute zunächst in eine Lohgrube gelegt, wo natürliche Gerbstoffe langsam auf sie einwirkten; dieser Prozess dauerte bei Kalbfellen drei bis vier Monate, bei dicken Häuten sogar bis zu zwei Jahre. Um 1770 entwickelten David Macbride in England, 1794 Armand Seguin in Frankreich Verfahren zur „Schnellgerberei". Dabei wurde die Gerberlohe mit Wasser verdünnt, und die Häute wurden nacheinander in immer konzentriertere Lohbrühen gelegt. So konnte dieser Vorgang auf wenige Wochen verkürzt werden; bei sorgfältiger Bearbeitung wurde das Leder außerdem geschmeidiger und gleichförmiger gegerbt (Keeß 2/1/1820: 13f.; Keeß/Blumenbach 1/1829: 39; Karmarsch 1872: 581).

Tücher wurden traditionellerweise mit Asche, Milch und vergorenem Getreide behandelt, um die natürlichen Faserfarbstoffe zu zerstören und ein reines Weiß zu erzielen. Zwischen den Behandlungsschritten wurden sie auf Wiesen ausgebreitet und dem Sonnenlicht sowie dem Luftsauerstoff ausgesetzt. Diese Naturbleiche beanspruchte viel Platz und dauerte mehrere Wochen. Seit dem 18. Jahrhundert kamen zusehends Schwefelsäure, Soda und Chlorkalk zum Einsatz; sie bewirkten eine „künstliche" Schnellbleiche. In großen Mengen eingesetzt, schadeten diese Chemikalien den Tüchern aber sehr und machten sie löchrig. Nach vielen Jahren des Experimentierens wurde daher schließlich eine „gemischte Bleiche" als die beste angesehen (Keeß 2/1/1820: 161ff.; Karmarsch 1872: 713f.).

Die überkommene Fabrikation von Essig dauerte mehrere Wochen; mit der Untersuchung der Essigsäure und ihrer Funktion bei der Gärung gelang unter anderem Karl Wagenmann aus Württemberg in den 1820er-Jahren der Übergang zur „Schnell-Essigfabrikation"; dabei waren die verwendeten Gefäße so beschaffen, dass die säuerbare Flüssigkeit auf möglichst großer Fläche mit der Luft in Berührung kam. 1828 errichtete Wagenmann eine chemische Fabrik in Liesing bei Wien (Karmarsch 1872: 836; Exner 1873/1: 115).

Garne, Papier, Ziegel:
der Übergang von diskontinuierlichen zu kontinuierlichen Verfahren

Das Begriffspaar „diskontinuierlich/kontinuierlich" wird heute zumeist in Büchern über Verfahrenstechnik erläutert. Die damit bezeichneten Vorgänge stellen gewissermaßen eine Sonderform der Schnellverfahren dar. Bei diskontinuierlichen Prozessen wird ein Stoff chargenweise einem Apparat zugeführt; dort verweilt er, bis der gewünschte Verarbeitungsgrad erreicht ist. Schließlich wird der Apparat entleert. Darauf folgt ein neuer Zyklus mit Befüllen, Umwandeln und Entleeren. Bei der kontinuierlichen Arbeitsweise dagegen wird das Ausgangsprodukt ununterbrochen in den Apparat eingeführt und das Endprodukt ohne Pause entnommen. Dieser Fließbetrieb bringt mehrere Vorteile: Die Totzeiten beim Füllen und Entleeren entfallen; bei thermischen Prozessen ist der Energieaufwand geringer, da die Temperatur konstant bleibt, und die Qualität des erzeugten Produkts ist gleichmäßiger.

Historisch gesehen, zählt die Erzeugung von Roheisen im Hochofen zu den frühesten kontinuierlichen Prozessen. Bis ins späte Mittelalter wurden die Öfen mit dem aufbereiteten Eisenerz befüllt, zugemauert, beheizt und dann wieder aufgebrochen, um das teigige „Stuck" zu entnehmen. Nach dem Abkühlen des Ofens erfolgte die nächste Charge. Im 16. Jahrhundert gelang es, das Eisen so weit zu erhitzen, dass es flüssig wurde; seit dieser Zeit gingen die Hüttenleute dazu über, einen Teil des fertigen Roheisens am unteren Ende des Ofens zu entnehmen, während dieser oben mit neuem Erz und Brennmaterial beschickt wurde.

Tabelle 2: Übergänge zur kontinuierlichen Erzeugung

16. Jahrhundert:	Roheisenherstellung
18. Jahrhundert:	Kalk (vergleichbar mit dem Eisen wird aus dem Ofen unten Kalk entnommen, oben Kalkstein nachgefüllt)
Um 1770:	Waterframe-Feinspinnmaschine (Richard Arkwright; Spinnen und Aufwickeln der Garne erfolgt nicht mehr alternierend, sondern gleichzeitig)
Um 1800:	Papier (Louis Robert; nicht mehr einzelne Bögen werden geschöpft, sondern eine Maschine erzeugt ein Endlospapier)
1. Hälfte 19. Jahrhundert:	Schwefelsäure im Bleikammerverfahren
1850er-Jahre:	Ziegel (Ringziegelofen von Friedrich Hoffmann; seine ovale Form ermöglicht Beschickung, Brand und Entnahme gleichzeitig)
1860er-Jahre:	Glas (Wannenofen von Friedrich Siemens; horizontale Gliederung in Schmelz-, Läuterungs- und Arbeitsraum)
Seit 2. Hälfte 19. Jahrhundert:	Brot (verschiedene Systeme, z.B. durchwandern Brotbleche auf Ketten den Backraum)

Seit dem 18. Jahrhundert erfolgte in einer Reihe unterschiedlicher Branchen der Produktion ein solcher Übergang, was die Kapazitäten der Erzeugung wesentlich erhöhte. Einige Beispiele sind in Tabelle 2 ausgewiesen; ich werde sie in Kürze an anderer Stelle genauer ausführen (Weitensfelder 2007).

Münzen, Schrauben, Schreibfedern:
die Massenfertigung identischer Güter und das Problem der Normierung

Bereits in vorindustrieller Zeit wurden manche Gegenstände in großen Mengen erzeugt, z.B. Nadeln, Nägel, Ziegel und Tonpfeifenköpfe. Ein ganz wesentlicher Aspekt des Wandels in der Industrialisierung liegt darin, dass durch Einsatz verschiedenster Verfahren nicht nur die Produktionszahlen stiegen, sondern dass gleichartige Erzeugnisse einander auch zunehmend ähnlicher wurden, was Größe, Form, Aussehen der Oberfläche, Gewicht und die Regelmäßigkeit der verwendeten Werkstoffe betrifft.

Ein früher Bedarf, Produkte mit möglichst weitgehender Identität herzustellen, trat bei der Münzprägung auf. Dahinter stand der Anspruch, Fälschungen möglichst zu verhindern. Münzen wurden Jahrhunderte lang freiliegend mit Stempeln geprägt und wiesen daher ungleichmäßige Ränder und unterschiedliche Größe auf, auch wenn sie den gleichen Geldwert repräsentierten. Betrüger nützten diese Unterschiede, indem sie das Edelmetall, welches die Münzen enthielten, am Rand abfeilten oder abschabten. Ab dem 18. und vor allem im 19. Jahrhundert wurden Münzen in einem Stahlring geschlagen, wodurch sie eine gleich bleibende Größe erhielten (Karmarsch 1872: 451, 454). Auch andere Gegenstände des alltäglichen Gebrauchs erforderten „identische" Fertigung, z.B. Spielkarten: Sie mussten genaue rechte Winkel und gleiche Größe aufweisen, da sie sonst von den Mitspielern identifiziert werden konnten (TE 15/1847: 198).

Münzen und Spielkarten waren so genannte einfache Stückgüter und relativ problemlos identisch in größerer Zahl herzustellen. Schwieriger war dies bei komplexen Stückgütern, die aus mehreren oder gar aus vielen Teilen zusammengesetzt waren. Wenn sie in großer Zahl hergestellt wurden, mussten sie so genau gefertigt werden, dass die Teile im Reparaturfall untereinander austauschbar waren. Ein früher Bedarf an solchen Teilen bestand in der Erzeugung von Waffen für das Militär; denn hier war es bei Kampfhandlungen oftmals notwendig, defekte Teile von Handfeuerwaffen rasch auszuwechseln. Die Idee des Austauschbaus von Pistolen und Gewehren wurde erstmals im späten

18. Jahrhundert in Frankreich realisiert (König 2000: 68f.). Im Zentrum der Versuche standen dabei Gewehrschlösser; man versuchte, sie in erhitztem Zustand mit großen Maschinen in gehärtete Negativformen (Gesenke) hineinzupressen, so dass anschließend nur mehr wenige Feilstriche zur Fertigstellung notwendig waren. Allerdings litt die Qualität der Schlösser bei diesem Vorgang, und aufgrund des hohen Pressdrucks weiteten sich die Gesenke alsbald stark aus und erforderten erneut ausgiebiges Nachfeilen (TE 6/1835:523f). Dennoch wurde der Austauschbau weiter entwickelt, und vor allem in den Vereinigten Staaten setzte er sich im 19. und frühen 20. Jahrhundert bei einer Reihe komplexer Stückgüter durch, nämlich bei Handfeuerwaffen, Näh-, Schreibmaschinen und Fahrrädern (König 2000: 69f.).

Korrespondierend zur passgenauen Fertigung von Teilen trat die Frage einer einheitlichen Normierung auf. Es gab kaum überregional verbindliche Längen-, Flächen-, Volums- oder andere Maßeinheiten, und dementsprechend unterschieden sich auch viele gleichartige Produkte je nach Hersteller oder Erzeugungsland erheblich voneinander. Da die Absatzgebiete tendenziell größer wurden, wurde dieser Zustand zunehmend als Problem erkannt. 1828 verfasste der Technologe Karl Karmarsch eine umfangreiche Arbeit zu diesem Thema. Als Beispiele für unterschiedliche Normierungen nannte er etwa Garnlängen, Eisen- und Stahlsorten, Bleche und Drähte aus verschiedenen Metallen und Legierungen, Fabrikate aus Draht (Näh-, Steck-, Strick-, Haarnadeln, Fischangeln, Klaviersaiten), die Dichte von Siebböden, den Feingehalt von Gold und Silber, die Größe von Flintenschrot, Maße für die Bestandteile von Uhren (Federn, Ketten, Zifferblätter, Gläser) sowie optische Gläser von Brillen. Letztere wurden von den Erzeugern mit unterschiedlichen Angaben zur Schärfe versehen; die einen bemaßen diese nach dem Alter der Käufer, andere machten den Durchmesser jener Kugeln, von welchen die Gläser Abschnitte bildeten, zur Grundlage, was Brillenhändler und Käufer gleichermaßen verwirrte. Die unterschiedlichen Zollmaße in den Herstellungsregionen verstärkten das Problem weiter. Karmarsch schlug eine einheitliche Einteilung der Brillengläser nach Brennweite vor (Karmarsch 1828).

Bei den Fügetechniken erwies sich besonders die Herstellung von Schrauben als normierungsbedürftig. Jeder Erzeuger verwendete seine eigenen Gewindegrößen, es gab keinerlei Systematik etwa in Bezug auf ihre Ganghöhe. Um 1840 erarbeitete der Mechaniker und Maschinenbauer Joseph Whitworth in Manchester erste Vorschläge für eine landesweite Normierung zumindest in England (Karmarsch 1872: 367). Wie auch anderswo, wurden in Österreich Schrauben noch lange mit

Werkzeugen oder auf sehr einfachen Maschinen erzeugt; erst Ludwig von Brevillier, der um 1823 die erste Holzschraubenfabrik in Neunkirchen (Niederösterreich) gründete, verbesserte die Produktion. 1864 erwarb er zu diesem Zweck ein in England patentiertes Maschinensystem (Exner 1873/1: 378f.).

So bewirkten Maschinisierung und Normierung im 19. Jahrhundert allmählich, dass sich der Charakter der hergestellten Waren zunehmend standardisierte. Einige Massenprodukte kamen neu auf den Markt und setzten sich in erstaunlich kurzer Zeit gegen andere durch. Ein beeindruckendes Beispiel dafür ist die Ablösung der Gänsekiele durch die industriell hergestellten Schreibfedern aus Stahl. Die Vogelfedern nutzten sich beim Schreiben durch die feuchte Tinte und den ausgeübten Druck rasch ab, sie mussten daher immer wieder mit Federmessern geschnitten und ausgebessert werden; dies war vor allem bei kalligraphischen Arbeiten und beim Zeichnen lästig (TE 5/1834: 488). Seit Anfang des 19. Jahrhunderts wurden daher Experimente mit Federn aus Messing und Silber angestellt. Um 1832 entwickelte James Perry in England die Erzeugung von Stahlfedern und begründete damit eine ganz neue Industrie: Schon zehn Jahre später erzeugte die größte Fabrik in Birmingham jährlich 70 Millionen Stück (Karmarsch 1872: 801f.). In Österreich produzierte erstmals Karl Kuhn um 1843 Stahlschreibfedern. In den Schulen des Landes waren sie damals allerdings verboten, in Büros und Ämtern herrschten große Vorbehalte. 1845 beteiligte sich Kuhn an einer Gewerbeausstellung in Wien, wo er für seine Produkte eine „ehrenvolle Erwähnung" zugesprochen erhielt; daraufhin bekam er zunehmend Unterstützung durch Privatpersonen und durch Schreiblehrer. England blieb allerdings führend in der Herstellung: Im Jahr 1870 wurden in Birmingham bereits 800 Millionen Stahlfedern erzeugt (Exner 1873: 498f.). Die Gänsekiele waren nunmehr fast gänzlich verdrängt.

ZUM TÄUSCHEN ÄHNLICH: OBERFLÄCHENBESCHICHTUNG ALS SCHUTZ UND SCHEIN

Gegenstände aus Holz, Metall oder anderen Werkstoffen werden seit tausenden Jahren mit dünnen Schichten anderer Materialien überzogen, um sie zu schützen, aber auch zur Verschönerung und um des Scheins willen. Als Überzüge dienten z.B. farblose Firnisse und farbige Lacke. Furniere täuschten die Verwendung teurerer Holzsorten vor; und Metalle wurden mit Schichten edlerer Metalle überzogen, die sie vor Korrosion bewahrten und den Anschein puren Goldes oder Silbers erweckten. Im 20. Jahrhundert gewannen schließlich Überzüge aus Kunststoffen zunehmend an Bedeutung.

Die Verwendung von Furnieren, die auf Möbel geleimt oder für Intarsien (Einlegearbeiten) verwendet wurden, gewann im 18. Jahrhundert an Bedeutung. Zunächst sägten die Tischler selbst edlere Hölzer in möglichst dünne Platten. 1811 errichteten Alois Munding und sein Bruder Martin in Wien das erste große Schneidwerk zur Furniererzeugung; die beiden belieferten viele Handwerker und ermöglichten damit eine weitere Ausbreitung dieser Technik (Keeß 1/1/1819: 32; Keeß 2/2/1823: 91f.; eine Munding-Säge, die von 1816 bis 1874 in Betrieb stand, befindet sich heute im Technischen Museum Wien).

Bei der Beschichtung von Metallen zählte die Feuervergoldung zu den Standardverfahren; sie war schon in der Antike bekannt. Dabei wurden die Gegenstände mit einem Amalgam aus Gold und Quecksilber überstrichen und anschließend erhitzt; dadurch verflüchtigte sich das Quecksilber, während das Gold in einer zarten Hülle zurückblieb (TE 19/1853: 521).

Jüngeren Datums war die Silberplattierung; sie wird dem Messerschmied Thomas Boulsover aus Sheffield in Yorkshire zugeschrieben. Er beschichtete angeblich 1743 erstmals Kupferblech mit dünnem Silberblech und walzte diese Verbindung anschließend; sie erweckte dadurch den Anschein massiven Silbers. Bei später entwickelten Verfahren wurden die Schichten nicht nur mechanisch, sondern auch durch Hitze zusammengefügt. So wurde Kupfer mit Gold, Silber oder Platin plattiert und dann zu Blech ausgewalzt. Geschmiedetes Eisen wurde hingegen zuerst zu Gegenständen verarbeitet und erst dann mit einem Blech plattiert (Technisches Museum Wien 2001: 54f.). 1765 brachte Matthäus Rosthorn die Technik der englischen Plattierung nach Wien. Ihm folgten seit ca. 1800 Josef Metz und Gottfried Wilda. Um 1820 stellte Friedrich Arlt in Wien englisch plattierte Servicewaren nach französischem Geschmack her. Zu den englisch plattierten Produkten zählten Tee-, Kaffee- und Punschgeschirre, Teller, Tassen, Waschschüsseln, Schnallen und Knöpfe. Stephan Mayerhofer in Wien erzeugte mit dieser Technik eiserne Bestandteile und Verzierungen von Kutschen, Pferdegeschirr, Reitzeug und Essbestecke (Keeß 2/2/1823: 525ff.).

Seit den späten 1830er-Jahren wurden plattierte Waren allmählich von solchen aus nickelhaltigem Neusilber (Argentan, Pakfong) abgelöst (TE 11/1841: 157ff.; Exner 1873/1: 382). Genau um dieselbe Zeit erfuhr die Metallbeschichtung eine gerade revolutionäre Neuerung durch das Aufkommen elektrochemischer, galvanischer Verfahren. Nunmehr erhielten Gegenstände mit Hilfe von Batterien in einem Tauchbad ihre Überzüge. Im Verhältnis etwa zur Feuervergoldung machte die Galvanisierung das teure und schädliche Quecksilber überflüssig; sie verlief schneller als diese, ermöglichte haltbare Überzüge sehr unterschiedlicher Dicke und eignete sich auch für sehr zarte und leicht schmelzbare Objekte (TE 19/1853: 550f.). Zu den frühesten Herstellern, welche diese Technik in Fabriken anwandten, zählten Elkington & Mason in Birmingham und Charles Christofle in Paris. In Österreich gründete erstmals Karl von Frankenstein um 1842 in Graz einen kleineren Betrieb dieser Art, der allerdings nur wenige Jahre existierte; Frankenstein praktizierte eine spezielle Art der Galvanisierung, die von ihm erfundene so genannte Kontaktvergoldung (Karmarsch 1872:390f). Seit der Mitte des 19. Jahrhunderts bediente sich auch die schon mehrfach erwähnte Firma von Krupp in Berndorf elektrochemischer Verfahren, um ihre Bestecke zu versilbern. Die Batterien lieferten allerdings nur eine ungenügende Stromquelle; 1873 erwarb daher Hermann Krupp eine der damals neu entwickelten Gleichstrom-Dynamomaschinen. Sie tat über 20 Jahre lang ihren Dienst und wurde schließlich 1915 dem Technischen Museum in Wien überlassen (Lauscham 2005: 77). Wie die Furniersäge der Gebrüder Munding, stellt auch sie ein gewichtiges Zeugnis gleichermaßen für die Geschichte von Produktion und Konsum dar.

WEITHIN UNBEKANNT – WER SIND DIE KONSUMENTINNEN?

Jahrzehntelange Forschung hat uns vieles gelehrt über Betriebe, Standorte und erzeugte Produkte. Sehr viel weniger wissen wir über die Käuferschichten Bescheid: Wann erwarben die Angehörigen welcher Schicht welche Produkte und warum? Wie unterschied sich ihr Kaufverhalten etwa nach den Kriterien regionaler bzw. nationaler Zugehörigkeit, nach Stadt-Land-Unterschieden oder nach Geschlecht? Bewirkten innovative Techniken erweiterte Nachfrage, oder sind sie als Reaktion auf die Ansprüche neuer, größerer Konsumentenkreise zu verstehen? Die massive Einführung neuer und die Verfeinerung bestehender Verfahren zwischen ca. der Mitte des 18. Jahrhunderts und den 1870er-Jahren, wie sie hier kurz geschildert wurde, legt zumindest eine deutliche zeitliche Verschränkung zwischen der Schaffung von Angebot und der Zunahme einer Nachfrage nahe, deren Kausalität sich im Einzelnen allerdings nur schwer belegen lässt.

Hier können abschließend nur wenige Hinweise auf die Käufer einiger der genannten Erzeugnisse erfolgen. Am Beispiel des Bugholzherstellers Thonet wird deutlich, dass er zuerst durch den Staatskanzler Metternich und Angehörige des Hochadels Unterstützung erfuhr. Durch große Ausstellungen angeregt, zeigten weitere Schichten Geschmack an diesen Möbeln; mit der Verbesserung und Verbilligung seines Verfahrens wurden Thonets Produkte auch für sie erschwinglich. Dies belegt etwa ein Verkaufskatalog der Firma von 1888; neben einer Vielzahl verschiedener Stühle und Sitzbänke verweisen darin Rauch-, Kamin- und Jagdsessel, Garten- und Kindermöbel oder Toilettespiegel auf ein bürgerliches Publikum (Bugholzmöbel 1888/1979).

Bei der Herstellung von Bestecken ermöglichte die Erfindung der Neusilber-Legierung in Kombination mit jener der Löffelwalze, edle Essgeräte in großer Zahl herzustellen; zu den Abnehmern zählten die vielen Hotels, welche an den neu entstehenden Bahnlinien entstanden, ferner die Bahngesellschaften selbst, Schifffahrtslinien, Kurhäuser und Sanatorien. Als Krupp in Berndorf um 1890 dazu überging, Gefäße aus reinem Nickel mit silberähnlichem Aussehen herzustellen, zählte unter anderem Kaiserin Elisabeth zu seinen Kunden (Lauscham 2005: 127). Bei der Verbreitung des Kunstgusses, der durch die Erzeugung dünnflüssigen Eisens einen Aufschwung erfuhr, ging die preußische Königsfamilie voran, indem sie die Verwendung von spartanisch anmutenden eisernen Ziergegenständen und Schmuck propagierte und darin Nachahmung durch Adel und Bürger fand (Schmuttermeier 1995: 155).

Adel, Bürger, Arbeiter, Bauern: Bisher bleiben dies in den meisten Fällen abstrakte Überbegriffe für konsumierende Schichten. Um ihr Kaufverhalten durch Fallbeispiele von Individuen, Familien und kleineren Gruppen darzustellen, wird noch viel Forschung zu leisten sein.

LITERATUR

Bericht (1835): Bericht über die erste allgemeine österreichische Gewerbsprodukten-Ausstellung im Jahre 1835. Wien

Bugholzmöbel der Gebrüder Thonet (1888/1979): Neudruck. München

Exner, Wilhelm Franz, Red. (1873): Beiträge zur Geschichte der Gewerbe und Erfindungen Oesterreichs von der Mitte des XVIII. Jahrhunderts bis zur Gegenwart. 2 Bände. Wien

Exner, Wilhelm Franz (1876): Das Biegen des Holzes, ein für Möbel-, Wagen- und Schiffbauer wichtiges Verfahren. Mit besonderer Rücksichtnahme auf die Thonet'sche Industrie. Weimar

Giedion, Sigfrid (1948/1987): Die Herrschaft der Mechanisierung. Frankfurt am Main

Karmarsch, Karl (1828): Über die Bedeutung und den Werth der in verschiedenen Arten von Fabriken üblichen Numerierung. Beitrag zur technologischen Waarenkunde. In: Jahrbücher des kaiserlichen königlichen polytechnischen Institutes in Wien 13: 131–214

Karmarsch, Karl (1872): Geschichte der Technologie seit der Mitte des achtzehnten Jahrhunderts (=Geschichte der Wissenschaften in Deutschland, Neuere Zeit Bd. 11). München

Keeß, Stephan von (1819-1823): Darstellung des Fabriks- und Gewerbswesens im österreichischen Kaiserstaate. Vorzüglich in technischer Beziehung. 2 Teile in 3 Bänden. Wien

Keeß, Stephan von/Blumenbach, Wenzel Carl Wolfgang (1829/1830): Systematische Darstellung der neuesten Fortschritte in den Gewerben und Manufacturen und des gegenwärtigen Zustandes derselben. 2 Bände. Wien

Koessling, Volker (1999): Vom Feuerstein zum Bakelit. Historische Werkstoffe verstehen. Stuttgart

König, Wolfgang (2000): Geschichte der Konsumgesellschaft (=Vierteljahrschrift für Sozial- und Wirtschaftsgeschichte Bd. 154). Stuttgart

Lackner, Helmut (1990): Das „Prinzip" Walze. Ein Beitrag zur vergleichenden Technikgeschichte. In: Blätter für Technikgeschichte 51/52: 97–134

Lauscham, Dietmar (2005): Arthur. Der österreichische Krupp. Berndorf

Schachtner, Sabine (1999): Größer, schneller, mehr – Die industrielle Papierproduktion ab 1800. In: Hans Werner Kroker (Hg.): Der Weg zum modernen Papier (=Die Technikgeschichte als Vorbild moderner Technik Bd. 24). Bochum: 63–73

Slokar, Johann (1914): Geschichte der österreichischen Industrie und ihrer Förderung unter Kaiser Franz I. Wien

Schmuttermeier, Elisabeth (1995): Schmuck und Plastiken aus Eisenguß. In: Helmut Lackner (Bearb.): Das k.k. Nationalfabriksproduktenkabinett. Technik und Design des Biedermeier. München/New York: 155–161

TE (1830-1869): Technologische Enzyklopädie oder alphabetisches Handbuch der Technologie, der technischen Chemie und des Maschinenwesens. 25 Bände, Hg. von Johann Joseph Prechtl, ab Bd. 21 von Karl Karmarsch. Stuttgart/Wien

Technisches Museum Wien, Hg., (2004): Massenware Luxusgut. Technik & Design zwischen Biedermeier & Wiener Weltausstellung 1804-1873. Ausstellungskatalog. Wien

Waentig, Friederike (2004): Kunststoffe in der Kunst. Eine Studie unter konservatorischen Gesichtspunkten. Petersberg

Weiß, Alfred (2001): Johann Rudolf Ritter von Gersdorff, ein österreichischer Montanbeamter und Unternehmer. In: Res Montanarum 26: 39–40

Weitensfelder, Hubert (2001): „Der Propeller ist ein Oestreicher". Patriotische Erfinder-Geschichten (mit Dokumentation). In: Technisches Museum Wien (Hg.): Erfinder. Patente. Österreich. Ausstellungskatalog. Wien: 17–75

Weitensfelder, Hubert (2004): Handarbeit gegen Maschine? Mechanisierungsprozesse im Urteil führender Technologen zwischen 1820 und 1870. In: Technisches Museum Wien (Hg.): Massenware Luxusgut. Technik & Design zwischen Biedermeier & Wiener Weltausstellung 1804–1873. Ausstellungskatalog. Wien: 128–143

Weitensfelder, Hubert (2007): Erzeugen ohne Ende: Übergänge von der diskontinuierlichen zur kontinuierlichen Produktionsweise in der Industrialisierung. In: Michael Pammer/Michael John (Hg.): Erfahrung der Moderne. Festschrift für Roman Sandgruber zum 60. Geburtstag (Druck in Vorbereitung)

VERLIEBT IN EINEN KOBOLD
Zur kulturellen Konstruktion haushaltstechnischer Konsumgüter – am Beispiel des Staubsaugers

SUSANNE BREUSS

MEHR ALS NUR EIN STAUBSAUGER

„Über drei Millionen Hausfrauen sagen: Ich bin verliebt in den Vorwerk-Kobold. Auch Sie, liebe Kobold-Kundin, werden von Stund an genau das gleiche von sich sagen. Denn der VORWERK-KOBOLD ist mehr als nur ein Staubsauger." (Vorwerk 1958: o.S.) In der hier zitierten Staub-sauger-Broschüre der Wuppertaler Firma Vorwerk aus den 1950er-Jah-ren sind zwar auf den ersten Blick vor allem die vielen Einsatzmöglich-keiten des auch in Österreich vertriebenen und populären Kobolds ge-meint, wenn von „mehr als nur ein Staubsauger" die Rede ist. Doch die Lektüre der Texte und Bilder, die der Hausfrau vermitteln sollen, was der Vorwerk-Kobold alles kann, macht deutlich, dass es nicht nur um die materiellen Qualitäten des Gerätes geht, dass der Kobold mehr sein will als ein Hilfsmittel zur Staubentfernung. Der Kobold-Staubsauger besitzt ein ganzes Ensemble an Eigenschaften, die weit über seine tech-nischen Funktionen hinausgehen. So verfügt er über Emotionen auslö-sende Qualitäten, wenn er die Liebe von Hausfrauen auf sich zu ziehen vermag. Die in der Broschüre abgebildeten Frauen, die den Gebrauch des Kobolds demonstrieren, sollen als Beweis dafür dienen: Ihr Minen-spiel reicht von verzückt bis andächtig. Den Hinweisen im Text folgend, wird der Kobold geliebt für seine „spielend leichte", „mühelose und gründ-liche" Arbeitsweise, für seine effiziente und schnelle Methode, den Staub zu entfernen. Dass von Liebe die Rede ist, verwundert spätestens dann nicht mehr, wenn deutlich wird, dass der Kobold-Staubsauger – wie be-reits sein Name vermittelt – nicht einfach als ein „totes" technisches Gerät präsentiert wird, sondern als ein lebendiges Wesen mit menschlich anmutenden Eigenschaften wie Treue und Hilfsbereitschaft. Dementsprechend sollte dann auch die Behandlung, die diesem Gerät durch die Hausfrau zuteil wird, jener eines Lebewesens angemessen sein, wie die Beschreibung des Einschraubens der Tülle in den Staubbeutelring nahe legt: „Achten Sie bitte darauf, daß die Stoffeinlage, die aus der Tülle herausragt, genau in die Öffnung des Beutels gesteckt und nicht vom Gewinde eingeklemmt wird. Sie würden sonst Ihrem Kobold die Luft abschnüren, die er braucht, um Ihnen zu helfen." (Vorwerk 1958: 1) Wie andere Passagen der Broschüre zeigen, äußert sich das „mehr" des Kobolds neben seinen Qualitäten als Freund und Helfer auch in seiner gesundheitspflegerischen Bedeutung oder in seiner Fähigkeit, die Wohnung zu verschönern und die Lebensqualität zu steigern.

Dieses verheißungsvolle, über die technische Funktionalität hinausreichende „mehr", das einen wesentlichen Aspekt des Staubsaugers auszumachen scheint, wie die Kobold-Broschüre der Firma Vorwerk ebenso wie viele andere vergleichbare Quellen wie Werbeanzeigen für Staubsauger oder einschlägige Passagen in Haushaltsratgebern vermittelt, verweist auf die zentralen Fragestellungen dieses Beitrages. Es geht hier um die Bedeutungssysteme und Sinnzusammenhänge, in die der Staubsauger seit seinem ersten Marktauftritt eingebunden wurde, um seine kulturelle Konstruktion als technisches Konsumgut. Bereits die technische Konstruktion des Staubsaugers erfolgte nicht unabhängig von kollektiven alltäglichen Denk- und Handlungsweisen. Noch mehr aber musste die Vermarktung und Propagierung des Staubsaugers auf den konkreten Alltag sowie die Vorstellungswelten der potenziellen NutzerInnen Bezug nehmen, um erfolgreich zu sein. Der Staubsauger ist – wie jedes andere haushaltstechnische Artefakt und jedes andere Produkt auch – als materielle Objektivation dieser Sinnsysteme zu verstehen, welche gleichzeitig auf diese zurückwirkt und diese zu generieren vermag.

Heute ist in den meisten Haushalten ein Staubsauger vorhanden, er zählt zu den Massenkonsumgütern und er wird so selbstverständlich genutzt, dass sein Gebrauch und seine Bedeutung kaum mehr reflektiert werden. Zwischen dem Zeitpunkt der Entwicklung und Markteinführung des Staubsaugers und seiner Etablierung als massenhaft genutztes Alltagsgerät liegt eine relativ kurze Zeitspanne von wenigen Jahrzehnten, in der ein vordem unbekanntes Haushaltsgerät unentbehrlich geworden ist. Die Analyse der historischen Diskurse über Sinn und Zweck des Staubsaugers soll verdeutlichen, dass der Staubsauger in seiner Innovationsphase erst einmal als begehrenswertes oder auch nur notwendiges Produkt etabliert werden musste. Seine Vorzüge, seine Gebrauchsweisen und Bedeutungen mussten definiert und vermittelt, und für die KonsumentInnen nachvollziehbar gemacht werden. Entgegen lange Zeit vorherrschender Innovationstheorien kommt Technik jedoch nicht als etwas Abgeschlossenes auf den Markt, sie wird nicht erzeugt und zugleich als fertiges Gut von den anvisierten NutzerInnen übernommen. Technik ist vielmehr offen und flexibel, sie durchläuft einen Prozess der Durchsetzung, Aneignung und Interpretation ihrer Vorteile durch höchst unterschiedliche soziale Gruppierungen, wie verschiedene neuere Ansätze zur Geschichte der Technisierung betonen (vgl. z.B. Bijker 1995; Hård/Jamison 1998). Beim Staubsauger als völlig neuartigem Haushaltsgerät galt es etwa, seine Überlegenheit gegenüber traditionellen, seit vielen Jahrhunderten angewendeten Methoden der Staubentfernung glaubhaft zu machen. Die Bedeutungszuschreibungen an den Staubsauger sind dabei stets als prozesshaft zu denken. In den rund 100 Jahren seiner Existenz wurden die mit ihm verknüpften Erzählungen immer wieder neu akzentuiert und veränderten gesellschaftlichen Rahmenbedingungen angepasst.

Broschüre für den Kobold-Staubsauger der Fa. Vorwerk, Wuppertal 1958

Das 20. Jahrhundert erlebte die Einführung und Verbreitung eines beispiellosen Angebots an neuen Waren und Technologien. Die Technisierung der Haushalte – womit nicht nur die Integration technischer Artefakte wie Waschmaschinen oder Kühlschränke, sondern auch der Anschluss an technische Infrastruktursysteme wie Energie- und Wasserversorgung gemeint sind – spielte für die Entwicklung der Konsumgesellschaft eine zentrale Rolle. Lange Zeit jedoch wurde von den Geschichtswissenschaften, und im Speziellen von der Technikgeschichte der Aspekt des Konsumierens aus der Beschreibung und Analyse der Geschichte der Technisierung im Allgemeinen wie der Haushaltstechnisierung im Besonderen ausgeklammert, im Mittelpunkt des Interesses standen Erfinder und Produzenten: „Historians of technology have tended to draw too clear a distinction between producers and consumers, assuming that the producers alone are the technologists." (Lubar 1998: 32) Eine Ausnahme bildeten feministisch orientierte Ansätze, die die Hausfrau als Anwenderin von Technik und in diesem Zusammenhang auch Aspekte des Konsums in den Blick nahmen (vgl. z.B.: Hausen 1978; Schwartz Cowan 1983, 1987; Orland 1991, 1998; Wagner 1991). Mittlerweile dürfte jedoch weitgehend Konsens darüber bestehen, dass zu den AkteurInnen der Technisierung auch AnwenderInnen, KonsumentInnen, HändlerInnen, Werbefachleute, MarketingstrategInnen u.a.m. zählen. Das weite Feld des Technikkonsums – verstanden sowohl als Erwerb wie als Anwendung und Nutzung von Technik, aber auch als Integration von technischen Artefakten in Sinnsysteme und Bedeutungszusammenhänge – ist zu einem zunehmend beachteten, wenn auch noch wenig bearbeiteten Forschungsfeld geworden, wobei gerade der private Haushalt als eine schon allein von der Größenordnung her wichtige Konsumeinheit entdeckt wurde. Relevant erscheinen in diesem Zusammenhang vor allem jene Ansätze, die den Konsum nicht als eine von der Produktion abhängige, ihr nachgeordnete und passive, sondern als eine zumindest gleichberechtigte Variable der technikhistorischen Entwicklung verstehen und damit die Vorstellung aufgeben, die Technisierung der Lebenswelten sei allein oder auch nur überwiegend produktionsgesteuert gewesen (vgl. Wengenroth 1997: 3; König 2000: 16ff.). Stattdessen wird Technisierung als Ergebnis von – keineswegs konfliktfreien – Aushandlungsprozessen zwischen Produktions- und Konsumsphäre begriffen. In der Folge geraten nun verstärkt solche Verhandlungen über Design und Nutzen der Produkte sowie Vorstellungen über ihre NutzerInnen durch verschiedene Vermittlungsinstanzen während ihrer Einführung und Verbreitung in den Fokus der Forschung, wodurch die Komplexität und

Multidimensionalität von Produktions- und Konsumprozessen im 20. Jahrhundert sichtbar wird (vgl. de Wit u.a. 2001: 133).

In den modernen Konsumgesellschaften sind technische Artefakte wie andere Konsumgüter auch zunächst einmal Waren, die über den Markt ihren Weg zu den NutzerInnen nehmen. Technik ist ein zentraler Bestandteil der Konsumkultur und private Haushalte zählen zu den wichtigsten Konsumeinheiten. Die Ausbreitung technischer Geräte und Einrichtungen für das Haus und den Haushalt ist aufs Engste mit der Geschichte des Massenkonsums verbunden. Vor allem nach dem Zweiten Weltkrieg nahm der Haushalt eine zentrale Stellung in der Konsumentwicklung ein, und technische Haus- und Haushaltsgeräte entwickelten sich zu einem bedeutenden und umsatzstarken Zweig der Konsumgüterindustrie. Im Hinblick auf die meisten haushaltstechnischen Konsumgüter kann zwar erst die Zeit ab den 1960er-Jahren als die eigentliche Phase des Massenkonsums bezeichnet werden, doch auch die vorangegangenen Jahrzehnte spielten für den Prozess der Haushaltstechnisierung eine wichtige Rolle. In der ersten Hälfte des 20. Jahrhunderts manifestierte sich die Technisierung der Haushalte zwar weniger auf der materiellen Ebene, obwohl die meisten der heute verbreiteten Haushaltsgeräte – wenn auch häufig etwas unausgereift – bereits entwickelt und auf dem Markt waren. Der Ausstattungsgrad mit modernen technischen Geräten blieb allerdings vergleichsweise gering und weitgehend auf eine schmale finanzkräftige Bevölkerungsschicht beschränkt. Ebenso befanden sich der Ausbau der Strom- und Gasnetze und die Anzahl der Anschlüsse an diese Netze auf einem teilweise noch niedrigen Niveau. Gleichwohl erfolgte eine intensive Diskursivierung und Propagierung der Haushaltstechnisierung, nicht nur seitens der Elektro- und Gasindustrie, der Energieversorgungsunternehmen und des Handels, sondern auch von Frauenorganisationen und verschiedensten gemeinnützigen Einrichtungen und Interessensvertretungen wie solchen aus dem Bereich der Wohnungsreform und der Gesundheitspflege. Die neuen haushaltstechnischen Konsumgüter sowie die Vorstellungen über ihre Nutzungs- und Bedeutungszusammenhänge waren also in aller Munde bzw. in allen Köpfen lange bevor sie Bestandteil aller Haushalte wurden. Diese Jahrzehnte, vor allem jene der Zwischenkriegszeit, sind als eine zentrale historische Phase der kulturellen Konstruktion haushaltstechnischer Konsumgüter sowie der mental-geistigen Vorbereitung ihres Massenkonsums nicht zu unterschätzen.

TECHNIKKONSUM ALS KULTURELLE PRAXIS, STAUBSAUGER ALS KULTURELLE KONSTRUKTE

Der Konsum von Produkten hat sich in den entwickelten Konsumgesellschaften immer mehr von dem fortentwickelt, was einst mit den Begriffen Nützlichkeit und Notwendigkeit umschrieben wurde. Produkte als Träger von Identität und Lebensstilen oder als „Waffen" im Kontext unterschiedlicher Lebenskonzepte sind Teil komplexer Systeme von Beziehungen und Bedeutungen geworden (vgl. z.B. Miller 1987: 147–156; Eisendle/Miklautz 1992: 11). Es liegt daher nahe, Konsum als multidimensionale kulturelle Praxis und Konsumgüter als kulturelle Konstrukte zu verstehen. Wenn hier also nach der Konstruktion von haushaltstechnischen Konsumgütern, insbesondere von Staubsaugern gefragt wird, so interessiert dabei nach der von Bettina Heintz (1993: 229) vorgenommenen Unterscheidung nicht ihre im engeren Sinne technische, sondern ihre kulturelle Konstruktion, zu der unter anderem Wahrnehmungen, Deutungen und Funktionsbestimmungen zählen.

Historisch gesehen ist der Staubsauger jenes größere elektrische Haushaltsgerät, das am schnellsten den Einzug in die privaten Haushalte geschafft hat. Ähnlich wie das Bügeleisen wurde er von Geräteherstellern und Elektrizitätsversorgungsunternehmen als ein Mittel betrachtet, den Weg für eine umfassende Haushaltselektrifizierung zu ebnen. Er zählt somit zu den Pionieren der Haushaltstechnisierung und eignet sich besonders gut zur Untersuchung der kulturellen Konstruktion haushaltstechnischer Konsumgüter. Die Diskurse über den Staubsauger, die in den ersten Jahrzehnten des 20. Jahrhunderts, also in seiner Innovationsphase, besonders intensiv geführt wurden, bergen wesentliche Argumentationslinien, die für diese Konstruktionsprozesse ganz allgemein von zentraler Bedeutung sind. Dabei lassen sich drei semantisch dichte Felder ausmachen: Rationalisierung und Professionalisierung der Hausarbeit, Hygienisierung der Hausarbeit und des Wohnens, Fortschrittlichkeit und Modernität als Lebenseinstellung und Zukunftsperspektive.

Als neuartiges, elektrisch betriebenes Gerät stand der Staubsauger für technische Lösungsansätze im Zusammenhang mit den seit dem späten 19. Jahrhundert sowohl von Vertreterinnen der bürgerlichen und sozialistischen Frauenbewegungen als auch von verschiedenen gesellschafts- und wirtschaftspolitischen Reformkräften, etwa aus den Bereichen Wohnungs- und Gesundheitswesen, erhobenen Forderungen nach einer Entlastung der Hausfrauen durch die Professionalisierung und Rationalisierung der Hausarbeit. Das von der männlichen

Erwerbswelt übernommene und adaptierte Schlagwort Rationalisierung dominierte bald auch die Hausarbeitsdiskurse (vgl. Frederick 1921;
Schlegel-Matthies 1995: 149–191). Dabei kamen neben den Arbeitsmethoden auch die Hilfsmittel der Arbeit in den Blick. Technisierung galt
vor allem ab der Zwischenkriegszeit als *die* Rationalisierungsmethode
schlechthin. Haushaltstechnik sollte die Hausarbeit leichter, schneller,
gründlicher und professioneller gestalten und durch die damit verbundene Entlastung zu einer Verbesserung der Lage der Frau beitragen
(vgl. Orland 1990; Duchêne 1994). „Elektro-Haushaltsgeräte erleichtern die Arbeit der Hausfrau!" hieß es beispielsweise in einer Anzeige
der STEWE, der ständigen Ausstellung der städtischen Elektrizitätswerke Wien, in der die neuen elektrischen Haushaltsgeräte wie Staubsauger, Waschmaschinen und Küchenmotoren gezeigt und „bereitwilligst im Gebrauch vorgeführt und erklärt" (STEWE-Anzeige in:
Neumann 1929: 367) wurden. Derartige Vorführungen sollten die Hausfrauen (und ihre Ehemänner als Finanziers) von der Nützlichkeit der
neuen technischen Konsumgüter überzeugen und mit deren Anwendung vertraut machen. Nicht nur Energieversorgungsunternehmen und
Händler betrieben auf diese Weise die für die Ankurbelung des Konsums notwendige Aufklärungsarbeit, welche die bis dahin großteils unbekannten Geräte erforderten. Auch Frauenorganisationen oder Institutionen der Wohnungsreform betrieben Ausstellungen mit praktischen
Vorführungen, um die Rationalisierung der Hausarbeit zu fördern. So
wurde 1926 unter Mitwirkung von Frauenorganisationen die „Österreichische Gesellschaft für Technik im Haushalt" mit Sitz in Wien gegründet. Sie betrieb eine Versuchs- und Forschungseinrichtung und
beriet unter Mitwirkung eines Fachbeirates und mit Hilfe von Vorträgen, Ausstellungen, Publikationen und Merkblättern alle interessierten Hausfrauen bei der Einrichtung und Verbesserung des Haushaltes
sowie der Anschaffung von Haushaltsgeräten (vgl. Mitteilungen der
Österreichischen Gesellschaft 1927: 1). Die Gesellschaft verstand sich
als Bindeglied zwischen den Produzenten und den Hausfrauen, wobei
die Hausfrauen als Konsumentinnen angesprochen wurden. Ziel war,
sowohl die Hersteller von Haushaltsgeräten als auch die Hausfrauen
zu „erziehen", um so zu einer optimalen Arbeitserleichterung im Haushalt zu gelangen. Die Hausfrauen sollten im Qualitätsbewusstsein geschult werden und über die Gesellschaft ihre Wünsche und Beschwerden an die Industrie richten, damit diese brauchbarere und bessere
Produkte herstellen und anbieten konnte. Um der Hausfrau eine Orientierungshilfe zu bieten, wurden von der Gesellschaft geprüfte und
für gut befundene Produkte mit einem Gütesiegel versehen – das erste

solcherart ausgezeichnete Gerät war der Protos-Staubsauger der Firma Siemens-Schuckert.

Zunächst waren die neuen technischen Hilfsmittel allerdings nur für wohlhabende Haushalte leistbar. Eine Waschmaschine etwa war noch bis über die Mitte des 20. Jahrhunderts hinaus so teuer, dass sie für einen durchschnittlichen Haushalt nicht in Frage kam. Gerade auf dem Gebiet der Wäschereinigung gab es allerdings – wie zum Beispiel in einigen Gemeindehöfen des „Roten Wien" – schon früh Versuche, durch Gemeinschaftseinrichtungen die neuen technischen Errungenschaften und die damit verbundenen Arbeitserleichterungen auch finanzschwachen Bevölkerungsschichten zugänglich zu machen.

Mit der Professionalisierung der Hausarbeit wurde auch die Hoffnung verknüpft, Haushalt und Familienleben auf ein höheres Niveau zu heben und somit einen Beitrag zum allgemeinen Kulturfortschritt zu leisten. Schlagworte wie Fortschrittlichkeit und Modernität, die eine zunehmend normative Wirksamkeit entfalteten (vgl. Breuss 2006b), wiesen in eine bessere Zukunft und sollten die nach der herrschenden dualen Geschlechterkonzeption „traditionsverhaftete" Hausfrau zu einer ebenbürtigen Partnerin ihres „fortschrittsorientierten" Mannes machen.

Was den Staubsauger bereits in der ersten Hälfte des 20. Jahrhunderts und im Unterschied zu anderen größeren elektrischen Haushaltsgeräten so erfolgreich machte, war nicht nur seiner vergleichsweise hohen technischen Ausgereiftheit sowie seiner relativen Erschwinglichkeit zu verdanken, sondern vor allem auch der Tatsache, dass er neben Arbeitserleichterung eine effiziente und völlig neuartige Lösung für ein Problem bot, das seit dem späten 19. Jahrhundert zu den zentralen hygienischen Forderungen zählte: die Staubbekämpfung. Der Staubsauger konnte sich als wichtiges Mittel zur Durchsetzung einer neuen Hygienekultur etablieren. Förderlich war ihm dabei, dass es nach dem Ersten Weltkrieg zu einem deutlichen Dienstbotenmangel sowie zu einer Verarmung bürgerlicher Schichten kam. „Dame und doch Hausfrau" war nicht zufällig ein Slogan, mit dem der Vampyr-Staubsauger von AEG beworben wurde. Der soziale Abstieg konnte mit einem solchen Gerät zumindest auf der symbolischen Ebene kompensiert werden: Es war zugleich Statussymbol und Dienstbotenersatz. Im Vergleich zu den traditionellen Methoden der Staubentfernung ermöglichte es ein sauberes Arbeiten – dieser Abstand zum Schmutz war ein wichtiges Moment in dem schmerzhaften Prozess, den bürgerliche Frauen durchlebten, wenn sie die Reinigungsarbeiten, die ihnen zuvor bezahlte Hilfskräfte abgenommen hatten, nun selbst erledigen mussten.

HYGIENISIERUNG ALS IMPULS FÜR DIE
ENTSTEHUNG NEUER KONSUMFELDER

Im Verlauf der zweiten Hälfte des 19. und des frühen 20. Jahrhunderts entwickelte sich die Hygiene zu einer Wissenschaft, die an der Modernisierung unterschiedlichster Lebensbereiche maßgeblich beteiligt war. Verstanden als eine auf die gesamte Gesellschaft abzielende Reformwissenschaft avancierte die Hygiene zur alltagsmächtigsten Wissensform. Ins Blickfeld der Hygieniker gerieten nahezu alle Lebenszusammenhänge und alltäglichen Handlungen des Menschen: Von Luft, Boden, Wasser, städtischer Infrastruktur und Arbeit über Wohnung, Kleidung und Ernährung bis hin zu Sport, Körperpflege, Sexualität und Reproduktion konnte alles als mögliche Ursache von Gesundheit und Krankheit in Frage kommen. Die Hygiene sollte zur Lösung einer Reihe von gesundheitlichen und gesellschaftlichen Problemen beitragen, welche die im 19. Jahrhundert sich beschleunigende Industrialisierung und Urbanisierung mit sich brachten. Gesundheit und Sauberkeit wurden zu Leitbegriffen, die das öffentliche und private Leben zu durchdringen begannen. Zu den Zielen der Hygienebewegung als einem bürgerlichen Instrument der Gesundheitsvorsorge, aber auch der Sozial-, Kultur und Geschlechterpolitik zählte die Popularisierung der neuen gesundheitsbezogenen wissenschaftlichen Erkenntnisse sowie die Transformation der Alltagspraktiken nach hygienischen Vorstellungen. Die Popularisierung der modernen Hygienevorstellungen und -praktiken wurde von verschiedenster Seite betrieben. Staatliche und kommunale Interessen spielten dabei ebenso eine Rolle wie jene von Medizinern, Frauenorganisationen, Architekten, Wohnungsreformern, Produzenten oder Händlern.

   Grundsätzlich sollte die gesamte Bevölkerung erfasst und mit hygienischen Normen und Kenntnissen versorgt werden, eine besondere Rolle kam jedoch den Frauen zu (vgl. Breuss 2006a). Sie galten den Hygienikern als Einfallstor in die Privatsphäre und in ihrer Funktion als Gattin, Mutter und Hausfrau als Vermittlungsinstanz für hygienische Wissensbestände und Verhaltensregeln. Die Gesundheit der Familie wurde in die Verantwortung der Frauen gelegt: „Die Frau ist die eigentliche ‚Priesterin im Tempel der Göttin der Gesundheit, der Hygieia'. Ihre Lehren muß sie bei der Führung des Haushaltes befolgen. Sie hat es in der Hand, durch eine den Forderungen der Hygiene entsprechende Haushalts- und Wirtschaftsführung das Wohlbefinden der ganzen Familie zu beeinflussen." (Meissner 1926: 63) Die hygienische Bedeutung der Hausfrau resultierte nicht zuletzt aus der Auffassung, dass die Sauberkeit der Wohnung zu den wichtigsten Faktoren der Gesundheitspflege zähle, was durch die Erkenntnisse der Bakteriologie seit den 1880er-Jahren noch befördert wurde. Die Reinhaltung der Wohnung zählte zu den wichtigsten weiblichen Aufgaben, Schmutz und Staub als mögliche Träger gefährlicher Krankheitskeime mussten regelmäßig entfernt werden: „Hygienisch soll und muß die Wohnung sein und dafür hat die Hausfrau zu sorgen." (Grossbies 1930: 35) Die Zuständigkeit der Frau für die häusliche Sauberkeit war zwar nicht neu, doch im Zuge der Hygienisierungsbestrebungen erhielt sie eine neue Bedeutung und die Anforderungen stiegen. Handlungsanleitend sollten nun die an wissenschaftlichen Erkenntnissen orientierten Sauberkeitsregeln sein. Um aus der Hausfrau eine moderne hygienische Sachverständige zu machen, wurden zahlreiche Anstrengungen zur Wissensvermittlung unternommen (vgl. Breuss 2006a). Haushaltsratgeber und Frauenzeitschriften, aber auch Ausstellungen, praktische Vorführungen, Kurse, Vorträge, Hörfunk, Film und Reklame fungierten als Vermittlungsmedien und machten mit einschlägigen neuen Konsumgütern bekannt. Ebenso betrieben diverse gemeinnützige, kommunale und kommerzielle Beratungsstellen, die besonders in der Zwischenkriegszeit ins Leben gerufen wurden, Hygieneaufklärung. So bot zum Beispiel die in Wien angesiedelte Beratungsstelle für Inneneinrichtung und Wohnungshygiene des „Österreichischen Verbandes für Wohnungs-Reform" neben mündlicher Beratung auch eine Ausstellung hygienischer Haushaltsgeräte und Einrichtungsgegenstände an und brachte in ihren Mitteilungen zahlreiche Artikel und Ratschläge zum Thema Hygiene sowie Werbeanzeigen für der Hygiene dienende Produkte.

Die Popularisierung moderner Hygienevorstellungen bewirkte nach der Wende zum 20. Jahrhundert und vor allem ab der Zwischenkriegszeit „a consumer revolution of sanitary home products" (Leavitt 2002: 69). Immer mehr neue Produkte kamen auf den Markt, die versprachen, den Alltag hygienischer zu machen und die Gesundheit zu schützen: Vom Linoleumbelag über die weiße Porzellantoilette bis hin zu elektrischen Herden und Kühlschränken wurden zahllose Konsumgüter – nicht nur für den häuslichen Bereich – mit dem Etikett „hygienisch" beworben und empfohlen. „Hygiene sells" könnte in Abwandlung von „Sex sells" als Motto über all diesen Vermarktungsstrategien stehen, die in der ersten Hälfte des 20. Jahrhunderts und teilweise bis in die Jahrzehnte nach dem Zweiten Weltkrieg hinein die Konsumkultur wesentlich prägten.

Als Garanten eines hygienischeren Alltagslebens galten insbesondere die vielen neuen technischen Geräte, zumal die elektrischen. Elektrifizierung und Hygienisierung wurden vielfach in eins gesetzt, die Elektrizität wurde als hygienischste Energieform angepriesen. Elektrische Haushaltsgeräte galten einerseits als arbeitserleichternd und rationell, andererseits als hygienisch – eine ideale Kombination, um die Aufmerksamkeit der KonsumentInnen zu erlangen und sich erfolgreich auf dem Markt neuer Konsumgüter zu behaupten. Dies galt grundsätzlich für alle Elektrogeräte, ganz besonders aber für jene, die direkt oder indirekt der Reinigung dienten. Waschmaschinen, Staubsauger, Geschirrspülmaschinen und Bügeleisen, aber auch Geräte zur Heißwasserbereitung wie Boiler, Kocher oder Herd zählten zu jenen Konsumgütern, denen im Kontext der Hygienisierung eine wichtige Rolle zukam. Mit dem Erwerb dieser immer zahlreicher auf den Markt drängenden hygienischen Geräte und Produkte (wozu auch neuartige Wasch- und Reinigungsmittel wie Persil zählten) zeigte man nicht nur wirtschaftliche Potenz, denn man musste sie sich leisten können, man demonstrierte auch Modernität und Fortschrittlichkeit. Waschmaschinen, Bügeleisen und Staubsauger waren nicht einfach nur praktische Hilfsmittel für die Hausarbeit, es waren Konsumgüter, die in hohem Maße auch als symbolisches bzw. kulturelles Kapital (vgl. Bourdieu 1983) zu fungieren vermochten. Hygienische Kompetenz sowie der Einsatz von der Hygiene dienenden Geräten waren Zeichen einer modernen, fortschrittlichen und verantwortungsbewussten Lebensweise. Kaum eine zeitgenössische Werbeanzeige, kaum eine zeitgenössische Beschreibung solcher Geräte kam ohne einschlägige Hinweise und Bemerkungen aus.

STAUB ALS HYGIENISCHES PROBLEM

Besonders deutlich wurden die Auswirkungen der Hygienebewegung sowie der zunehmenden Verwissenschaftlichung der Hygiene auf die häusliche Reinigungsarbeit bei der Staubbekämpfung. Im Verlauf der Urbanisierung und Industrialisierung mit all ihren Begleiterscheinungen wie Bevölkerungswachstum, Wohnungselend, Beschleunigung des Verkehrs, Luftverschmutzung etc. hatte sich das an sich alte Staubproblem drastisch verschärft. Zudem trugen neue naturwissenschaftliche und medizinische Erkenntnisse und Untersuchungsmethoden zu einer verstärkten Problematisierung des Staubes bei, indem nun seine einzelnen Bestandteile und deren gesundheitliche Auswirkungen ins Blickfeld gerieten (vgl. Amato 2000). Nachdem bakteriologische Untersuchungen seit dem ausgehenden 19. Jahrhundert auch im Staub Krankheitserreger nachgewiesen hatten, änderte sich seine Wahrnehmung grundlegend. Während er zuvor eher als lästiges und ästhetisches Problem gesehen worden war, galt er nun als ernsthafte Gesundheitsgefahr, die mit allen Mitteln bekämpft werden musste. Vor dem Hintergrund der in den Jahrzehnten um 1900 zahlreich und folgenschwer auftretenden epidemischen Infektionskrankheiten wird die große Aufmerksamkeit gegenüber den im Staub möglicherweise enthaltenen pathogenen Keimen verständlich. Zu jenen Krankheiten, deren Verbreitung (auch) durch den Staub nachgewiesen werden konnte, zählte allen voran die Tuberkulose, die daher vielfach „Staubkrankheit" genannt wurde. Gerade in Bezug auf Wien, das häufig quasi als „Hauptstadt" des Staubes beschrieben wurde, und in dem ein vergleichsweise hoher Prozentsatz der Bevölkerung an Tuberkulose erkrankte und verstarb (weshalb sie auch die Bezeichnung „Wiener Krankheit" erhielt) standen diese Zusammenhänge immer wieder im Mittelpunkt hygienischer Debatten und Forderungen (Dietrich-Daum 2007).

Da für die Hygieniker das Einatmen möglichst sauberer Luft eine Bedingung für die Erhaltung der Gesundheit war, lautete die Devise „der Staub muß unschädlich gemacht werden" (Andés 1908: III). Der Kampf gegen den Staub entwickelte sich unter dem Einfluss der Hygienebewegung zu einem der wichtigsten städtebaulichen bzw. stadtplanerischen Projekte. Dabei wurde besonderes Augenmerk auf die Eindämmung des Straßenstaubes gelegt, da er als eine der Hauptursachen der Staubbildung, gerade auch im Haushalt, galt. Wichtige Bereiche der Staubbekämpfung waren auch Industrie und Gewerbe sowie die Müllabfuhr. Doch nicht nur der öffentliche Raum, auch die Häuser und Wohnungen waren zentrale Kampfschauplätze, zumal diese in der Regel reich an Staub und den in ihm enthaltenen Mikroorganismen zu sein pflegten, wie die Autoren der Hygienehandbücher nicht müde wurden zu betonen (vgl. z.B. Uffelmann 1890: 354).

Eine möglichst staubarme Wohnung galt sämtlichen Hygienikern und Popularisierern von Hygiene als wesentlicher Aspekt der Hygienisierung des Alltagslebens. Damit verbunden war der Appell an die für die Reinhaltung zuständige Hausfrau, stets auf größte Sauberkeit bedacht zu sein. Zum einen sollte die Wohnung so eingerichtet werden, dass sich der Staub möglichst wenig einnisten konnte. „Weg mit allen gesundheitsschädlichen Staubfängern und Bakterienbrutstätten!" (Mitteilungen der Beratungsstelle 1931: 7) lautete die allseits erhobene Forderung nach einer sachlicheren und somit hygienischeren Wohnkultur. Bei der Entfernung selbst sollte vor allem das Aufwirbeln des Staubes verhindert werden. Die traditionellen Methoden wie Teppichklopfen oder Staubwischen gerieten daher zunehmend in Misskredit, da sie den Staub eher neu verteilten, anstatt ihn gründlich zu entfernen. Verschiedene neuartige Produkte kamen auf den Markt, die versprachen, ihn effizienter und gründlicher zu beseitigen. So war zum Beispiel der mit staubbindenden Spezial-Ölen imprägnierte Mop eine Neuerung, die unter hygienischen Gesichtspunkten sehr begrüßt wurde (vgl. z.B. Lexikon des Lebens 1931: 96). Mit der Markteinführung des elektrischen Staubsaugers zu Beginn des 20. Jahrhunderts galt die-

Einst und jetzt.
Dieses Arsenal veralteter, unhygienischer und ermüdender Kampfmittel ersetzt der Staubsauger; mühelos reinigt er Teppich und Möbelbezug. Früher wirbelte man den Staub bloß auf, der Klopfer verjagte ihn aus der einen Ecke — damit er sich in der nächsten bequem ansiedeln konnte. Das ging so rundum, denn das Zimmer hat vier Ecken . . . Der Staubsauger saugt und verschluckt den Staub in seinen Sack oder Behälter und entfernt ihn auf diese Art endgültig.

„Einst und jetzt" – Gegenüberstellung von „schmutzigen" und „sauberen" Methoden der Staubentfernung. In: Lexikon des Lebens: Die Frau. Wien 1931

ser nicht nur den Herstellern und Händlern, sondern auch den Hygienikern und AutorInnen von Haushaltsratgeberliteratur als idealste, da
hygienischste Methode, den Staub zu entfernen. Ihn aufzusaugen, ihn
„schlucken" und „verschwinden" zu lassen, erschien im Vergleich zu
den anderen mehr oder weniger zielführenden Methoden der Entfernung als geradezu genial. Indem das neue Konsumgut eine wichtige
gesundheitspflegerische Funktion zugesprochen bekam, wurden seine
Akzeptanz und Verbreitung wesentlich befördert. Der Staubsauger war
das erste elektrische Hygienegerät mit großer Verbreitung, sein Erfolg
markiert die Frühphase der Technisierung der Hygiene. Und so wie
die modernen Hygienestandards ganz allgemein als Ausdruck einer
höheren Kulturstufe galten, so wurde der elektrische Staubsauger nicht
nur als hygienischer, sondern auch als kultureller Fortschritt verstanden und schon bald zu den „unentbehrlichen Geräten der Kulturwelt"
(Lexikon des Lebens 1931: 94) gezählt. Zahllose Textpassagen und
Visualisierungsstrategien in Werbeanzeigen und -broschüren wie in
Frauenzeitschriften und Haushaltsratgebern stellten wertend die alt-
modische und traditionsverhaftete Hausfrau mit Staubwedel und Besen der modernen, gepflegten Hausfrau mit Staubsauger gegenüber.
Altmodisch und traditionell wurde direkt oder indirekt mit schmutzig
und unhygienisch assoziiert, modern und fortschrittlich mit sauber
und hygienisch.

VON DER DIENSTLEISTUNG ZUR WARE: DIE TECHNISIERUNG DER STAUBBEKÄMPFUNG

Versuche, die Reinigungsarbeit mit dem Besen zu mechanisieren, führten zunächst zu Maschinen für die Straßenreinigung, deren technisches Grundprinzip, aneinander gereihte und rotierende Bürsten, in
der zweiten Hälfte des 19. Jahrhunderts auch bei kleinen Teppichkehr-
maschinen für den Haushalt angewendet wurde (vgl. Giedion 1987:
630ff.). Als erste Haushalts-Reinigungsmaschinen waren die Teppich-
kehrer bereits um 1900 weit verbreitet, aufgrund ihres vergleichsweise
niedrigen Preises und ihrer Unabhängigkeit von der Elektrizität konnten sie sich neben dem elektrischen Staubsauger bis in die zweite Hälfte des 20. Jahrhunderts hinein behaupten. Nach der Mitte des 19. Jahrhunderts setzten auch Experimente mit dem Wegsaugen und Wegbla-
sen von Staub ein. Wenn unter der Erfindung des Staubsaugers die
erste kommerziell einsetzbare Form einer durch einen Motor ange-
triebenen Pumpmaschine, die ein Vakuum zum Zweck der Reinigung
von Haushaltsgegenständen erzeugt, verstanden wird (vgl. Glauser 2001:

26), dann ist 1901 als sein Geburtsjahr anzusehen. Unabhängig voneinander meldeten in diesem Jahr sowohl der Brite Hubert Cecil Booth
als auch der US-Amerikaner David Thomas Kenney derartige Entstau-
bungsgeräte zum Patent an. Es handelte sich dabei jedoch noch nicht
um die heute üblichen handlichen Kleingeräte, sondern um mobile
bzw. stationäre Großanlagen. Von Booth stammte eine durch einen
Benzinmotor angetriebene Maschine auf Rädern, die auf Pferdewagen
oder Automobilen vor das zu reinigende Haus gefahren wurde. Über
Schläuche, die durch Fenster und Türen eingeleitet wurden, erfolgte
die Staubentfernung im Inneren des Hauses. Ihr als Dienstleistung an-
gebotener Einsatz erforderte mehrere Personen, die offensichtlich ausschließlich männlichen Geschlechts waren. Im Unterschied dazu handelte es sich bei dem Modell von Kenney um eine fix im Keller oder
Dachboden eines Hauses installierte Dampfmaschine, die über ein
Rohrleitungssystem mit den einzelnen Räumen verbunden war, wo jeweils die mit Saugdüsen versehenen Schläuche ähnlich wie an Steck-
dosen angeschlossen werden konnten. Im Vergleich zu den späteren
Kleinmodellen bestand der Vorteil dieser beiden Modelle in der höheren Leistungsfähigkeit und in der Tatsache, dass Betriebslärm und
Staubentsorgung aus den Wohnräumen ausgelagert waren.

Ab 1905 intensivierten sich die Bemühungen um die Entwicklung
eines handlichen Staubsaugers für den Hausgebrauch. Während bis
dahin unterschiedlichste, mit der Hand oder dem Fuß, mit Wasserkraft, mit Benzin und mit Dampf angetriebene Modelle im Umlauf bzw.
im Versuchsstadium waren, setzte sich nun zunehmend die Elektrizität als Antriebskraft durch. Technische Voraussetzungen dafür waren
die Entwicklung des elektrischen Kleinmotors und des Ventilators sowie eine entsprechende Formgebung. In den folgenden Jahren brachten verschiedene amerikanische und europäische Firmen wie Hoover
(1907), AEG (1910), Nilfisk (1910) oder Electrolux (1912) erste elektrische Handstaubsauger auf den Markt. In der Zwischenkriegszeit erreichte deren Produktion einen ersten Höhepunkt. Immer mehr Hersteller warteten mit einem zunehmend ausdifferenzierten Angebot an
elektrischen Staubsaugern auf. Als Grundtypen kristallisierten sich die
noch heute üblichen Kessel-, Boden- und Handstaubsauger heraus (letztere mit einem am Stiel befestigten, oft außen liegenden Staubsack,
während bei den anderen Modellen der Staubbehälter immer im Ge-
häuse untergebracht ist). Viele Staubsauger waren mit Zusatzfunk-
tionen und entsprechendem Zubehör ausgestattet. Sie konnten z.B.
zum Versprühen von Schädlingsbekämpfungsmitteln, zum Fliegen-
fangen, zum Pferdestriegeln, zur Hundepflege, zum Besprengen von

Blumen, zum Bohnern und Schleifen, ja sogar zum Haare trocknen, Mixen, Massieren und Inhalieren eingesetzt werden. Diese Multifunktionalität mutet aus heutiger Sicht kurios an, es machte aber in einer Zeit, in der elektrische Haushaltsgeräte noch sehr teuer waren, durchaus Sinn, einen Elektromotor für verschiedene Zwecke zu verwenden. Nicht zuletzt lieferte jede zusätzliche Funktion auch ein weiteres Verkaufsargument. Nach dem Zweiten Weltkrieg hatte der Staubsauger als Universalgerät langfristig keine Chance mehr, da für die meisten der oben genannten zusätzlichen Anwendungen separate Geräte entwickelt und immer preisgünstiger angeboten wurden.

Auch wenn die 1928 in einer österreichischen Haushaltszeitschrift aufgestellte Behauptung, dass sich der Staubsauger schon beinahe in jedem zweiten Haus finde und er ein „demokratisches Gerät" (Mein Haushalt 1928b: 36) geworden sei, sicher übertrieben ist, und solche Verbreitungszahlen für diese Zeit eher den US-amerikanischen Verhältnissen als den österreichischen bzw. europäischen entsprachen, so war er doch jenes größere elektrische Haushaltsgerät, das bereits in der Zwischenkriegszeit relativ erschwinglich und verbreitet war und von zahlreichen Herstellern auf den Markt gebracht und beworben wurde. Obwohl in der Zwischenkriegszeit die Produktions- und Verkaufszahlen im Vergleich zu anderen größeren elektrischen Haushaltsgeräten recht hoch lagen, blieb die Ausstattung der Haushalte mit diesen Geräten im Vergleich zu heute gering. Für Österreich liegen für diesen Zeitraum meines Wissens keine seriösen Zahlen über die Verbreitung vor, in Berlin gab es 1928 in 15 Prozent der Haushalte Staubsauger (Sandgruber 1992: 234, Anm. 16). Hohe Produktionskosten, teure Verkaufskanäle und niedrige Durchschnittseinkommen verhinderten eine massenhafte Verbreitung. Bis ca. 1960 bewegte sich der Preis stets im Bereich eines durchschnittlichen Monatsgehalts. Um den Kauf auch weniger wohlhabenden Haushalten zu ermöglichen, wurde das System der Ratenzahlung eingeführt und die Geräte konnten auch stunden- oder tageweise gemietet werden. Andere Möglichkeiten, trotz der hohen Preise zu einem Staubsauger zu kommen, waren die gemeinsame Anschaffung durch mehrere Haushalte oder die private Weitervermietung.

Im Rahmen der nationalsozialistischen Kriegswirtschaft galt der Staubsauger – im Unterschied etwa zum für die Ernährungssicherung wichtigen Kühlschrank – als Luxusgerät und so erfolgte eine Weiterentwicklung erst wieder nach 1945. Das in den ersten Jahrzehnten des 20. Jahrhunderts entstandene technische Grundprinzip wurde beibehalten, es kam in erster Linie zu Verbesserungen und Verfeinerungen sowie zu Modernisierungen des Designs. Mit steigender Kaufkraft und neuen, preissenkenden Produktionsmethoden gerieten die Staubsauger zunehmend in den Konsumhorizont breiter Bevölkerungsschichten – 1956 gab es sie bereits in 43 Prozent der Wiener Haushalte (vgl. Sandgruber 1992: 234, Anm. 16). Veränderungen in der Wohnkultur, vor allem die Zunahme von Spannteppichen, ließen den Staubsauger ab den 1970er-Jahren zu einem nahezu unentbehrlichen Haushaltsgerät werden. Neue Umweltbelastungen und neue Krankheitsbilder wie Hausstaubmilbenallergien führten in den letzten Jahren zu Innovationsschüben in der Filtertechnik. Vermehrt prägen nun infolge neuer Formen der Staubproblematisierung wieder gesundheitliche Bedrohungsszenarien die Diskurse, während diese in den Jahrzehnten nach 1945 mit der Veralltäglichung hygienischen Verhaltens und der massenhaften Verbreitung des Staubsaugers in den Hintergrund getreten sind.

DER STAUBSAUGER ALS HAUS*FRAUEN*GERÄT

Ein wesentlicher Aspekt der kulturellen Konstruktion des Haushaltsstaubsaugers ist die Tatsache, dass er zunächst, d.h. in den ersten Jahrzehnten nach seiner Markteinführung, eindeutig als ein Gerät mit einem geschlechtsspezifischen Nutzungszusammenhang propagiert wurde, nämlich als ein Gerät, das mit dem Konzept von Hausarbeit als individualisierter Arbeit einzelner Frauen kompatibel war. Der Staubsauger kann somit als „gendered object" (vgl. de Grazia/Furlough 1996; Kirkham 1996) verstanden werden, als ein weiblich konnotiertes Konsumgut. Die Folge dieser „Feminisierung" war, dass vor allem Frauen mit Wissen über seinen Nutzen, über seinen Gebrauch und über seine gesellschaftlichen und kulturellen Bedeutungen versorgt wurden, was nicht zuletzt auch wieder zur Festigung und Fortschreibung dieser geschlechtsspezifischen Zuschreibungen führte. Zwar kamen auch Männer als Zielgruppe ins Blickfeld der Vermarktungsstrategen, da sie in den meisten Fällen als Haushaltsvorstand für die Finanzierungsentscheidungen zuständig waren. Doch da es vor allem die Hausfrauen waren, die als für die Hausarbeit zuständigen Nutzerinnen in Frage kamen, galt ihnen die größte Aufmerksamkeit. Wie dies auch für andere haushaltstechnische Konsumgüter zutrifft, wurde die Hausfrau auf verschiedensten Wegen und mit Hilfe unterschiedlichster Medien mit dem neuen Produkt Staubsauger bekannt gemacht: Neben Werbung waren dies vor allem Frauenzeitschriften, Haushaltsratgeberliteratur, Kundenzeitschriften von Händlern und Energieversorgungsunternehmen, aber auch Vorträge, Kurse, Ausstellungen, Radiobeiträge und Filme – und nicht zuletzt, gerade beim Staubsauger eine beliebte Strategie: durch Vertreter (wodurch vor allem der Kobold der Firma Vorwerk an die Frau gebracht wurde). An all diesen Orten und von all diesen AkteurInnen wurden die Gestaltung, die Verwendung und der Konsum des Geräts diskutiert und ausgehandelt, wurde also an der kulturellen Konstruktion des Staubsaugers mitgewirkt. Gedruckte Quellen dieser Art werden im Folgenden für die Analyse einiger ausgewählter Diskursstränge in der Innovationsphase in den ersten Jahrzehnten des 20. Jahrhunderts herangezogen. In dieser Zeit wurden die Argumente für den Staubsauger in einer besonderen Deutlichkeit und Ausführlichkeit formuliert und viele anvisierte Nutzungsweisen und Bedeutungszusammenhänge noch explizit sichtbar gemacht und ausgesprochen, während sie später als Allgemeingut in den Tiefen der kollektiven Wissensbestände „verschwanden" bzw. aufgrund mangelnden Neuigkeitswertes nicht mehr der Rede wert waren.

KOBOLDE UND ANDERE FLEISSIGE HELFER

Damit sich der Staubsauger zum „besten Freund der Hausfrau" (Lexikon des Lebens 1931: 92) entwickeln konnte, wurden nicht nur seine Vorteile gegenüber traditionellen Methoden der Staubbekämpfung vermittelt, häufig wurde er auch buchstäblich als Freund vorgestellt und ihm die Eigenschaften von Lebewesen oder gar Menschen verliehen. Dies war generell eine verbreitete Strategie, um die vermeintlich oder tatsächlich technikfernen bzw. -feindlichen Hausfrauen mit den neuen Haushaltsgeräten anzufreunden; in Bezug auf den Staubsauger lässt sie sich besonders häufig feststellen. Die Staubsauger-Propaganda bediente sich somit besonders geschickt der herrschenden Geschlechtervorstellungen, indem die potenzielle Kundin und Anwenderin als ein gefühlsbetontes und wenig im abstrakten Denken geübtes Wesen imaginiert wurde.

Wie viele andere haushaltstechnische Geräte wurde der Staubsauger als ein „arbeitendes", „fleißiges", „tüchtiges", „unermüdliches", „hilfsbereites", „treues" und „braves", also als eine Art tugendhaft handelndes Subjekt dargestellt. Darüber hinaus wurde er mit einer Vielzahl weiterer Attribute ausgestattet, die ihn weit mehr als alle anderen Haushaltsgeräte als ein lebendiges Wesen erscheinen ließen. Den Beschreibungen zufolge besitzt er „Organe", „Mundstück" und „Magen", er „saugt" den Staub nicht nur auf, sondern „schluckt", „verschlingt" und „frisst" ihn auch, ja er „schlürft" „allen Mist und Staub in seinen Wanst, als wär's der beste Mokka" (Mein Haushalt 1928a: 14). Überhaupt sind „Bazillen, Mikroben und Staub recht dicht" sein „Leibgericht", wie ein Werbe-

plakat aus den 1920er-Jahren verlautbart und dies mit einem in einem
Restaurant vor einem mit Staub prall gefüllten Teller sitzenden und
tüchtig zulangenden Staubsauger visualisiert (Abb. in: Birk/Burhenne
2002: 98).

Der Staubsauger erscheint als ein „tüchtiger Kerl", er hat „Brüder
und Kollegen" (womit die verschiedenen Typen gemeint sind) sowie
„Großväter" und „Vorfahren" (ältere Modelle), und er tritt in Gestalt
von „treuen Dienern", „Hütern der Gesundheit", „Wächtern der schönen Sachen", „Befreiern von zermürbender Schwerarbeit", guten Gei-
stern, Zwergen, Heinzelmännchen, Kobolden und Zauberern auf. Auch
der Vergleich mit der „emsigen Biene" dient dazu, das neue technische
Gerät in eine Reihe mit bekannten und anerkannten Helfern und Nütz-
lingen des Menschen zu stellen. Wenn es darum geht, drastisch zu illus-
trieren, wie es dem Staub den Garaus macht, wird auch zu negativ
konnotierten Figuren wie Teufeln und Vampiren gegriffen, was sich
nicht zuletzt bei der Namensgebung verbreiteter Staubsaugermodelle
niederschlägt.

Zwerge, Kobolde, Heinzelmännchen, Gnome und ähnliche Gestalten zählen zu den ältesten und bekanntesten hilfreichen Wesen des
Volksglaubens und der Volksmythologie. Grundlage für die Vorstellung
von Hausgeistern sind die römischen Manen, Laren und Penaten, die
Geister der Ahnen, denen der Herd, der Mittelpunkt des Hauses und
der zentrale Ort der Frau, geweiht war und denen man Speiseopfer
darbrachte, um sie als Schützer der Hausgemeinschaft günstig zu stim-
men. Der Hausgeist Kobold (auch Heinzelmännchen) ist ein dämoni-
sches Wesen, das mit dem Menschen gemeinsam im Haus wohnt. Er
ist ein hilfreicher Geist, der unangenehm und bösartig werden kann,
wenn man sich ihm gegenüber undankbar verhält. Seine sozialen Funktionen bestehen in einer schützenden Präsenz, in der aktiven Mitarbeit und im Überwachen der zwischenmenschlichen Verhaltensnormen
(Ackermann 1995: 166). Diese Funktionen lassen sich direkt auf jene
übertragen, die dem Staubsauger in der Einführungsphase zugeschrieben wurden: Im Haus schützt er vor Staub und Gesundheitsgefahren,
er leistet aktive Mitarbeit bei der Hausarbeit und gemahnt durch seine
bloße Präsenz an die herrschenden hygienischen Verhaltensnormen.
So wie die guten Hausgeister sind auch die Staubsauger fleißig, flink,
gründlich, ordentlich und reinlich und sorgen für das Glück und Wohl-
ergehen der Hausbewohner. Und so wie die Hausgeister müssen auch
sie pfleglich behandelt werden, damit sie ihr segensreiches Wirken nicht
einstellen oder gar bösen Schabernack treiben – davon zeugen zahlreiche Passagen in Bedienungsanleitungen und Haushaltsratgebern.

Der direkte und häufige Bezug auf solche populären mythischen, sagen- und märchenhaften Gestalten ist als ein Mittel zu verstehen, ein neues und zuvor völlig unbekanntes technisches Gerät in einen vertrauten Kontext zu stellen und an gängige Vorstellungswelten anzuknüpfen. Nicht zufällig wurde bei der Zielgruppe der weiblichen Technikkonsumenten auf derartige Überlieferungen zurückgegriffen: Die Formulierung des weiblichen Geschlechtscharakters seit dem ausgehenden 18. Jahrhundert wies den Frauen u.a. Traditionsverbundenheit als wesentliche Eigenschaft zu, sie galten als die eigentlichen Trägerinnen und Bewahrerinnen traditioneller Kultur. Zudem verweist diese Strategie auf ein den Frauen unterstelltes mangelndes Technikverständnis: anstatt die Hausfrauen mit der technischen Funktionsweise des Staubsaugers zu konfrontieren bzw. sie mit technischen Details zu belasten, die sie angeblich ohnehin nicht verstehen, wurde Technik mit Magie und Zauber in Verbindung gebracht, der Staubsauger als ein wundersames Wesen präsentiert – ohne dabei allerdings den Anteil der (männlichen) Erfinder und Ingenieure an diesen Wundern der Technik zu verschweigen.

DER STAUBSAUGER ALS BEWAHRER WEIBLICHER SCHÖNHEIT

Eine Vermarktungs- und Vermittlungsstrategie, die ebenfalls an herrschende duale Geschlechterkonzepte anknüpfte, war der Bezug auf die weibliche Schönheits- und Körperpflege. Die mit der Hygienebewegung einsetzende Hygienisierung sämtlicher Lebensbereiche erfasste nicht nur die Umwelt des Menschen, sondern zielte in erster Linie auf den menschlichen Körper selbst. Der hygienische Körper wurde jedoch nicht nur als sauberer und gepflegter Körper entworfen, vor allem für die Frau sollte seine Pflege zugleich Schönheitspflege sein. In dieser Hinsicht ergab sich nach dem Ersten Weltkrieg zunehmend eine Diskrepanz zwischen den bürgerlichen Vorstellungen von gepflegter Weiblichkeit und den Anforderungen, die die Hausarbeit nun auch an die häufig dienstbotenlos gewordenen bürgerlichen Damen stellte. Bislang waren die schweren und schmutzigen Arbeiten im Haushalt vielfach von bezahlten Hilfskräften verrichtet worden, während sich die Hausherrin auf das Organisieren, Planen, Beaufsichtigen und Repräsentieren beschränkten und ihren eigenen Körper vor den Folgen und Spuren der Mägde Arbeit verschonen konnten. Da nun immer mehr bürgerliche Frauen im Haushalt buchstäblich selbst Hand anlegen mussten, erlangten die Schönheitsdiskurse einen immer größeren Stellenwert.

Die Debatten drehten sich vor allem um zwei Fragen: Wie kann die weibliche Schönheit trotz Hausarbeit erhalten und wie können deren Spuren beseitigt werden? Dabei spielten nicht nur entsprechende Pflegemaßnahmen eine Rolle, sondern auch die rationellen Arbeitsmethoden und technischen Hilfsmittel für die Hausarbeit: „Heute braucht man keine Hausgehilfin mehr, um selbst am Vormittag gepflegt und appetitlich auszusehen, und um nachmittags, bei der Bridgepartie, frisch und munter zu sein, wie wenn man erst einige rhythmische Turnübungen hinter sich hätte [...]. Die moderne Technik [...] ersinnt ständig neue Hilfsmittel, die ihnen [den Hausfrauen, Anm. SB] die ebenso eintönige wie körperlich anstrengende Arbeit, der sie sich in dem ständigen Kampfe gegen Schmutz und Staub im Haushalt unterziehen müssen, möglichst erleichtern soll. Sie versteht es auch, ihre neuen Erfindungen den jeweiligen Anforderungen der modernen Hygiene sofort anzupassen." (Lexikon des Lebens 1931: 90ff.)

In der Zwischenkriegszeit war es ganz besonders der elektrische Staubsauger, der eine wichtige Funktion für die Erhaltung und Förderung der weiblichen Schönheit und Gepflegtheit zugesprochen bekam. Nicht zufällig, denn die schmutzigen Arbeiten im Haushalt galten ebenso wie die körperlich anstrengenden nicht gerade als die Schönheit fördernd, und die gründliche Staubbekämpfung war ohne die Hilfe eines Staubsaugers sowohl schmutzig als auch körperlich anstrengend. Der Staubsauger war das erste Haushaltsgerät, mit dem Reinigungsarbeit keine Schmutzarbeit mehr darstellte. Nicht nur im Hinblick auf die im Staub möglicherweise lauernden Gesundheitsgefahren überzeugte er, sondern entsprach auch dem wachsenden Bedürfnis, nicht mit dem zu beseitigenden Schmutz in Berührung zu kommen. Der Staubsauger brachte den gefürchteten Schmutz einfach und schnell zum Verschwinden, indem er ihn schluckte. Die ihn bedienende Person verschwand nicht mehr hinter Staubwolken und musste Haare und Kleidung nicht mehr durch Kopftücher und Schürzen vor Verunreinigung schützen. Auch die Hände kamen nicht mehr direkt mit dem Staub in Berührung (außer eventuell beim Entleeren des Staubbeutels, das bei den frühen Modellen noch notwendig war), da zwischen Hand und Schmutz (durch Schlauch und Düse) gleichsam ein Sicherheitsabstand eingehalten wurde. Der elektrische Staubsauger ermöglichte eine Verbindung von Kultiviertheit und Saubermachen, die zuvor unmöglich erschienen war. Mit ihm wurde nicht erst das Endprodukt der Reinigungsarbeit „salonfähig", sondern bereits die Tätigkeit selbst. Modisch gekleidete und geschminkte Frauen führten nun in der Reklame vor, wie elegant es wirkte, mit einem Staubsauger durch die Wohnung zu

„spazieren" und gleichsam nebenher, sogar mit einer Zigarette in der Hand, den Staub zu beseitigen – bar jeglicher Dienstmädchenästhetik und mit dem bürgerlichen Lebensstil vereinbar.

LITERATUR

Ackermann, Erich, Hg. (1995): Märchen von Zwergen. Frankfurt am Main

Amato, Joseph A. (2000): Dust. A History of the Small and the Invisible. Berkeley/Los Angeles/London

Andés, Louis Edgar (1908): Die Beseitigung des Staubes auf Straßen und Wegen, in Fabriks- und gewerblichen Betrieben und im Haushalte. Wien/Leipzig

Bijker, Wiebe E. (1995): Of Bicycles, Bakelites, and Bulbs. Toward a Theory of Sociotechnical Change. Cambridge, Mass.

Birk, Jürgen/Burhenne, Verena, Red. (2002): „Und eh' die Hausfrau es gedacht...?" Kleine Helfer im Haushalt. Münster

Bourdieu, Pierre (1983): Ökonomisches Kapital, kulturelles Kapital, soziales Kapital. In: Kreckel, Reinhard (Hg.): Soziale Ungleichheiten. Göttingen: 183–198

Breuss, Susanne (2006a): Die Hygienisierung der Hausfrau. Zur Popularisierung moderner Sauberkeitsnormen in der Haushaltsratgeberliteratur des späten 19. und frühen 20. Jahrhunderts. In: Klampfl, Angelika/Lanzinger, Margareth (Hg.): Normativität und soziale Praxis. Gesellschaftspolitische und historische Beiträge. Wien: 108–120

Breuss, Susanne (2006b): Modernität als Norm. Das Leitbild der „neuen Hausfrau" in der Haushaltsratgeberliteratur der Zwischenkriegszeit. In: Hessische Blätter für Volks- und Kulturforschung 41: 77–89

de Grazia, Victoria/Furlough, Ellen, Hg. (1996): The Sex of Things. Gender and Consumption in Historical Perspective. Berkeley/Los Angeles/London

de Wit, Onno u.a. (2001): Ausgehandelter Konsum. Die Verbreitung der modernen Küche, des Kofferradios und des Snack Food in den Niederlanden. In: Technikgeschichte 68/2: 133–155

Dietrich-Daum, Elisabeth (2007): Die Wiener Krankheit. Eine Sozialgeschichte der Tuberkulose. Wien/München

Duchêne, Iris (1994): Technisierungsprozesse der Hausarbeit. Ihre Bedeutung für die Belastungsstruktur der Frau (=Aktuelle Frauenforschung Bd. 21). Pfaffenweiler

Eisendle, Reinhard/Miklautz, Elfie (1992): Artefakt und Kultur. Dynamik und Bedeutungswandel des Konsums. In: dies (Hg.): Produktkulturen. Dynamik und Bedeutungswandel des Konsums. Frankfurt am Main/New York: 11–20

Frederick, Christine (1921): Rationelle Haushaltführung. Betriebswissenschaftliche Studien. Berlin

Giedion, Sigfried (1987): Die Herrschaft der Mechanisierung. Ein Beitrag zur anonymen Geschichte. Frankfurt am Main (amerikan.: 1948)

Glauser, Christoph (2001): Einfach blitzsauber. Die Geschichte des Staubsaugers. Zürich

Grossbies, Maria (1930): Was eine Hausfrau wissen soll. Wien/Leipzig

Hård, Mikael/Jamison, Andrew, Hg. (1998): The Intellectual Appropriation of Technology. Discourses on Modernity, 1900–1939. Cambridge, Mass./London

Hausen, Karin (1978): Technischer Fortschritt und Frauenarbeit im 19. Jahrhundert. Zur Sozialgeschichte der Nähmaschine. In: Geschichte und Gesellschaft 4/2: 148–169

Heintz, Bettina (1993): Die Herrschaft der Regel. Zur Grundlagengeschichte des Computers. Frankfurt am Main/New York

Kirkham, Pat, Hg. (1996): The Gendered Object. Manchester/New York

König, Wolfgang (2000): Geschichte der Konsumgesellschaft. Stuttgart

Leavitt, Sarah A. (2002): From Catharine Beecher to Martha Stewart. A Cultural History of Domestic Advice. Chapel Hill/London

Lexikon des Lebens (1931): Die Frau. Hg. Deutsche wirtschaftliche Vereinigung für neuzeitliche Lebenskunde und rationelle Haushaltführung. Wien

Lubar, Steven (1998): Men/Women/Production/Consumption. In: Horowitz, Roger/ Mohun, Arwen (Hg.): His and Hers. Gender, Consumption, and Technology. Charlottesville/London: 7–37

Mein Haushalt (1928a). Ein Freund und Berater der modernen Frau. 11/September

Mein Haushalt (1928b). Ein Freund und Berater der modernen Frau. 12/Oktober

Meissner, Hans (1926): Die Frau als Helferin des Arztes. In: Redaktion der „Wiener Hausfrau", Hg.: Wiener Hausfrauen-Kalender. Berlin: 63–65

Miller, Daniel (1987): Material Culture and Mass Consumption. Oxford/Cambridge, Mass.

Mitteilungen der Beratungsstelle für Inneneinrichtung und Wohnungshygiene des Österreichischen Verbandes für Wohnungs-Reform (1931) 10/Juli

Mitteilungen der Österreichischen Gesellschaft für Technik im Haushalt (1927) 1/1

Neumann, Ludwig, Red. (1929): Das Wohnungswesen in Österreich. Wien

Orland, Barbara, Bearb. (1990): Haushalts(t)räume. Ein Jahrhundert Technisierung und Rationalisierung im Haushalt. Königstein i. Ts.

Orland, Barbara (1991): Wäsche waschen. Technik- und Sozialgeschichte der häuslichen Wäschepflege. Reinbek bei Hamburg

Orland, Barbara (1998): Haushalt, Konsum und Alltagsleben in der Technikgeschichte. In: Technikgeschichte 65/4: 273–295

Sandgruber, Roman (1992): Strom der Zeit. Das Jahrhundert der Elektrizität. Linz

Schlegel-Matthies, Kirsten (1995): „Im Haus und am Herd". Der Wandel des Hausfrauenbildes und der Hausarbeit 1880–1930. Stuttgart

Schwartz Cowan, Ruth (1983): More Work for Mother. The Ironies of Household Technology from the Open Hearth to the Microwave. New York

Schwartz Cowan, Ruth (1987): The Consumption Junction. A Proposal for Research Strategies in the Sociology of Technology. In: Bijker, Wiebe E. u.a. (Hg.): The Social Construction of Technological Systems. New Directions in the Sociology and History of Technology. Cambridge, Mass./London: 261–281

Uffelmann, Julius August. (1890): Handbuch der Hygiene. Wien/Leipzig

Vorwerk, Hg. (1958): Vorwerk-Kobold. Wuppertal

Wagner, Eva (1991): Technik für Frauen. Arbeitszusammenhang, Alltagserfahrungen und Perspektiven der Hausfrauen im Umgang mit technischen Artefakten (=Technik- und Wissenschaftsforschung Bd. 13). München

Wengenroth, Ulrich (1997): Technischer Fortschritt, Deindustrialisierung und Konsum. Eine Herausforderung für die Technikgeschichte. In: Technikgeschichte 64/1: 1–18

„KLEIDER MACHEN LEUTE"
Kleidung und geschlechtsspezifisches
Konsumverhalten: Mengen, Farben, Formen*

ROMAN SANDGRUBER

Kleidung kennzeichnet Regionen und Nationalitäten, ökonomische und soziale Positionen, Religionen und Mentalitäten, Altersstufen und Berufe und nicht zuletzt die Unterscheidung in die zwei Geschlechter, die früher häufig auch noch zusätzlich nach ledig und verheiratet bzw. verwitwet differenziert wurden. Kleider sind Zeichen. Sie konstruieren das Geschlecht neu. „Kleider machen Leute", titelte Gottfried Keller. Johann Nepomuk Nestroy schrieb im „Talisman" einfach: „Das Kleid macht den Mann."

Der Mensch schafft die Kleidung, wird aber auch durch sie gestaltet. Der gesellschaftliche Mensch ist ein verkleideter Mensch und passt sich dieser Verkleidung an. Kleidung symbolisiert Macht. Sie konstituiert aber auch Macht. Kleidung symbolisiert Geschlecht. Sie macht aber auch Geschlecht. Kleidung formt den Körper. Sie zeigt aber auch den Körper (Burman/Turbin 2003).

Nacktheit, ohne Kleidung oder nur im Hemd, barhäuptig, barfüßig, kann in vielerlei Hinsicht Zeichen sein: für rituelle Handlungen mit Opfer- oder Zaubergehalt, als Zeichen einer verkehrten Welt und Provokation dieser Welt, als Demonstration der Erniedrigung und Buße oder als Annäherung an das Göttliche ... (Handwörterbuch 1927–1942, Nachdruck 1987, Bd., 6: 823ff.; Duerr ²1988; Erler/Kaufmann 1984, Bd. 3: Sp. 825)

Der mittelalterliche Mensch fühlte sich ohne Kleider seiner Identität und seines gesellschaftlichen Rangs beraubt (Braunstein 2000: 529).

* Kapitel aus Roman Sandgruber, Frauensachen – Männerdinge. Eine „sächliche" Geschichte der zwei Geschlechter, Wien, Ueberreuter Verlag, erscheint Ende 2006. Wir danken dem Ueberreuter-Verlag für die Abdruckgenehmigung.

Die Theologen wurden nicht müde, die göttliche Ordnung zu betonen und zum Respekt vor der ursprünglichen Teilung des Menschen in Mann und Frau aufzurufen. Deshalb durften die Geschlechtsunterschiede durch die Kleidung nicht versteckt werden. Männer, die sich weibisch kleideten, oder Frauen, die es wagten, sich wie Männer anzuziehen, erregten Abscheu (Duby 2000: 488).

Crossdressing als Tragen spezifischer Kleidung, die das jeweils andere Geschlecht definiert, ist im beginnenden 21. Jahrhundert auch zum Crossover geworden: zum Stilmix zwischen Zeiten und Kulturen. Die Kleidung trägt bei, Geschlechtsdifferenzen zu schaffen, indem sie deutlich sichtbare und mehr oder weniger eindeutige Zeichen für die jeweilige Geschlechtszugehörigkeit produziert. Sie kann die Differenzen aber auch verwischen und individuelle Standortbestimmungen des Körpers schaffen.

Frauen, die sich zwischen dem 16. und 19. Jahrhundert als Männer anzogen, gingen allerdings selten davon aus, damit ihre geschlechtliche Identität zu ändern, sondern sie damit verstecken zu können, für den Militärdienst, für eine besser bezahlte Arbeit, für ein Universitätsstudium oder andere den Männern vorbehaltene Karrieren. Verkleiden erlaubt einen Rollentausch. Immer wieder seit dem Mittelalter nahm die Literatur die Verkleidung und den Rollentausch zum Thema. Doch stellten alle diese Darstellungen keinen Angriff auf die geltende Geschlechterhierarchie oder Differenzierung dar. Letztlich wurde eine solche Art der Verkleidung nur akzeptiert, weil sie wieder rückgängig gemacht werden konnte oder weil sie als Zeichen einer verkehrten Welt aufgefasst werden konnte. Verkleiden in Fasnacht und Fasching gibt dort Sinn, wo es gegen die Norm verstößt und als Narretei aufgefasst werden kann. Wenn Fürsten in die Kleidung ihrer Diener schlüpfen, Bettler sich als Könige kostümieren, Männer Frauenkleider anziehen, entsteht das Bild der verkehrten Welt, die nur an „verkehrten" Tagen gelten könne (Moser 1986: 111).

Die Utopisten der Frühneuzeit formulierten Gleichheit bevorzugt über eine Gleichheit der Kleidung: In Tommaso Campanellas „Sonnenstaat" gilt, „dass Frauen und Männer fast dieselbe Bekleidung tragen, die auch für den Kriegsdienst geeignet ist, auch wenn die Frauen das Gewand bis unter die Knie, die Männer aber nur bis an die Knie tragen" (Campanella 1993: 125). Auch im „Christianopolis" des Johann Valentin Andreae sind die Bewohner kollektivistisch gekleidet, aber nach Geschlecht differenziert: „Kleider gibt es nur von zweierlei Art; eins zur Arbeit und eins zur Freizeit, aber alle sind nach einem Muster entworfen, unterscheiden aber nach Geschlecht und Alter des Trägers.

Das Material ist Leinen und Wolle und wird je nach heißer und kalter
Jahreszeit gewechselt. Die Farben sind bei allen weiß oder aschgrau,
und niemand hat üppig Geschneidertes." (Andreae 1619/1996: 44) In
Thomas Morus „Utopia" haben „die Kleider über die ganze Insel hin
denselben Schnitt, abgesehen davon, dass sich die Geschlechter untereinander und die Ledigen von den Verheirateten durch ihre Kleidung
unterscheiden ... So kommt es denn, dass, während nirgends sonst für
eine Person vier oder fünf verschiedenartige Tuchanzüge und ebenso
viele seidene Unterkleider ausreichen – für anspruchsvolle Leute nicht
einmal zehn –, dort jeder sich mit einem einzigen Anzug, meist für
zwei Jahre, begnügt." (Morus 1993: 54ff.)

Wie sollte Gleichheit entstehen, diskutierten die Radikalen in der
Französischen Revolution, wenn Unterschiede weiterhin das Erscheinungsbild bestimmten, und forderten eine einheitliche, verpflichtende Bürgeruniform bzw. das verpflichtende Tragen der Kokarde auch
für Frauen. Weil die Politisierung und Uniformierung der Kleidung
die Ordnung der Geschlechter zu unterlaufen drohte, erließ der Na-
tionalkonvent im Oktober 1793 das Dekret über die „Freiheit der Kleidung". Das klang ganz harmlos, richtete sich aber gegen eine „Ver-
männlichung" der Frauen (Hunt 2000: 23f.). Die Gegner beschworen
die Auflösung der Geschlechterunterschiede und das daraus drohen-
de Chaos: Die Frauen würden zu Männern mit kurzen Haaren, Hosen und Pfeifen im Mund. All die Klischees, die im 19. Jahrhundert
gegen die Gleichberechtigung und das gleiche Wahlrecht vorgebracht
wurden (Fraisse 1994: 37).

Wilhelm Heinrich Riehl meinte in seiner Abhandlung über die Familie, die Zivilisation habe den Unterschied zwischen Männer- und
Frauenkleidung nicht ausgleichen können. Riehl hat dies als Beleg für
unterschiedliche gesellschaftliche Anforderungen an Frau und Mann
genommen und formulierte daraus quasi naturgegebene Geschlechterrollen (Riehl 1858: 15ff.). Inzwischen sieht man die Veränderbarkeit. Die Kleidung zeigt zwar das Geschlecht durch den Grad, zu welchem der Körper darunter explizit Aufmerksamkeit auf sich lenken
kann, er unter der Kleidung sichtbar bleibt und wie der Körper die
soziale Welt konfrontieren und kommandieren kann. Umgekehrt formt
und konstruiert die Kleidung auch das Geschlecht neu und beeinflusst
damit Verhaltensweisen und Identitäten.

„DIE VIER K":
FRAUEN UND KLEIDER – DIE MENGEN

Clara Zetkin zitierte 1904 die deutsche Kaiserin, die den Frauen zu
den berühmten „drei K" noch ein viertes zugeschrieben hatte: neben
Kirche, Kindern und Küche auch noch Kleider (Bock 2000: 152). Die
geschlechtsspezifische Differenzierung der Kleidung ist eine Frage der
Mengen, Materialien, Farben, Formen und der vielen Accessoires.
Männer kleiden sich in Wolle, Damen in Baumwolle und Leinen. Männer gehören gewissermaßen qua Geschlecht zu den „Betuchten", während Frauen der billigere „Zeug" zusteht. Tatsächlich leitet sich der
Ausdruck „betucht" von jiddisch „botuach" oder „batuach" (= sicher,
zuverlässig) ab. Ein betuchter Mann ist ein kreditfähiger Mann. Frau-
en bevorzugen bunte, Männer gedeckte Farben. Am deutlichsten aber
werden Unterschiede in Formen und Zuschnitten. Die Verbindung von
Produktion, Konsumtion und persönlichen körperlichen Gefühlen ist
bei Kleidung besonders intensiv.

Dass die Mode eine Frau sei, entspricht einem weit verbreiteten Klischee, das aber erst im 20. Jahrhundert insofern zur Realität wurde,
dass die Ausgaben der Haushalte für Frauenkleidung jene für Männerkleidung zu übersteigen begannen. Bis ins 20. Jahrhundert war der
Aufwand für die Männerkleidung in der Regel höher als jener für die
Frauenkleidung. Es gibt wenig verlässliche Daten, ob Frauen mehr Geld
für Kleidung ausgeben als Männer und ob Modediktate auf Frauen
anders und stärker als auf Männer wirken.

Im schwäbischen Laichingen lag der Kleideraufwand der Frauen in
der zweiten Hälfte des 18. Jahrhunderts deutlich unter dem der Männer, seit Beginn des 19. Jahrhunderts aber deutlich über dem der Ehe-
partner. Bei den Frauen der Nahrungsgewerbetreibenden und Händler, also in den reicheren Haushalten, war dies schon seit der Mitte des
18. Jahrhunderts der Fall. Die starke Wertsteigerung des weiblichen
Kleidungsbesitzes war weniger auf Preissteigerungen als auf eine zah-
lenmäßige Ausweitung des Kleiderbestandes zurückzuführen. Am
stärksten nahmen Mieder, Halstücher und Halsketten an Zahl zu. Diejenigen Kleidungsstücke erfreuten sich also zunehmender Wertschätzung, die die Weiblichkeit unterstrichen und die öffentliche Darstellung der Frau in der Kultur des Ansehens betonten (Medick 1997: 399ff.;
Roche 1981: 167ff.).

Nach Untersuchungen, die in Belgien durchgeführt wurden, stimmten die Ausgaben nach Geschlecht im langen Durchschnitt nahezu
überein. Es bestätigt sich aber die Vermutung, dass der Kleidungs-

aufwand von Frauen sensibler auf Konjunkturschwankungen reagierte, in der Hochkonjunktur stärker anstieg, in der Krise stärker zurückging (Scholliers 1997: 474). Im Zeitverlauf gab es beträchtliche Verschiebungen. Um 1900 trug die belgische Arbeiterfrau, auch wenn sie zu den gut situierten gehörte, so gut wie nie einen Hut, ein Korsett oder eine Jacke, und auch bei Unterwäsche nur das Notwendigste. Ein riesiges Umschlagtuch bildete den Grundstock der Garderobe (Scholliers 1997: 484). Zu Anfang des 20. Jahrhunderts gaben Arbeiterfrauen noch wesentlich weniger für Kleidung aus als Männer, gegen Ende des Jahrhunderts hingegen deutlich mehr. Zwischen 1891 und 1979 stieg der Anteil der Frauenkleidung an den Gesamtausgaben für Kleidung in belgischen Arbeiterhaushalten von 18 auf 40 Prozent, während der für Männerkleidung mit 29 bis 32 Prozent relativ stabil blieb. Die Ausgabendifferenz zwischen Männer- und Frauenoberbekleidung variierte in Belgien 1978/79 sehr stark nach Schicht und Berufszugehörigkeit. Auch wenn Frauen aus Industriearbeiterfamilien um 15 Prozent mehr für Kleidung ausgaben als ihre Männer, Bäuerinnen 32 Prozent und Angestelltenfrauen 34 Prozent, war das verglichen mit Selbstständigen- und Unternehmerfrauen wenig, die zwischen 53 und 71 Prozent mehr aufwendeten als ihre Männer. Die Höhe der Kleidungsausgaben hing mit dem Grad der Partizipation an der Erwerbsarbeit und an der Freizeitöffentlichkeit zusammen. Dass aber die Bekleidungsausgaben der Frauen die der Männer nach 1960 in einem solchen Maße überflügelten, lässt sich nicht mehr alleine mit mehr Teilhabe am Erwerbs- und Freizeitleben erklären (Scholliers 1997: 488f.).

Qualitative Evidenzen lassen vermuten, dass sich in Österreich die Unterschiede relativ ähnlich darstellten. Die Kammer für Arbeiter und Angestellte für Oberösterreich hat in den 1950er- und 1960er-Jahren nicht nur eine Aufgliederung der Ausgaben nach Einkommen der Haushalte und Stellung im Erwerbsleben, sondern auch nach den einzelnen Haushaltsmitgliedern vorgenommen, sodass sich daraus sehr genaue geschlechtsspezifische Aufschlüsselungen machen lassen (Die Lebenshaltung 1950–1974: Heft 1, 5, 6, 7, 9, 11, 12, 14, 15, 17, 19, 20, 22, 23, 25, 27, 30, 31, 32, 35, 37, 40, 41, 43, 47, 48; Heidenwag 1959: 209–220). In den Arbeiterhaushalten wurde für weibliche Oberbekleidung und für Damenschuhe deutlich mehr ausgegeben als für männliche Oberbekleidung und entsprechendes Schuhwerk. Umgekehrt war es nur bei der Unterwäsche. Für männliche Unterwäsche wurde deutlich mehr ausgegeben als für weibliche. Generell lag mit Ausnahme der ersten Hälfte der 1950er-Jahre bei Arbeiterhaushalten der Ausgabenrahmen für Damenbekleidung deutlich über dem für Männerbe-

Durchschnittliche Jahresausgaben in oberösterreichischen Vierpersonenhaushalten für Kleidung, 1961/1969, nach Geschlecht

Arbeiter

	1961 Männer	1961 Frauen	1969 Männer	1969 Frauen	1961 Knaben	1961 Mädchen	1969 Knaben	1969 Mädchen
Oberbekleidung	752,7	1.221,0	927,2	1.340,9	564,9	660,6	787,2	1.334,6
Schuhe	209,8	317,9	284,4	471,1	258,6	327,6	426,7	544,6
Leibwäsche	355,2	263,6	548,3	486,8	202,1	232,7	378,2	467,6
Bett/Hauswäsche	193,2		201,45					
Kleidung/insgesamt	8.282,85		8.844,38					

Angestellte

	1961 Männer	1961 Frauen	1969 Männer	1969 Frauen	1961 Knaben	1961 Mädchen	1969 Knaben	1969 Mädchen
Oberbekleidung	1.443,3	1.427,0	1.766,6	2.222,5	701,2	697,2	1.001,2	966,5
Schuhe	258,2	328,3	276,9	512,7	251,0	380,6	415,9	378,6
Leibwäsche	501,8	398,4	560,1	494,9	264,1	325,5	494,5	297,1
Bett/Hauswäsche	287,71	190,06						
Kleidung/insgesamt	8.282,85	9.587,71						

Quelle: Inventur im Kleiderkasten.

Durchschnittlicher Bestand an Kleidungsstücken in oberösterreichischen Arbeiter- und Angestelltenfamilien, 1961/1971

| | 1961 | | | | 1971 | | | |
| | Arbeiter | | Angestellte | | Arbeiter | | Angestellte | |
	Männer	Frauen	Männer	Frauen	Männer	Frauen	Männer	Frauen
Wintermäntel	2,17	2,52	2,44	2,78	1,60	2,20	1,71	1,95
Sommermäntel	0,67	1,04	1,11	1,11	1,22	1,53	1,19	1,78
Regenmäntel	0,92	0,44	1,00	0,72	0,69	0,40	0,62	0,52
Anzüge/Kostüme	2,56	1,17	3,17	1,44	3,09	2,38	3,52	3,12
Sakkos/Jacken	2,04	0,40	2,22	0,39	2,31	0,53	2,79	0,79
Hosen, lang	2,83	0,31	3,22	0,28	3,36	0,40	4,43	0,98
Hosen, kurz	1,58	0,19	1,17	0,22	1,07	0,27	1,21	0,31
Damenröcke		4,29		5,00		4,53		4,52
Damenkleider		9,90		8,89		8,98		10,90
Blusen		5,81		8,39		5,76		5,52
Pullover, Westen	3,56	5,94	3,94	6,39	5,78	10,06	5,93	11,62
Arbeitskleidung	3,19	0,13	1,33		2,82	0,31	1,93	0,52
Schürzen	0,02	5,52		5,94	0,20	5,47	0,10	4,43
Schihosen	0,65	0,38	0,61	0,67	0,93	0,64	1,02	0,88
Anoraks	0,56	0,40	1,06	0,72	1,02	0,53	1,10	0,93
Trainingshosen	0,60	0,19	0,67	0,44	0,73	0,31	0,88	0,40
Bademäntel	0,10	0,15	0,50	0,28	0,18	0,36	0,62	0,48
Hausanzüge	0,02	0,06	0,06		0,09	0,02	0,07	0,29
Schlafröcke	0,19	1,17	0,11	1,33	0,27	1,40	0,40	1,26
Hüte	2,46	1,83	3,00	2,50	2,04	2,18	1,86	2,26
Mützen	0,75	0,44	0,94	0,72	1,53	1,07	1,36	1,50
Halstücher	2,65	5,21	3,06	4,78	2,82	5,36	2,48	5,31
Krawatten	7,44		10,17		6,98	0,02	10,69	0,95
Handschuhe	2,85	3,46	3,39	4,67	2,93	3,89	2,98	4,48
Straßenschuhe	3,90	5,21	4,94	5,94	4,42	4,98	5,19	5,83

	1961 Arbeiter		1961 Angestellte		1971 Arbeiter		1971 Angestellte	
	Männer	Frauen	Männer	Frauen	Männer	Frauen	Männer	Frauen
Sandalen	0,75	1,33	0,61	1,28	1,13	1,51	1,00	1,57
Hausschuhe	1,13	1,29	1,56	1,50	1,56	1,91	1,48	1,67
Sportschuhe	0,88	0,56	1,67	1,39	0,77	0,55	1,33	0,83
Schischuhe					0,73	0,44	0,88	0,74
Gummistiefel	0,46	0,23	0,22	0,33	0,60	0,56	0,36	0,55
Badeschuhe					0,47	0,42	0,48	0,50
Arbeitsschuhe	1,46	0,21	0,61	0,06	1,29	0,24	0,64	0,21
Hemden/Unterkleider	15,27	5,60	16,94	6,00	15,69	6,22	15,6	6,19
Unterhosen	9,52	12,94	10,83	14,06	11,56	15,36	11,86	17,05
Leibchen	3,46	5,56	4,44	5,61	7,60	3,24	8,88	3,90
BH		4,40		5,00		4,71		4,55
Mieder/Strumpfgürtel		2,04		2,39		2,31		2,48
Strümpfe, Socken	13,52	8,58	18,22	10,89	14,34	6,71	15,19	4,81
Strumpfhosen		0,23		0,50		2,96		4,40
Sportsocken	2,71	0,75	2,06	1,11	2,82	0,84	3,40	1,17
Badehosen/-anzüge	1,58	1,12	1,56	1,67	2,18	1,96	2,50	2,26
Nachthemden	1,83	4,63	1,28	4,56	0,60	5,07	0,57	5,38
Pyjamas	2,04	0,75	3,06	1,22	3,31	1,27	3,43	1,76
Taschentücher	14,17	16,21	20,33	19,5	18,16	17,16	18,45	20,43

Quelle: Inventur im Kleiderkasten.

kleidung. In Angestelltenhaushalten wurde in den 1950er-Jahren für Männerkleidung noch deutlich mehr ausgegeben als für weibliche, insbesondere für Oberbekleidung. Auch die Ausgaben für männliche Leibwäsche waren deutlich höher als für weibliche (Inventur im Kleiderkasten 1971). In den 1960er-Jahren hingegen überstiegen auch in den Angestelltenhaushalten die Ausgaben für Frauenkleidung bereits deutlich die für Männerkleidung.

Die Bestandsinventare, die die Kammer erstellen ließ und die als ausgesprochen genau und verlässlich beurteilt wurden, machen nicht nur die Differenzierung der geschlechtsspezifischen Ausgaben verständlich, etwa bei der männlichen Unterwäsche durch den hohen Anteil von Herrenhemden, von Herrenstrümpfen und Socken, sondern zeigen auch die ganz langsame Etablierung von Damenhosen, die Bedeutung der Schürzen, die allmähliche Etablierung der Strumpfhosen, der Pyjamas etc. (Inventur im Kleiderkasten 1971).

Angestelltenhaushalte, Oberösterreich, Anteil der Ausgaben für Männer- und Frauenkleidung an den gesamten Kleidungsausgaben, 1950 bis 1974 (in %)

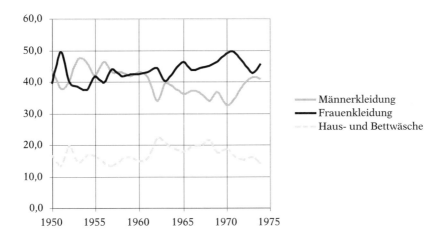

Quellen: Die Lebenshaltung 1950–1974: Heft 1, 5, 6, 7, 9, 11, 12, 14, 15, 17, 19, 20, 22, 23, 25, 27, 30, 31, 32, 35, 37, 40, 41, 43, 47, 48; Heidenwag 1959: 209–220.

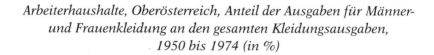

*Arbeiterhaushalte, Oberösterreich, Anteil der Ausgaben für Männer-
und Frauenkleidung an den gesamten Kleidungsausgaben,
1950 bis 1974 (in %)*

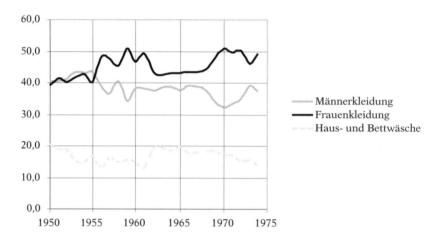

Quellen: Die Lebenshaltung 1950–1974: Hefte 1, 5, 6, 7, 9, 11, 12, 14, 15, 17, 19, 20,
22, 23, 25, 27, 30, 31, 32, 35, 37, 40, 41, 43, 47, 48;
Heidenwag 1959: 209–220.

SCHWARZ AUF WEISS: FRAUEN UND FARBEN

Farben machen die Welt nicht nur bunt, sondern auch sozial erkennbar. Die Braut geht in Weiß, der Bräutigam in Schwarz, der Geck bevorzugt die groß gemusterten Stoffe, der Teufel die Streifen. Man denkt
in männlichen und weiblichen Farben, zwingt die Männer in eine Vorliebe für gleichförmig dunkle und matte Farben, die Frauen in eine
grelle Polychromie, die Männer in gedeckte Stoffe, die Frauen in auffällige Muster (Brusatin 2003; Handwörterbuch/Aberglaube 1927–1942,
Nachdruck 1987, Bd. 2: 1189ff.).

Die Spuren der abendländischen Chromophobie reichen bis ins antike Griechenland zurück. Die Diskriminierung der Farbe trat seit Aris-
toteles immer wieder hervor: mit rassischen, moralischen, sozialen,
sexuellen Zuschreibungen, als Hinweis auf primitive Völker und soziale Unterschichten. Grelle Farbgebung wird mit Drogen, Rausch und
Maskeraden assoziiert, Schwarz-Weiß mit Nüchternheit und Klarheit,
mit der Welt der Gedanken und Geister, der Schrift, der Sprache und
der Bildung. Wenn Farbe Oberfläche und Kosmetik ist, steht sie ein
weiteres Mal für Weiblichkeit (Batchelor 2002: 50f.). Schon der Farben-

theoretiker Charles Blanc (Grammaire des arts du dessin, 1867), der
einige Zeit Kunstminister in der französischen Revolutionsregierung
von 1848 war, identifizierte Farbigkeit mit Weiblichkeit: Er leitete daraus eine Hierarchie der einzelnen Disziplinen der grafischen Künste
ab und sah die Malerei als farbige, damit „weibliche" Disziplin den
„männlichen" Disziplinen von Entwurf und Zeichnung untergeordnet.

Für die einen war Farbe eine Verschlüsselung des Weiblichen, für
andere des Primitiven (Batchelor 2002: 21; Sydow 1879: 106f.). Adolf
Loos rechnete im ausgehenden 19. Jahrhundert die Entwicklung der
Damenmode zu jenen Bereichen, die nicht auf Fortschritt gerichtet waren: zu den der Vergangenheit zugewandten Berufs- und Sozialgruppen,
dem Adel, dem Klerus, den Bedienten und den Exoten, in deren Kleidung Farbigkeit und Ornament dominierten (Loos 1962: 157ff.).

Die Frauen- und Kinderkleidung ist bunt. Die Gegenwart ist durch
eine starke Tendenz gekennzeichnet, die bei Kinderkleidung selbstverständlichen Kriterien zunehmend auch auf die Erwachsenenkleidung
zu übertragen. Erwachsene sehen heutzutage häufig wie auf einem
Schulausflug aus, alle in farbenfrohen Reißverschlussjacken, Pullovern,
Hosen und Hemden, aus bunt zusammengewürfelten Formen und verschiedenen Materialien, Farben und Schnitten, eben in der Art, wie
sich Kinder kleiden. Lange Zeit war es eher umgekehrt. Kinder waren
angezogen wie kleine Erwachsene oder wurden in geschlechtsneutrale
oder üblicherweise Mädchen zugeordnete Kittel gesteckt.

Man sieht Rosa als Mädchenfarbe, Blau als solche der Knaben. Im
18. und 19. Jahrhundert war es häufig noch umgekehrt, war Blau die
Frauen- und Rot die Männerfarbe. Rot war früher die Farbe der Mächtigen: der weltlichen und kirchlichen Würdenträger, der Krönungs-
ornate wie der Hofuniformen, während Blau bereits vor Erfindung der
Anilinfarben als eher billige Farbe galt und eher den Frauen zugeord-
net wurde, auch in der Variante der Farbe Mariens in der spätmittelalterlichen Ikonografie. Der in den Jahren zwischen 1750 und 1770
beginnende Siegeszug der blauen Farbe in der Männerkleidung, der in
vielerlei Varianten zu beobachten ist, in den Formen der blauen Männer-
schürze, des blauen Overalls, der blauen Jeans, des blau-weißen Ma-
trosenanzugs und des Blazers, ist Teil einer großen Umorientierung
(Medick 1997: 422f.; Walravens 1994; Nixdorf/Müller 1985; Pastoureau
1987: 19ff.). Blau entwickelte sich immer mehr zur Farbe der Alltags-
und Arbeitskleidung.

Schwarz, die „Nicht-Farbe", gab es in zwei Varianten, einerseits das
billige, „geschmutzte" Schwarz, andererseits das teure, glänzende, in
einem aufwändigen Prozess des Schönfärbens gewonnene Schwarz.

Diese Form der schwarzen Kleidung hatte unter Herzog Philipp dem Guten vom burgundischen Hof ihren Ausgang genommen, setzte sich im Adel immer mehr durch und wurde unter Karl V. ins spanische Hofzeremoniell übernommen. Schwarz verblieb bis ins 17. Jahrhundert die vornehmliche Farbe des hohen Adels. Dann wurde es zum Zeichen des Bürgertums (Breuss 1991: 90ff.). Die Hugenotten, die Calvinisten, die Puritaner und die Jesuiten kleideten sich in Schwarz. Überall, wo Bürger regierten, von Venedig bis zu den Niederlanden, wählten sie schwarze Kleidung. Die Kleidung des Adels hingegen wurde im 17. Jahrhundert wieder bunt. Wo der Adel seine gesellschaftlichen Domänen bewahrte, in der Diplomatie und beim Militär, konnte sich eine männliche Buntheit neuerlich durchsetzen und zumindest bis ins beginnende 20. Jahrhundert halten. Die Dragoner, die 1914 mit roten Hosen und hellblauen Waffenröcken in den Kampf zogen, wurden zu lebenden Zielscheiben. Erst unter dem Zwang des Ersten Weltkriegs setzten sich die gedeckten Farben auch in den Uniformen durch, sei es wegen der besseren Tarnung in „Feldgrau" oder „Oliv", sei es als Ausdruck der Verbürgerlichung der letzten aristokratischen Reservate.

Die Männermode im Generellen wurde im Verlauf der Neuzeit immer nüchterner, dunkler und gedeckter, während die Frauenmode immer phantasievoller und farbenfroher aufblühte. Der Prunk und die Farbigkeit der Frauenkleidung mag als demonstrativer und stellvertretender Konsum für den Reichtum der zugehörigen Männer gedeutet werden. In ähnlicher Weise sind auch die bunten, betressten Livreen der Lakaien als stellvertretender Konsum und damit Beweis für das Ansehen ihres Herrn interpretiert worden. Auch die prunkvoll goldene und farbige Kleidung der Geistlichkeit beim Gottesdienst mag als Ausdruck einer Stellvertreterfunktion angesehen werden, in diesem Falle eben als Stellvertreter Gottes auf Erden.

Gleichzeitig begannen grelle Farben in der europäischen Sichtweise immer mehr Exotik und Randständigkeit zu markieren. Bunte, gefleckte und gestreifte Kleidung als Zeichen der Narren tauchte in vielerlei Bezügen auf: in den Streifenkleidern der Folterknechte und Modegecken auf spätmittelalterlichen Tafelbildern, in den Kostümen der Landsknechte und Hofnarren, in den Fleckenkleidern der Harlekins, in der Weißnarrentracht diverser Faschingsgilden, der paillettenbestickten Kleidung der Ausseer Flinserl, den Fetzennarren des Ebenseer Fetzenzuges … In eine bunte Salzburger Tracht steckte Josef Anton Stranitzky 1706 den Wiener Hanswurst, mit grünem Spitzhut, roter Jacke, blauem Brustfleck mit grünem Herzen, roten Hosenträgern und einer gelben Hose. Ähnlich bunt war der Linzer Kasperl.

Gestreifte Kleidung ist uns heute aus vielen Zusammenhängen geläufig: die Sportler in den gestreiften Dressen, die gestreiften Leibchen der Matrosen, die Streifen der Gefangenen, Deportierten und Konzentrationslagerinsassen, die Streifen der Südstaatensklaven und der Jazzmusiker, die breiten Streifen der Mafiabosse, die gestreiften Trachten der Wäschermädchen und Krankenschwestern, der Clowns und der Künstler (Pastoureau 1995).

Streifen bedeuteten einst Außenseiter: Aus kleinen Flicken und aus schlechten Stoffen zusammengenäht, stand gestreifte Kleidung im Mittelalter für Unordnung und Abweichung: für Teufel, Hexen und Prostituierte, für Gaukler und Narren, Henker und Söldner, Orientalen, „Neger" und Ungläubige, in der frühen Neuzeit immer mehr auch für Diener und Sklaven, sowohl Männer wie Frauen. Die Revolutionäre trugen gestreift, in Frankreich wie in den USA (Handwörterbuch/ Aberglaube 1927–1942, Nachdruck 1987, Bd. 2: 1208ff.).

Auch die bunte Sportkleidung, häufig gestreift oder im Miparti, entstand in ihren Ursprüngen als Zeichen der Abhängigkeit: Sie kennzeichnete die untergeordnete Stellung der Jockeys, Läufer und anderen Berufssportler des 18. und 19. Jahrhunderts. Die vornehmen Patrone und Mitglieder der Jockeyclubs hingegen erschienen auf den Tribünen in grauer Weste und grauem Zylinder. Die Sport- und Freizeitfarben haben inzwischen über die Bürger- und Bürofarben bereits die Oberhand gewonnen.

KLEIDUNG UND GESCHLECHT – DIE FORMEN

Kleidung als Mittel der Geschlechterdifferenzierung übernahm in Europa eine deutlich stärkere Funktion als in anderen Regionen und Kulturen. Das Christentum forderte in der Berufung auf das Alte und Neue Testament eine klare geschlechtsspezifische Differenzierung der Kleidung. Auch das gemäßigte bis kühle Klima, das Europa bestimmt, beeinflusst die Art der Kleidung. Ausschlaggebend aber wurde der Panzerreiter bzw. Ritter, der durch seine dominierende militärisch-gesellschaftliche Stellung die Geschlechterpositionen bestimmte und dessen eng anliegendes Panzerkleid zum Maß der europäischen Kleidungsgeschichte wurde. Die bürgerliche Gesellschaft knüpfte hier in einer zunehmenden Polarisierung der Geschlechtscharaktere nahtlos an.

Die rasche Veränderbarkeit und Vielfältigkeit der weiblichen Kleidung und die Uniformität und relative Konstanz der männlichen erscheint als ein Grundzug der neueren europäischen Modegeschichte: Bereits in der Romantik kam die Vorstellung auf, dass die Frau ein

Wesen sei, das in vielen Verkleidungen erscheine, aber immer dieselbe
Natur habe, während die Individualität der Männer gerade durch die
einheitliche und sich wenig verändernde Kleidung deutlicher zum Ausdruck käme.

Lange war aber gerade das Gegenteil der Fall: Zwischen dem späten
Mittelalter und dem beginnenden 19. Jahrhundert war die Männerkleidung mehr Veränderungen unterworfen als die der Frauen und setzte die Standards, denen die Frauenkleidung mit Verzögerung nach-
strebte. Die heute klassische Herrenkleidung wurde zwischen 1780 und
1820 erfunden. Sie hat sich seit 200 Jahren wenig verändert. Auch wenn
immer wieder Revolten gegen die Diktatur des Herrenanzugs aus Hemd,
Hose, Jacke und Krawatte gestartet wurden, so ist seine grundlegende
Struktur nicht aufgegeben worden.

In den 1790er-Jahren begann in der Kleidung – nach einer Formulie-
rung des englischen Psychologen J. C. Flugel – die „große männliche
Entsagung" (Flugel 1986: 208–263). Die Mode ist zunehmend zu einer
Angelegenheit geworden, die Frauen zugeschrieben wird. Haben sich
die Männer im 19. Jahrhundert aus der Mode gestohlen? Die weibliche
Kleidung ist zum dynamischeren Teil geworden, auch wenn ihre Moder-
nisierung hauptsächlich in dem Versuch bestand, sich dem männlichen
Vorbild mehr oder weniger stark anzunähern (Hollander 1995: 11ff.).

Es ist jedenfalls auffällig, dass Frauen von heute häufig Kleidung
wählen, die lange männlich tradiert war, statt eine neue weibliche
Grundkleidung zu entwickeln. „Offensichtlich", schreibt Anne Hollander, „kann man zur Zeit dem alten Wunsch von Frauen, Männerkleidung
zu tragen, sie weiblichen Zwecken unterzuordnen und sich damit befreit zu fühlen, nicht entgehen" (Hollander 1995: 68). An Frauen in
Hosen hat „man" sich gewöhnt, Aufsehen erregen hingegen würde es
auch heute noch, wenn Männer außerhalb der schottischen Folklore
Röcke tragen oder sich die Lippen schminken würden, obwohl auch
dies in manchen Zeiten und Kulturen eher den Männern als den Frau-
en reserviert war.

Die Unterschiede zwischen Männer- und Frauenkleidung sind Ausdruck des jeweiligen Grades der Geschlechterdifferenzierung: Die Unterschiede waren in der adeligen Gesellschaft des Barock und Rokoko
relativ gering, viel größer in der bürgerlichen Gesellschaft des 19. Jahrhunderts und verfließen in der Gegenwart wieder zunehmend in einen
Unisex-Look. Auch von der Spätantike bis ins hohe Mittelalter waren
Männer und Frauen in ähnliche sackartige Kleidungsstücke gesteckt,
die für Männer manchmal kürzer geschnitten waren als für Frauen,
aber doch denselben Prinzipien gehorchten. Im 12. Jahrhundert be-

gann mit der Verengung der Oberteile bis zur Taille der Initialsprung des europäischen Kleidungsschemas (Kühnel 1992: XXXff.). Diese Einheit von Leib und Kleid bedeutete aber noch keine auffällige geschlechtliche Differenzierung. Der Figurenschmuck der Portale der Kathedrale von Chartres zeigt diese nahezu geschlechtslose, obwohl körperbetonte Ausformung eng anliegender langer Kleidung. Während auf antiken und früh- und hochmittelalterlichen Darstellungen oft nicht auf den ersten Blick zu erkennen ist, welchen Geschlechts die abgebildete Person ist, war spätestens im 14. Jahrhundert die männliche und weibliche Kleidung augenfällig unterschieden: die Männer in engen, körperbetonten Hosen, die Frauen in langen Kleidern, die die Körperform nachzogen, als wäre die Person nackt.

Männer und Frauen der arbeitenden Schichten unterschieden sich auch im Spätmittelalter in ihrer Kleidung noch kaum voneinander (Braunstein 2000: 535). Die neue Mode seit dem europäischen Hochmittelalter war eine militärische und hing mit dem Wandel der Rüstung vom Kettenhemd zum Brust- und Plattenpanzer zusammen, der im textilen Bereich mit Mieder und Jacke imitiert wurde (Kühnel 1992: XLII; Mitterauer 2003). Mit der Innovation der mittelalterlichen Ritterrüstung begannen sich nach 1300 Männer- und Frauenmode sichtbar auseinander zu entwickeln. Es war das Ideal des gepanzerten Ritters, das die Männermode entscheidend beeinflusste. Aber auch bestimmte Teile der Frauenkleidung imitierten die Männerrüstung. Das neue Frauenkleid wurde aus zwei Teilen zusammengesetzt, wobei der obere Teil, das Mieder, geschnürt und versteift, mit dem Panzer harmonierte und von diesem übernommen erscheint. Es war eine neue, dynamische Schicht, die diese Kleidung trug. Dass damit auch die an der Praxis orientierte kurz geschnittene Alltagskleidung der Kaufleute und Handwerker, die bislang eher als Deklassierung einer arbeitenden städtischen Bevölkerung empfunden wurde, eine Aufwertung erfuhr, passt in die im 14. Jahrhundert einsetzende kommerzielle Entwicklung und Wirtschaftsgesellschaft (Kühnel 1992: XLIVf.).

Die neue Mode war eine gewalttätige Mode. Der modische Ritter in seiner aufreizenden Kleidung vermittelte den Eindruck, dass er die Eroberung einer Dame als ein ebenso aufregendes Unternehmen empfand wie einen Waffengang. Auch die Mode der Damen orientierte sich an dieser Vorstellung: der lang fallende Rock, der die Beine bis zu den Füßen bedeckte, der Oberkörper vom Mieder wie durch einen Panzer modelliert und geschützt, dennoch offen mit dem weit ausladenden Dekolletee und dem langen Rock, der zwar bedeckte, aber nicht verschloss. Bis ins 20. Jahrhundert blieb dies die grundlegende Orien-

tierung der europäischen Kleidung. Die Frau zerbrechlich und offen –
der Mann aggressiv und geschlossen.

Thorstein Veblen sah in der Frauenkleidung der spätfeudalen und
frühbürgerlichen Zeit den Versuch der Männer, mit der Gestaltung der
Frauenkleidung zu beweisen, dass ihre Frauen es nicht nötig hätten,
zu arbeiten. Das konnte mit überbreiten Reifröcken ebenso erfolgen
wie mit einer extrem eingeschnürten Taille, mit weißer, nie der Sonne
ausgesetzter Hautfarbe oder freizeitbetonter Sonnenbräune, mit hohen und unbequemen Stöckelschuhen oder langen, bei der geringsten
Tätigkeit brechenden Fingernägeln (Veblen [5]1997; http://de.geocities.
com/veblenite/txt/tlc.txt). Man kann es aber auch aus der Sicht der
Mentalitäten sehen: der aggressive, militärische, gewaltbereite Habitus des europäischen Mannes, der untergeordnete, passive, offene Habitus der Frau.

Um 1900 setzte sich das Gefühl durch, wie Frank Wedekind 1912 es
in dem Drama „Franziska" seinen Akteuren in den Mund legte, dass
„der strenge Unterschied zwischen männlicher und weiblicher Kleidung in der ganzen Welt im Schwinden begriffen" sei. Die konservati-
ve Kulturkritik sah darin gefährliche Zerfallserscheinungen. Max
Nordau, der Erfinder des Begriffs der „Entartung", verstand diese Entartung vor allem auch in den sich verwischenden Geschlechterrollen
in Kleidung und Umgangsformen: „Die Masochisten oder Passivisten,
welche die Mehrheit aller Männer bilden, kleiden sich in eine Tracht,
die in Farbe und Schnitt an die weibliche erinnert. Die Weiber, welche
den Männern dieser Gattung gefallen wollen, tragen Männerkleider,
Monocle, Sporenstiefel und Reitpeitsche und zeigen sich auf der Straße nur mit dicken Zigarren im Munde." (Nordau 1893: 473)

Kommerziell der erfolgreichste jener Autoren, die im beginnenden
20. Jahrhundert das Thema der emanzipierten Frau aufgriffen, war
Victor Marguerite, der 1921 mit dem Trivialroman „La Garçonne" einen neuen Begriff kreierte: Die Hauptperson, Monique, schneidet sich
die Haare kurz, trägt Hosen und Schlafanzüge, tanzt Tango, raucht,
trinkt Alkohol, mietet eine „Garçonnière" und wechselt nach Lust und
Laune Männer wie Frauen. „Das Mädchen sieht aus wie ein Mann, der
wie ein Mädchen aussieht." (Jacobeit/Jacobeit 1995: 295)

Ab dem 18. Jahrhundert versuchte man mit der Schöpfung von Trachten, die rasch wechselnden Stadtmoden in ländliche Tradition zu gießen, regionale Identitäten und geschlechtsspezifische Stabilitäten zu
schaffen. Es waren die Frauen, an die sich der Appell zum Verbleiben
in der Tracht vorwiegend richtete. Zugleich wurde den Frauen eine
viel größere Affinität zur Mode unterstellt als den Männern.

War einst der Krieger modeprägend, so wurde es im 20. Jahrhundert der Sportler. Ernst Jünger beschrieb 1932 in dem viel kritisierten Essay „Der Arbeiter" das Aufkommen von geschlechtslosen Einheitskleidern in Büros und Fabriken sowie von geschlechtsneutralen Monturen beim Fliegen und Autofahren. Die wachsende Uniformierung werde die bürgerlich-patriarchalische Ordnung vernichten und zu einem undifferenzierten, rein funktionellen Menschentypus führen, dem er den Namen „Arbeiter" gab (Jünger 1932). Jünger hielt es für denkbar, dass der Wandel nicht einmal vor der Biologie Halt machen werde. Der Unisex in der Kleidung und die steigende Zahl arbeitender Frauen müssten sich mit der Zeit auf die Körper auswirken und sie vereinheitlichen. Analogien suchte er in der Insektenwelt und in der Science-Fiction, etwa in Aldous Huxleys „Brave New World", ebenfalls 1932 veröffentlicht (Huxley 2004). Im Lauf der Jahre spielte Ernst Jünger in Essays und Tagebüchern eine Vielzahl von Modellen durch, ohne je zu glauben, das zukünftige gefunden zu haben. Nur dass sich an die Stelle der alten Geschlechterordnung etwas Neues setzen werde, schien ihm gewiss.

Sozialistische Modekonzepte, die in den späten 1940er- und den 1950er-Jahren im kommunistischen Osteuropa vorgegeben wurden, verbannten Schönheit und Eleganz als westliche Modedekadenz und präsentierten die maskulinisierte „neue Frau" in Arbeitskleidung, die für ein natürliches Frauenbild stehen sollte. Die Westöffnung, die nach der Machtübernahme Nikita Chruschtschows im Jahre 1956 einsetzte, brachte eine Rückkehr zur westlichen Ästhetik, führte aber zu keiner Modernisierung oder Verbesserung der Lage der Frau in den sozialistischen Ländern (Bartlett 2004).

Karl Kraus lässt im Epilog der „Letzten Tage der Menschheit" inmitten des Panoramas physischer und psychischer Verwüstung am Kriegsende ein seltsames Liebespaar auftreten, in Gasmasken, ohne erkennbare Geschlechtsmerkmale und Gesichtszüge: „Wir haben kein Recht / auf Geschlecht und Gesicht / Gesicht und Geschlecht / verbietet die Pflicht." (Kraus 1980)

LITERATUR

Andreae, Johann Valentin (1619/1996): Christianopolis. Stuttgart
Bartlett, Djurdja (2004): Dress and Gender in Central East European Socialist Countries, 1949–1959, „Dress & Gender" Courtauld History of Dress Association Annual Conference, 04.08.2004, Tagungsbericht
Batchelor, David (2002): Chromophobie. Angst vor der Farbe. Wien
Bock, Gisela (2000): Frauen in der europäischen Geschichte. München

Braunstein, Philippe (2000), Annäherungen an die Intimität. 14. und 15. Jahrhundert. In: Georges Duby (Hg.): Geschichte des privaten Lebens, Bd. 2: Vom Feudalzeitalter zur Renaissance. Frankfurt am Main: 497–587

Breuss, Susanne (1991): Die Farbe ist die Seele jeder Toilette. Symbolik, Ästhetik und modischer Wandel der Kleiderfarben. In: Kleider und Leute. Vorarlberger Landesausstellung. Bregenz: 89–113

Brusatin, Manlio (2003): Geschichte der Farben. Berlin

Burman, Barbara/Turbin, Carole, Hg., (2003): Dress and Gender in Historical Perspective. Cambridge

Campanella, Tommaso (1993): Der Sonnenstaat. In: Klaus J. Heinisch (Hg.): Der utopische Staat. Reinbek: 117–137

Die Lebenshaltung von Arbeitern und Angestellten in Linz (1950–1974): Statistik der Kammer für Arbeiter und Angestellte für Oberösterreich

Duby, Georges (2000): Situationen der Einsamkeit. In: Georges Duby (Hg.): Geschichte des privaten Lebens, Bd. 2: Vom Feudalzeitalter zur Renaissance. Frankfurt am Main: 473–490

Duerr, Hans Peter (²1988), Der Mythos vom Zivilisationsprozeß. Nacktheit und Scham. Frankfurt am Main

Erler, Adalbert/Kaufmann, Ekkehard, Hg., (1984): Handwörterbuch zur deutschen Rechtsgeschichte. Berlin

Flugel, John Carl (1986): Psychologie der Kleidung. In: Silvia Bovenschen (Hg.): Die Listen der Mode. Frankfurt am Main: 208–263

Fraisse, Geneviève (1994): 19. Jahrhundert (=Georges Duby/Michelle Perrot, Hg.: Geschichte der Frauen, Bd. 4). Frankfurt am Main

Handwörterbuch des deutschen Aberglaubens (hg. von Hanns Bächtold-Stäubli) (1927–1942, Nachdruck 1987): 10 Bde. Berlin

Heidenwag, Hans (1959): Die Lebenshaltung von Lohn- und Gehaltsempfängern von 1945–1950, Jahrbuch. Arbeiterkammer für Oberösterreich

Hollander, Anne (1995): Anzug und Eros. Eine Geschichte der modernen Kleidung. Berlin

Hunt, Lynn (2000): Französische Revolution und privates Leben. In: Michelle Perrot (Hg.): Geschichte des privaten Lebens, Bd. 4: Von der Revolution zum großen Krieg: 13–94

Huxley, Aldous (2004): Brave New World (hg. von Dieter Hamblock). Stuttgart

Inventur im Kleiderkasten (1971): Der Bestand an Kleider- und Wäschestücken in oberösterreichischen Arbeiter- und Angestelltenhaushaltungen, Statistik der Kammer für Arbeiter und Angestellte für Oberösterreich, 39. Linz

Jacobeit, Sigrid/Jacobeit, Wolfgang (1995): Illustrierte Alltags- und Sozialgeschichte Deutschlands 1900–1945. Münster

Jünger, Ernst (1932): Der Arbeiter. Herrschaft und Gestalt. Hamburg

Kraus, Karl (1980): Die letzten Tage der Menschheit: Tragödie in fünf Akten; mit Vorspiel und Epilog. Ungekürzte Ausgabe der Originalfassung aus dem Jahre 1926. München

Kühnel, Harry (1992): Kleidung und Gesellschaft. In: ders. (Hg.): Bildwörterbuch der Kleidung und Rüstung: Vom Alten Orient bis zum ausgehenden Mittelalter. Stuttgart

Loos, Adolf (1962): Ins Leere gesprochen. 1897–1900. In: ders., Sämtliche Schriften. Wien

Medick, Hans (1997): Weben und Überleben in Laichingen 1650–1900. Lokalgeschichte als Allgemeine Geschichte. Göttingen

Mitterauer, Michael (2003): Warum Europa? Mittelalterliche Grundlagen eines Sonderwegs. München

Morus, Thomas (1993): Utopia. In: Klaus J. Heinisch (Hg.): Der utopische Staat. Reinbek: 36–47; 106–110

Moser, Dietz-Rüdiger (1986): Fastnacht, Fasching, Karneval: das Fest der „verkehrten Welt". Graz

Nixdorf, Heide/Müller, Heidi (1985): Weiße Westen – Rote Roben. Von den Farbordnungen des Mittelalters zum individuellen Farbgeschmack. Berlin

Nordau, Max (1893): Entartung, Bd. 2. Berlin

Pastoureau, Michel (1987): Vers une histoire de la couleur bleue. In: Sublime Indigo, Fribourg

Pastoureau, Michel (1995): Des Teufels Tuch. Eine Kulturgeschichte der Streifen und der gestreiften Stoffe. Frankfurt am Main

Riehl, Wilhelm Heinrich (1858): Die Familie. Stuttgart

Roche, Daniel (1981): Le peuple de Paris: Essai sur la culture populaire au 18e siècle. Paris

Scholliers, Peter (1997): Geschlecht, Klasse und Kleidungskonsum in Belgien, 1890–1990. In: Hannes Siegrist/Hartmut Kaelble/Jürgen Kocka (Hg.): Europäische Konsumgeschichte. Frankfurt am Main: 467–493

Sydow, Johanna von (1879): Brevier der Eleganz, Leipzig

Veblen, Thorstein ([5]1997): Theorie der feinen Leute. Eine ökonomische Untersuchung der Institutionen. Frankfurt am Main

Walravens, Hartmut, Hg., (1994): Ein blaues Wunder. Blaudruck in Europa und Japan. Berlin

ZUR KONSUMGESCHICHTE VON KINDERN UND JUGENDLICHEN IM 20. JAHRHUNDERT

ANDREAS WEIGL

KINDER UND JUGENDLICHE ALS KONSUMSUBJEKTE

Die Konsumgeschichte von Kindern und Jugendlichen im 20. Jahrhundert ist in Österreich auf mehreren Ebenen in übergeordnete „Konsum-Geschichten" eingebettet. Zum einen ist sie nicht zu trennen und abhängig von der Konsumgeschichte der Erwachsenen. Diese Abhängigkeit entwickelte sich im Übrigen – wie noch zu zeigen sein wird – zunehmend zu einer gegenseitigen. Zum anderen weist die Konsumgeschichte in den entwickelten Industrieländern in einem Maß Ähnlichkeiten auf, wie sie in der Produktionssphäre aufgrund der Unterschiede in der Faktorausstattung einzelner Ökonomien kaum denkbar wäre. Der folgende Beitrag versucht daher, die Konsumgeschichte von Kindern und Jugendlichen in Österreich in einem breiteren räumlich-geografischen Kontext darzustellen. Er geht dabei von einem in der Konsumforschung postindustrieller „Zwei-Drittel-Gesellschaften" nicht mehr selbstverständlichen Primat der Ökonomie aus, der sich jedoch aus der Existenz eben dieser durch erhebliche Einkommens- und Vermögensungleichheit geprägten Gesellschaften selbstredend legitimiert.

In der Wirtschaftswissenschaft wird unter „Konsum" der über den Markt vermittelte Verbrauch und Gebrauch von Gütern und Dienstleistungen durch Letztverbraucher (öffentliche und private Haushalte) für Zwecke der unmittelbaren Bedürfnisbefriedigung verstanden. Eine alternative, an der Empirie orientierte Definition setzt den volkswirtschaftlichen Konsum mit der Summe aller Verkäufe an Letztverbraucher in einer bestimmten Periode gleich (Streissler/Streissler [2]1986: 3, 180).

Angesichts der in der rezenten Volkswirtschaftlichen Gesamtrechnung geübten Praxis, nach Möglichkeit auch „graue" oder „schwarze" Märkte in die Aggregatsberechnung mit einzubeziehen (Schwarzl/Kassberger 2000), wird eine solche Definition auch durchaus der frühen Konsumgeschichte gerecht, die durch eine manchmal nicht einfach zu überschauende Gemengelage von Eigen- und Marktproduktion gekennzeichnet war. Aus historischer und anthropologischer Perspektive ist beim privaten Verbrauch jedenfalls nicht zwingend von einer Vermittlung über Märkte (im Sinn entwickelter Industriegesellschaften) auszugehen (Reith 2003: 10). Folgt man diesem Ansatz, waren Kinder und Jugendliche für die gesamte Konsumgeschichte – wie immer sie zeitlich begrenzt wird – von Relevanz. Die frühe Konsumforschung trug diesem Umstand insofern Rechnung, indem sie den Privathaushalt in den Mittelpunkt ihrer Betrachtung stellte und über Personenäquivalente die Ausgaben für Kinder und Jugendliche in ihre Betrachtung mit einbezog. Eine eigenständige Konsumrolle der Kinder und Jugendlichen innerhalb des Haushalts lässt sich aus solch einer Betrachtung allerdings nicht ablesen. Konsumprodukte, die spezifisch Kindern und Jugendlichen zuzuordnen wären, finden sich in einschlägigen Erhebungen kaum. Eine Ausnahme bildet noch am ehesten der Schokoladekonsum, der in den Jahren vor Ausbruch des Ersten Weltkriegs auch in Unterschichtenhaushalten gängig und in der Zwischenkriegszeit immer verbreiteter wurde (Scholliers 1994: 74f.). Seit den 1960er-Jahren trat das Interesse der Konsumtheorie an Haushaltsbudgets nach und nach in den Hintergrund (Deaton 1987: 603). Mehr und mehr bildete das handelnde Wirtschaftssubjekt, der Konsument bzw. die Konsumentin das zentrale Forschungsobjekt. Von der abstrakten Wirtschaftstheorie verlagerte sich der Schwerpunkt der Konsumforschung zu angewandten betriebswirtschaftlichen Disziplinen wie dem Marketing, konsumkritisch auch zum Verbraucherschutz (Eder 2003: 243).

Für die wirtschaftswissenschaftliche Konsumforschung stellen Kinder und Jugendliche bis zu einem gewissen Grad einen Sonderfall dar, da sie bis zum Entstehen von Massenkonsumgesellschaften in der zweiten Hälfte des 20. Jahrhunderts mangels eigener Mittel nur sehr eingeschränkt als Konsumsubjekte am Markt auftreten konnten. Selbst in entwickelten Wohlstandsgesellschaften sind ihre Budgetrestriktionen in der Regel ungleich ausgeprägter als dies bei Erwerbstätigen der Fall ist. Ihre passive Rolle sollte allerdings auch nicht überbewertet werden, verfügen sie doch bis zu einem gewissen Grad über außerökonomische Mittel, Konsumwünsche via Eltern oder über andere nahe stehende Personen zu artikulieren und letztlich in Form von Kaufakten marktwirksam werden zu lassen. Neben dieser bis in die Gegenwart häufigsten Quelle des Kinder- und Jugendkonsums spielt auch das Erwerbseinkommen von Jugendlichen, vereinzelt auch von Kindern, für die Konsumgeschichte eine gewisse Rolle. In den späten 1950er-Jahren sollte es sogar in einer spezifischen wirtschaftshistorischen Konstellation – Arbeitskräftemangel in den Nachkriegsökonomien – erhebliche Bedeutung für die Genesis einer eigenständigen Jugendkonsumkultur erlangen.

Den Besonderheiten kindlicher und jugendlicher Konsumenten steht die ökonomische Fundierung ihres Konsums gegenüber, die in der Vergangenheit besonders deutlich im weit verbreiteten Mangel an disponiblen „Einkommen" jeder Art zu Tage trat. Aber auch in den modernen Wohlfahrtsgesellschaften können Kinder und Jugendliche bis heute schlicht und einfach nicht immer das konsumieren, was sie wollen. Sie sind gezwungen, Präferenzen zu setzen und Budgetrestriktionen zu beachten. Nicht ganz überraschend kommt eine vor kurzem erschienene soziologische Studie zu dem Schluss, dass 70-80 Prozent der Jugendlichen in vergleichsweise unterschiedlichen Ländern wie Deutschland, Polen und Südkorea die ihnen zur Verfügung stehenden Mittel kostenminimierend zur Befriedigung ihrer ökonomischen Bedürfnisse einsetzen (Lange 2005: 97).

Von der Angebotsseite, also der der Konsumgüterindustrie, besaß Kinder- und Jugendkonsum eine den entwickelten kapitalistischen Ökonomien inhärente Logik. Die Konsumgüterindustrie war und ist an einer permanenten Ausweitung ihrer Warenproduktion interessiert. Das impliziert die Suche nach immer neuen Käuferschichten und schließt damit Kinder und Jugendliche mit ein. Lediglich das geringe disponible Einkommen dieser Käuferschicht ließ sie in der ersten Hälfte des 20. Jahrhunderts für das direkte Marketing als wenig attraktiv erscheinen. In den 1930er- und 1940er-Jahren begann jedoch die Werbeindustrie in den USA Kinder und Jugendliche als potenzielle Zielgruppe von Vermarktungsstrategien zu entdecken und schließlich in weiterer Folge direktes Marketing zu betreiben (Stearns 1997: 160; Kline 1998: 346f.). Ein allmählicher Werbefeldzug für Kinderprodukte setzte ein, der treffend als „Kinderkreuzzug" bezeichnet worden ist. Nach dem Ende des unmittelbaren Nachkriegselends bedienten sich auch immer mehr europäische Firmen amerikanischer Werbestrategien. Nun erprobten Unternehmen über Jugendzeitschriften, Jugendclubs, Teenager-Parties und Modeschauen für Jugendliche Methoden, um ihre Absatzchancen auf dem Jugendmarkt zu vergrößern (Maase 1992: 163). In Wien fanden allein im Jahr 1962 mehr als 150 Teenager-Parties statt. Neben kommerziellen Interessen intendierten Veranstalter wie die Wochen-Illustrierte „Blick" oder die „Zentralsparkasse" den Konsuminteressen der Jugendlichen einen legitimierenden Rahmen zu geben (Buchschwenter 2004: 105, 117). Bei Kindern dienten u.a. Beigaben zu alltäglichen Konsumprodukten als „geheime Erzieher", die die frühe Bindung an Markenprodukte herstellen sollten (Breuss 2005: 214f.). Um 1960 ergab eine Untersuchung unter 300 12–14-Jährigen in der BRD, dass Jugendliche 20 Prozent der Süßwaren, 34 Prozent des Kakaos, 36 Prozent des Puddings, 38 Prozent der Fahrräder und 21 Prozent der Fotoapparate von einer bestimmten Marke kaufen würden, wenn sie diese Entscheidung treffen könnten (Münster 1961: 191). In der Folge perfektionierte die Werbeindustrie Methoden, die auf die *peer group* gerichtet waren und indirekt den Druck auf viele Eltern erhöhten, bestimmten Konsumwünschen ihrer Sprösslinge nachzugeben (Kline 1998: 350). Nach einer vergleichenden Untersuchung lagen im Jahr 2005 in Deutschland, Polen und Südkorea jugendspezifische Nahrungs- und Genussmittel sowie Kleidung an der Ausgabenspitze junger Konsumenten (Lange 2005: 79).

POSTMODERNE KONSUMENTEN VON MORGEN

Kinder und Jugendliche, die den Ge- und Verbrauch bestimmter Konsumprodukte bereits im jungen Alter erlernen, besitzen für die Konsumgüterindustrie einen weiteren, gewichtigen Vorteil: Im Gegensatz zur Elterngeneration, die traditionelleren Konsummustern folgt, stehen Kinder und Jugendliche Produktinnovationen in der Regel offener, vorurteilfreier gegenüber. Augenfällig wird das etwa bei rasch wechselnden Produktinnovationen in der Elektronikbranche. Im Jahr 2005 verfügten beispielsweise 87 Prozent der Jugendlichen in Deutschland und Südkorea und 75 Prozent der polnischen Jugendlichen über ein Handy. Sie besaßen damit im höheren Maß Mobiltelefone als ihre Eltern. Der Kauf und vor allem der Unterhalt der Produkte lagen in der Regel jedoch bei den Eltern (Lange 2005: 94). Auch bei Kindern und Jugendlichen in Wohlstandsgesellschaften handelt es sich demnach ökonomisch gesehen um „Konsumenten an der langen Leine".

Kinder und Jugendliche gerieten jedoch nicht zuletzt aus einem weiteren, langfristig bedeutsameren Grund in das Blickfeld von Werbestrategen und Marketingfachleuten: als „postmoderne Konsumenten von morgen". Mit der allmählichen Durchsetzung der Kern- und Kleinfamilie auch in größeren Teilen der städtischen Arbeiterschaft und der erfolgreichen Propagierung einer neuen Intimisierung der Familienbeziehungen wurde (Klein-)Kindern eine stärkere emotionale Zuwendung seitens der Eltern zuteil, die konsumgeschichtliche Konsequenzen hatte. Der kinderspezifische Warenkonsum erfuhr eine psychologische Aufladung von Seite der Eltern und bald auch von der Seite der Kinder. Am deutlichsten wurde dies beim Funktionswandel des Spielzeugs. Traditionelles Spielzeug war durch eine geringfügige affektive Bindung von Kleinkindern an materielle Dinge geprägt. Die Spielgegenstände entsprachen vorgeprägten Angeboten der Erwachsenen an die Kinder (Weber-Kellermann 1979: 84). Angesprochen wurde mit dem Spielzeug primär die Ratio, nicht so sehr das Gefühl. Um 1870 begannen sich jedoch in den USA und bald auch in Europa alltags- und realitätsferne Genres durchzusetzen. Kindliche Emotionen wurden von Bezugspersonen auf Konsumgüter umorientiert. Nach Peter Stearns bildete die Besetzung von mit kindlichem Konsum assoziierten Konsumgütern, wie Kinder- und Jugendbüchern, Spielzeug, Gebrauchspuppen, Kuscheltieren, Teddy-Bären u.ä., mit Gefühlsinhalten einen entscheidenden Moment in der Konsumgeschichte (Stearns 1997: 143–148). Die Geburt des (post-)modernen Konsumenten wurde präfiguriert. „Like the contemporary child playing with toys, the postmodern consumer has a relation to goods that is often constructed as primarily symbolic, autonomous, and mediated by fantasy" (Kline 1998: 340). Wesentliche Impulse kamen dabei aus den USA.

Eingebettet in den Aufstieg kommerzieller Kunstformen im 20. Jahrhundert wies seit den späten 1950er-Jahren der Umgang mit Vergnügen, Lektüre, Freizeit, Moral, Sprache, Sitte der Erwachsenen zunehmend jugendliche Züge auf (Tenbruck 1962: 49f.). Mit der gestiegenen Kaufkraft dieser Konsumentenschicht kann geradezu von einem „Bündnis" zwischen Jugendlichen und der expandierenden Kultur- und Freizeitindustrie gesprochen werden (Maase 1992: 74), das der Entstehung eigenständiger Jugendkonsumkulturen den Weg bereitete, gleichzeitig aber dank seiner Orientierung an kommerziellen Massenkonsumprodukten eine gewisse Durchlässigkeit zur Erwachsenenwelt garantierte. Nun war es nur mehr eine Frage der Zeit, dass Jugendliche die Trends setzten, so etwa in der Unterhaltungsmusik. Bevorzugte Anfang der 1960er-Jahre noch eine Minderheit amerikanische oder westliche Populärmusik, traf das Ende des Jahrzehnts bereits auf eine Mehrheit zu. Damit traten Jugendliche erstmals in der Geschichte entwickelter Konsumgesellschaften als Trendsetter auf (Siegfried 2003b). Die Werbeindustrie nutzte dies bald im Sinn einer Doppelstrategie. Einerseits fühlten sich Erwachsene immer höherer Altersstufen bemüßigt, jugendliches Konsumverhalten zu imitieren, um selbst jugendlich zu erscheinen (Krisch 1994: 55f.), andererseits strebte jugendliches Konsumverhalten nach Abgrenzung, ja es kann geradezu von einem stillen Machtkampf mit den Erwachsenen gesprochen werden (Stearns 2006: 128).

Konsum ist aber kein rein ökonomisches Phänomen. Gerade Kinder und Jugendliche entsprechen offensichtlich nur sehr bedingt dem wirtschaftswissenschaftlichen Konstrukt des nutzenmaximierenden „homo oeconomicus", obwohl die ökonomische Einbettung ihres Konsumhandelns nicht zu leugnen ist. Eine Möglichkeit ökonomische, soziale und kulturelle Aspekte des Konsumierens in einem theoretischen Ansatz zu fassen, bietet die Kapitaltheorie von Pierre Bourdieu. Bourdieu unterscheidet in seinem Status- und Prestigemodell zwischen ökonomischem, sozialem und kulturellem Kapital. Dessen Erwerb und dessen „Verbrauch" bedingt unterschiedliche Konsumformen, neben ökonomischen auch demonstrative und „kulturelle". Der Erwerb sozialen und kulturellen Kapitals kann nach Bourdieu jedoch nur mit Hilfe ökonomischen Kapitals erfolgen. Dieser Ansatz vermeidet demnach sowohl den Ökonomismus der Wirtschaftswissenschaften als auch den Semiologismus vieler kulturwissenschaftlicher Ansätze, der die sozialen Austauschphänomene auf Kommunikationsphänomene reduziert und „die brutale Tatsache der universellen Reduzierbarkeit auf die Ökonomie" (Bourdieu 1992: 70f.) ausblendet.

Im 20. Jahrhundert haben Kindheit und Jugend als nunmehriger Hauptphase des Erwerbs von sozialem und kulturellem Kapital einen daraus resultierenden Funktionswandel erlebt, der erheblichen Einfluss auf das Konsumverhalten dieser Altersgruppe hatte. Am Beginn des 21. Jahrhunderts verbinden sich etwa mit dem Kauf eines Markenproduktes für Kinder und Jugendliche nunmehr ganz andere Bedeutungen als dies im Rahmen der klassenspezifischen „Versorgung" noch hundert Jahre zuvor der Fall war. Während zu Beginn des 20. Jahrhunderts die Zugehörigkeit zu einer sozialen Klasse den Kauf von Konsumgütern für Kinder und Jugendliche bestimmte, dient Shopping nunmehr zunehmend zur Herstellung von Identität: im Sinn der Betonung der Zugehörigkeit zur *peer group* oder der jeweiligen Individualität. Die Aneignung sozialen und kulturellen Kapitals rückt demnach immer mehr in den Vordergrund. Etwas überspitzt formuliert wird der Erwerb von Konsumgütern durch Kinder und Jugendliche zu einer Sozialisationsinstanz, über die eine eigenständige Kinder- und Jugendkultur vermittelt wird (Krisch 1994: 52).

In entwickelten Konsumgesellschaften reichen auch der Erwerb sozialen Kapitals in der *peer group* oder aber subtile Distinktion nicht immer aus, um individuelle Konsumstile von Kindern und Jugendlichen zu erklären. Der Funktionswandel der Konsumprodukte von Verbrauchs-

gütern zu symbolischen Orientierungshilfen trägt zu einer Entfremdung
bei. Das kann soweit gehen, dass die Anwesenheit an bestimmten
Konsumorten und der Kaufprozess wichtiger werden als der Gebrauch
des konkreten Konsumproduktes (Tebbich 2001: 8). Diesem Phänomen
widmen sich psychologische und kulturwissenschaftliche Konsum-
modelle wie etwa jenes des imaginativen Hedonismus und vor allem des
„kompensatorischen Konsums". Hedonistische Konsumenten rücken
„Images" und nicht die Produkte an sich in den Mittelpunkt ihrer Kauf-
entscheidungen, die jedoch nicht zur dauerhaften Befriedigung ihrer
Imagination führt, was zu Frustrationen und in weiterer Folge zu neuer-
lichem Konsum reizt. In seiner negativen Form kann hedonistischer
Konsum in „kompensatorischen Konsum", in Kaufsucht, ausarten, die
den Charakter einer zwanghaften Ersatzhandlung annimmt und konsum-
therapeutisch Defizite und innere Leere ausgleichen soll (Eder 2004: 7f.).
Dass diese Konsumform gerade unter Jugendlichen in entwickelten Konsumgesellschaften in zunehmendem Maß verbreitet ist, kann angesichts
zahlreicher Befunde aus der Jugendforschung kaum bezweifelt werden.
So ortet die bereits zitierte Studie über das Konsumverhalten Jugendlicher in Deutschland, Polen und Südkorea bei etwa einem Drittel der
deutschen, beinahe der Hälfte der polnischen und bei fast zwei Drittel
der südkoreanischen Jugendlichen einen unwiderstehlichen Drang, etwas kaufen zu müssen. Nach den Ergebnissen einer im Jahr 2004 in
Österreich durchgeführten Studie konnten 44 Prozent der 14- bis 24-
Jährigen als „kaufsuchtgefährdet" gelten (Kollmann/Kautsch 2004: 7f.).
Unter dieser Teilgruppe der Jugendlichen ist hedonistische Wert-
orientierung und unkritische Reflexion von Werbung, wie auch eine österreichische Jugendstudie aus dem Jahr 2001 belegt, besonders ausgeprägt
(Lange 2005: 119, 123; Kollmann/Kautsch 2004: 11). Sozialhistorisch
betrachtet setzt kompensatorischer Konsum allerdings disponibles Einkommen bei der Elterngeneration voraus, wie es nur in den „Zwei-Drit-
tel"-Wohlstandsgesellschaften des ausgehenden 20. Jahrhunderts zur Verfügung stand. Insofern ist auch kompensatorischer Konsum ohne ökonomische Grundlage nicht denkbar. Für die „langen Linien" der Konsumgeschichte des 20. Jahrhunderts spielte er zweifelsohne nicht jene Rolle,
die ihm in der gegenwärtigen Diskussion zukommt.

Vom Mangel zum Taschengeld

Wenn man im Sinn der eingangs zitierten wirtschaftswissenschaftlichen Definition Konsum nicht an einen aktiven Kaufakt bindet, dann
umspannt die Konsumgeschichte von Kindern und Jugendlichen das

gesamte 20. Jahrhundert. Die Möglichkeiten der Auswahl unter Konsumgütern und Dienstleistungen waren allerdings in der ersten Jahrhunderthälfte sowohl angebotsseitig als auch hinsichtlich der kaufkräftigen Nachfrage vergleichsweise beschränkt. Ohne Zweifel prägte auch noch in der ersten Hälfte des 20. Jahrhunderts die Subsistenz den Konsumalltag eines erheblichen Bevölkerungsteils in den Industrieländern. Dementsprechend litt ein nicht unerheblicher Teil der Kinder und Jugendlichen unter mehr oder minder ausgeprägter Unterernährung. Dies belegen u.a. zahlreiche anthropometrische Studien eindrucksvoll (Weigl 2004: 225). Gemäß dem Engel'schen Gesetz – je ärmer ein Haushalt, desto höher ist der Anteil der Ausgaben für die Ernährung (Stigler 1965: 203) – bildeten daher Nahrungsmittel einen zentralen Bestandteil im Rahmen „ihres", zumeist in elterlichen Kaufakten sich manifestierenden Konsumverhaltens. Verschärft wurde die allgemeine Mangelsituation durch die ungleiche Verteilung der Nahrungsmittel innerhalb der Familie. Vor allem in Arbeiterhaushalten sorgte das allerdings nach dem Ersten Weltkrieg und dann in der Weltwirtschaftskrise bröckelnde Bild des „male bread winners" für Benachteiligungen von Kindern und Jugendlichen beim Fleischkonsum (Weigl 2004: 229). Dennoch kam es bereits vor der Etablierung moderner Wohlfahrtsökonomien zu in ihrer Langzeitwirkung nicht zu unterschätzenden ökonomischen Veränderungen, die unmittelbare Konsequenzen auf den Konsum und das Konsumverhalten von Kindern und Jugendlichen hatten.

Eine wesentliche Veränderung betraf Änderungen der Preisrelationen im Warenkorb der Haushalte (Volckart 2004: 245–247), wie sich am Beispiel des wichtigsten kinder- und jugendspezifischen Konsumprodukts, den Spielwaren, zeigen lässt. Manche Produkte, wie etwa elektrische Spielzeugeisenbahnen oder Metallbaukästen, waren in der Zwischenkriegszeit um bis zu einem Zehntel des früheren Preises zu haben (Mara 1940: 15, 18). Zudem: auch wenn „basic commodities" wie Grundnahrungsmittel, Wohnkosten und Bekleidung die Haushaltsbudgets dominierten, heißt das nicht unbedingt, dass nicht dort und da der Kauf anderer Konsumgüter manchmal im wörtlichsten Sinn „vom Mund abgespart" wurde. Besonders Arbeiterhaushalte kennzeichnete ein „verausgabender" Konsumstil, in dem etwa dem Kauf von Süßigkeiten für Kinder große Bedeutung zukam (Eder 2003: 207). Ohnehin weniger dramatisch stellte sich die Situation in bürgerlichen Mittelschichtshaushalten oder gar in der Oberschicht dar. Dort war zumindest der anlassbezogene Kauf kinder- und jugendspezifischer Konsumwaren schon um 1900 gang und gäbe. Dazu zählten etwa Spielwaren, Bücher und bestimmte Kleidungsgegenstände (Blaumeiser/Blimlinger 1993: 41, 296).

Der mit Abstand wichtigste dieser Anlässe war das Weihnachtsfest. Nach Schätzungen aus der Zwischenkriegszeit entfielen 35–50 Prozent des Umsatzes im Spielwarenhandel auf den Monat Dezember (Mara 1940: 16). Befunde aus der popularen Autobiografik belegen, dass schon gegen Ende des 19. Jahrhunderts sehr wohl auch Kinder und Jugendliche vieler ärmerer Familien Weihnachtsgeschenke, wenn auch sehr bescheidener Art, erhielten (Popp ²1991: 26). Teurere Geschenke blieben jedoch fast ausschließlich den Mittel- und Oberschichtkindern vorbehalten. Ende des 19. Jahrhunderts konnten sich in Deutschland etwa 20 Prozent der Beschäftigten, also primär die adelige und bürgerliche Oberschicht, solche Spielwaren für ihre Kinder leisten. Zielgruppe für dieses qualitativ hochwertige Spielzeug war das Bürgerkind im behüteten Heim (Weber-Kellermann 1979: 206). Dabei sollte es freilich nicht bleiben. Während des gesamten 19. Jahrhunderts kam es zu einer rasanten Ausweitung der Spielzeugproduktion. Zunehmend wurde Spielzeug in großen Stückzahlen hausindustriell und schließlich sogar industriell hergestellt. Dies trug zu einer Verbilligung und massenhaften Verbreitung der Spielwaren bei. Nicht von ungefähr wurden daher seit etwa 1890 gekaufte statt selbst gemachter Weihnachtsgeschenke in den USA üblich (Stearns 1997: 146). Auch in Europa verlief die Entwicklung ähnlich, doch blieb insgesamt die Massenkaufkraft der Eltern vor den Wirtschaftswunderjahren deutlich geringer. Exemplarisch verlief etwa die Geschichte eines der populärsten Konsumprodukte für Kinder im 20. Jahrhundert. Den Teddy-Bären erfand zwar die Deutsche Margarete Steiff (1847–1909), verkaufte den ersten hergestellten Bären jedoch in die USA (Killy/Vierhaus 2001: 471f.), wo er seinen Siegeszug um die Welt antrat (Stearns 1997: 166). In der zweiten Hälfte des 20. Jahrhunderts erfuhren die innerfamiliären Schenkrituale auch abseits des Weihnachtsfestes eine enorme Ausgestaltung. Mehr und mehr stieg die Nachfrage nach Spielzeug am Gabentisch, gefördert von einer Eltern-Konkurrenz, die nunmehr weit stärker von einer egalitären Mittelstandsgesellschaft geprägt war (Weber-Kellermann 1997: 208).

Mit steigendem Wohlstand traten Kinder und Jugendliche mehr und mehr aus ihrer Rolle als beschenkte „passive Konsumenten" heraus. „Taschengeld" – seine Verwendung kam in den 1890er-Jahren in den USA auf (Stearns 1997: 146) – oder zumindest anlassbezogene oder sporadische Geldgeschenke der Erwachsenen an Kinder und Jugendliche wurden auch in Europa üblich. Damit wurden Kinder als direkte Ansprechpartner von Konsumverstärkern interessant, anfänglich vor allem in den USA, in Westeuropa ab den späten 1950er-Jahren (Stearns 2006: 93). Eine zeitgenössische Studie ging davon aus, dass Jugendliche in der BRD schon um das Jahr 1960 im Schnitt etwa 20,– DM Taschengeld monatlich erhielten. Einschließlich sonstiger Geschenke und im Fall der Erwerbstätigkeit eigener Lohneinkünfte verfügten sie zumindest über 40,– DM disponibles monatliches Einkommen. Das entsprach einer Kaufkraft von 2,6 Mrd. DM jährlich (Münster 1961: 47). In der Folge nahm das disponible (Transfer-)Einkommen von Kindern und Jugendlichen weit überproportional zu. Allein im Zeitraum von 1977 bis 1989 verdoppelte sich das Jugendlichen zur Verfügung stehende nominelle Geldvolumen in der BRD nahezu (Krisch 1994: 55). Unabhängig von differierenden Wohlstandsniveaus änderte sich bis in die Gegenwart an der primären Einkunftsquelle „Eltern" wenig. Erst in zweiter Linie stehen unregelmäßige Jobs und an dritter Stelle Einkünfte aus eigener Berufstätigkeit (Lange 2005: 69). Der kollektive Druck auf Eltern, Taschengeld in namhafter Höhe an Kinder und Jugendliche zu geben, und deren Kaufkraft hat aber unzweifelhaft zugenommen. Nach Ergebnissen der österreichischen Kinderverbraucherstudie erhielten im Jahr 1996 22 Prozent aller Kinder im Alter von 7 bis 15 Jahren kein regelmäßiges Taschengeld oder machten dazu keine konkreten Angaben, in den Jahren 2000 und 2002 nur noch 19 Prozent, in Wien sogar nur mehr 14 Prozent. Das jährliche Kaufkraftvolumen dieser Altersgruppe erreichte im Jahr 2002 österreichweit mehr als 400 Millionen EURO und lag damit um 11 Prozent über dem Ergebnis der Erhebung des Jahres 2000 (IMAS, Kinder ÖVA 2002). Wie sehr die steigende Kaufkraft der Jugendlichen unmittelbar aus dem Wirtschaftswachstum der entwickelten Industriegesellschaften zu erklären ist, zeigt ein Ländervergleich. Im Jahr 2005 betrugen die verfügbaren monatlichen Einkünfte Jugendlicher im Alter von 15–24 Jahren in Deutschland 450, in Korea 236 und in Polen 102 EURO. Davon waren in Deutschland 56 Prozent, in Korea 37 Prozent und in Polen 28 Prozent disponibel (Lange 2005: 65f., 68). Die freie Verfügbarkeit von Einkünften korreliert also auch in den entwickelten Konsumgesellschaften des frühen 21. Jahrhunderts mit dem allgemeinen Wohlstandsniveau.

Eine gewisse Ausnahme – was die wichtigste „Einkommensquelle" jugendlicher Konsumenten anlangt – bildete die Zeit vom Ende des Zweiten Weltkrieges bis zum Ölpreisschock Mitte der 1970er-Jahre, die als „take-off-Phase des Massenkonsums von Kindern und Jugendlichen, ja des Konsumismus im Allgemeinen gelten kann. Die Nachkriegskonjunktur sorgte in den Industriestaaten für einen enormen

Arbeitskräftebedarf, von dem jugendliche Erwerbstätige überproportional profitierten. Das war die Geburtsstunde des „kommerziellen Modelljugendlichen" (Rolf Lindner), des „Teenagers" (Kemper 2002: 16). Den Anfang machten die Jugendlichen in den anglo-amerikanischen Ländern, in denen die unmittelbare Nachkriegsnot keine oder jedenfalls eine geringere Rolle spielte als in Mittel- und Osteuropa. Schon im Zeitraum 1945–1950 fielen die realen Lohnsteigerungen britischer Jugendlicher doppelt so hoch aus wie jene der Erwachsenen (Hebdige [10]2003: 153). Erstmals in der Konsumgeschichte erreichte die Kaufkraft der Jugendlichen ein gesamtwirtschaftlich bedeutendes Niveau. Im Jahr 1957 entfielen in England 44 Prozent der Schallplatten- und Plattenspielerumsätze auf 15- bis 25-jährige „teenage consumers", 38,5 Prozent der Fahrrad und Motorradeinkäufe, 26 Prozent der Kinoumsätze, 24 Prozent des Kosmetikumsatzes und 20 Prozent des Verbrauchs an alkoholfreien Getränken (Abrams 1959 zit. nach Münster 1961: 62f.). Die Wirtschaftswunderländer zogen jedoch bald nach. Die Budgets westdeutscher Jugendlicher dürften sich im Zeitraum 1953–1960 nominell etwa verdoppelt haben. Um 1960 verfügten vor allem ältere westdeutsche Jugendliche über vergleichsweise viel Geld (Maase 1992: 75f.). Nunmehr zählte eine breite Palette von Konsumgütern wie Bücher, Romanhefte, Kofferradios, Plattenspieler, Tonbänder und Jugendzeitschriften zum fixen Bestandteil des von Jugendlichen nachgefragten Warenkorbs (Luger 1995: 503). Die Dominanz jugendlicher Konsumenten bei bestimmten Konsumprodukten setzte sich auch über die Wirtschaftswunderjahre hinaus fort. Ende der 1980er-Jahre waren 80 Prozent aller westdeutschen Kinobesucher zwischen 12 und 24 Jahre alt. Im Bereich der Unterhaltungselektronik bildeten 14- bis 19-Jährige die wichtigste Schicht unter den „Neukäufern" (Krisch 1994: 55).

Konsumieren lernen: Spielzeug und Medien

Mit Bezug auf kinder- und jugendspezifische Konsumprodukte und deren Sozialisation als künftige Konsumenten nahm schon zu Beginn des 20. Jahrhunderts Spielzeug eine zentrale Rolle ein, ja primäres Spielzeug – Spielzeug, das zu diesem Zweck angefertigt bzw. produziert wird – kann geradezu als Prototyp eines Konsumgutes gelten (Kline 1998: 340). Seine Produktion lässt sich bis in Spätmittelalter zurückverfolgen. So genannte „Dockenmacher" (Puppenmacher) sind etwa in Nürnberg seit ca. 1320 belegt. Aber auch Wickelkinder, Reiter und Puppengeschirr wurde schon im 14. Jahrhundert produziert und exportiert (Weber-Kellermann 1979: 84). Deutschland hatte seit dem 17. Jahrhundert eine führende Stellung in der Herstellung von (Holz-)Spielzeug (Retter 1979: 74). Stanzen, Pressen und Hohldruck schufen Anfang des 19. Jahrhunderts die Grundlagen für die Entwicklung der Metallspielwaren-Industrie (Blechspielwaren) und dem Übergang zur maschinellen Produktion (Retter 1979: 78). Parallel dazu nahm seit Anfang des 19. Jahrhunderts mit der Papier- und Kautschukherstellung die Produktion von gedruckten Gesellschaftsspielen, haltbaren, kolorierten Kinderbüchern und Bilderbögen zu. Um 1900 vollzog sich die Wende von der teuren Dekorativ-Porzellanpuppe zur unempfindlichen Babypuppe aus Zelluloid (Weber-Kellermann 1979: 215, 219). Die Herstellung dieser Zelluloidpuppen entwickelte sich in der Zwischenkriegszeit zum Hauptzweig der japanischen Spielwarenindustrie (Ausschuß 1930: 304). Überhaupt kann die Zwischenkriegszeit als Phase des Übergangs vom traditionellen Produktionsstoff „Holz" zum Plastikspielzeug angesehen werden (Kline 1998: 346).

Schon in den Jahren vor Ausbruch des Ersten Weltkrieges zeigte die deutsche Spielwarenbranche, welche Potenziale in diesem Wirtschaftszweig vorhanden waren. In den Jahren 1896–1911 steigerte sich der Wert der deutschen Exporte von 40 auf 90 Millionen Mark (Anschütz 1913: 24). Das Wachstum der Spielwarenproduktion bewegte sich damit in etwa im Rahmen der gesamten industriellen und gewerblichen Produktion (Mara 1940: 15; Mitchell 1978: 179f.). Aber auch in Österreich-Ungarn wurden gekaufte Spielwaren immer populärer. Um das Jahr 1913 lag der jährliche Bruttoumsatz bei ca. 7–7,6 Millionen Kronen (6–6,5 Millionen Reichsmark) (Anschütz 1913: 11). Setzt man diese Zahl zur gesamten Wertschöpfung des Handels in Österreich-Ungarn in Bezug, die für das Jahr 1913 auf etwa 2,3 Mrd. Kronen geschätzt wurde (Fellner 1916: 594) – dabei handelt es sich allerdings um aggregierte Nettoproduktionswerte, abzüglich der Vorleistungen –, wird die gestiegene Bedeutung des Spielwarenhandels auch in der Donaumonarchie deutlich.

Ein echter Spielwarenboom setzte jedoch erst nach dem Ende des Ersten Weltkriegs ein. In den 1920er-Jahren entstand ein weltweiter Spielzeugmarkt mit den USA und Deutschland als wichtigsten Erzeugerländern. Der nominelle Wert der Spielwarenweltproduktion nahm im Zeitraum 1913–1927 von 250 Millionen auf 650 Millionen Reichsmark zu (Ausschuß 1930: 173), wobei der Markt in den USA eine zentrale Rolle spielte. Der Wert der US-amerikanischen Produktion stieg von 57 Millionen Mark im Jahr 1914 auf 340 Millionen Mark enorm an. Aber auch der nominelle Wert der deutschen Spielzeugproduktion zeigte einen Anstieg: von 137 Millionen Mark im Jahr 1913 auf 192

Millionen Mark im Jahr 1927. Mengenmäßig wurden jedoch in Deutschland die Produktionsziffern der Vorkriegsjahre nicht mehr ganz erreicht. Während des Ersten Weltkrieges stieg auch Japan zu einem großen Spielzeugexporteur auf. Die Exporte verdreifachten sich während des Krieges und dann erneut während der 1920er-Jahre. Im Jahr 1927 erreichten sie einen Wert von rund 25–40 Millionen Mark. Die hohe Nachfrageelastizität bei typischen Kinder- und Jugendkonsumprodukten zeigte sich freilich mit Ausbruch der Weltwirtschaftskrise. Die Exporte brachen weltweit, insbesondere in Deutschland ein, wozu freilich auch protektionistische Maßnahmen beitrugen (Pöschl 1937: 111f.).

In der zweiten Hälfte des 20. Jahrhunderts wandelte sich die Spielwarenbranche zu einer konsumentenorientierten Freizeitindustrie. Gegen Ende des Jahrhunderts wurden am weltweiten Spielwarenmarkt Waren im Wert von rund 50 Milliarden US-$ umgesetzt (Kline 1998: 340f.). Nach 1945 hatten sich die japanische und deutsche Spielzeugproduktion rasch erholt. Neben den USA blieb Japan nunmehr führender Spielzeugproduzent bei imaginativ gestaltetem Spielzeug (Stearns 2006: 79). Anfang der 1980er-Jahre waren in der BRD etwa eine Viertelmillion Spielsachen auf dem Markt (Rolff [4]1995: 155). In den 1990er-Jahren gab eine durchschnittliche US-amerikanische Familie fast 400 US-$ jährlich für Spielwaren aus. Sie wurde dabei von deutschen Familien übertroffen, die sogar auf durchschnittliche Ausgaben in der Höhe von 423 US-$ kamen (Kline 1998: 340), womit die Westdeutschen Weltmeister beim Kauf von Spielwaren blieben.

Die Verschiebung der relativen Preise blieb jedoch nicht auf Spielwaren beschränkt, sondern betraf etwa auch Trivialliteratur und neue Medien wie das Kino, die Schallplatte und zuletzt andere Tonträger (CDs, DVDs). Der Erfolg des Kinos bei jugendlichen Konsumenten hatte eine in seine Anfänge zurückreichende und schon in der ersten Hälfte des 20. Jahrhunderts ungebrochene Tradition. Bereits im Jahr 1913 besuchte rund ein Drittel der Mannheimer 14- bis 16-jährigen Hilfsarbeiter und Lehrlinge jede Woche das städtische Kino. Zwei Jahrzehnte später betrug der entsprechende Anteil unter allen 14- bis unter 16-jährigen Jugendlichen in Wien 35 Prozent (Rosenmayr/Köckeis/Kreutz 1966: 171–174). Auf älteren Wurzeln beruhte der Erfolg der Trivialliteratur, der im engen Bezug zu dem des Kinos stand. Schon um 1900 zählten Detektiv-, Indianer- und Trappergeschichten in Druckwerken und im Kino zu jenen populären Massenkünsten, die nicht zuletzt bei Kindern und Jugendlichen ein kommerzieller Erfolg wurden (Maase 1992: 47). Der Kauf von Groschenromanen, Indianergeschichten und anderer Trivialliteratur gehörte seit der Jahrhundertwende in vielen

europäischen Ländern zum selbstverständlichen Bestandteil jugendspezifischen Konsums von mehr oder minder langlebigen Konsumprodukten. Exemplarisch sei etwa der weit über den deutschsprachigen Raum hinausreichende Erfolg von Karl Mays „Reiseerzählungen"
angeführt (Plaul 1983: 231, 233). Den vollen Durchbruch erzielte dieses Genre, ebenso wie andere einschlägige kinder- und jugendspezifische Druckmedien, in den 1950er-Jahren, in denen Taschenbuch und
Comic ihren Siegeszug antraten. Im Jahr 1951 erschien das erste deutsche Micky-Maus-Heft (Zinnecker 1987: 25). Über die Bundesrepublik
gelangte Mitte der 1950er-Jahre eine wahre Flut an Comics auch nach
Österreich, wo sie sich rasch als beliebte Lektüre für Kinder und ange-
hende Jugendliche etablierten (Vasold 2004: 90, 93). Etwa ein Jahrzehnt danach zählte etwa ein Viertel der Wiener und niederösterreichischen Lehrlinge zu den regelmäßigen Comics-Lesern und wohl auch
Käufern (Rosenmayr/Köckeis/Kreutz 1966: 108). In den späten 1970er-
Jahren lasen etwa 90 Prozent aller westdeutschen Kinder und Jugendlichen zwischen 6 und 14 Jahren Comics (Rolff [4]1995: 159). In den
1950er-Jahren erreichten auch Jugendzeitschriften ein wachsendes Publikum. Im Jahr 1956 kam das ursprünglich gar nicht unbedingt für
Jugendliche konzipierte BRAVO-Heft in der BRD und auch in Österreich auf den Markt. Die Zeitschrift eroberte sehr rasch den Markt jugendlicher Leser. Im Jahr 1960 waren 40 Prozent der BRAVO-Leser in
der BRD bis 16 Jahre alt, 18 Prozent 17–20 Jahre und 11 Prozent 21–24
Jahre (Maase 1992: 104). Etwa um die gleiche Zeit lasen 53 Prozent
der Wiener und niederösterreichischen Lehrlinge und 28 Prozent der
Schüler BRAVO (Rosenmayr/Köckeis/Kreutz 1966: 108).

JUGEND(KONSUM)KULTUREN

Es war jedoch nicht nur der allgemeine Trend zur Massenkonsum- und
zur Freizeitgesellschaft, der die Geschichte des Kinder- und Jugendkonsums im 20. Jahrhundert bestimmte. Ein durchaus auch ökonomisch relevanter Wandel betraf die „Institution" Kindheit und Jugend.
Als „Institution" sind im Sinn von Douglas North formgebundene (Regeln, Gesetze) und formlose (Gepflogenheiten, Verhaltenskodices) Beschränkungen zu verstehen, die Gesellschaften eigen sind (North 1992:
4). Diese Beschränkungen können in Frage gestellt werden und ero-
dieren, wenn die Opportunitätskosten ihrer Befolgung als zu hoch bewertet werden (Volckart 2004: 246). Mit bescheidenen Anfängen in der
Zwischenkriegszeit, vor allem aber ab Mitte der 1950er-Jahre haben
autonome Jugendkulturen bestehende Verhaltenscodices, die einen

unmittelbaren Bezug zum Konsumverhalten besitzen, mit Erfolg in
Frage gestellt. Dieser Infragestellung war auch darum immer größerer
Erfolg beschieden, weil entwickelte Konsumgesellschaften eine gewisse Egalität der Konsumenten aller Altersstufen – zumindest jener, die
über ein disponibles Einkommen verfügen – kennzeichnet.

Ansätze einer eigenständigen Jugendkultur kamen zunächst vor allem aus den USA. Oberschüler, Studenten und junge Akademiker begannen sich öffentlich zu den von ihren Eltern und Erziehern bekämpften Werten der Massenkultur zu bekennen. In den 1920er-Jahren schufen US-amerikanische weiße Mittelschichtjugendliche an High Schools
und Colleges eine Welt der Gleichaltrigen. In diesen Schultyp drangen
in den 1950er-Jahren auch immer mehr Arbeiterkinder ein. Damit
schwächte sich die scharfe Trennung zwischen High School-Kultur der
Mittelschicht und proletarischer Straßenbandenkultur in den Städten
ab (Maase 1992: 90f.). In den (west-)europäischen Nachkriegsgesellschaften war es der mit dem wirtschaftlichen Boom des Wiederaufbaus enorm gestiegene Arbeitskräftebedarf, der die ökonomischen
Gewichte innerhalb der Haushalte und Familien und zwischen den
Klassen verschob und teilweise auch einebnete. „Neue Jugendkulturen
wie die Teenagerkultur verweisen somit nicht nur auf veränderte
Konsumpräferenzen, sondern spiegeln auch die veränderten Verhältnisse von Produktion und Arbeitsmarkt." (Schmidlechner 2003: 533)
Viele Erwachsene reagierten auf die neuen Jugendkulturen zunächst
mit Unverständnis. Ein mit einiger Erbitterung geführtes Rückzugsgefecht setzte ein, das bei ökonomisch abhängigeren Mittel- und
Oberschichtenjugendlichen nicht ohne Wirkung blieb. Noch 1959 gaben 51 Prozent der westdeutschen Mädchen auf die Frage nach dem
Besitz von Hosen keine klaren Antworten (Münster 1961: 55), weil er
offensichtlich von den Eltern nicht erwünscht war. Im Jahr 1960 bekannte etwa ein Drittel der 16- bis 29-Jährigen „zu viel auf Vergnügen"
aus zu sein (Siegfried 2003a: 27). Letztlich erwies sich jedoch der Übergang vom moralischen zum kommerziellen Code in der Jugendfrage
(Lindner 1986: 282) als unaufhaltsam, weil er von der Logik der
Massenkonsumgesellschaften ökonomisch gestützt wurde.

In Europa kamen ursprünglich wichtige Impulse für eine eigenständige Jugendkultur aus Subkulturen proletarischer Jugendlicher. Mit
äußerst bescheidenen Mittel kultivierten etwa die Wiener „Schlurfs" in
den späten 1930er-Jahren und in der NS-Zeit eine jugendliche Subkultur mit Langzeitwirkung – obwohl sie für den über den Markt vermittelten Konsum noch geringe Bedeutung besaß (Gerbel/Mejstrik/Sieder
2000: 523–548). „Vorkonsumistische" jugendkulturelle Strömungen

waren allerdings durchwegs schichtspezifisch und minoritär (Maase 1992: 96). Das änderte sich bis zu einem gewissen Grad in der zweiten Hälfte der 1950er-Jahre. Gruppen von Jugendlichen bevölkerten nun in einem Ausmaß Straßenecken, wie es zuvor keine subkulturelle Jugendbewegung je getan hatte (Fischer-Kowalski [4]1995: 56). Sie bedienten sich eines aus den USA importierten Repertoires städtischer Unterschichtenjugendlicher, wobei sie Angebote der Kultur- und Konsumgüterindustrie nutzten, um eigene Stile zu basteln (Maase 1992: 37). Schon Ende der 1950er ebbte die Halbstarkenwelle jedoch wieder ab (Wagnleitner 1985: 164). Dem bürgerlichen Establishment gelang es noch einmal in einer konzertierten Aktion von Polizei und Musikindustrie, die auf weichere Rockklänge umstellte, die Etablierung einer autonomen Jugendkultur zu verhindern.

Neben die Halbstarken traten jedoch bald die Teenager. Als Teenager wurden zunächst in der BRD und Österreich nur weibliche Elvis Presley Fans bezeichnet, ab dem Jahr 1957 jedoch mehr oder minder alle weiblichen und ab 1959 alle Jugendlichen (Poiger 2000: 191). Weibliche Teenager kauften modische Kleidung, Kosmetik, Accessoires, Schallplatten und orientierten sich an Idolen wie Jane Mansfield oder Marylin Monroe (Schmidlechner 2003: 532; Brumberg 1998). Informationen über ihre Idole und einschlägige Modetrends holten sie sich über einschlägige Zeitschriften. Beispielsweise waren von den 14–20-jährigen BRAVO-Lesern des Jahres 1960 72 Prozent Mädchen bzw. junge Frauen (Münster 1961: 164). Überrepräsentiert waren unter ihnen junge Fabrikarbeiterinnen, die in den beginnenden Wirtschaftswunderjahren unter ihren Altersgenossinnen am besten verdienten (Thurner 1995: 60). Ende der 1950er-Jahre begann sich eine klassenübergreifende domestizierte weibliche Teenagerkultur zu etablieren, die allerdings primär auf die eigenen „vier Wände" beschränkt blieb (Schmidlechner 2003: 538). Noch war die Kaufkraft der Jugendlichen nicht so groß, um eine von der Jugendkultur geprägte Konsumwelle auszulösen. Im Jahr 1960 besaßen beispielsweise erst 40 Prozent der 14–19-jährigen westdeutschen Jugendlichen Schallplatten. Die Teenagerwelle zeigte jedoch, dass ‚materialistische', genussorientierte und ‚vulgäre' Einstellungen auch den Nachwuchs der Mittel- und Bildungsschichten erreicht hatten (Maase 1992: 19). Die gemeinschafts- und gruppenbildende Funktion des Konsums wies in der Folge den Weg zu Jugendkulturen, die über die Vermittlung eines gemeinsamen Generationengefühls Schicht- und Klassengrenzen übersprangen.

Den Boden für eine eigenständige Jugendkonsumkultur bereiteten jedoch nicht nur Teenager und Halbstarke. Kräftig gefördert von den

Verkaufsstrategien der Konsumgüterindustrie begann sich auch das Konsumverhalten von Kindern zu emanzipieren und wieder stand am Beginn US-amerikanischer Einfluss. In den 1950er-Jahren verbreiteten sich nach und nach Genussmittel wie Kaugummis und Coca Cola oder aber auch Trivialliteratur in Form von Comics, die ursprünglich eine klare Distinktion zu den Konsumgewohnheiten der Erwachsenen signalisierten (Weigl 2004: 238f.; Bandhauer-Schöffmann 1985: 96–100). Die so Sozialisierten gingen in den 1960er-Jahren auf breiter Front zum Angriff über.

Für die Entwicklung einer klassenübergreifenden Jugendkultur spielte der Aufstieg einer jugendlich codierten Geschmackskultur, die sich an Musikstilen und Tanzmoden orientierte, unzweifelhaft eine erhebliche Rolle (Holert 2002: 25). Schon der Rock'n'Roll strahlte deutlich über das Halbstarkenmilieu hinaus und wurde von einer Mehrheit der Heranwachsenden emotional positiv oder zumindest mit modischem Interesse aufgenommen (Maase 1992: 103f.). Dennoch erwies er sich vorerst noch als eine Randerscheinung, wie der Schmuse-Rock Anfang der 1960er-Jahre zu belegen schien (Zimmermann [4]1995: 114). Die Bedeutung des Rock'n'Roll ging jedoch über die eines bloßen Konsumgutes hinaus. Nun verfügten die Jugendlichen erstmals über einen Bedeutungsträger, der sie klar vom Geschmack der Erwachsenen abgrenzte (Huber/Nicoletti 2004: 8). Der nächste Schritt zu einer autonomen Jugendkultur war daher nur mehr eine Frage der Zeit.

Die aus Großbritannien kommende Beatwelle, die ihren Höhepunkt 1962–1965 erreichte (Zimmermann [4]1995: 114) – in Österreich setzte die breite Rezeption der „Beatles" als Symbolfiguren des neuen Musikstils etwas verspätet im Jahr 1967, in Wien allerdings schon 1964 ein (Luger 1995: 506; Fichna 2004: 171) – begeisterte keineswegs nur eine jugendliche Minderheit. Ende der 1960er-Jahre war die Beat- und Popmusik eine „Gemeinkultur", an der fast alle unter 40 teilhatten (Maase 2000: 170–189). Der Durchbruch des Beat ließ die Kassen der Musikindustrie in ungeahntem Ausmaß klingeln. Gaben westdeutsche Jugendliche in den späten 1950er-Jahren jährlich rund 200 Millionen DM für Schallplatten aus, waren es ein Jahrzehnt später 475 Millionen (Kemper 2002: 17). Die von der 68er-Generation artikulierte Konsumkritik blieb allerdings Episode (Stearns 2006: 128). Mit dem Punk-Rock verabschiedete sich in den späten 1970er-Jahren die subkulturelle politische Jugend(konsum)kultur (Huber/Nicoletti 2004: 9), nicht jedoch die kommerzielle Rolle der Popmusik. Im Jahr 2001 besaßen 86 Prozent der deutschen Jugendlichen einen eigenen CD-Player. Das Hören von Pop, Rock, Disco, Techno, Rap und HipHop zählte nach dem Schul-

besuch zur zweithäufigsten Tätigkeit. Dienen Techno und HipHop als
erwachsenenfreies Paralleluniversum, gelingt es den Jugendlichen, ein-
zig mit Heavy Metal eine gewisse Distanz zu elterlichem Konsumverhalten zu signalisieren (Huber/Nicoletti 2004: 5, 10).

Der 68er-Bewegung gelang es, eine breite autonome Jugendkultur
zu kreieren, die eine hedonistische Lebensweise propagierte. Sie schuf
damit Voraussetzungen für eine sich ab den 1980er-Jahren entwickelnde
sozial deregulierte Konsum- und Erlebnisgesellschaft (Tanner 1998:
221f.). Damit schwand freilich der Charakter einer die Erwachsenenwelt provozierenden Subkultur und letztlich deren Autonomie. Die
„postmarxistische Einsteigergeneration" (Luger 1998: 277–292) der letzten beiden Jahrzehnte hat zunehmend Mühe, Gegenpositionen zur elterlichen Stammkultur in ihrem Konsumverhalten zu artikulieren.
Globalisierungsphänomene auf der einen und der Trend zu „fraktalen
Identitäten" (Luger 1998: 292) auf der anderen Seite bestimmen da
wie dort das Konsumverhalten. Im ausgehenden 20. Jahrhundert hat
sich eine globale Kinder- und Jugendkultur entwickelt, deren zentrale
Bestandteile Barbiepuppen, Blue Jeans, McDonalds, Pop-Konzerte und
Erlebnisparks sind. Geblieben sind freilich „die feinen Unterschiede",
die nicht immer schichtspezifisch ausfallen müssen. Die weitgehend
auf die USA beschränkte Herkunft global vertriebener Konsumprodukte
täuscht eine kulturelle Vereinheitlichung von Jugendstilen vor, die so
nicht existiert. Rap, Pokémon u.a. Produkte und Stile haben oft in den
Rezeptionsländern eine andere Bedeutung als in den Herkunftsländern
(Stearns 2006: 126–129). Auch nach Altersgruppen ist mit durchaus
unterschiedlichen Rezeptionen und Rezeptionsstrategien zu rechnen.
Ein Pluralismus von Milieus und Lebensstilen (Luger 1998: 288) hat
das Generationengefühl der „68er" abgelöst. Das Gemeinsame ist nicht
völlig verschwunden aber hat doch einer Individualisierung und Ato-
misierung von hedonistischen Konsumstilen der Kinder und Jugendlichen Platz gemacht. Der Markt fokussiert auf das Individuum als Konsument. Auch dies ist jedoch kein Spezifikum der Kinder- und Jugend-
phase, sondern der Logik entwickelter Massenkonsumgesellschaften
inhärent (Zinnecker 1987: 323). Die Konsumgesellschaft wirkt auf das
Konsumverhalten verschiedener Altersgruppen einer Gesellschaft ega-
lisierend und differenzierend zugleich (Hanisch 2005: 370).

Gegen Ende des 20. Jahrhunderts spiegelt das Konsumverhalten von
Kindern und Jugendlichen nunmehr typische Trends moderner Konsumgesellschaften. So kam es auch unter Kindern und Jugendlichen zu
einer Verschiebung der Nachfrage von Warenkäufen zu Dienstleistungen.
Den Anfang machten große Themenparks wie das im Jahr 1955 in der

Nähe von Los Angeles eröffnete „Disneyland". Im Jahr 1989 zählten ein-
schlägige Betreiber in den USA 250 Millionen Besucher jährlich. Die
Einnahmen beliefen sich auf rund 4 Mrd. US $. In den 1980er- und 1990er-
Jahren ging der Disney-Konzern nach Japan und Europa. Weitere Parks
schossen wie Pilze aus dem Boden. In Deutschland zählte man 1999 56
Themenparks (König 2000: 339–341). Eine weitere Veränderung der
Konsumgewohnheiten betraf Verschiebungen in der Gewichtung der
Konsumformen. Demonstrativer Konsum zum Zweck des Erwerbs von
„sozialem Kapital" (Pierre Bourdieu) hatte zwar schon zu Beginn des
20. Jahrhunderts für Jugendliche eine gewisse Rolle gespielt. Er orientierte sich allerdings stark an der Zugehörigkeit zu einer bestimmten
Klasse. Seit den 1950er-Jahren begannen sich die Klassenschranken
aufzuweichen. „Sich verkaufen können" war nunmehr positiv konnotiert
(Maase 1992: 156). In der Folge richtete sich demonstrativer Konsum
auch in weit stärkerem Maß als zuvor an die eigene Generation. Der
Konsumgüterindustrie gelang es rasch, diese Form des Konsums in kommerzielle Bahnen zu lenken. Im Jahr 1987 gaben 29 Prozent der 14–25-
jährigen Jugendlichen und jungen Erwachsenen in Österreich an,
Kleidungskäufe primär zu tätigen um „in" zu sein (Weigl 2004: 244; Haupt
2003: 16, 144). Nach der bereits erwähnten Untersuchung orientierten
sich 43 Prozent der deutschen, 58 Prozent der südkoreanischen und 65
Prozent der polnischen Jugendlichen an der „Marke" (Lange 2005: 108).
Nicht ganz von ungefähr lag der entsprechende Anteil in Deutschland
am niedrigsten, in Polen, einer „jungen" Konsumgesellschaft, am höchsten. In den satten Wohlstandsgesellschaften atomisiert sich der Marken-
konsum in eine Vielzahl individueller Einzelstile, die sich häufig klaren
Kategorisierungen entziehen.

LITERATUR

Abrams, Mark (1959): The Teenage Consumer. LPE Papers 5/59
Anschütz, Rudolf (1913): Die Spielwaren=Produktionsstätten der Erde. Sonneberg
Ausschuß zur Untersuchung der Erzeugungs- und Absatzbedingungen der deutschen
    Wirtschaft (1930): Die Deutsche Spielwarenindustrie (=Verhandlungen und Be-
    richte des Unterausschusses für allgemeine Wirtschaftsstruktur (I Unterausschuss)
    5. Arbeitsgruppe (Außenhandel) Bd. 19). Berlin
Blaumeiser, Heinz/Blimlinger, Eva, Hg. (1993): Alle Jahre wieder … Weihnachten
    zwischen Kaiserzeit und Wirtschaftswunder (=Damit es nicht verloren geht …
    25). Wien/Köln/Weimar
Breuss, Susanne, Hg. (2005): Die Sinalco-Epoche. Essen, Trinken, Konsumieren nach
    1945. Wien
Bourdieu, Pierre (1992): Ökonomisches Kapital – Kulturelles Kapital – Soziales Ka-
    pital. In: Bourdieu, Pierre: Die verborgenen Mechanismen der Macht (=Schriften
    zu Politik und Kultur 1). Hamburg: 49–79

Brumberg, Joan Jacobs (1998): The Body Project. An Intimate History of American Girls. New York

Buchschwenter, Robert (2004): „Johnny, ein Glas Milch! Kino, Pop und der Kampf um den (guten) Geschmack. In: Horak, Roman u.a. (Hg.): Randzone. Zur Theorie und Archäologie von Massenkultur in Wien 1950–1970(=Kultur.Wissenschaften 10). Wien: 103–125

Deaton, Angus (1987): Consumer's Expenditure. In: The New Palgrave. A Dictionary of Economics Bd. 1. London/New York/Tokyo: 592–607

Eder, Franz X. (2003): Privater Konsum und Haushaltseinkommen im 20. Jahrhundert. In: Eder, Franz X., u.a.: Wien im 20. Jahrhundert. Wirtschaft, Bevölkerung, Konsum (=Querschnitte 12). Innsbruck u.a.: 201–285

Fellner, Friedrich von (1916): Das Volkseinkommen Österreichs und Ungarns. In: Statistische Monatsschrift NF 21. Brünn: 485–625

Fichna, Wolfgang (2004): Rock'n'Roll und Beat in Wien. Populäre Musikstile zwischen Untergrund und Oberfläche. In: Horak, Roman u.a. (Hg.): Randzone. Zur Theorie und Archäologie von Massenkultur in Wien 1950–1970 (=Kultur.Wissenschaften 10). Wien: 163–180

Fischer-Kowalski, Marina (⁴1995): Halbstarke 1958, Studenten 1968: Eine Generation und zwei Rebellionen. In: Preuss-Lausitz, Ulf u.a. (Hg.): Kriegskinder, Konsumkinder, Krisenkinder. Zur Sozialisationsgeschichte seit dem Zweiten Weltkrieg. Weinheim/Basel: 53–70

Gerbel, Christian/Mejstrik, Alexander/Sieder, Reinhard (2000): Die „Schlurfs". Verweigerung und Opposition von Wiener Arbeiterjugendlichen im Dritten Reich. In: Tálos, Emmerich u.a. (Hg.): NS-Herrschaft in Österreich. Ein Handbuch. Wien: 523–548

Hanisch, Ernst (2005): Männlichkeiten. Eine andere Geschichte des 20. Jahrhunderts. Wien/Köln/Weimar

Haupt, Heinz-Gerhard (2003): Konsum und Handel. Europa im 19. und 20. Jahrhundert. Göttingen

Hebdige, Dick (¹⁰2003): Subculture. The Meaning of Style. London/New York

Holert, Tom (2002): Abgrenzen und Durchkreuzen. Jugendkultur und Popmusik im Zeichen des Zeichens. In: Kemper, Peter/Langhoff, Thomas/Sonnenschein, Ulrich (Hg.): „alles so schön bunt hier". Die Geschichte der Popkultur von den Fünfzigern bis heute. Leipzig: 23–37

Huber, Michael/Nicoletti, Doris (2004): Vom Rock'n'Roll zum Techno. Ein Blick auf die Sozialgeschichte des Musikkonsums Jugendlicher seit den 1950er Jahren. In: Historische Sozialkunde 34/3: 4–11

IMAS (2002): Kinder-ÖVA. Linz

Kemper, Peter (2002): Jugend und Offizialkultur nach 1945. In: Kemper, Peter/Langhoff, Thomas/Sonnenschein, Ulrich (Hg.): „alles so schön bunt hier". Die Geschichte der Popkultur von den Fünfzigern bis heute. Leipzig: 12–22

Killy, Walther/Vierhaus, Rudolf, Hg. (2001): Deutsche Biographische Enzyklopädie Bd. 9. München

Kline, Stephen (1998): Toys, Socialization, and the Commodification of Play. In: Strasser, Susan/McGovern, Charles /Judt, Matthias (Hg.): Getting and Spending. European and American Consumer Societies in the Twentieth Century. Cambridge: 339–358

König, Wolfgang (2000): Geschichte der Konsumgesellschaft (=Vierteljahrschrift für Sozial- und Wirtschaftsgeschichte Beihefte 154). Stuttgart

Kollmann, Karl/Kautsch, Irene (2004): Kaufsucht in Österreich (=Arbeiterkammer Wien Studie 29/2004). Wien

Krisch, Richard (1994): Konsumieren macht frei? Die Barbie den Kindern, Reebok den Jugendlichen, Felix liebt Heinz. In: Kollmann, Karl/Steger-Mauerhofer, Hildegard (Hg.): Verbraucher oder Verbrauchte. Wenn wir 30 Jahre älter sind. Wien: 49–58

Lange, Elmar u.a. (2005): Jugendkonsum im internationalen Vergleich. Eine Untersuchung der Einkommens-, Konsum- und Verschuldungsmuster der Jugendlichen in Deutschland, Korea und Polen. Wiesbaden

Leinthaler, René (2004): „Hol auch du dir preisgünstige Revolution." DJ-Culture und die Globalisierung der Popkultur. In: Historische Sozialkunde 34/3: 12–19

Lindner, Rolf (1986): Teenager. Ein amerikanischer Traum. In: Bucher, Willi/Pohl, Klaus (Hg.): Schock und Schöpfung. Jugendästhetik im 20. Jahrhundert. Darmstadt/Neuwied: 278–283

Luger, Kurt (1991): Die konsumierte Rebellion. Geschichte der Jugendkultur 1945–1990. Wien

Luger, Kurt (1998): Vergnügen, Zeitgeist, Kritik. Streifzüge durch die populäre Kultur. Neue Aspekte in Kultur- und Kommunikationswissenschaft 13. Wien

Maase, Kaspar (1992): BRAVO Amerika. Erkundungen zur Jugendkultur der Bundesrepublik in den fünfziger Jahren. Hamburg

Maase, Kaspar (2000): „Gemeinkultur". Zur Durchsetzung nachbürgerlicher Kulturverhältnisse in Westdeutschland 1945 bis 1970. In: Bollenbeck, Georg/Kaiser, Gerhard (Hg.): Die janusköpfigen 50er Jahre. Wiesbaden: 170–189

Maase, Kaspar (2003): Körper, Konsum, Genuss – Jugendkultur und mentaler Wandel in den beiden deutschen Gesellschaften. In: Aus Politik und Zeitgeschichte 45: 9–16

Mara, Wolfgang (1940): Absatzbedingungen und Absatzgestaltung der deutschen Spielwarenwirtschaft (=Beiträge zur Handels- und Absatzforschung 2). Leipzig

Mitchell, Brian Redman (1978): European Historical Statistics 1750–1970. London/Basingstoke

Münster, Ruth (1961): Geld in Nietenhosen. Jugendliche als Verbraucher. Stuttgart

North, Douglass C. (1992): Institutionen, institutioneller Wandel und Wirtschaftsleistung (=Die Einheit der Gesellschaftswissenschaften 76). Tübingen

Plaul, Hainer (1983): Illustrierte Geschichte der Trivialliteratur. Leipzig

Pöschl, Viktor (1937): Spiel und Spielware in Wirtschaft und Wissenschaft. Leipzig

Poiger, Uta G. (2000): Jazz, Rock, and Rebels. Cold War Politics and American Culture in a Divided Germany. Berkeley/Los Angeles

Poiger, Uta G. (2003): Amerikanisierung oder Internationalisierung? Populärkultur in beiden deutschen Staaten. In: Aus Politik und Zeitgeschichte 45: 17–24

Popp, Adelheid (²1991): Jugend einer Arbeiterin. Bonn

Reith, Reinhold (2003): Einleitung. Luxus und Konsum – eine historische Annäherung. In: Reith, Reinhold /Meyer, Torsten (Hg.): Luxus und Konsum. Eine historische Annäherung (=Cottbuser Studien zur Geschichte von Technik, Arbeit und Umwelt 21). Münster u.a.: 9–27

Retter, Hein (1979): Spielzeug. Handbuch zur Geschichte und Pädagogik der Spielmittel. Weinheim/Basel

Rolff, Hans-Günter (⁴1995): Massenkonsum, Massenmedien und Massenkultur – Über den Wandel kindlicher Aneignungsweisen. In: Preuss-Lausitz, Ulf u.a. (Hg.): Kriegskinder, Konsumkinder, Krisenkinder. Zur Sozialisationsgeschichte seit dem Zweiten Weltkrieg. Weinheim/Basel: 153–167

Rosenmayr, Leopold/Köckeis, Eva/Kreutz, Henryk (1966): Kulturelle Interessen von Jugendlichen. Eine soziologische Untersuchung an jungen Arbeitern und höheren Schülern. Wien/München

Schmidlechner, Karin M. (2003): Weibliche Jugendliche in Österreich in den Fünfziger Jahren. In: Beer, Siegfried u.a. (Hg.): Focus Austria. Vom Vielvölkerreich zum EU-Staat. Festschrift für Alfred Ableitinger zum 65. Geburtstag (=Schriftenreihe des Instituts für Geschichte 15). Graz: 524–539

Scholliers, Peter (1994): Der Aufstieg der belgischen Schokolade. In: Sandgruber, Roman/Kühnel, Harry (Hg.): Genuß & Kunst. Kaffee – Tee – Schokolade – Tabak – Cola (=Katalog des Niederösterreichischen Landesmuseums NF 341). Innsbruck: 73–77

Schwarzl, Reinhold/Kassberger, Ferdinand (2000): Zur Vollständigkeit der offiziellen BIP/BSP-Berechnungen. In: Statistische Nachrichten NF 55: 142–148

Siegfried, Detlef (2003a): „Trau keinem über 30"? Konsens und Konflikt der Generationen in der Bundesrepublik der langen sechziger Jahre. In: Aus Politik und Zeitgeschichte 45: 25–32

Siegfried, Detlef (2003b): Draht zum Westen. Populäre Jugendkultur in den Medien 1963 bis 1971. In: Estermann, Monika/Lersch, Edgar (Hg.): Buch, Buchhandel und Rundfunk. 1968 und die Folgen. Wiesbaden: 83–109

Stearns, Peter N. (1997): Konsumgesellschaft: Ein Kinderkreuzzug. In: Siegrist, Hannes/Kaelble, Hartmut/Kocka, Jürgen (Hg.): Europäische Konsumgeschichte. Zur Gesellschafts- und Kulturgeschichte des Konsums (18. bis 20. Jahrhundert). Frankfurt am Main/New York: 139–168

Stearns, Peter N. (2006): Childhood in World History. London/New York

Stigler, George J. (1965): Essays in the History of Economics. Chicago/London

Streissler, Erich/Streissler, Monika (²1986): Grundzüge der Volkswirtschaftslehre für Juristen. Wien

Tanner, Jakob (1998): „The Times They Are A-Changin". Zur subkulturellen Dynamik der 68er Bewegungen. In: Gilcher-Holtey, Ingrid (Hg.): 1968 – Vom Ereignis zum Gegenstand der Geschichtswissenschaft (=Geschichte und Gesellschaft Sonderheft 17). Göttingen: 207–223

Tebbich, Heide (2001): The Shopping experience. In: Kaufen. Lungern. Piercen. Jugend zwischen Eigenständigkeit und Konformismus. Praev.doc 01/2001. Steyr: 7–9

Tenbruck, Friedrich H. (1962): Jugend und Gesellschaft. Soziologische Perspektiven. Freiburg

Thurner, Erika (1995): Die stabile Innenseite der Politik. Geschlechterbeziehungen und Rollenverhalten. In: Albrich, Thomas u.a., Österreich in den Fünfzigern (=Innsbrucker Forschungen zur Zeitgeschichte 11). Innsbruck/Wien: 53–66

Vasold, Georg (2004): „Zentralproblem Bild". Zur Geschichte der Comics in Österreich. In: Horak, Roman u.a. (Hg.): Randzone. Zur Theorie und Archäologie von Massenkultur in Wien 1950–1970 (=Kultur.Wissenschaften 10). Wien: 81–102

Volckart, Oliver (2004): Koreferat zu Andreas Weigl. In: Walter, Rolf (Hg.): Geschichte des Konsums. Erträge der 20. Arbeitstagung der Gesellschaft für Sozial- und Wirtschaftsgeschichte 23.–26. April 2003 in Greifswald (=Vierteljahrschrift für Sozial- und Wirtschaftsgeschichte Beiheft 175). Stuttgart: 245–247

Wagnleitner, Reinhold (1985): Die Kinder von Schmal(t)z und Coca-Cola. Der kulturelle Einfluß der USA im Österreich der fünfziger Jahre. In: Jagschitz, Gerhard/Mulley, Klaus-Dieter (Hg.): Die wilden fünfziger Jahre. Gesellschaft, Formen und Gefühle eines Jahrzehnts in Österreich. St. Pölten/Wien: 144–172

Weber-Kellermann, Ingeborg (1979): Die Kindheit. Kleidung und Wohnen. Arbeit und Spiel. Eine Kulturgeschichte. Frankfurt am Main

Weigl, Andreas (2004): Vom Versorgungsfall zur Zielgruppe. Konsumverhalten Wiener Kinder und Jugendlicher zwischen Kinderausspeisung und Markenfetischismus. In: Walter, Rolf (Hg.): Geschichte des Konsums. Erträge der 20. Arbeitstagung der Gesellschaft für Sozial- und Wirtschaftsgeschichte 23.–26. April 2003 in Greifswald (=Vierteljahrschrift für Sozial- und Wirtschaftsgeschichte Beiheft 175). Stuttgart: 221–244

Zimmermann, Peter ([4]1995): Aufwachsen mit Rockmusik – Rockgeschichte und Sozialisation. In: Preuss-Lausitz, Ulf u.a. (Hg.): Kriegskinder, Konsumkinder, Krisenkinder. Zur Sozialisationsgeschichte seit dem Zweiten Weltkrieg. Weinheim/Basel: 107–126

Zinnecker, Jürgen (1987): Jugendkultur 1940–1985. In: Jugendwerk der Deutschen Shell (Hg.). Opladen

KONSUMIEREN UND DIE DISKURSIVE KONSTRUKTION NATIONALER GEMEINSCHAFT

OLIVER KÜHSCHELM

Vieles spricht für mannigfaltige Zusammenhänge zwischen Konsum und Nation. Die geschichtswissenschaftliche Forschung hat sich aber, zumal in Österreich, noch wenig damit befasst. Ich werde drei miteinander verknüpfte Aspekte des Themas skizzieren: Erstens die Forderung nach einem guten Lebensstandard für alle als Realisierung nationaler Gemeinschaft, zweitens die Propagierung patriotischen Kaufverhaltens und drittens die Konstruktion nationaler Identität mit Hilfe von symbolischen Bedeutungen, die sich (Marken-)Produkten anlagern. Zunächst aber ist zu klären, was unter den Begriffen Nation und Konsum zu verstehen ist.

Die Nation avancierte seit Mitte des 18. Jahrhunderts zu einem der wirkungsmächtigsten politischen und kulturellen Konzepte. Sie bot eine ideologische Klammer, um unübersichtliche gesellschaftliche Entwicklungen zu ordnen, die mit der Herausbildung von Industriegesellschaften einhergingen. Der Staat als Gefäß für die Nation war eine Antwort, mit der man überkommene Herrschaftsräume für die Anforderungen der Moderne aufrüsten oder zugunsten der Etablierung neuer Staatsgebilde demolieren konnte.

Nationen sind „imaginierte Gemeinschaften", denn die Behauptung von Eigenschaften, Überzeugungen und Zielen, die alle Angehörigen verbindet, entzieht sich einer Überprüfbarkeit durch den Einzelnen, wie sie die Kleingruppe erlaubt. Nationen sind Erfindungen, insofern die TrägerInnen des Nationalismus auf eine homogene Gesellschaft hinarbeiten, diesen angestrebten Zustand aber als Mittel der Legitimierung in die Vergangenheit rückprojizieren (Anderson 1993; Gellner 1995).

Für die meisten DeutschösterreicherInnen stimmten in Zeiten von Monarchie und Erster Republik Nation und Staat nicht überein. 1938 wurde die Spannung in der deutschen Volksgemeinschaft aufgehoben, nach 1945 durch Forcierung einer österreichischen Identität, die sich über die Distanzierung von der diskreditierten deutschen Nation konstituierte (Bruckmüller 1996). In die breit akzeptierte Vorstellung von einer eigenständigen Nation gingen sowohl kultur- als auch staatsnationale Elemente ein. Der Sozialstaat, der politische Friede, Staatsvertrag und Neutralität sind Objekte staatsnationaler Identifikation; kulturnationale Komponenten der nationalen Identität sind z. B. der Stolz auf hochkulturelle Leistungen der imperialen Vergangenheit und die Annahme einer österreichischen Mentalität (u. a. Gemütlichkeit, Friedfertigkeit, Freundlichkeit) (Wodak 1998: 483, 487f.). Das Mischungsverhältnis variiert je nach diskursivem Kontext, immer wieder werden neue regionale, soziale und individuelle Varianten produziert.

Im selben Zeitraum, der in Europa die Durchsetzung des Nationalstaates als Ordnungsprinzip brachte und an dessen Beginn in ökonomischer Hinsicht die industrielle Revolution stand, erhöhte sich die Zahl der verfügbaren Konsumgüter drastisch, zuerst in eher gemächlichem Tempo, mit regional unterschiedlichen Geschwindigkeiten und sozialen Disparitäten, beschleunigt im 20. Jahrhundert. Je mehr eine immer größere Zahl von Gütern breiten Bevölkerungsschichten zugänglich wurde, umso mehr Bedeutung gewannen sie als Katalysatoren von personaler und kollektiver Identität.

Konsumieren ist nicht bloß der Ge- und Verbrauch von über Vermittlung des Markts erworbenen Gütern und Dienstleistungen, sondern auch eine kommunikative Tätigkeit, mit der Menschen sich für sich selbst und für andere verständlich machen. Um Mary Douglas und Baron Isherwood zu zitieren: „The most general objective of the consumer can only be to construct an intelligible universe with the goods he chooses." (Douglas/Isherwood 1996: 43) Konsumieren lässt sich somit als ein Spiel mit Zeichen verstehen, Produkte sind Wörter einer Sprache (Karmasin 1998; Baudrillard 1970). Als solche bieten sie eine breite Palette an unterschiedlichen Ausdrucksmöglichkeiten, mit denen sich Gemeinschaft und Differenz herstellen lässt.

Produkte begegnen uns heute in aller Regel als Marken (Hellmann 2003). Hinter Markenprodukten steht der auf relativ lange Dauer orientierte Einsatz von kommunikativen Ressourcen auf Seiten der ProduzentInnen, aber KonsumentInnen und andere AkteurInnen beteiligen sich intensiv an der Produktkommunikation. Diese kann in einem dreidimensionalen Modell gefasst werden: Im Zentrum steht das Produkt als eine Art Sonne, um die sich die Kommunikation dreht. Sie weist einen statischen Kern auf – das Produkt in seiner physischen Wahrnehmungsdimension. Daran lagert sich eine relativ stabile Schicht von Denotationen an, und um diese baut sich die sehr flexible konnotative Aura auf (Gries 2003: 84–88).

Produkte sind Zeichen, Markenprodukte „Superzeichen". In den letzten Jahren ist die Marke zu einem Begriff aufgestiegen, der für die Hoffnung auf oder die Sorge vor einer Steuerung von Kommunikationsprozessen steht, die weit über den ursprünglichen Anwendungsbereich hinausführt. Von personalen Identitäten (die „Ich AG" als Marke) bis zu Nationen, deren Markenstärke in einem „Nation Brands Index" hierarchisiert wird, reicht die Palette.

LEBENSSTANDARD ALS NATIONALES PROJEKT

Mit dem Lebensstil des Bürgertums erreichte ein über die bloße Befriedigung von Grundbedürfnissen hinausgehender Konsum zumindest vom ideologischen Anspruch her die Mitte der Gesellschaft. Die Ausweitung dieses Lebensstandards vom Bürgertum auf alle Staatsbürger rückte als gesellschaftliches Ziel und nationales Projekt ins Blickfeld, je mehr die gewaltigen Fortschritte industrieller Produktion im 20. Jahrhundert die Überwindung von Armut und die Herstellung von sozialer Gleichheit auf gehobenem Konsumniveau zu einer Zukunftsvorstellung machten, die nicht mehr gänzlich abwegig schien.

Die materiale Ausgestaltung der Staatsbürgerschaft brachte die Einbeziehung von Teilen der Arbeiterschaft und des Kleinbürgertums in eine Nation, die nun als Mittelschichtgemeinschaft verstanden wurde. Die Verkoppelung der Zugehörigkeit zu Staat und Nation mit einer neuen Wohlstandsdimension verschärfte aber andererseits oft eine Dynamik der Exklusion gegenüber gesellschaftlichen Gruppen, deren Integration aus verschiedenen Gründen nicht wünschenswert erschien. In den USA erhoben die Protagonisten der *Progressive era* des späten 19. und frühen 20. Jahrhunderts die Forderung nach einem *American standard of living* als einem jedem/er StaatsbürgerIn zustehenden Recht. Parallel zu dieser Ausweitung des sozialen Inhalts von Staatsbürgerschaft wurde allerdings das korrespondierende Konzept der Nation stärker mit rassistischen und kulturellen Implikationen ausgestattet. Um „Amerikaner" sein zu können, musste man(n) eine weiße Hautfarbe aufweisen und sollte vorzugsweise einen angelsächsischen kulturellen Hintergrund haben. Ersteres Kriterium richtete sich gegen die indianische Urbevölkerung, gegen Schwarze und ImmigrantInnen aus

Asien, das zweite gegen die EinwanderInnen aus Ost- und Südeuropa. Gegenströmungen erhielten durch die Auseinandersetzung mit dem nationalsozialistischen Deutschland des Zweiten Weltkriegs Auftrieb (Foner 2002: 161ff.). Ähnlich vollzog sich die Modernisierung Frankreichs nach 1945 als Rückzug nach innen, der die ImmigrantInnen aus den ehemaligen Kolonien außen vor ließ. Räumlich in die *banlieue*, die Peripherie der großen Städte, verbannt, waren sie nicht Teil der die Nation repräsentierenden neuen Mittelklasse (Ross 1995: 11). In Österreich distanzierte man mit dem Label „Gastarbeiter" jene Menschen, die sich ab den 1960er-Jahren im Land niederließen. Die Einwanderer und Einwanderinnen bildeten auch hier eine Kehrseite der sich formierenden Mittelschichtnation.

Auf die Spitze getrieben wurde die exklusive Formulierung der Nation durch den Nationalsozialismus, der ihr die Rasse zugrunde legte. Gegenüber den Anderen trat eine Politik der Vertreibung und Vernichtung auf den Plan. Den Angehörigen der Volksgemeinschaft aber sollte ein der arischen Rasse adäquater, d. h. überlegener Lebensstil geboten werden. Aufgrund dieser ideologischen Prämissen, außerdem zur Ankurbelung der krisengebeutelten Wirtschaft und nicht zuletzt aus propagandistischen Überlegungen stellte das Regime die Schaffung einer nationalsozialistischen Konsumgesellschaft für die nahe Zukunft in Aussicht (Heßler 2004: 466f.). Götz Aly geht in seinem kontroversen Buch „Hitlers Volksstaat" soweit, das nationalsozialistische Deutschland als Gefälligkeitsdiktatur zu beschreiben (Aly 2005). Jedoch erreichte Deutschland in den 1930er-Jahren und erst recht im Krieg nicht einmal das Niveau der besten Jahre der Weimarer Republik. Vom Konsumniveau einer Wohlstandsgesellschaft aber war man meilenweit entfernt. Erfolgreicher als bei der Realisierung konsumgesellschaftlicher Visionen, die an den Grenzen wirtschaftlicher Machbarkeit und der Priorisierung anderer Ziele scheiterten, agierte das Regime bei der Weckung konsumkultureller Erwartungen, mithin auf einer symbolischen Ebene. Die Volksprodukte und die KdF-Reisen bereiteten einen hedonistischen Konsum vor, wie er sich dank des „Wirtschaftswunders" ab den 1960er-Jahren in der Bundesrepublik durchzusetzen begann (König 2004).

Während man im Deutschen Reich Konsum und Nation über die Ideologie der Volksgemeinschaft miteinander verknüpfte, wurde in den USA demokratische Partizipation als Bindeglied angesetzt. Die Konjunktur der 1920er-Jahre hatte den Massenkonsum erweitert, die Wirtschaftsdepression verlieh dem Thema Konsumentenschutz eine neue Dringlichkeit. Vereinigungen und Publikationen, die sich dem Schutz der KonsumentInnen vor dem Missbrauch von Marktmacht widmeten, gewannen für ihre Anliegen die Aufmerksamkeit der Öffentlichkeit. Der Administration Roosevelt gelang die Integration des Konsumentenaktivismus in die Politik des New Deal. Die Regierung erblickte in den KonsumentInnen eine *countervailing power*, ein Gegengewicht, zu den großen Unternehmen. Damit wurde zwar eine grundlegende Infragestellung des liberalkapitalistischen Wirtschaftsmodells vermieden, den KonsumentInnen aber immerhin eine kritische Funktion eingeräumt. Die Figur des *citizen-consumer*, die diskursive Verknüpfung von StaatsbürgerIn und KonsumentIn, war damit ins Zentrum des nationalen Selbstverständnisses gerückt. Diese Konstruktion verlor allerdings in der Nachkriegszeit ihre emanzipatorische Ausrichtung, als nicht mehr die Politisierung des Konsumierens als Gegengewicht zu Unternehmerlobbies, sondern die pauschale Konsumfreudigkeit zum Nutzen von Corporate America propagiert wurde. Im Boom, den die Kriegskonjunktur eingeleitet hatte, schienen die Interessen der US-Konzerne und jene der US-KonsumentInnen ohnehin identisch zu sein (Cohen 2003; McGovern 1998).

Nach dem Zweiten Weltkrieg schlugen auch die westeuropäischen Gesellschaften diesen Weg ein: Konsumfähigkeit – mit dem Lebensstandard der Mittelschicht als Maßstab – wurde nun als Grundrecht jeder StaatsbürgerIn verstanden und Freiheit als Möglichkeit, aus einer breiten Palette an Produkten auszuwählen (De Grazia 2005; Kroen 2003; Daunton/Hilton 2001). Auch in Österreich wurde damals der gehobene Lebensstandard für alle zum Anliegen der Nation erkoren und die ÖsterreicherInnen seit den 1960er-Jahren allmählich in die Position der *citizen-consumer* gerückt (Ellmeier 1998).

Lebensstandard und Konsumentendemokratie als Ziele der Nation haben in Österreich wie in anderen europäischen Ländern eine sozialdemokratisch geprägte (Vor-)Geschichte (Kroen 2003: 543f.). Im „Roten Wien" versuchte die österreichische Sozialdemokratie die Vision eines nach fordistischem Prinzip standardisierten Wohlstands für alle zu verwirklichen. Die Demokratie der KonsumentInnen aber wurde damals vor allem von den Konsumgenossenschaften propagiert. Der erste Konsumverein auf dem Gebiet des heutigen Österreich war 1856 in dem kleinen Fabriksort Teesdorf gegründet worden. Bis Ende des Jahrhunderts hatten sich die Konsumgenossenschaften als wichtige Handelsorganisationen etabliert. Die Prinzipien einer offenen Mitgliedschaft und der demokratischen Mitbestimmung machen die GenossenschaftskonsumentIn zu einer engen Verwandten der BürgerkonsumentIn. Die Konsumgenossenschaften bzw. die ihnen verbundenen Politiker, voran Karl Renner, traten für die Schaffung von staatlichen

Institutionen ein, die der KonsumentIn eine Stimme bei sie betreffenden Entscheidungen geben sollten. 1910 forderte man die Errichtung von Beiräten für Konsumenteninteressen, 1919 wälzte man Pläne für eine Konsumentenkammer. In Ansätzen verwirklicht wurden sie aber erst 1970 mit der Einrichtung eines „konsumentenpolitischen Beirats" im Handelsministerium (Baltzarek 1976). Bis in die Zeit nach dem Zweiten Weltkrieg war das deklarierte Ziel der Konsumgenossenschaften eine tief greifende Umgestaltung der Wirtschaftsordnung mit dem Anspruch einer umfassenden Demokratisierung des Konsums. Das emanzipatorische Potenzial des genossenschaftlichen Projekts wurde jedoch schon deshalb nicht ausgeschöpft, weil man(n) die einkaufenden Frauen nur verbal in die Entscheidungsmechanismen integrierte, sie aber getreu einer patriarchalischen Geschlechterpolitik auf die Innenwelt des Haushalts festschrieb (Ellmeier 1995). Mit dem Aufschwung der 1950er-Jahren verblassten die Ambitionen auf eine grundlegende Veränderung der Gesellschaft zusehends (Kühschelm 2005a).

NATIONALBEWUSST EINKAUFEN

Kampagnen für den patriotischen Einkauf gehören zum Standardrepertoire von Nationalbewegungen und Nationalstaaten. Wenn wir unseren Blick zunächst nur auf die republikanische Phase seit 1918 beschränken, so ist hierzulande die 1927 gegründete Arbeitsgemeinschaft „Kauft österreichische Waren" zu nennen. Die von Kammern und Verbänden getragene Aktion entfaltete eine intensive Werbetätigkeit. In der Zweiten Republik fand die Kampagne ihre Nachfolger in der von der Wirtschaftskammer wieder belebten „Österreichwoche" und dem Verein „Made in Austria", einem 1978 initiierten sozialpartnerschaftlichen Projekt.

Die Mobilisierung der KonsumentInnen zugunsten heimischer Produkte kann in der Form des Anreizes oder der Drohung auftreten. Nach 1945 unterstrichen die heimischen Propagandisten des österreichischen Einkaufs stets, nur für Qualität aus Österreich zu werben, nicht aber pauschal für österreichische Produkte. Man fordere, so Arbeiterkammerpräsident Adolf Czettel 1988, die Konsumenten nicht auf, ein schlechteres oder teureres Produkt zu kaufen, nur weil es ein österreichisches sei, wohl aber kein Produkt bloß deshalb zu kaufen, weil es aus dem Ausland komme (Tolar 1988: 10).

Die Drohung ist allerdings nie weit. Nehmen wir einen „Leitfaden für Lehrpersonen" des Titels „Kauft österreichische Waren" zur Hand. Fertig gestellt wurde er im März 1934, kurz nachdem der schrittweise

Übergang zum Austrofaschismus im „Bürgerkrieg" seinen Abschluss gefunden hatte. Es verwundert wenig, dass die Broschüre von autoritärer Ideologie durchzogen ist. Andererseits fügt sie sich in ein Paradigma von *Buy national*-Kampagnen ein, das über die 1930er-Jahre und den österreichischen Kontext hinausreicht. In der Druckschrift war zu lesen: „Für jeden Österreicher gilt der Grundsatz: ‚Sei Österreicher, kaufe österreichische Waren!'" In den Merksätzen, die durch ihre Abhebung vom übrigen Textkörper auch optisch miteinander verbunden sind, wird zweimal der Bezug zum nationalen Kollektiv hergestellt. Zuerst dient das Etikett „Österreicher" dazu, die von dem „Grundsatz" betroffene Gruppe zu umreißen. Dann wird der „Österreicher" aufgefordert, seinem Österreichertum zu entsprechen. Die Zugehörigkeit zum Kollektiv ist der Handlung zwar vorgängig, wird aber erst durch sie bestätigt. Wer nicht heimische Waren kauft, dessen Status als Österreicher scheint in Frage gestellt.

Der Imperativ in dem für die Initiative namengebenden Slogan „Kauft österreichische Waren!" entspricht dem *hard sell*-Zugang damaliger Werbung. Sie hatte es eben mit Gesellschaften zu tun, die an Befehle gewohnt waren. Als die Wirtschaftskammer ab 1958 rund um den 26. Oktober, dem damaligen Tag der Fahne und späteren Nationalfeiertag, Österreichwochen veranstaltete, blieb sie der alten Form treu: „Denk österreichisch bei jedem Einkauf!" hieß es im ersten Jahr und seit 1959 „Kauft österreichische Qualität!". Auf einer zur Verbreitung des Gedankens kreierten Verschlussmarke wurde die Devise durch das Bild einer jungen Frau ergänzt, die, der BetrachterIn zugewandt, freundlich mahnend den Zeigefinger hob. Von der Kontinuität einer Rhetorik, die auf symbolische Sanktionierung der Abweichung zielte, zeugt auch folgende Passage aus einem Aufsatz, der 1960 den Bundespreis für den zur Österreichwoche ausgeschriebenen Wettbewerb erhielt: „Siehst Du ein, mit welchem Stolz und mit welchem Auftrieb uns ein Blick auf Österreichs Wirtschaft erfüllen kann? Da muß es doch für jeden guten Österreicher eine Selbstverständlichkeit sein, daß er österreichischen Waren bei seinen Einkäufen den Vorzug gibt [...]" Ab 1979 trommelte man „Sag ja zu A!"

Eine 1984 gestartete Kampagne stand hingegen unter dem Motto: „Ein gutes Gefühl österreichisch gekauft zu haben." Gezeigt wurden Paare, die eine Einkaufstasche mit dem Austria-Emblem zu glückstrahlender Harmonie verband, oder das Ritual des Schenkens zu Weihnachten, das durch „I mag Austria"-Aufdrucke auf den Packerln einen österreichbewussten Akzent erhielt. In den späten 1980er-Jahren waren es dann ÖsterreicherInnen jeden Alters und Geschlechts, die vor einem

weißen Hintergrund, also ohne Bezug zu einer konkreten Situation, gezeigt wurden, sich aber ostentativ gut fühlten. Das Versprechen eines
befriedigenden Gefühls ersetzte den Appell ans Pflichtgefühl des Patrioten. Nicht Lob oder Tadel wurden als Ergebnis des Einkaufsverhaltens
in Aussicht gestellt, sondern ein angenehmes Erlebnis, das sich im österreichischen Subjekt selbst herstellen sollte. Das stärkere Gewicht solcher innenorientierter Handlungsziele anstatt der Ausrichtung an äußeren Zwecken, in diesem Fall dem gegenüber der Nationalgesellschaft zu
erbringenden Ausweis, ein guter Österreicher zu sein, ist charakteristisch
für die Entwicklung in Richtung Erlebnisgesellschaft (Schulze 1995),
die hierzulande seit den 1970er-Jahren an Schwung gewann.

Von Kampagnen für den nationalbewussten Einkauf führt ein direkter Weg zu protektionistischer Handelspolitik, zu den in der Weltwirtschaftskrise so intensiv genützten Instrumentarien wie Einfuhr-
sperren, Quoten und Schutzzöllen. Auch abseits der Außenhandels-
politik sind gesetzliche Beschränkungen möglich, die es der ausländischen
Ware schwer machen sollen. Ein Staat verfügt allerdings, so er nicht
jede Autonomie der Gesellschaft liquidieren will, über weniger gesetzliche Möglichkeiten, das Konsumieren in eine patriotische Richtung
zu lenken, als seinen Machtträgern oft lieb ist.

Ein Kennzeichen von *Buy national*-Kampagnen ist die Betonung ihres defensiven Charakters. 1934 wurde erklärt: „Eine feindselige Einstellung gegen das Ausland liegt der Aktion ‚Kauft österreichische Waren‘ fern." Die gleichnamige Broschüre machte klar, dass Aufrufe zum
Boykott importierter Waren angesichts der Exportabhängigkeit Österreichs unklug wären. Anvisiert wurde vielmehr die Behebung eines Über-
maßes, das man dort erblickte, wo Einfuhrprodukte heimischen Waren
„in gleicher Güte und zu durchaus entsprechenden Preisen" Konkurrenz machten. Hier war nicht der Staat, dessen protektionistische Maßnahmen Gegenaktionen seiner Handelspartner hervorrufen könnten,
sondern die Moral des Einzelnen gefragt. „Durch Bevorzugung heimischer Waren [muss] ein gerechter Ausgleich geschaffen werden." Dieselbe Argumentationslinie verfolgten die Kampagnen für den österreichbewussten Einkauf in der Zweiten Republik. Stets verwahrten sie sich
gegen den Verdacht protektionistischen Denkens. Die Konstatierung eines Minderwertigkeitskomplexes der ÖsterreicherInnen, eines „verküm-
merten Patriotismus", einer Tendenz, „unser Licht unter den Scheffel zu
stellen" dienten als rhetorische Vehikel, um zu untermauern, dass sich
die Aufforderung zum Konsum österreichischer Waren nicht gegen das
Ausland richtete, sondern Österreich nur zu der ihm zustehenden Position verhelfen sollte.

Kampagnen dieser Art wandeln jedoch auf einem schmalen Grat zwischen dem Bekenntnis zum Fairplay und der emotionsgeladenen Abwehr des Fremdländischen. Es ging laut der Broschüre „Kauft österreichische Waren" schließlich darum, „sauer verdientes Geld nicht für den Ankauf oft unnützer ausländischer Waren hinauszuwerfen, sondern darauf zu achten, daß dieses Geld im Lande bleibt". „Lass Fremdes in Ruh" verlangte ein schlecht gereimtes Gedicht auf einem Plakat aus derselben Zeit.

Die Warnung vor der fremden Ware, ihre Abwertung und/oder die Behauptung ihrer Bedrohlichkeit ist weder ein Spezifikum des austrofaschistischen noch des österreichischen Wirtschaftspatriotismus. Das von *Buy American*-Kampagnen des 20. Jahrhunderts getriebene Spiel mit der Angst vor Wohlstandseinbußen bis hin zur Existenzgefährdung trug oft rassistische Züge. In der Depression der 1930er-Jahre machten sie sich die Abwehr asiatischer EinwanderInnen und Produkte zum Anliegen, und in den 1980er- und 1990er-Jahren wurde wiederum eine „gelbe Gefahr", primär japanischer Provenienz, beschworen (Frank 1999: X, 187).

Der Aufruf zum nationalbewussten Konsum als Instrument der Selbstverteidigung spielt eine wichtige Rolle bei der Mobilisierung gegen bereits etablierte Nationen und Staatsgebilde. Am Anfang der revolutionären Umwälzung in den nordamerikanischen Kolonien stand die Bewegung gegen britische Importe, die schon lange vor der berühmten Bostoner „Tea Party" einsetzte (Frank 1999: 5ff.). Die Geschichte wiederholte sich in anderen britischen Kolonien: Irische Nationalisten ventilierten den Boykott englischer Waren, ebenso die indische *swadeshi*-Bewegung. In China wurde der antiimperialistische Boykott seit dem 19. Jahrhundert immer wieder zur Nationalisierung des Konsums eingesetzt. Die Herkunft als wichtigstes Attribut eines Produkts durchzusetzen gelang den nationalistischen Bewegungen trotz aller Umtriebigkeit nicht, aber sie hinterließen bis in die Gegenwart wirksame kulturelle Spuren, unter anderem die (nicht nur in China zu beobachtende) Gegenüberstellung von unpatriotischen weiblichen Konsumentinnen und patriotischen männlichen Produzenten (Gerth 2003).

In der Habsburgermonarchie wurde von den slawischen Nationalbewegungen, allen voran der tschechischen, gegen die Produkte und Geschäfte der Deutschsprachigen agitiert. Die tschechischen NationalistInnen forderten seit den 1880er-Jahren die Konnationalen auf, sich an die Richtschnur „svůj ke svému" („Jeder zu den seinen") zu halten. TschechInnen sollten ihre Konsumgewohnheiten auf die von der eigenen Gruppe zur Verfügung gestellten Dienstleistungen und Waren ori-

entieren und dadurch die Begründung eines unabhängigen Produktions-
und Distributionsapparates unterstützen (Boyer 2002). Trotz der Zuspit-
zung der Konfrontation gelang die Durchsetzung des erwünschten Verhaltens keineswegs lückenlos. Abseits von Konsumritualen im Mittelpunkt der Aufmerksamkeit, z. B. der Theaterbesuch bürgerlicher Tschech-
Innen als Huldigung an Nationalsprache und -kultur, behielten pragma-
tische Erwägungen oft die Oberhand (Cohen 1981: 123–129).

Da die Juden pauschal der deutschen Gruppe zugeschlagen wurden,
wies die tschechische Boykottbewegung neben der antideutschen eine
antisemitische Stoßrichtung auf, die vor allem den jüdischen Klein-
gewerblern in der Provinz schwer zu schaffen machte (Albrecht 2001).
Der Boykott gegen jüdische Geschäfte gehörte allerdings ebenso zum
Repertoire des radikalen Deutschnationalismus und erreichte unter der
Herrschaft des Nationalsozialismus eine neue Qualität, da die Institutionen des Rechtsstaates, die schon zuvor nicht immer verlässlich waren, den betroffenen Juden keinen Schutz mehr boten. Die Boykottaufrufe wurden von massiver Gewalt gegenüber den jüdischen Geschäfts-
leuten und Drohgebärden gegenüber ihren nicht-jüdischen KundInnen
begleitet. Einschüchterung bis hin zur Tätlichkeit ist ein üblicher Teil
des zum Boykott gesteigerten Konsumnationalismus, das NS-Regime
aber transformierte durch seine systematische Politik der Gewalt zunächst die Struktur der Öffentlichkeit und dann der Gesellschaft. Das
machte die Missachtung der Weisung „Kauf nicht beim Juden" zur prekären Ausnahme (Wildt 2003; Barkai 1988: 78–80).

Nationalismus trachtet danach, die Bedeutung von Konfliktlinien,
die quer zur Nationszugehörigkeit liegen, herunterzuspielen bzw. sie
zu negieren. Die Forderung eines nationalbewussten Konsums wird
demgemäß präsentiert: Die Bevorzugung heimischer Waren, so propagierte die Broschüre von 1934, sei „im Interesse aller gelegen", nicht
das Sonderinteresse von Unternehmern. „Es ist wie in einem Schiff."
Der Metapher des Staatsschiffs wurde ihre korrekte Interpretation nach-
geschoben: „Ein Aussteigen ist tatsächlich unmöglich." Die Alternative
zur Kooperation war also das Ertrinken im durch die Wirtschaftskrise
ausgelösten Sturm. Die Maxime des patriotischen Einkaufs verbietet
die Artikulation von Klassenbewusstsein und muss auch über die Vorlieben des Individuums obsiegen.

Ein 1932 für den österreichischen Schulgebrauch zugelassenes
Sprachlehrbuch mahnte die Viertklassler: „Du isst gerne Weißbrot,
Semmeln und Kipfel. Das Weizenmehl, aus dem sie gebacken werden,
muss in großen Mengen aus dem Auslande eingeführt werden. Iss lie-
ber Roggenbrot! Es wird aus inländischem Roggenmehl erzeugt. Das

Geld hiefür bleibt im Inland bei unseren Bauern. Roggenbrot ist sehr gesund. Sag' das auch deinen Eltern! Schwarzes Brot macht Wangen rot!" (Lindenthaler 1932: 26) Die Aufforderung zum Verzicht auf „gute und teure Sachen", vor allem Kolonialwaren und andere Lebensmittel- spezialitäten, argumentierte mit der Handelsbilanz, schloss aber zu- gleich an jahrhundertealte Diskurse über die moralische Bedenklich- keit des Luxus an.

Ein 1931 erschienenes Mathematikbuch für die Hauptschule ließ die Lernenden das „Passivum der Handelsbilanz" ausrechnen und er- läuterte in der Fußnote: „Wir müssen österreichische Waren kaufen, damit nicht so viele Leute in unserem Lande arbeitslos werden." Über die Ursachen der Arbeitslosigkeit erfuhren die SchülerInnen einige Seiten zuvor, sie hänge „auch mit dem gedankenlosen Kaufen auslän- discher Waren zusammen" (Kolar/Granzer 1931: 30, 26). „Made in Aus- tria" setzte seit Ende der 1970er-Jahre auf dieselben Argumente. Die negative Handelsbilanz Österreichs, eine Weltwirtschaft in Rezession und das Ansteigen der Arbeitslosigkeit ergaben damals eine – sieht man von dem unvergleichlich höheren Wohlstandsniveau ab – ähnliche Konstellation. „Wer österreichische Qualität kauft, sichert zugleich heimische Arbeitsplätze", resümierte Wirtschaftskammerpräsident Sallinger 1988 beim Zehnjahresjubiläum der Vereinigung. Adolf Czettel, sein Gegenüber von der Arbeiterkammer, riet: „Kauf dir einen Arbeits- platz – kauf österreichische Waren." (Tolar 1988: 8, 10) Zur selben Zeit wie „Made in Austria" verbreiteten parallele Vereinigungen in anderen Ländern Botschaften wie: „Schaffe Arbeitsplätze – kaufe Dänisch." „Buy American – The Job you save may be your own." „Do it [shop Canadian] because every time you buy something made here, you help a fellow Canadian keep a job." Fazit: Den Konnex zwischen Arbeitsplatz und Einkaufsverhalten zu bemühen ist die wichtigste Strategie der Wer- bung für patriotischen Konsum. Wo nicht explizit die Gefahr der Ar- beitslosigkeit ins Spiel gebracht wird, sind es Slogans nach dem Mus- ter „Geht's der Wirtschaft gut, geht's uns allen gut".

Die *Buy national*-Kampagnen nehmen die KonsumentInnen in die staatsbürgerliche Pflicht. Die Figur des *citizen-consumer* begegnet uns hier freilich in einer affirmativen Ausformung: Gefragt ist die Kauf- leistung. Wenn von dem/r kritischen KonsumentIn geredet wird, so von einem/r, der/die seine/ihre Kritik auf ausländische Waren und nicht auf die gesellschaftlichen Verhältnisse bezieht.

PRODUKTE ALS NATIONALE SYMBOLE

Der vorige Abschnitt hat die Nationalisierung des Konsums als das Bemühen diskutiert, die Angehörigen der Nation zum Kauf der im eigenen Land hergestellten Produkte zu motivieren. Nun wird der Fokus verschoben und der Begriff der Nationalisierung als diskursive Praxis aufgefasst, die mit Hilfe bestimmter Produkte, Produktgruppen und Inszenierungen des Konsumakts Markierungen setzt, um nationale Identität darzustellen und gegen die Anderen abzugrenzen. Nationalisierung in diesem Sinn erfordert nicht die durchgängige heimische Herkunft der im Land erhältlichen Produkte. Instruktiv ist ein Blick ins Estland der 1990er-Jahre. Hier hob die Nationalisierung des Konsums gerade nicht bei den eigenen Erzeugnissen, sondern bei importierten Gütern an. Die EstInnen konstruierten eine imaginäre Normalität als westliche Nation, indem sie sich für Produkte aus dem „Westen" entschieden, die sie um einiges teurer kamen als die Waren aus dem Raum der ehemaligen Sowjetunion (Rausing 2002). Nationalisierung ist also nicht gleichbedeutend mit der Abschottung gegen Einfuhren. Sie verlangt auch nicht, dass bei allen im Inland hergestellten Waren die Auseinandersetzung mit der Nation als zentrales Thema der Produktkommunikation auftaucht. Selbst wo nationale Zuschreibungen eine prominente Rolle spielen, bringen sie nicht alle anderen Bedeutungen zum Verschwinden. Die Nationalisierung hebt nicht die Polyvalenz des Produktzeichens auf. Sie betrifft außerdem nicht alle Felder des Konsums, auch nicht immer dieselben und jedenfalls stets nur einige (Marken-)Produkte.

Die Dienstleistungen der Tourismus- und Kulturindustrie setzen besonders wirkungsmächtige Bilder über die jeweilige Nation, ihre Schönheiten, Leistungen und Eigenarten in Umlauf. Wenn es um die Nationalisierung von Konsum geht, sollte man aber auch nicht jene unzähligen dinglichen Produkte und die um sie kreisenden Praktiken übersehen, die – obwohl keine klassischen Medien wie Buch oder Zeitung – als Foren der Ausverhandlung personaler und kollektiver Identitäten fungieren. Ihnen gilt im Weiteren unser Hauptinteresse.

Als 1978 ein Meinungsforschungsinstitut 100 ÖsterreicherInnen nach österreichischen Musterprodukten fragte, führten diese in erster Linie Kulinaria wie Wein, Bier, Milch, Butter, Honig, Brot und Fleisch an. Vier weitere Produktbereiche wurden mit signifikanter Häufigkeit genannt: Textilien, Möbel, Wintersportartikel, Haushalts- und Elektrogeräte. Das einzige Unternehmen, das mehrmals Erwähnung fand, war Steyr-Daimler-Puch, ein Erzeuger von Fahrrädern, Mopeds und Autos (Fessel+GfK/IFES 1978: 15). Eine einzelne Studie erlaubt keine gesicherten Schlüsse, wohl aber Vermutungen im Rang von Thesen. Wir wollen daher die Resultate der Umfrage als ein Schlaglicht auf die Verösterreicherung des Konsumierens lesen. Der Stolz auf die Wintersportartikel weist auf eine spezifisch-österreichische Variante der Nationalisierung hin, die übrigen Produktkategorien hingegen, die in dieser globalen Formulierung sehr weite Teile des Alltags umfassen, dürften für viele andere Nationen eine ähnliche Rolle spielen.

Nahrungsmitteln und Getränken wohnt generell ein hohes identitätsstiftendes Potenzial inne. Die Unterscheidung von Eigenem und Fremdem scheint in der Ernährung eine besonders virulente Frage, weil es sich um intensive körperliche Erfahrungen handelt. Vorstellungen über die richtige Ernährung, die im Falle österreichischer Konsumgewohnheiten primär auf deren Üppigkeit abzielen, vergemeinschaften, ob auf familiärer, regionaler oder nationaler Ebene, um eine klassische Trias zu nennen (Breuss 2003). Die Dynamik des Marktes schafft einerseits zusätzliche Klarheit: Regionale Selbstzuschreibungen werden mittels der Rückkoppelung an die von der Tourismusindustrie kanalisierte Fremdwahrnehmung zu überschaubaren Sets von Nationalspeisen, nationaltypischen kulinarischen Praktiken und Orten zusammengestellt. Andererseits eröffnet sie die Möglichkeit, die Grenzen der kulinarischen Wir-Gruppe zu überschreiten. Der Konsum von Erzeugnissen der italienischen, chinesischen oder indischen Küche, deren wachsende Popularität eng mit den zunehmenden Reichweiten von Urlaubsreisen verkoppelt ist, signalisiert Offenheit für einen modernen Lebensstil, allerdings im Modus der Auseinandersetzung mit Tradition, wenngleich nicht der eigenen. Die Inszenierung von Ernährung kann jedoch auch unmittelbar auf Attribute der Moderne zielen, wie Coca-Cola, Fastfood-Restaurants oder Energydrinks à la Red Bull belegen.

Ein weiterer privilegierter Bereich der Ausprägung kollektiver Identität ist die Kleidung. Auch was wir am Leib tragen, ist uns in einem wörtlichen Sinn nahe. Diskurse über Kleidung werden daher immer wieder als nationale Frage geführt. Um nur einige auffällige Beispiele zu nennen: Trachten dienten als Vehikel von regionaler und nationaler Selbstvergewisserung, die französische Nation machte Mode mit urbanem Flair zum Objekt ihres Stolzes, Jeans wurden als Symbol für den Veränderungsdruck rezipiert, der für die europäischen Kulturnationen vom Vor- und Schreckbild USA ausging.

Für das Frankreich des 19. und frühen 20. Jahrhunderts existiert eine anregende Studie über Möbel als Medien der Nationalisierung (Auslander 1996). Die Aufgabe, dem Bild einer Nation des verfeinerten Geschmacks zu entsprechen, lastete primär auf den Frauen als Verantwortlichen für die Gestaltung des Heims. Folie der Abgrenzung wurde nach 1945 immer mehr die Ausstattung des suburbanen US-Einfamilienhauses, jenem mächtigen Vorbild, an dem sich fortan die Einrichtungsträume quer durch Westeuropa maßen.

Langfristige Konsumgüter, die Komfort und Unterhaltung durch Technik verheißen und deshalb im Mittelpunkt von Wohlstandsträumen stehen, sind besonders zugkräftige Medien der Nationalisierung. Anders als Essen und Kleidung eignen sie sich aber kaum für die Regionalisierung. Die vom NS-Regime propagierten Volksprodukte, der Volksempfänger, der Volkswagen und der Volkskühlschrank, repräsentieren dieses Muster der Nationalisierung.

Kraftfahrzeuge, insbesondere das Auto, zählen zu den stärksten Modernitätssymbolen in Produktform (Ruppert 1993). Roland Barthes hat in einem Text über den Citroen DS, 1957 eine sensationelle Neuheit am Markt, Automobile als „das genaue Äquivalent der großen gotischen Kathedralen", als Sinnbilder ihrer Epoche, bezeichnet (Barthes 1964: 76). Die Überwindung der aristokratischen Phase des Autos begann mit dem 1908 eingeführten Ford T, einem Verkaufsschlager sondergleichen, der Mobilität, Geschwindigkeit, Freiheit und Wohlstand für alle verhieß. Solche Attribuierungen machten das Automobil ebenso zu einem der meist begehrten Konsumgüter wie zu einem bevorzugten Betätigungsfeld für nationales Pathos. Die österreichische Öffentlichkeit litt nach 1945 vehement unter dem Mangel einer heimischen Automarke. Die Erlösung von dieser Schmach wurde von Steyr-Daimler-Puch erwartet, und tatsächlich versuchte das Unternehmen mit dem Puch 500 dem Wunsch nachzukommen (Pförtner 2005). Der Markteintritt des Kleinwagens wurde in den Medien euphorisch kommentiert, doch Importmarken, voran die Wagen deutscher Provenienz, dominierten weiterhin die österreichischen Straßen. Die meistgekaufte Marke war jahrzehntelang der Volkswagen, der von deutschen Tugenden wie Ausdauer, Leistungsfähigkeit, Sparsamkeit, Zuverlässigkeit kündete. Trotz seiner nationalsozialistischen Vergangenheit stieg er zum Botschafter des neuen, demokratischen Deutschlands auf (Schütz 2001). Seine runden Formen legten ja kindliche Unschuld nahe, ein – wie man boshaft anmerken könnte – auch in Österreich dringend verspürtes Bedürfnis.

Indem Produkte Anlass, Mittel oder Gegenstand von Kommunikationsakten sind, die Bezüge zu eingelernten Symbolen und Ritualen einer imaginären Gemeinschaft herstellen, tragen sie zur Ausprägung von kollektiver Identität bei. Nationalisierung ist daher eine symbolische Praxis, die Produkte in ein Netz von nationalen Identifikationsfiguren und Gedächtnisorten einfügt. Als Referenzen bieten sich an: 1) Der Name der Nation. Austrodaimler, Austrocola, Austrolux-Leuchten, Austria Email Herd, A(ustria) 3 Zigaretten. 2) Ihre Insignien. Ein Markenzeichen, das die Farbkombination der Nationalfahne aufnimmt, sendet unmissverständlich patriotische Botschaften. Dieser Strategie bedienen sich hierzulande staatliche Konzerne wie die Austrian Airlines oder der ORF, aber auch manch privates Unternehmen. So wandte sich Ankerbrot ab 1983 mit einem Logo an die KundInnen, das einen Anker mit Kornäre im rot-weiß-roten Feld zeigte. 3) Orte und Regionen. Lebensmittel führen die regionale Herkunft oft bereits im Namen: Tirol Milch, Vöslauer Tafelwasser, etc. 4) Die jeweilige Landschaft, ihre Flora und Fauna. Swarovski verwendete lange das Edelweiß als Firmensymbol. Die Almdudler Limonade zitiert trotz eines Wiener Unternehmensstandortes alpine Erlebniswelten. 5) Bauwerke. Der Stephansdom musste schon für unzählige Werbungen herhalten, und nicht nur für jene der Firma Manner, die ihn als Markenzeichen führt. 6) Prominente Personen und Heroen des Landes aus Vergangenheit und Gegenwart. Man denke nur an Mozart, den unter anderem die nach ihm benannte Kugel ins Treffen führt, oder an Sporthelden von Hermann Maier bis Markus Rogan. 7) Ereignisse und Epochen der nationalen Geschichte. Meinl berief sich in seiner Werbung häufig auf eine gute alte Zeit, vage als Biedermeier erkennbar. 8) Hochkulturelle Leistungen, oft personifiziert im als genial gefeierten Künstler. Das Paradebeispiel ist wiederum Mozart. 9) Mentalitäten. Technische Produkte „made in Germany" kapitalisieren im In- und Ausland das Stereotyp der deutschen Gründlichkeit und Zuverlässigkeit. 10) Markante Konsumpraktiken. Die Inszenierung von Meinl Kaffee als typisch österreichischem Produkt kam nicht ohne den Verweis auf die Wiener Kaffee(haus)kultur aus. 11) Nationale Projekte. Zum „Rauchen für den Wiederaufbau" rief die Tabakregie in einem Plakat der Nachkriegszeit auf. „Alle sollen besser leben …" verlangte die Werbung für schaumgepolsterte Sitzmöbel einer deutschen Firma und war damit ganz auf Linie mit den Hoffnungen der Bevölkerung in der sich zur Konsumdemokratie aufschwingenden Bundesrepublik (Schindelbeck 2003: 25). 12) Die Behauptung eines eigenen Zugangs zu Modernität. Um auch einmal ein Beispiel abseits deutschsprachiger Lande zu bringen, seien die IKEA-Möbel genannt. Sie repräsentieren Moderne nach schwedischer Fasson: ohne Prätention, aber formschön, praktisch, kostengünstig und daher allen Angehörigen des „folkhemmet" zugänglich.

Die dauerhafte Positionierung eines Produktes als Teil des Netzes nationaler Gedächtnisorte kann darauf hinauslaufen, dass es mit der

Zeit zu einem eigenständigen nationalen Symbol aufsteigt. Es wird
verstanden, ohne dass eine explizite Begründung dieser Einschätzung
erforderlich wäre. Manner Schnitten repräsentieren Wien und Österreich. Das bedarf für die Eingeweihten – und das sind bei einem Bekanntheitsgrad, der am heimischen Markt fast 100 Prozent erreicht,
alle ÖsterreicherInnen – keiner näheren Erläuterung. Die Identifikation mit Österreich hat in der Verwendung des Stephansdoms als Marken-
symbol ihren Ansatzpunkt. Sie geht aber weit darüber hinaus, denn
ihre Glaubwürdigkeit beruht auf einem Markenbild, das süße Genuss-
freudigkeit mit patriarchalisch-familiärer Gemütlichkeit kombiniert
und dadurch Praktiken und Mentalitäten einschließt, die als typisch
österreichisch gelten (Kühschelm 2005b). Am Anfang der Geschichte
vieler nationaler Symbole in Produktform, vor allem bei jenen, die in
der Frühzeit der Konsumgesellschaft geschaffen wurden, standen kaufmännische Intuitionen, die erst ganz allmählich in den systematischen
Einsatz von nationalen Bezügen mündeten. Mittlerweile haben jedoch
Marketingwissenschaftler die Bedeutung des *country of origin*-Effekts
für verschiedene Produktgruppen gut untersucht und Empfehlungen
für die Verbindung von Markenprodukten mit regionalen und nationalen Erlebniswelten erarbeitet (z. B. Mayerhofer 1995).

Nationalisierung steht in Konkurrenz zu dem ähnlich gelagerten
Prozess der Regionalisierung (Siegrist/Schramm 2003). Die TrägerInnen
von Nationalisierung versuchen Regionen der Nation unterzuordnen
oder sie durch Einziehen neuer imaginärer wie materieller Grenzen
irrelevant zu machen. Das gelingt nicht immer, und selbstbewusste
Regionalismen haben bis in die Gegenwart als Formen des Weltbezugs
überlebt. Nation wie Region unterliegen dabei Veränderungen und
Konjunkturen. Während es sich bei der Region tendenziell um eine
Größe unterhalb der Nation handelt, bestimmt sich die Nation auch
durch ihr Verhältnis zu anderen Nationen und außerdem zur Moderne
als übergreifendes Bezugssystem.

Modernität ist die wesentliche Herausforderung für die im Wett-
streit zueinander stehenden Nationen. Diesem Begriff korrespondiert
ein Anspruch auf Universalität, seine Inhalte sind aber nur scheinbar
ortlos. Für nicht hegemoniale Nationen involviert die Referenz auf
Modernität jene auf eine oder mehrere „große" Nationen, neben deren
politische, militärische, und ökonomische Dominanz auch Definitions-
macht als kulturelle Komponente tritt. In Opposition zu Modernität
steht Tradition, die nicht bloß die Fortführung überlieferter Praktiken
ist, sondern auf deren sich abzeichnendes Verschwinden reagiert, also
einen artifizielleren Charakter hat, als das unschuldige Wort Traditions-

pflege weismacht (Hobsbawm/Ranger 1992). Modernität ist mit Zukunft und einem offenen Horizont identifiziert, während Tradition sich als das vergangene und emotional wie räumlich Naheliegende darstellt. Sie ist deshalb stärker mit der Region als mit der Nation identifiziert.

Um die Positionierung von Produkten im Hinblick auf ihren Beitrag zur nationalen Selbstverständigung zu untersuchen, ist die Adaptierung eines Schemas hilfreich, mit dem die Werbewissenschaftlerin Helene Karmasin Markenwelten entsprechend der in ihnen verkörperten Konzepte von Zeit und Raum differenziert. (Karmasin 1998: 525-536) Die Verortung von Marken entlang der x-Achse erfolgt gemäß ihrer Affinität zur Zeitdimension Vergangenheit respektive Zukunft. Die Pole der y-Achse bilden die Werte Ferne („Large Scale") und Nähe („Small Scale"). Das Modell konstituiert vier Felder (siehe Grafik).

Nicht-Österreichisch
Ferne (Internationalität)

exotisch fremde Länder und Regionen	international-modern Moderne als universalistisches Konzept (aus österreichischer Perspektive aber oft mit den USA und Deutschland identifiziert)
Vergangenheit	Zukunft
Region österreichisch-traditionalistisch	Nation österreichisch-modern

Nähe
Österreich

Österreichisch-traditionalistische Produkte verkörpern das seit Kindheit Vertraute, das seit Menschengedenken (scheinbar) Unveränderte. Ihnen entsprechen Eigenschaften wie langsam, bieder und gefühlvoll. Sie befriedigen Sehnsüchte nach einer patriarchalisch strukturierten Heimat wie in der guten alten Zeit. Neben der Berufung aufs Bodenständige hat im Österreich der Nachkriegszeit eine konservativ-hochkulturelle Variante tragende Bedeutung. Die auf Bewahrung und Reproduktion von überlieferten Glanzleistungen verengte Hochkultur soll der jungen Zweiten Republik die Anerkennung der Welt erringen und die Vermarktung als freundliche Ferienidylle ihre Zuneigung. Beide Strategien zielen nicht nur nach außen, sondern bestimmen bis heute in erstaunlichem Maß das Selbstbild der ÖsterreicherInnen. Produkte des traditionalistischen Feldes bieten Zuflucht gegen eine sich rasch ändernde Welt, bilden eine „Besänftigungslandschaft" (Gries 2003: 26–31). Manner-Schnitten und Kaffee von Julius Meinl geben Beispiele für diese Art des Österreichbezuges. Regionalisierung und Nationalisierung greifen in dem Feld oft ineinander. Meinl und Manner machten sich seit dem späten 19. Jahrhundert als prominente Wiener Marken einen Namen und werden bis heute mit Wiener Erlebniswelten assoziiert. Da Hauptstädte in nationalen Diskursen oft als pars pro toto für das jeweilige Land auftauchen, kann der vergemeinschaftende Anspruch ihrer Produkte besonders leicht von der regionalen auf die nationale Ebene überführt werden.

Exotisch ist das Fremde, dem eine ästhetische Qualität zugeschrieben wird. Früchte aus fernen Ländern sind ein gutes Beispiel. Das Exotische ist dem Konzept von Tradition verwandt, allerdings handelt es sich um die Tradition der jeweils Anderen. Handwerkliche Produkte von belgischer Schokolade zum Lebkuchen aus Nürnberg, vom erzbergischen Holzspielzeug zum Alpaca-Pullover aus Peru sind Ausweise fremder Lebensart, wenn sie z. B. als Reisesouvenirs erworben werden.

Hinsichtlich des Österreichs der langen Fünfzigerjahre fällt der scharfe Kontrast ins Auge, der zwischen einem konservativen Selbstverständnis als Kulturnation und ewigem Alpenland einerseits und einem auf die Leistungen der Technik abhebenden Fortschrittsoptimismus andererseits bestand (Petschar/Schmid 1990: 17). Eine Brücke zwischen diesen scheinbar unvereinbaren Wertfeldern schlugen die österreichisch-modernen Produkte. Sie verbanden den Hinweis auf die österreichische Herkunft mit dem Anspruch auf Teilhabe an den Werten der Moderne. Dieses Feld verdient besondere Beachtung, weil es dem Klischee entgegenarbeitet, dass in Österreich primär rückwärtsgewandte Identifikationsangebote an die Bevölkerung zirkulieren würden. Bei einem der wohlhabendsten Staaten der Welt muss man jedoch davon ausgehen, dass in das Imaginäre der Nation Bezüge zu den Werten der industriellen Moderne eingegangen sind.

Die heimischen Schimarken liefern die augenfälligsten Beispiele für eine Positionierung zwischen Bodenständigkeit und Fortschrittsmythos (Kühschelm 2005c). Sie erinnern außerdem daran, dass die konnotative Aura eines Produkts nicht statisch ist, sondern sich im Laufe seiner „Biographie" verändert. Noch in der Zwischenkriegszeit galten die Alpinschi als typisch norwegisches Erzeugnis. Wir könnten für diese Phase der Entwicklung daher von einem exotischen Produkt sprechen. Bis in die Fünfzigerjahre wandelte sich das Bild des Wintersportgeräts, das nun als genuin österreichisches Erzeugnis rezipiert wurde. Mit dem Übergang von Handwerk zu Industrie begannen heimische Firmen am

Weltmarkt zu reüssieren. Neben eine Dimension der Bodenständigkeit (ein fast natürlich in den Alpen „gewachsenes" Produkt) trat zunehmend ein Anspruch auf Modernität und Internationalität, wie schon die Mitte der Fünfzigerjahre geprägten Markennamen Atomic oder Blizzard ankündigten.

Im vierten Feld unseres Modells ordnen wir Produkte ein, die für Modernität und technischen Fortschritt ohne offensichtliche österreichische Attribute stehen, z. B. Computer, Kühlschränke, Softdrinks, oder Autos, vertreten durch Marken von Apple über Bosch und Coca Cola bis Volkswagen. Produkte dieses Typs sind als Angebote einer sich universalisierenden westlichen Konsumkultur prinzipiell nicht an ein bestimmtes Herstellungsland gebunden. Allerdings hat die kapitalistische Moderne im 20. Jahrhundert faktisch einen bevorzugten Ort: die USA. Weltläufigkeit und Internationalität zu transportieren ist oft gleichbedeutend mit der Vermittlung des *American way of life*, besonders in den Jahrzehnten nach 1945, als die USA, symbolisiert durch begehrte Importprodukte, den nachziehenden westeuropäischen Staaten als Zukunftsversprechen vor Augen stand. Der damit eröffnete Horizont entamerikanisierte sich seit den 1970er-Jahren, als der Aufholprozess der westeuropäischen Länder in die Realität von Wohlstandsgesellschaften mündete (Maase 2005). Pullover von Benetton, Autos von Renault, Möbel von Ikea sind mittlerweile ebenso gängige Münze für diffuse Botschaften von westlicher Offenheit wie Sportschuhe von Nike oder Burger von McDonalds.

Aus österreichischer Sicht gehört auch Deutschland zu den privilegierten Orten der Moderne. Deutsche Herkunft stellt ein breit akzeptiertes Gütesiegel für besonders hochwertige Industrieprodukte dar. Auffällig war in der Nachkriegszeit der Kontrast zwischen der Bevorzugung deutscher technischer Optionen und der österreichnationalen Rhetorik, die auf massive Abgrenzung von Deutschland baute (Schmid 1996).

Produkte, die nicht österreichisch konnotiert sind, sei es dass sie in die Kategorie des Exotischen oder des Modernen fallen, spielen in Bezug auf den nationalen Rahmen eine ambivalente Rolle. Einerseits verknüpfen sie die jeweilige Produktlandschaft mit jenen anderer hochindustrialisierter Gesellschaften, verhindern also ihre Geschlossenheit. Es wäre jedoch eine Vereinfachung ihnen einen die Nationalisierung untergrabenden Effekt zu unterstellen.

Exotische Produkte werden als erfrischende Ergänzungen des Eigenen erlebt. Sie sind kein Problem für die Identität der Konsumnation, allenfalls eines für die Handelsbilanz. Die Grenzen zwischen dem „Wir", das kolonialisiert, reist, importiert, und den Anderen bleiben stabil,

solange nur fremde Produkte und nicht auch die Fremden kommen.
Exotismus kippt gerne in Rassismus, wie der Meinl Mohr, ein Emblem
für die austrifizierte Kolonialware Kaffee, vorführt. Er wurde als „echt
wienerisches Mohrenkind" gerühmt, seit 1935 der Hausgrafiker des
Unternehmens „den Negerkopf durch ein charmantes, europäisiertes
Kinderprofil" ersetzte und ihn dadurch „liebenswürdiger gemacht und
vermenschlicht" hatte (Kühschelm 2005d).

Exotische wie moderne Produkte können außerdem eine Ventil-
funktion erfüllen. Betrachten wir das Phänomen der Amerikanisierung
(De Grazia 2005; Wagnleitner 1991). Der Konsum von Hollywoodfilmen,
Comics, Jeans oder Kaugummi erlaubte in der Nachkriegszeit einen
vorübergehenden Ausstieg aus der mit dem Mief der Jahrhunderte
belasteten österreichischen Kulturnation. Nach dem symbolischen
Urlaub im Amerikanischen kehrten aber die meisten wohl ganz gerne
ins Österreichische zurück.

Die Auflösung von Besonderheiten wird oft als ein Haupteffekt von
Modernisierung vermutet. Das führt zu Thesen wie jener von der
McDonaldisierung der Welt (Ritzer 1997). Tatsächlich ist die erfolgreiche Ausstattung mit Symbolen von Modernität, die man in den USA,
Deutschland oder Schweden genauso kennt wie in Österreich, der Kö-
nigsweg zu nationalem Selbstbewusstsein. Die Partizipation des na-
tionalstaatlich verfassten Kollektivs an einem übergreifenden Fortschritt macht stolz. Warum aber löst sich das Bekenntnis zur österreichischen Nation nicht auf, wenn die Quelle ihres Selbstbewusstseins
zunehmend eine Modernität ist, die sich hier wie in jeder anderen westlichen Gesellschaft im Konsum von Softdrinks, Personal Computern,
Geschirrspülmaschinen und Autos bestätigt? Die Nation ist eben nicht
bloß Inhalt, sondern auch Form. Österreich zu sagen mag keine Erklärung sein, die durch ihre Logik besticht, doch sobald dieses Etikett
verwendet wird, ist der Beweis seiner Bedeutung performativ erbracht.
Die internationale Verdichtung der Kommunikations- und Handels-
ströme schafft Komplexität, die sich durch nationale Semantiken als
Form der Weltdeutung reduzieren lässt (Richter 1996: 253). So muss
es nicht verwundern, dass der Nationalstolz der Österreicher parallel
zur kulturellen und ökonomischen Westintegration des Landes nicht
geschwunden, sondern gestiegen ist.

Jedoch hat das Nationale vermutlich nach wie vor auch eine inhalt-
liche, kulturelle Dimension. Begriffe wie „McDonaldisierung" oder
„CocaColonisierung" drücken eine hegemoniale Überformung lokaler
Konsumformen aus. Die Rezeption von US-amerikanischen Konsummustern und den in ihnen verpackten Wertvorstellungen ist aber kein

passiver Vorgang, sondern in der Adaptierung auf die lokalen Verhältnisse entsteht jeweils Neues, ein hybrides Gemisch aus kulturellen Praktiken. Umgelegt auf unser Schema weist das österreichisch-moderne
Feld in diese Richtung, aber auch darüber hinaus wird die Moderne
nicht an jedem Ort auf dieselbe Weise buchstabiert. Die Details des
Alltags ergeben eine jeweils spezifische nationale Modernität, die für
Innen- wie Außenstehende erkennbar ist (Löfgren 1995: 115, 131). Solche Feinheiten bilden sich in politischer Rhetorik oft nicht ab, viel eher
schon in der massenmedialen Kommunikation über Alltagsgüter, na-
mentlich der Werbung.

LITERATUR

Albrecht, Catherine (2001): The Rhetoric of Economic Nationalism in the Bohemian
    Boycott Campaign of the Late Habsburg Monarchy. In: Austrian History Yearbook
    23: 47–67
Aly, Götz (2005): Hitlers Volksstaat. Raub, Rassenkrieg und nationaler Sozialismus.
    Frankfurt am Main
Anderson, Benedict (1993): Die Erfindung der Nation. Zur Karriere eines folgenrei-
    chen Konzepts. Frankfurt am Main/New York
Auslander, Leora (1996): Taste and Power. Furnishing Modern France. Berkeley
Baltzarek, Fritz (1976): Die geschichtliche Entwicklung der Konsumgenossenschaf-
    ten in Österreich. In: Rauter, Anton (Hg.): Verbraucherpolitik und Wirtschaftsent-
    wicklung. Wien: 169–241
Barkai, Avraham (1988): Vom Boykott zur „Entjudung". Der wirtschaftliche Existenz-
    kampf der Juden im Dritten Reich 1933-45. Frankfurt am Main: 78–80
Barthes, Roland (1964): Mythen des Alltags. Frankfurt am Main
Baudrillard, Jean (1970): La société de consommation. Ses mythes, ses structures.
    Paris
Boyer, Christoph (2002): Die Erfindung der tschechischen Wirtschaft im 19. und 20.
    Jahrhundert. In: Le Rider, Jacques/Csáky, Moritz/Sommer, Monika (Hg.): Trans-
    nationale Gedächtnisorte in Zentraleuropa: 53–66
Brix, Emil/Bruckmüller, Ernst/Stekl, Hannes, Hg. (2004/2005): Memoria Austriae, 3
    Bde. Wien
Breuss, Susanne (2003): Zur Bedeutung des Kulinarischen für die Konstruktion öster-
    reichischer Identität. In: Stekl, Hannes/Mannová, Elena (Hg.), Heroen, Mythen,
    Identitäten. Die Slowakei und Österreich im Vergleich. Wien: 351–372
Bruckmüller, Ernst (1996): Nation Österreich. Kulturelles Bewußtsein und gesellschaft-
    lich-politische Prozesse. Wien/Köln/Graz
Cohen, Gary B. (1981): The Politics of Ethnic Survival: Germans in Prague, 1861–
    1914. Princeton
Cohen, Lizabeth (2003): A Consumers' Republic. The Politics of Mass Consumption
    in Postwar America. New York
Daunton, Martin/Hilton, Matthew, Hg. (2001): The Politics of Consumption. Material
    Culture and Citizenship in Europe and America. Oxford

De Grazia, Victoria (2005): The Irresistible Empire. America's Advance through Twentieth Century Europe. Cambridge

Douglas, Mary/Isherwood, Baron (1996): The World of Goods. Towards an Anthropology of Consumption. New York

Ellmeier, Andrea (1995): Handel mit der Zukunft. Zur Geschlechterpolitik der Konsumgenossenschaften. In: L'Homme. Zeitschrift für feministische Geschichtswissenschaft 6/1995: 62–77

Ellmeier, Andrea (1998): Zur Konstruktion der „Citizen-Consumer". KonsumWissen – KonsumPolitik. Österreich in den 1950er- und 1960er-Jahren (=Endbericht des Forschungsprojekts „Geschichte des Sendens" 2). Wien

Fessel+GfK/IFES (1978), Österreichbewusstsein. Psychologische Konsumentenstudie

Foner, Eric (2002): Who Owns History? Rethinking the Past in a Changing World. New York

Frank, Dana (1999): Buy American. The Untold Story of Economic Nationalism. Boston

Gellner, Ernest (1995): Nationalismus und Moderne. Berlin

Gerth, Karl (2003): China Made. Consumer Culture and the Creation of the Nation. Cambridge/London

Gries, Rainer (2003): Produkte als Medien. Kulturgeschichte der Produktkommunikation in der Bundesrepublik und der DDR. Leipzig

Gries, Rainer (2006): Produkte & Politik. Zur Kultur- und Politikgeschichte der Produktkommunikation. Wien

Hellmann, Kai-Uwe (2003): Soziologie der Marke. Frankfurt am Main

Heßler, Martina (2004): Visionen des Überflusses. Entwürfe künftiger Massenkonsumgesellschaften im 20. Jahrhundert. In: Berhoff, Hartmut/Vogel, Jakob (Hg.): Wirtschaftsgeschichte als Kulturgeschichte. Dimensionen eines Perspektivenwechsels. Frankfurt am Main: 455–480

Hobsbawm, Eric/Ranger, Terence, Hg. (1992), The Invention of Tradition. Cambridge

Karmasin, Helene (1998): Produkte als Botschaften. Wien/Frankfurt am Main

Kolar, Heinrich/Granzer, Ludwig (1931): Frohe Rechenarbeit in der Hauptschule 4. Wien/Leipzig

König, Wolfgang (2004): Volkswagen, Volksempfänger, Volksgemeinschaft. „Volksprodukte" im Dritten Reich. Vom Scheitern einer nationalsozialistischen Konsumgesellschaft. Paderborn

Kroen, Sheryl (2003): Der Aufstieg des Kundenbürgers? Eine politische Allegorie für unsere Zeit. In: Prinz, Michael (Hg.): Der lange Weg in den Überfluss. Anfänge und Entwicklung der Konsumgesellschaft seit der Vormoderne. Paderborn/Wien: 533–564

Kühschelm, Oliver (2005a): Von Widersprüchen geplagt. Die österreichischen Konsumgenossenschaften und ihre Unternehmensphilosophie, 1950–1995. In: Traverse 2005/3: 83–94

Kühschelm, Oliver (2005b): Manner. „Die Schnitte der Patrioten". In: Brix, Emil/Bruckmüller, Ernst/Stekl, Hannes (Hg.): Memoria Austriae, Bd. 3. Wien: 97–130

Kühschelm, Oliver (2005c): Atomic, Fischer, Kneissl, Blizzard. Die Bretter, die Österreichs Welt bedeuten. In: Brix, Emil/Bruckmüller, Ernst/Stekl, Hannes (Hg.): Memoria Austriae, Bd. 3. Wien: 169–219

Kühschelm, Oliver (2005d): Julius Meinl, Patriarchalisch, (groß)bürgerlich, österreichbewußt). In: Brix, Emil/Bruckmüller, Ernst/Stekl, Hannes (Hg.): Memoria Austriae, Bd. 3. Wien: 43–96

Lindenthaler, Konrad (1932): Daheim und in der Fremde. Heimatkundliches Sprachbuch für die vierte Schulstufe. Wien/Leipzig

Löfgren, Orvar (1995): Die Nationalisierung des Alltagslebens: Konstruktion einer nationalen Ästhetik. In: Kaschuba, Wolfgang (Hg.); Kulturen, Identitäten, Diskurse. Perspektiven europäischer Ethnologie. Berlin: 114–134

Maase, Kaspar (2005): Wem gehört Amerika? Die Deutschen und die populäre Kultur der USA seit dem Zweiten Weltkrieg. In: Culture to go. Wie amerikanisch ist Tübingen? Aneignung von US-Kultur in einer globalisierten Welt. Tübingen: 9–22

Mayerhofer, Wolfgang (1995): Imagetransfer. Die Nutzung von Erlebniswelten für die Positionierung von Ländern, Produktgruppen und Marken. Wien

McGovern, Charles T. (1998): Consumption and Citizenship in the United States In: Strasser, Susan (Hg.): Getting and Spending. European and American Consumer Societies in the Twentieth Century. Cambridge: 37–58

Petschar, Hans/Schmid, Georg (1990): Erinnerung & Vision. Die Legitimation Österreichs in Bildern. Eine semiohistorische Analyse der Austria Wochenschau 1949–1960. Wien

Pförtner, André (2005): Die Steyr-Daimler-Puch AG (SDPAG): Der Traum vom österreichischen Automobil. In: Brix, Emil/Bruckmüller, Ernst/Stekl, Hannes (Hg.): Memoria Austriae, Bd. 3. Wien: 311–351

Rausing, Sigrid (2002): Re-constructing the „Normal". Identity and the Consumption of Western Goods in Estonia. In: Mandel, Ruth/Humphrey, Caroline (Hg.): Markets and Moralities. Ethnographies of Postsocialism. Oxford/New York: 127–142

Richter, Dirk (1996): Nation als Form. Opladen

Ritzer, George (1997): Die McDonaldisierung der Gesellschaft. Frankfurt am Main

Ross, Kristin (1995): Fast Cars, Clean Bodies. Decolonization and the Reordering of French Culture. Cambridge (Mass.)/London

Ruppert, Wolfgang, Hg. (1993): Fahrrad, Auto, Fernsehschrank. Zur Kulturgeschichte der Alltagsdinge. Frankfurt am Main

Schindelbeck, Dirk (2003): Marken, Moden und Kampagnen. Illustrierte deutsche Konsumgeschichte. Darmstadt

Schmid, Georg (1996): Österreich bauen. Konstruktion und Dekonstruktion eines Konzepts. In: Kos, Wolfgang/Riegele, Georg (Hg.): Inventur 45/55. Österreich im ersten Jahrzehnt der Zweiten Republik, Bd. 1. Wien: 103–125

Schulze, Gerhard (1995): Die Erlebnisgesellschaft. Kultursoziologie der Gegenwart. Frankfurt am Main

Schütz, Erhard (2001): Der Volkswagen. In: François, Etienne/Schulze, Hagen (Hg.): Deutsche Erinnerungsorte 1. München: 352–369

Siegrist, Hannes/Schramm, Manuel, Hg. (2003): Regionalisierung europäischer Konsumkulturen im 20. Jahrhundert. Berlin

Tolar, Günter (1988): 10 Jahre Made in Austria. Wien

Wagnleitner, Reinhold (1991): Coca-Colanisation und Kalter Krieg. Die Kulturmission der USA in Österreich nach dem Zweiten Weltkrieg. Wien

Wildt, Michael (2003): Gewaltpolitik. Volksgemeinschaft und Judenverfolgung in der deutschen Provinz 1932 bis 1935. In: Werkstattgeschichte 12/35: 23–43

Wodak, Ruth u. a. (1998): Zur diskursiven Konstruktion nationaler Identität. Frankfurt am Main

„KAUFT ÖSTERREICHISCHE WAREN!" DIE ZWISCHENKRIEGSZEIT IM MEDIALISIERUNGSPROZESS DER PRODUKTKOMMUNIKATION

RAINER GRIES – ANDREA MORAWETZ

IN HOC SIGNO VINCES: DIE MARKE „ÖSTERREICH"

> *„In diesem Zeichen werden wir siegen!" Dieser martialische Ausruf*
> *aus dem Jahr 1932 fand sich nicht etwa in der Rede eines christlich-*
> *sozialen, großdeutschen oder gar sozialdemokratischen Politikers*
> *wieder. Er war vielmehr auf einem kleinen Flugblatt zu lesen, das*
> *mit einem Adler versehen war, dessen Schwingen und dessen Körper*
> *wiederum aus den Worten* AUSTRIA *zusammengesetzt waren. Es*
> *versprach österreichischen Unternehmern Schutz und Sieg!*
> (Die Industrie 4/1932:13)

Vor dem Hintergrund der Weltwirtschaftskrise stand das Zeichen für
ein Wunder: Ein großes, starkes „Wir" würde sich um die Phalanx österreichischer Erzeugnisse herum scharen – Unternehmer und Konsumenten würden Hand in Hand und mit gebündelten Kräften gegen die wirtschaftlichen Probleme ankämpfen! Diese Gemeinschaft unter den Fit-
tichen des amtlich anmutenden AUSTRIA-Adlers sollte „alle" verbünden,
sollte mithin jene sieben Millionen Menschen als Konsumenten und
als Staatsbürger vereinen, die seit dem Vertrag von Saint-Germain zwar
offiziell als Österreicher zu gelten hatten, sich aber nicht immer als
solche verstehen wollten.

Bereits 1927 hatte man unter dem Eindruck einer passiven Handelsbilanz und grassierender Arbeitslosigkeit unter dem patriotischen

*Abb. 1: Die mächtigen Schwingen des österreichischen Produkt-
Adlers versprechen Schutz: Die Austria-Bildmarke*

Quelle: Kontakt. Fachzeitschrift für Reklame und Verkaufskunst, 1931

Imperativ „Kauft österreichische Waren!" eine Bewegung ins Leben
gerufen, die bis ins Jahr 1938 lief: Ein permanentes Heilsversprechen
mit der rettenden Formel: Konsumiert heimische Produkte – zum
Wohle aller! Zentrale Elemente dieser Kampagne, die immerhin mehr
als ein Jahrzehnt umgesetzt wurde, bezeichnen exemplarisch quanti-
tative und qualitative Entwicklungen auf dem Gebiet der Produktkommunikation in der Zwischenkriegszeit.

GESCHICHTE DER PRODUKTKOMMUNIKATION

Lassen wir die Wirtschafts- und die Kulturgeschichte des Konsums im
19. und 20. Jahrhundert Revue passieren, so zeigt sich, dass der

Zwischenkriegszeit nicht nur in der Geschichte der persuasiven Kommunikationsformen, sondern gerade auch in der Geschichte der Produktkommunikation eine bedeutende Rolle zukommt. In den 20er- und 30er-Jahren des 20. Jahrhunderts kam es zu spürbaren und sichtbaren produktkommunikativen Schüben, welche nicht zuletzt durch die Zeitumstände maßgeblich beeinflusst und befördert wurden. Der Erste Weltkrieg muss zwar einerseits als die „Urkatastrophe des zwanzigsten Jahrhunderts" gelten – aufgrund seines „Traditionsverzehrs", so der Jenenser Zeithistoriker Lutz Niethammer, sollten wir diesen Krieg andererseits auch als Urvater bedeutsamer gesellschaftlicher, kultureller und kommunikativer Umwälzungen wahrnehmen. Die Gesellschaftsgeschichte des Ersten Weltkrieges lässt sich dann nicht nur als Vorgeschichte der Revolution(en) von 1918 verstehen, sondern, damit untrennbar verbunden, auch als Vorgeschichte einer Revolution in der Massenkommunikation, welche sich in den Jahrzehnten zwischen den Weltkriegen vollends Bahn brach.

Bereits die Umstände des Ersten Weltkrieges selbst machten eine Hinwendung zu „den Massen" vermittels politischer Propaganda und Öffentlichkeitsarbeit erforderlich (Verhey 2000). Der Durchbruch der Moderne und die demokratische Staatsform seit 1919 mit dem nunmehr allgemein wahlberechtigten, souveränen Bürger zeitigten einen erhöhten öffentlichen Informations- und Kommunikationsbedarf, der unter anderem auch durch einen Aufschwung der persuasiven Kommunikationsformen befriedigt wurde. Sowohl in Deutschland wie in Österreich erlebten die Öffentlichkeitsarbeit (Liebert 2003), die politische Propaganda und auch die Produktwerbung einen quantitativen und einen qualitativen Sprung.

Das Konzept „Produktkommunikation"

Was bezeichnet der Begriff „Produktkommunikation"? Über Produkte und Marken kommunizieren Tag für Tag eine Vielzahl von Menschen, ganz unterschiedliche Akteure und Akteursgruppen.

- Aus der Vielzahl möglicher kommunikativer Beziehungen, die über Produkte vermittelt werden, sei zunächst die absatzorientierte Kommunikationsschiene vom Hersteller zum potenziellen Kunden beschrieben: Dies ist die Domäne der Wirtschaftswerbung und der Öffentlichkeitsarbeit. Hier ist es der werbetreibende Produzent, der über sein Produkt mit dem möglichen Kunden und späteren Verwender kommunizieren möchte. Hinzu kommt auf dieser Ebene die Kommunikation eines potenziellen Käufers mit dem potenziellen Händler

oder den Verkäuferinnen und Verkäufern vor Ort, im Ladengeschäft.
Hierzu zählen aber auch diejenigen Werbungen, die in den Verkaufsräumen und in den Schaufenstern inszeniert und gewöhnlich als „Ver-
kaufsförderung" bezeichnet werden. Dies alles umfasst die Sphäre
der kommerziellen Produktkommunikationen: Der Hersteller bezahlt
Agenturen, um Werbebotschaften im Interesse des Produktabsatzes
zu verfassen und mit möglichst großem Erfolg zu platzieren. Auf diese öffentlichen Produktkommunikationen wurde die Betrachtung von
Produktkommunikation bislang vielfach eingeschränkt. Jedoch, es gibt
zahlreiche weitere Kommunikationsbeziehungen rund um Produkte,
die nicht minder von Wichtigkeit sind.

- Auf einer weiteren Achse sollten die innerbetrieblichen Produktkommunikationen beobachtet werden. Diese Sphäre der Kommunikation um ein Produkt umfasst Bedeutungen, die zwischen der
  Unternehmensführung und betrieblichen Abteilungen ausgetauscht
  werden. In diesem Zusammenhang werden oft auch diejenigen Bedeutungen vernachlässigt, welche durch die wirklichen Produzenten des Produktes, also durch die Handwerker und die Arbeiter, sozusagen im Produktionsprozess über Jahr und Tag mit-produziert
  werden.
- Aber nicht nur am unmittelbaren Ort der Produktion, dem Betrieb,
  sondern darüber hinaus am weiteren Ort der Produktion, im Stadt-
  teil, in der Gemeinde oder der Stadt, im Kreis oder in dem Bundes-
  land, in welchem ein Produkt hergestellt wird, kann es Mittler von
  Kommunikationen sein. Das Selbstverständnis ganzer Städte, Regionen und Bundesländer kann sich zu einem Gutteil über ein Produkt definieren.
- Eine weitere Kategorie von Produktkommunikationen ist diejenige,
  in welcher auftragsungebundene Akteure über das Produkt oder über
  die Marke schreiben: Gemeint sind hier vor allem journalistische
  Berichte über das Produkt. Ob in Tages- oder Fachzeitungen: Publi-
  zistische Produktpräsentationen können entscheidenden Einfluss auf
  das Image eines Produktes oder einer Marke haben.
- Es ist nämlich nicht zuletzt gerade der Käufer und Verwender, der
  über „sein" Produkt spricht und mit vielen kommuniziert. Der Käufer wird in diesem Verständnis zu einem durchaus aktiven Partner
  der Produktkommunikation. Spätestens, wenn der Empfänger einer Werbebotschaft zum Käufer wird, kommuniziert er unweiger-
  lich: Das Ja zum Produkt und der anschließende Kaufakt ist zugleich
  auch der entscheidende und grundlegendste kommunikative Akt auf
  Seiten des Konsumenten. Dieses Jawort ist auf den ersten Blick Teil

der Kommunikation des Kunden mit dem Produktoffert und Teil der Kommunikation mit dem Handel. Das Ja zum Kauf ist aber in der Hauptsache die entscheidende Nachricht für den Hersteller des Produktes: Der Hersteller bekommt so die Information, dass das von ihm angebotene Produkt, mithin die gesamte Botschaft des Produktes, wahrgenommen, akzeptiert, gewählt und gekauft wurde.

Daher seien unter dem Sammelbegriff Produktkommunikation all diejenigen Kommunikationsakte verstanden, die über Produkte vermittelt werden. Kommerzielle Werbung repräsentiert demnach nur einen Teil der über ein Produkt laufenden Kommunikationen: einen prominenten Teil zwar, nämlich denjenigen, der über Massenmedien vermittelt wird. Mit der Vokabel Produktkommunikation sollen hier jedoch vor allem auch die vielfältigen Bedeutungen erfasst und in den Blick wissenschaftlicher Analyse gestellt werden, die seitens unterschiedlicher Akteure und Akteursgruppen, vor allem aber seitens der potenziellen Käufer, der Verbraucher und der Verwender kommuniziert werden.

Die Medialisierung der Produktkommunikation

Produkte, insbesondere Markenprodukte, erfuhren einen Prozess der Medialisierung, der im 19. Jahrhundert seinen Ausgang nahm, in den 20er- und 30er-Jahren des 20. Jahrhunderts noch einmal einen kräftigen Entwicklungsschub bekam und im Laufe der 60er-Jahre nicht zuletzt mit der Selbstbedienung zu einem strukturellen Abschluss kam. Die Durchsetzung des ‚Prinzips Selbstbedienung' in Deutschland und Westeuropa während der 50er- und 60er-Jahre kennzeichnet den Höhepunkt einer geradezu dramatischen Entwicklungsgeschichte der gesellschaftlichen Teilsysteme Konsum und Kommunikation, in deren konvergentem Verlauf es zur Herausbildung eines tertium comparationis kam, das zum Kernbereich gesellschaftlicher Selbstverständigung und Selbstvergewisserung gezählt werden muss: Gemeint ist der *Medialisierungsprozess der Produktkommunikation* (Gries 2003b). Das Produkt wird nicht nur konsumiert, sondern über das Produkt wird kommuniziert. Seither erfüllt ein Markenprodukt zwei Grundfunktionen:

• Zum einen gewährt es den materiellen Grundnutzen, es ist ein Konsumgut.

• Zum anderen aber ist das Produkt ein veritables Kommunikationsorgan.

Damit sind Produkte zu Medien im Sinne kommunikationswissenschaftlicher Theorien geworden. Markenprodukte haben sich zu Me-

dien moderner Gesellschaften gewandelt – gemäß dem Verständnis des
Wiener Kommunikationswissenschaftlers Thomas A. Bauer, der „Medien" weniger als „Apparaturen" denkt, sondern als reale, gelebte oder
gedachte „Plattformen der sozialen Praxis", als „Zeichen- und Bezeich-
nungszusammenhänge", „die in der Lage sind, Deutungen aufzuneh-
men und auch solche wieder abrufbar zu machen. Medien sind in diesem Sinne Referenzrahmen für die allgemeine Unterstellung der Wichtigkeit, Gültigkeit und Relevanz von Themen. Sie maximieren daher
mögliche individuelle Bedeutungen zu kollektiven Deutungsangeboten –
nicht selten in direkter Verbindung mit der Minimierung eines diffe-
renzierten Verständnisses des Inhalts selbst. Solche Medien sind aber
nicht nur Plattformen gesellschaftlicher Diskurse, sondern – im Sinne
des Foucault'schen Diskursbegriffs – mehr noch Dispositive der gesellschaftlichen Ordnung, also der Verteilung von hierarchisierter Gesell-
schaftlichkeit, vor allem im Zusammenhang von wissensbesetzten Diskursen" (Bauer 2006: 35). Medien in diesem Verständnis vermögen nicht
nur zu integrieren, sondern sie segregieren, segmentieren und frag-
mentieren zugleich.

Und es ist wiederum die in diesem Beitrag näher beleuchtete europäische Zwischenkriegszeit, die sich als eine Sattelzeit der produktkommunikativen Medienevolution entpuppt. Der Begriff „Sattelzeit"
will hier eine besondere Epoche kennzeichnen: Wer in ihr lebt, kennt
noch den alten historischen Erfahrungsraum, aus dem sich gleichwohl
und gleichzeitig ein ganz neuer Erwartungshorizont herausschält
(Koselleck 1979: 349). Das liegt nicht nur in der funktionalen Ausbildung und im kulturellen Bedeutungszuwachs der Kommunikations-
funktion von Produkten begründet, sondern auch in der zunehmenden sozialen Reichweite und Relevanz von Produktkommunikationen.

Die Deszendenz der Produktprojektionen

Im Laufe der 20er-Jahre stellte sich in der Geschichte der Produktkommunikation eine sozial und politisch höchst relevante Entwicklung ein: Erzeugnisse, die bis dahin gehobenen Gesellschaftsschichten
vorbehalten waren, öffneten ihre Produktkommunikation „nach unten" und sprachen nunmehr bewusst potenzielle Käufer aus den Mit-
tel- und sogar Unterschichten an. Die ökonomischen, vor allem aber
die kulturellen und gesellschaftlichen Bedeutungen dieses Phänomens
sind nicht zu überschätzen!

Die „Deszendenz" von Gütern, die bis dato als Luxusgüter annon-
ciert und verstanden wurden und die mithin als Accessoires aristokra-

tischen oder großbürgerlichen Lebensstils galten, erhielt im Zeitraum von Mitte der 20er-Jahre bis Ende der 30er-Jahre einen bedeutenden kommunikativen Schub. Diesen Effekt kann man am besten anhand von Fallstudien feststellen: Die Zielgruppen und die Zuschreibungen nicht weniger Markenprodukte ändern sich in diesen Jahren eklatant. Der Sekt zum Beispiel, im Deutschen Kaiserreich spätestens seit dem 19. Jahrhundert ein Medium bürgerlichen Partizipationsverlangens, bis in die ersten Nachkriegsjahre noch als Getränk „der Reichen", aber auch „der Schieber und Schmarotzer" gebrandmarkt, begann seine Aura zu ändern. Im Laufe der zweiten Hälfte der 20er-Jahre brach die kommunikative Wende des Sektes an: Sekt sollte künftig für „alle" da sein, am Sekt sollten „alle" teilhaben. Vorreiter für diesen Umschwung in der Sektpräsentation war die Koblenzer Sektkellerei ‚Deinhard'. Grundaussage und Werbemedien des Produktes änderten sich fundamental: Die Werbefigur der Sektkellerei, eine Serviererin, sprach fortan nicht mehr großbürgerliche Schichten via Annoncen in ausgewählten Gesellschaftsblättern an. Vielmehr wurden jetzt „alle" Schichten der Bevölkerung angesprochen – und zwar auf der Straße. Kumpelhaft rief die ‚Deinhard'-Serviererin jetzt jedermann und jeder Frau von Plakaten und Aufstellern sowie aus Schaufenstern zu: „Dein Sekt sei Deinhard"! Ihr Tablett mit der geöffneten Flasche und den Gläsern war fortan ohne Ansehen der Klasse jedwedem Betrachter, jedwedem Käufer und jedwedem Genießer zugewandt. Eine solch auffällige Werbe-Wende vollzogen zahlreiche Produkte nach dem Ersten Weltkrieg in Deutschland wie in Österreich: „Die Vielen" avancierten zur Zielgruppe zahlreicher bislang ebenso unerreichbarer wie unziemlicher Produkte des gehobenen Bedarfs. Die Zuschreibung, dass Sektgenuss Luxus sei, wurde auch in Österreich aufgebrochen. Sekt wurde fortan als Festgetränk für heitere Stunden inszeniert (Österreichische Reklame-Praxis 1935: 10). So titelte ein ‚Kupferberg Gold'-Plakat aus dem Jahr 1929: „Der Sekt, der den Alltag verscheucht!" Darauf war eine Dame zu sehen, die, extravagant und feengleich, dem Betrachter den Rücken kehrte und ein Glas Sekt einem Kelch gleich in ihren Händen hielt. Mit ihrem dem Publikum zugewandten Blick forderte sie alle auf: Folgt mir in diese andere Welt!

Die Produzenten forcierten diese Produktofferten aus absatzpolitischen Erwägungen heraus „nach unten", um in dieser Zeit existenzieller politischer wie wirtschaftlicher Krisen ein möglichst breites Publikum ansprechen und die Marktbasis ihrer Erzeugnisse erweitern zu können. Die Hoffnungen auf eine rasche Erschließung breiter Käuferschichten wurden jedoch in der Regel mangels Kaufkraft enttäuscht –

vielmehr kam es zu einer Erschließung neuen kulturellen Terrains: Es
waren eher die Produkthorizonte unterer Schichten, die in Folge dieser neuen Produktpolitik auf lange Sicht erweitert wurden, wohinge-
gen sich die angestrebte kurzfristige Öffnung des Marktes nur bei *low
involvement*-Erzeugnissen einstellen konnte. Die angesprochenen
Schichten konnten sich die ihnen versprochenen Produkte während
der Krisenjahre zwischen den Weltkriegen kaum leisten. Von entscheidender Bedeutung aber war, dass die Deszendenz solcher Produkte eine
kommunikative und kulturelle Realität darstellte: In den 20er- und 30er-
Jahren wurden den Unter- und Mittelschichten bislang nie gehörte
Produktgeschichten erzählt, Markensymbole angeboten – und damit
zugleich neue Medien der Vergemeinschaftung eingeführt: Es wurden
vielfach vielschichtige Hoffnungen geweckt und Sehnsüchte ermöglicht und besiegelt.

Man könnte diese Öffnung der kommerziellen Produktkommunikation „nach unten" als Beginn eines „Demokratisierungsprozesses" des
Konsums verstehen. – Diese frühe „Demokratisierung" sollten wir aber
eben weniger als eine Demokratisierung des realen Kaufvermögens
interpretieren, sondern als eine Demokratisierung der Produktwahr-
nehmung, als einen Prozess, in dessen Verlauf weiter reichende kon-
sumtive Visionen bei „den Vielen" implementiert wurden. Diese in der
Zwischenkriegszeit vermittelten Produkt-Utopien setzten sich fest und
überdauerten den Zweiten Weltkrieg ebenso wie die unmittelbare Nachkriegszeit. Als Werbeleute und Marktforscher der ersten Stunde im Jahr
1947 in der britischen Besatzungszone Deutschlands bei rund 100.000
Befragten eine Inventur des „Markenwissens" durchführten, waren sie
überrascht: Im damals so genannten „arktischen Winter", in der tiefs-
ten Not der Rationen-Gesellschaft des Nachkriegs entdeckten sie bei
den meisten Alters- und Berufsgruppen ausgiebige und ausgefeilte Mar-
ken- und Produkthorizonte (Gries 2003a: 149ff.)! Die in der Zwischenkriegszeit grundgelegten Produkt-Dispositionen blieben über die 40er-
Jahre wirksam und aufrufbar; in den 50er- und 60er-Jahren waren „die
Vielen" dann in der wirtschaftlichen Situation, diese sozusagen gestau-
ten Produkt-Visionen zu realisieren, ja geradezu zu exekutieren.

Dieses ganze Generationen tragende Produkt-Vertrauen (vgl. Gries
2006b) war der bemerkenswerten Sozialpsychologie dieser Deszendenz-
Kommunikationen geschuldet. Im Gegensatz nämlich zur in Deutschland wie in Österreich prekären politischen Demokratisierung erlangte wenigstens die produktpolitische „Demokratisierung" hier wie dort
offenbar eine visionäre Glaubwürdigkeit. Schaumwein, das war die
überdeutliche Botschaft der zitierten ‚Deinhard'-Serviererin bereits

Ende der 20er-Jahre, sollte von nun an für alle Gesellschaftsschichten
ohne Hemmnisse erreichbar und ohne Hemmungen genießbar werden!
Die straßenöffentliche Kommunikation machte darüber hinaus Glauben, dass es sich bei diesem Versprechen nicht um die Deszendenz des
Produktes, sondern vielmehr um die Aszendenz des Konsumenten han-
dele: Die künftige Partizipation, die Teilhabe am kommenden Wohlstand,
welche diese Premiummarke und die weibliche Werbefigur versprachen,
würde keinen Konnotationsverlust des Produktes mit sich bringen, sondern einen Statusgewinn für den (künftigen) Käufer und Konsumenten.
Die sich abzeichnende „Demokratisierung" des Sekt-Luxus würde keinerlei Statusverluste mit sich bringen – weder für das Produkt und schon
gar nicht für die neuen Verbraucherschichten. „Exklusivität für alle",
lautete die Botschaft des deutschen Sektes schon von der zweiten Hälfte
der 20er-Jahre an.

Die Menschen auf den politisch umkämpften Straßen konnten sich
während der 30er-Jahre die Wahrnehmung zu eigen machen, dass sich
die Produkt- und die Lebenshorizonte für sie dereinst erweitern könnten. Dieses visionäre Demokratisierungspotenzial mancher Produkte,
Produktgattungen und Marken wurde von „den Vielen" freilich nicht
negativ, sondern positiv aufgenommen. Mithin gelang es den Akteuren
werblicher Kommunikationen dieser Zeit trotz der Offerte an „die Vielen" und trotz der damit notwendigerweise einhergehenden quantitativen Vervielfältigung des Angebotes, die Aura des Besonderen der so
präsentierten Produkte beizubehalten. Die Deszendenz des Produktes
wurde als Aszendenz des Konsumenten kommuniziert und akzeptiert.

Dieses Strukturmodell moderner Produktkommunikation bildete
sich in der Zwischenkriegszeit vollends aus. Die Produkt-Erwartungen
schufen in Verbindung mit dauerhaften Produkt-Erfahrungen ein au-
ßerordentlich tragfähiges Fundament von Vertrauen, auf das die Verbraucher später im Krieg und in der Nachkriegszeit rekurrieren konnten. Anhand der Kampagne „Kauft österreichische Waren!" soll nun
eine Aktion vorgestellt werden, in der Wirtschaftswerbung und politische Propaganda zusammengingen und die sich die Öffnung „nach
unten" im wahrsten Sinne des Wortes auf ihre Fahnen geschrieben
hatte. Nicht zuletzt war auch diese Kampagne mit einem Aszendenz-
versprechen an „die Vielen" verbunden, das allerdings erst in den Jahrzehnten nach dem Zweiten Weltkrieg eingelöst werden konnte: Wohlstand für alle!

„KAUFT ÖSTERREICHISCHE WAREN!"

Diese Aufforderung zum Konsum drängte sich ab Herbst 1927 den Öster-
reichern auf Flugblättern, Inseraten, Plakaten und in Radiovorträgen
entgegen. Hinter diesem bundesweit propagierten Adhortativ stand das
gebündelte Interesse verschiedener wirtschaftlicher Körperschaften,
deren vorrangiges Ziel es war, gegen die negative Handelsbilanz, gegen
die Arbeitslosigkeit und, damit verbunden, gegen die bereits in der Monarchie sichtbar gewordene Vorliebe der Österreicher für ausländische
Waren vorzugehen (Die Industrie 31/1927: 4). Als treibende Kraft hinter
der umfassend angelegten Aktion erwies sich vor allem die Industrie,
die in der Zwischenkriegszeit mit gravierenden strukturellen Problemen
zu kämpfen hatte (Senft 2005: 182). Zielgruppen waren vorrangig Verbraucher und Händler, doch auch die Produzenten sollten sich ihrer
volkswirtschaftlichen Verantwortung bewusst werden. Der Konsum österreichischer Erzeugnisse, so das basale Argument, sei nicht nur im Sinne
der Erholung der Volkswirtschaft, sondern würde auch zum Wohle eines jeden Einzelnen beitragen (Die Industrie 8/1927: 5). Mit der visuellen AUSTRIA-Marke war das verbale Propagem des „Wirtschaftspatriotismus" verknüpft, zu dem die Österreicher nun gemeinschaftlich erzo-
gen werden sollten (Die Industrie 38/1927: 6).

Damit erscheint diese Kampagne zwar vorrangig als wirtschaftlich
motiviert – inszeniert wurde sie jedoch moralisch.

Werbepropaganda für Österreich

Die strukturelle Nähe der Kampagne „Kauft österreichische Waren!"
(KöW) zum Konzept der Gemeinschaftswerbung ist kaum übersehbar.
Damit ergeben sich einige Implikationen, die kurz dargelegt werden
sollen:

• So ist Gemeinschaftswerbung stets von einer gewissen Anonymität
  geprägt, was dazu führt, dass Lebensweisheiten und Sprichwörter
  Verwendung finden (Schindelbeck 2000: 67). Einer der unzähligen
  Reime dieser Aktion warnte in eindringlicher Manier: „Schafft Arbeit und Brot, bannt Armut und Not!" (Paulsen 1931: 32).

• Ein weiteres Charakteristikum kollektiver Werbung ist die Etablierung von Gütezeichen, die anstelle von Markensymbolen auftreten.
  Solche Schutzmarken können einerseits eine disziplinierende Funktion nach innen ausüben, indem bei der Vergabe bestimmte Qualitätsstandards nicht unterschritten werden dürfen. Andererseits repräsentieren sie nach außen hin deutlich, dass ein bestimmtes Pro-

dukt und eine bestimmte Marke zum großen Ganzen gehört (Schindelbeck 2000: 67). Ein solches Gütesiegel stellte die geradezu ho-
heitlich ästhetisierte Austria-Marke dar. Seit 1931 durfte sie von österreichischen Betrieben auf Waren und Drucksorten gegen eine geringe einmalige Gebühr angebracht werden (Die Industrie 28/1931: 8).
Aus rechtlichen Gründen war es aber auch hier nicht allen Branchen gestattet, das „austriakische" Markenzeichen zu führen. So gab
es in den 20er- und 30er-Jahren zwar Gemeinschaftswerbung für
Bier („Trinkt österreichische Biere", 1935), aus wettbewerbsrechtli-
chen Gründen war den Brauereien die Führung der Schutzmarke
jedoch nicht ermöglicht worden (Die Industrie 11/1933: 7).

• Der Historiker Dirk Schindelbeck stellte zudem fest, dass Gemeinschaftswerbung gewöhnlich hehrere Ziele verfolgt als normale
Wirtschaftswerbung (Schindelbeck 2000: 64). Ähnliches galt für die
„Aktion zur Hebung des inländischen Konsums", die ebenfalls über
betriebswirtschaftliche Horizonte hinaus vor allem den volkswirtschaftlichen Nutzen in den Blick nahm. Überdies ging der Anspruch
der Kampagne „Kauft österreichische Waren!" weiter: Es handelte
sich eindeutig um ein politisches Plädoyer im Gewand der Produktkommunikation. Die Kampagne forderte zum Bekenntnis zu Österreich auf, was umso bemerkenswerter anmutet, wenn man die in
jenen Jahren geführten Diskurse über die „Lebensfähigkeit" Österreichs in Betracht zieht (Bruckmüller 1996: 306).

Bedeutsam erscheint weiters, dass die Kampagne auf Anregung eines
dezidiert großdeutsch orientierten Politikers, nämlich des Bundesmi-
nisters für Handel und Verkehr, Hans Schürff, zustande kam, und dass
sie auf einem Parteien übergreifenden Konsens beruhte (Österreichische Reklame 3/1927: 29; Paulsen 1931: 34). Das verdeutlicht nicht nur
die politischen Momente, sondern fördert ein Paradoxon zu Tage: Ein
hochrangiger Politiker einer Partei, die Sympathien für den „Anschluss"
an Deutschland hegte, entschloss sich zur Durchführung einer Kampagne, in welcher Österreich und ein Bewusstsein für Österreich im
Mittelpunkt standen. Zudem muss die Kooperation der Parteien in dieser Sache verwundern – vor allem dann, wenn wir das hitzige politische Klima im Jahr des Justizpalastbrandes und in den darauf folgenden Jahren in Betracht ziehen. Eine erste mögliche Antwort mag simpel anmuten: Es ging zuerst um das existenzielle, wirtschaftliche Überleben – und zwar der österreichischen Volkswirtschaft ebenso wie jenes der „kleinen Leute".

• Ein weiteres wichtiges Politikum liegt darin begründet, dass Gemeinschaftswerbung eine Institutionalisierung notwendig macht. Dieser

Umstand erleichtert die politische Einflussnahme und Indienststellung, was eine Konvergenz von Wirtschaftswerbung und politischer Propaganda besonders in Diktaturen oder autoritären Systemen erleichtert und ermöglicht (Gries 2006a: 79f.). Es überrascht daher nicht, dass auch in der Zeit des „Austrofaschismus" die Bedeutung einer Gemeinschaftswerbung von der und für die Politik erkannt wurde (Contact 4/1936: 9). Für diese Kampagne fungierte als eine solche administrierende, zentrale Organisation die im Frühjahr 1927 gegründete „Arbeitsgemeinschaft für wirtschaftliche Körperschaften". Diese setzte sich unter dem Vorsitz der Vereinigung der Industriellen aus Vertretungen des Handels, des Gewerbes, der Landwirtschaft, der Arbeitnehmer sowie aus politischen Frauenorganisationen unterschiedlicher Couleur zusammen (Österreichische Reklame 3/1927: 29).

Der Auftakt: „Österreichische Woche"

Nach monatelangen Verhandlungen wurde für November 1927 schließlich die Durchführung einer ersten „Österreichischen Woche" beschlossen (Die Industrie 50/1927: 6). Diese mit Schaufensterwettbewerben gekoppelte Veranstaltung sollte von Radiovorträgen, Plakatanschlägen, Zeitungsbeiträgen und durch die Verteilung von Flugzetteln eingeleitet und begleitet werden (Die Industrie 38/1927: 6). Vorbilder dafür waren unter anderem in Großbritannien und der Schweiz zu suchen. Bereits 1916 war der „Schweizer Wochen"-Verband gegründet worden, dessen Aufgabe es gewesen war, den vermehrten Absatz einheimischer Erzeugnisse im In- und Ausland zu forcieren. Als Ursprungsland „wirtschaftspatriotischer" Bewegungen erachtete man in Österreich jedoch vor allem Großbritannien, das mit der Aufforderung „Buy British" für heimische Erzeugnisse eintrat (Arbeitsgemeinschaft wirtschaftlicher Körperschaften 1934: 65). Obwohl man dem britischen Modell in vielerlei Hinsicht nacheiferte, wurde beispielsweise das Konzept des „buy from your best customers", das auch von Ländern wie Dänemark, Finnland oder Argentinien adoptiert wurde, nicht übernommen (Paulsen 1931: 78). Der Hinweis auf etwaige Vorbilder zeigt, dass es sich bei der Werbepropaganda für österreichische Waren um ein Phänomen handelte, das besonders im Europa der Zwischenkriegszeit und sogar in Japan zu beobachten war (Paulsen 1931: 72ff.).

Deutschland verhielt sich allerdings in den 20er-Jahren einer expliziten „Kauft deutsche Waren"-Kampagne gegenüber zurückhaltend: Man fürchtete negative Auswirkungen auf den Export (Paulsen 1931:

Abb. 2: Kaufappell in „Rot-Weiß-Rot":
Plakat zur „Österreichischen Woche"
aus dem Jahr 1929

Quelle: Flugblätter-, Plakate- und Exlibris-Sammlung
der Österreichischen Nationalbibliothek

81). Ein am 25. August 1927 erschienener Artikel in der „Kölnischen Zeitung" unterstrich die Vermutung, dass besonders im Vorfeld der Veranstaltung der ersten „Österreichischen Woche" Bedenken geäußert worden waren, diese Aktion würde zu Lasten deutscher Produkte gehen. Das Sprachrohr der Arbeitsgemeinschaft, „Die Industrie", konterte mit Blick auf die deutsche Gemeinschaftswerbung „Deutsche trinkt deutschen Wein, gebt deutschen Arbeitern Brot!", dass protektionistische Tendenzen durchaus auch in Deutschland vorhanden seien. Aufschlussreich war jedoch ein in diesem Zusammenhang zitiertes Ergebnis einer Umfrage, die den „Österreichischen Wochen" vorausging: Hier wurde von den Respondenten betont, dass Deutschland größtenteils ohnehin nicht als Ausland empfunden werde, woraus gefolgert wurde, dass eine solche Kampagne nicht zwingend als gegen deutsche Produkte gerichtet erachtet werden würde (Die Industrie, 36/1927: 3 f.). Trotz Bedenken, dass eine nationale Kampagne außerhalb Österreichs zu Absatzproblemen bis hin zum Boykott österreichischer Produkte führen könnte, wurde die „Österreichische Woche" im November 1927 abgehalten. Plakate und Inserate mit Slogans wie „Helft der heimischen Wirtschaft und helft euch selbst!" sollten nunmehr in den folgenden Jahren das Bild der österreichischen Werbelandschaft ergänzen (Paulsen 1931: 32f.).

Die Akteure: „Erziehung" zum richtigen Konsum

Zur wichtigsten Zielgruppe der Kampagne zählten Handel und Verbraucher. Zum einen sollte der kleinste, aber kaufkräftige Teil der Bevölkerung von der Qualität österreichischer Produkte überzeugt werden. Zum anderen wurde der Versuch unternommen, den Großteil der Bevölkerung hinsichtlich einer Unterscheidung in ausländische und inländische Waren zu sensibilisieren (Kontakt 7-8/1930: 11f.) Besonders Frauen waren von Beginn der Aktion an als entscheidende Zielgruppe erachtet worden. Schließlich wurden schätzungsweise 80 Prozent aller Einkäufe von Frauen getätigt. Infolgedessen waren auch Frauenverbände in die Arbeitsgemeinschaft integriert (Die Industrie 29/1927: 8). Ein eigens gestaltetes „Hausfrauenbüchlein", das in einer Auflage von 800.000 Stück kostenlos versandt wurde und als Branchenverzeichnis und als Werbeplattform dienen sollte, war präzise auf die Zielgruppe der Frauen zugeschnitten (Die Industrie 28/1928: 11). Überdies sollte der Gedanke „Kauft österreichische Waren!" auch das Gewerbe und die Industrie durchdringen, weswegen bereits bei der Produktion gleichsam die Prämisse „Kauft österreichisch – produziert österreichisch" gelten sollte (Die Industrie 8/1927: 5).

Auch öffentliche Körperschaften erwiesen sich als Akteure dieser Art von Produktkommunikation. Für die Werbepropaganda in den Schulen wurde 1930 sogar eigens ein Komitee innerhalb der Arbeitsgemeinschaft gegründet (Die Industrie 33/1931: 6). Von Beginn an galten Kinder und Jugendliche als Zielgruppe der Kampagne – auch, weil man über die Schüler auf die Eltern einwirken wollte (Die Industrie 38/1927: 6). Das Beispiel der Schulpropaganda macht eine Entwicklungstendenz dieser Sorte öffentlicher Kommunikation in autoritären Systemen deutlich: Im Laufe der Jahre verlor sie mehr und mehr ihren ursprünglichen Charakter der Freiwilligkeit und wurde statt dessen zunehmend gesetzlich ausgestaltet. So bestimmte ein Erlass des Bundesministeriums für Unterricht aus dem Jahr 1930, dass ausschließlich in Österreich produzierte Artikel des Schulbedarfs angeschafft werden durften (Die Industrie 33/1932: 6). Gleichzeitig schien der Einfluss politischer Akteure auf die Gestaltung der Kampagne zuzunehmen. Noch in der ersten, demokratischen Hälfte der Ersten Republik war die Bekehrung der Österreicher zum Kauf heimischer Produkte wiederholt Bestandteil von Reden politischer Funktionäre oder parlamentarischer Debatten gewesen (Die Industrie 32/1932: 6). Umso mehr wurde im ‚Ständestaat' das Augenmerk auf die Propagierung heimischer Erzeugnisse gelegt. Wirtschaftspropaganda wurde hier wie selbstverständlich als eine Funktion des Staates verstanden, wobei ein dem Bundesministerium für Handel und Verkehr unterstelltes „Amt für Wirtschaftspropaganda", unterstützt von einem „Wirtschaftswerbe-rat", die Agenden in die Hand nehmen sollte (Contact 5/1935: 9).

Der Kreis derjenigen, die sich an der Kampagne aktiv beteiligten, reicht jedoch weiter. Insbesondere Zeitungen wurden als wichtige Ka-näle erachtet, womit auch Journalisten zu zentralen Ansprechpartnern der Arbeitsgemeinschaft wurden. Eine Unterstützung seitens der Me-dien lag jedoch wiederum auch in deren Interesse, da ja die Stärkung der Produktion und die Bewerbung der Aktion selbst ein verstärktes Aufkommen an Anzeigen verhießen (Die Industrie 24/1930: 7). Vor al-lem auflagenstarke Wiener Tageszeitungen wie die bürgerlich-liberale „Neue Freie Presse", das „Neue Wiener Tagblatt" oder die katholische „Reichspost" trugen mit Leser- und Sonderrubriken zur Propagierung der Aktion bei. Darüber hinaus wurde der direkte Kontakt zum Ver-braucher bei Ausstellungen und vorrangig bei den Wiener Messen ge-sucht (Die Industrie 34/1931: 7).

Maßgeblichen Anteil an dieser Produktkommunikation hatten auch Graphiker, da Plakate, die damals noch vorwiegend gezeichnet wur-den, als eines der wichtigsten Werbemittel der Aktion erachtet wurden (Die Industrie 35/1931: 6). Hier war die Arbeitsgemeinschaft darauf bedacht, mit künstlerisch wertvollem Werbematerial nicht nur auf in-haltlicher, sondern auch auf formaler und ästhetischer Ebene erziehe-risch zu wirken (Die Industrie 26/1930: 7). Die Gestaltung eines Güte-siegels erfolgte sogar im Rahmen eines eigens ausgeschriebenen Wett-bewerbes, an dem bezeichnenderweise nur Graphiker mit österreichi-scher Staatsbürgerschaft teilnahmeberechtigt waren (Kontakt 10/1930: 38). Vor allem Vertreterinnen von Frauenorganisationen hatten bereits früh die Gestaltung eines Erkennungszeichens als Orientierungshilfe gefordert, um das Anliegen „Kauft österreichische Waren!" erfolgreich kommunizieren zu können (Die Industrie 34/1931: 6). Die Resonanz auf den Wettbewerb war groß: Es wurden nahezu 1.500 Vorschläge eingereicht, aus denen der Entwurf des Architekten Viktor Weixler als Sieger hervorging (Die Industrie 28/1931: 7).

Die enge Verbundenheit zwischen Wirtschaft und Politik wurde nun auch klar anhand der neu geschaffenen Bildmarke visualisiert: Man wollte die Ähnlichkeit mit dem österreichischen Bundeswappen: Das staatliche Hoheitszeichen avancierte so zum Gütesiegel für den österreichischen Produktkanon (Die Industrie 28/1931: 7). Als Grundsymbol war der Adler, das Wappentier Österreichs, zu erkennen, aus dessen Gefieder sich die Herkunftsbezeichnung AUSTRIA gestaltete (siehe Seite 213), was der Schutzmarke insgesamt einen höchst offiziösen Charakter verlieh. Darüber, wer das hoheitliche Erzeugnissiegel führen durfte, wurde de facto von den Handelskammern vor Ort entschieden (Die Industrie 28/1931: 8). Hatte man das Recht zur Führung der Schutzmarke einmal erworben, durfte sie in jeder beliebigen Größe oder Farbkombination gestaltet werden und sie konnte nicht nur auf Werbematerialien, sondern vor allem auch auf der Produktverpackung zur Anwendung kommen (Die Industrie 32/1932: 6). Mit der Einführung des Warenzeichens waren somit die Produkte selbst verstärkt zu Trägern des Propagems „Kauft österreichische Waren!" geworden.

Resonanzen und Akzeptanzen

Die zeitgenössischen Diskussionen über die Notwendigkeit und über die Wirkungen der Kampagne waren vielschichtig. Grundsätzlich wurde die Kampagne über alle parteipolitischen Grenzen hinweg als sinnvoll erachtet (Paulsen 1931: 34). Das „höhere Ziel" der Aktion schien ein derartiges Zusammengehen zu legitimieren, da ein Ankurbeln des Konsums österreichischer Waren nicht nur im Interesse der Wirtschaft, sondern auch in jenem der Landwirte, Arbeiter und Angestellten lag. Die Einigung der unterschiedlichen, in der Arbeitsgemeinschaft zusammengeschlossenen Interessengruppen gestaltete sich aber nicht immer konfliktfrei. Schon 1927 wurde im Zusammenhang mit dieser Aktion der Sozialdemokratie der Vorwurf gemacht, sie habe es verabsäumt, den „breiten Massen" ihre volkswirtschaftliche Verantwortung als Konsumenten bewusst zu machen (Die Industrie 20/1927: 5). Allerdings blieben öffentlich formulierte Anschuldigungen aber die Ausnahme.

   Die Argumentation der Aktion zeichnete sich gegenüber der in optimistischen Tönen gehaltenen Propaganda des englischen „Empire Marketing Boards" durch ein „Bangemachen" der Öffentlichkeit aus: „Wer nicht arm werden will, kauft österreichische Waren!" (Paulsen 1931: 32f.). Kritik an der Durchführung der Kampagne erfolgte gegen Ende der 20er-Jahre unter anderem seitens des „Kontakt", einer Fachzeitschrift, deren Zielgruppe sich vornehmlich aus werbetreibenden Unternehmern und Reklamefachleuten zusammensetzte (Morawetz 2004: 53). Die Zeitschrift befand die Aktion in ihren Grundzügen zwar für sinnvoll, doch als Kaufantriebe ‚Patriotismus', ‚Arbeitslosigkeit' oder ‚volkswirtschaftlich verantwortliches Handeln' anzusprechen, fand wenig Gefallen. Vielmehr plädierte man dafür, österreichische Waren als qualitativ gleichwertig oder gar besser als Waren ausländischer Herkunft zu bewerben – österreichische Erzeugnisse, die zudem noch bei weitem günstiger seien (Kontakt 10/1928: 15). Der politisierende pessimistische Duktus der Kampagne veränderte sich jedoch nicht (Arbeitsgemeinschaft wirtschaftlicher Körperschaften 1934).

Abb. 3: Mahnung zum Konsum heimischer Waren:
Schaufensterplakat der Arbeitsgemeinschaft
wirtschaftlicher Körperschaften

Quelle: Paulsen 1931

Kritik wurde darüber hinaus am Erfolg der ersten „Österreichischen Woche" geübt: Die Erwartungen waren hoch geschraubt. Als die Veranstaltung und die damit verbundene Öffentlichkeitsarbeit keinen direkten und sogleich messbaren Einfluss auf die Bilanzen zeitigte, sah sich die Arbeitsgemeinschaft dazu genötigt, die kurzfristigen Ziele der Aktion stärker herauszustreichen: Demnach sollten in einem ersten Schritt Verbraucher und Händler auf österreichische Waren aufmerksam gemacht und zu einem ersten Umdenken angeregt werden, was der „Österreichischen Woche" wohl auch gelungen war (Die Industrie 52/1927: 8). So habe eine Marktanalyse ergeben, dass bei etwa der Hälfte der Unternehmen, die an der „Österreichischen Woche" teilgenommen hätten, eine stärkere Nachfrage nach inländischen Produkten festgestellt worden sei (Die Industrie 50/1927: 6). Aus Furcht vor staatlichen Eingriffen und Einmischungen begrüßten Händler und Verbraucher die 1927 lancierte Kampagne nicht uneingeschränkt (Die Industrie 12/1927: 7). Doch der Beginn der Weltwirtschaftskrise, die sich als „Zu-

sammentreffen einer internationalen Agrar-, Industrie- und Kreditkrise"
(Sandgruber 1995: 387) entpuppte, schien einen Bewusstseinswandel
ausgelöst zu haben. So wurde 1930 betont, dass nunmehr auch Behör-
den, Länder und Gemeinden stärker als bisher dem patriotischen Aufruf Beachtung schenken würden. Dennoch trugen letztendlich die allmählich in Österreich einsetzenden Konsequenzen der Weltwirtschaftskrise nicht dazu bei, dass einmütige Auffassungen über Ziel und Zweck
der Kampagne in wirtschaftlichen Körperschaften herrschten (Kontakt 7-8/1930: 11ff.).

Die Einführung des Markenzeichens Anfang der 30er-Jahre verlieh
der Kampagne eine neue Qualität und wurde seitens der Arbeitsgemeinschaft als Erfolg inszeniert: 1932 lagen bereits siebenhundert An-
meldungen zur Führung der Verbandsmarke vor. Die Verwendung des
Warenzeichens ging sogar über industrielle und kaufmännische Unternehmen hinaus: Auch Sozialversicherungsanstalten wie die
Arbeiterkrankenkasse Wien hatten sich dazu entschlossen, das Adler-
Emblem zu führen und diese auf Briefumschläge, Rezeptformulare
oder Ärzteverzeichnisse zu drucken (Die Industrie 32/1932: 6). Als Beweis für die große Verbreitung und Popularität der Schutzmarke wurde Mitte der 30er-Jahre angeführt, dass sich für diese bereits eine einheitliche Bezeichnung im allgemeinen Sprachgebrauch durchgesetzt
hätte: „Austria-Marke". Darüber hinaus seien zahlreiche Firmen dazu
übergegangen, in Anlehnung an das Zeichen ihre Erzeugnisse als „Aus-
tria-Erzeugnisse" („Austria-Malzkaffee") zu vermarkten (Die Industrie
11/1933: 7). Nichtsdestotrotz sahen selbst Mitte der 30er-Jahre noch
Hersteller von Markenartikeln davon ab, die nationale Marke zu führen (Die Industrie 5/1934: 14). Die Gründe dafür wurden allerdings
nicht öffentlich diskutiert. Auch Verbraucher gaben sich noch Mitte
der 30er-Jahre nicht von der Bedeutung des Kaufs heimischer Waren
überzeugt (Die Industrie 24/1935: 6). Beide Entwicklungen mögen als
Reaktion auf die Stagnation der Wirtschaft in jenen Jahren erklärbar
sein. Zehn Jahre nach ihrem Start hatte die Kampagne, so jedenfalls
eine denkbare Wahrnehmung von Zeitgenossen, die gegebenen Versprechen nicht einzulösen vermocht. Ein kräftiger und nachhaltiger
Aufschwung der Wirtschaft war augenscheinlich ausgeblieben; zwar
war die Industrieproduktion ab 1934 wieder leicht im Steigen begriffen gewesen, dennoch fiel das Wachstum im internationalen Vergleich
bescheiden aus und die Konsumgüterindustrie blieb von Stagnation
gekennzeichnet. Zudem befand sich die Arbeitslosigkeit weiterhin auf
einem hohen Stand und belief sich 1937 auf mehr als 320.000 Arbeits-
suchende (Mattl 2005: 211). Zur selben Zeit, ab 1934/35, wurde es im

Sprachrohr der Arbeitsgemeinschaft, der „Industrie", erstaunlich ru-
hig. Auch die Öffentlichkeitsarbeit dieser Gemeinschaftswerbung er-
lahmte, obschon die Kampagne „Kauft österreichische Waren!" fortgeführt wurde. Wie ihr Referenzhorizont ‚Österreich' verschwand sie
schließlich 1938 von der Bildfläche (Graf 2006).

SPÄTER „SIEG": WIE PHÖNIX AUS DER ASCHE

Die Kampagne „Kauft österreichische Waren!" wies ein schillerndes
Spektrum an Akteuren auf, die sich trotz oder gerade aufgrund der
Wirtschaftskrise mehr oder weniger hoffnungsvoll um dieses zukunfts-
gerichtete Produkt- und Wohlstandsversprechen scharten. Neben Unternehmern und Verbrauchern hatten auch Graphiker, Journalisten,
Kaufleute und nicht zuletzt Politiker entscheidenden Anteil an der Vermittlung und Bedeutungszuschreibung dieser „wirtschaftspatrioti-
schen" Propagandawerbung. Darüber hinaus deutete sich an, dass das
Thema „Kauft österreichische Waren!" weiters von Berufsgruppen wie
Juristen, Marktforschern, Reklamefachleuten oder Schaufensterdeko-
rateuren kommuniziert wurde. Das auffälligste Element dieser bundesweit angelegten Aktion aber war dezidiert die Ansprache „der Vielen": Österreichische Produkte sollten für alle produziert und von allen konsumiert werden. – Die Aktion repräsentiert in diesem Sinne den
zeitgenössischen Trend zur „Demokratisierung" von Produktprojek-
tionen. Das stellte ebenso wie der Umfang und das Volumen der Aktion – so der weitreichende Einsatz unterschiedlichster Werbemittel –
eine neuartige Entwicklung in Österreich dar. Damit bestätigt dieses
ambitionierte Projekt politischer Produktkommunikation nochmals die
Erkenntnis, dass die 20er- und 30er-Jahre nicht nur in Deutschland,
sondern auch in Österreich von grundlegenden qualitativen und quantitativen Veränderungen in der Produktkommunikation geprägt waren. Auch aus der Perspektive der Geschichte des Austria-Produktsiegels
erweist sich die europäische Zwischenkriegszeit als Sattelzeit im
Medialisierungsprozess in der Geschichte der Produktkommunikation.
   Wenn das Projekt „Kauft österreichische Waren", wie auch die Erste
Republik, 1938 zum Scheitern verurteilt war, so konnte dessen Ver-
sprechen eines künftigen allgemeinen Wohlstandes gleichwohl in den
Jahrzehnten nach dem Zweiten Weltkrieg eingelöst werden. Mehr noch:
Auch der Gedanke „Kauft österreichische Waren!" selbst wurde in der
Zweiten Republik vor dem Hintergrund eines nun positiv konnotierten
Österreichbewusstseins revitalisiert. Heute wird die Österreich-Idee in
Form des uns vertrauten „Austria Gütezeichens", einem rot-weiß-rot

gestreiften „A", propagiert. Selbst das Anfang der 30er-Jahre von Viktor Weixler geschaffene Warenzeichen findet noch heute in einigen Varianten des aktuellen Gütezeichens Verwendung – eine kleine Reminiszenz an die Anfänge in der Zwischenkriegszeit und dem damit verbundenen Versuch, zur Ausbildung österreichischen Selbstbewusstseins und zur wirtschaftlichen Prosperität beizutragen.

LITERATUR

Arbeitsgemeinschaft wirtschaftlicher Körperschaften „Kauft österreichische Waren", Hg. (1934): Kauft österreichische Waren! Wirtschaftlicher Leitfaden für Lehrpersonen. Wien

Bauer, Thomas A. (2006): Geschichte verstehen. Eine kommunikationstheoretische Intervention. In: medien & zeit 21/1: 26-39

Bruckmüller, Ernst (1996, 2. ergänzte und erweiterte Auflage): Nation Österreich. Kulturelles Bewußtsein und gesellschaftlich-politische Prozesse (=Studien zu Politik und Verwaltung Bd. 4). Wien/Köln/Graz

Die Industrie. Offizielles Organ des Hauptverbandes der Industrie Österreichs (1927ff.). Wien

Graf, Melanie (2006): „Kauft österreichische Waren!" Gemeinschaftswerbung in der Zwischenkriegszeit. Diplomarbeit aus Publizistik- und Kommunikationswissenschaft an der Univ. Wien

Gries, Rainer (2003a): Produkte als Medien. Kulturgeschichte der Produktkommunikation in der Bundesrepublik und der DDR. Leipzig

Gries, Rainer (2003b): Die Medialisierung der Produktkommunikation. Grundzüge eines kulturhistorischen Entwurfs. In: Knoch, Habbo/Morat, Daniel (Hg.): Kommunikation als Beobachtung. Medienwandel und Gesellschaftsbilder 1880–1960. München: 113-130

Gries, Rainer (2006a): Produkte und Politik. Zur Kultur- und Politikgeschichte der Produktkommunikation. Wien

Gries, Rainer (2006b): Waren und Produkte als Generationenmarker. Die Generationen der DDR im Spiegel ihrer Konsumhorizonte. In: Ahbe, Thomas/Gries, Rainer/Schüle, Annegret (Hg.): Die DDR aus generationengeschichtlicher Perspektive. Eine Inventur. Leipzig: 271-300

Kontakt/Contact. Fachzeitschrift für Reklame und Verkaufskunst (1928ff.). Wien

Koselleck, Reinhart (1979): Vergangene Zukunft. Zur Semantik geschichtlicher Zeiten. Frankfurt am Main

Liebert, Tobias (2003): Der Take-off von Öffentlichkeitsarbeit. Beiträge zur theoriegestützten Real- und Reflexions-Geschichte öffentlicher Kommunikation und ihrer Differenzierung (=Leipziger Skripten für Public Relations und Kommunikationsmanagement Bd. 5). Leipzig

Mattl, Siegfried (2005, 5. überarbeitete und ergänzte Auflage): Die Finanzdiktatur. Wirtschaftspolitik in Österreich 1933–1938. In: Tálos, Emmerich/Neugebauer, Wolfgang (Hg.): Austrofaschismus. Politik – Ökonomie – Kultur. 1933–1938 (=Politik und Zeitgeschichte Bd. 1). Wien: 202-220

Morawetz, Andrea (2004): „Kontakt" in der „Österreichischen Reklame". Reklame-fachzeitschriften der 20er und 30er Jahre: Zwischen Wissensvermittlung und Selbstvergewisserung. Diplomarbeit aus Publizistik- und Kommunikationswissen-schaft an der Univ. Wien

Österreichische Reklame. Fachzeitschrift für Reklame, Gebrauchsgraphik, Schaufens-terdekoration, Verkaufskunst (1927). Wien

Österreichische Reklame-Praxis. Zeitschrift für Werbung, Wirtschaft und Verkauf (1935). Wien

Paulsen, Sigurd (1931): Der Kampf um den einheimischen Markt im Ausland (=Schrif-tenreihe des volkswirtschaftlichen Aufklärungsdienstes Bd. 1). Berlin

Sandgruber, Roman (1995): Ökonomie und Politik. Österreichische Wirtschaftsge-schichte vom Mittelalter bis zur Gegenwart. Wien

Senft, Gerhard (2005, 5. überarbeitete und ergänzte Auflage): Anpassung durch Kon-traktion. Österreichs Wirtschaft in den dreißiger Jahren. In: Tálos, Emmerich/Neugebauer, Wolfgang (Hg.): Austrofaschismus. Politik – Ökonomie – Kultur. 1933–1938 (=Politik und Zeitgeschichte Bd. 1). Wien: 182-199

Schindelbeck, Dirk (2000): Werbung für alle? Kleine Geschichte der Gemeinschafts-werbung von der Weimarer Republik bis zur Bundesrepublik Deutschland. In: Wischermann, Clemens/Borscheid, Peter/Ellerbrock, Karl-Peter (Hg.): Unterneh-menskommunikation im 19. und 20. Jahrhundert. Neue Wege der Unternehmens-geschichte (=Untersuchungen zur Wirtschafts-, Sozial- und Technikgeschichte Bd. 19). Dortmund: 63-97

Verhey, Jeffrey (2000): Der „Geist von 1914" und die Erfindung der Volksgemeinschaft. Hamburg

MRS. CONSUMER UND MR. KEYNES IM NACHKRIEGSÖSTERREICH

Der vergessene Sozialpartner „KonsumentIn"

ANDREA ELLMEIER

„Post-war transition to a consumerist economy (...) should be seen as instituting a shift in the post-war politics of gender." (Carter 1991: 15f.)
„Gender is at work in consumption." (Parr/Ekberg 1996: 212)

Die Warenhauskette Wal-Mart hat in den USA mittlerweile General Motors als größten Arbeitgeber abgelöst – 1999 waren an die 910.000 Mitarbeiter für Wal-Mart tätig. Dies spiegelt eine allgemeine gesellschaftspolitische Verschiebung von der Produktion zur Konsumtion wider. Die Bedeutung von Konsum nimmt im 20. Jahrhundert, vor allem ab 1945 sukzessive zu, und die Parameter der Ökonomie – damit auch der Kultur – verändern sich laufend. Der Discounter Wal-Mart zahlt seinen Mitarbeitern („associates" genannt) nur einen Bruchteil dessen, was die Autoarbeiter bekommen (Ortega 1999; Löpfke 1999). Das wiederum ist Ausdruck geschlechtsspezifischer Erwerbsarbeitsverhältnisse, wie er deutlicher nicht sein könnte. Hier die Verkäuferin – dort der Autoarbeiter: eine ‚klassische' Konstellation von weiblichem und männlichem Arbeitsplatz in der westlichen Welt. Das 20. Jahrhundert brachte neben so vielem einen fundamentalen Wandel der Positionierung von Konsumenten und Konsumentinnen, von einer subalternen (weiblichen) zu einer privilegierten Position in Gesellschaft und Wirtschaft (Bernold/Ellmeier 1997a, 1997b).

Ich frage in diesem Beitrag, wie, historisch gesehen, die KonsumentInnen als Konsum-AkteurInnen wahrgenommen wurden. Wie wurde die Figur der Konsumentin, des Konsumenten angesprochen, wie wurde sie/er umworben, wie wurde über sie diskutiert und was bedeutete dies gesellschaftspolitisch? Ich frage nach der Repräsentation derjenigen, die diese Konsumarbeit leisteten, nach den Subjekten, die konsumieren durften/konnten/mussten, die einkauften. Das waren lange fast ausschließlich Frauen. Bis in die 1970er-Jahre blieb der Konsum ein beinahe durchgängig feminisierter Bereich, ab den 1980er-Jahren und parallel zur breiten Durchsetzung der Konsumkultur sowie der seit den sozialen Bewegungen der 1960er- und 1970er-Jahre immer größeren Gruppe der allein lebenden Personen (,Singles') und männlichen Konsumenten, beginnt sich dieses enge historische Korsett etwas zu lockern.

In den 1950er-Jahren wurde offensichtlich, was bereits in den 1920er-Jahren – vor allem in den (sozialistischen) Konsumvereinen, aber auch bei den „deutschen Kaufleuten" – politisch konträr verhandelt wurde (vgl. Singer-Meczes 1987; Ellmeier 1990b, 1998): Einkaufen (gehen) bedeutete eine (wirtschafts-)politische Alltagshandlung. Und es war kein geschlechtsneutraler Konsument um den es hier ging – wenngleich fast durchgängig von einem solchen gesprochen wurde: Adressiert war in aller Regel die „Frau als Konsumentin", die in diesem Aufbaujahrzehnt der 1950er-Jahre für alle Parteien und Ideologien attraktiv wurde. Konsumangelegenheiten galten nicht nur in Österreich, sondern im gesamten Westen (praktisch und politisch) als Frauensache und blieben das, bis größere „Anschaffungen" (technische Geräte, Kühlschrank, Fernseher, Auto, Waschmaschine, Stereoanlage) ins Haus standen, bei denen dann der (Haupt)Financier Mitspracherecht beanspruchte. Ingrid Bauer prägte in ihrer Analyse der marginalen politischen Positionierung von Frauen in den 1950er-Jahren für diesen Tatbestand die Formulierungen „Hausfrauenmacht", „Politik mit der Einkaufstasche" und „Frauen als Sachwalter des häuslichen Budgets". Sie wies auch darauf hin, dass die Sozialdemokratie über das forcierte Aufgreifen des Themas „Konsumentenschutz" den Haushalt zu politisieren versuchte, wenngleich „Konsum" im Ranking der „politischen" Themen weit hinten gereiht blieb (vgl. Bauer 1995: 45ff.).

Mit dem Zitat „Mrs. Consumer and Mr. Keynes" im Titel dieses Beitrages soll auf einen wichtigen Zusammenhang hingewiesen werden (Parr/Ekberg 1996): Neben Keynes, dem wirtschaftstheoretisch und -politisch prägenden Theoretiker der Nachkriegswohlfahrtstaaten, benötigten die vielen namenlosen „Mrs. Consumer" zwar auch Wirtschaftskompetenz, wenn sie ihren Haushalt bestmöglich führen wollten – wenngleich eine andere und öffentlich weniger beachtete. Die *gendered dimension* lässt sich beim Thema Konsumgeschichte besonders gut herausarbeiten, weil die Teilung von Produktion und Konsumtion, von Produktion(sarbeit) und Reproduktion(sarbeit) mit der bipolaren bürgerlichen Geschlechterkonstruktion auffallend eng korrespondierte und es erstaunt, dass diese Korrespondenz in den Sozial- und Geschichtswissenschaften so lange Zeit unbesprochen blieb.

Die zahlreichen zeitgenössischen zivilisationskritischen Autoren der 1950er- und 1960er-Jahre – darunter wenige Autorinnen – blendeten diesen geschlechterpolitischen Tatbestand in ihren oft sehr umfassenden Konsum-Reflexionen (Packard 1969; Lipset 1960) meist ganz aus. „Gender blindness", nennt das Frank Mort:

> „Gender was empirically present but structurally absent in much of the work. Most of the key reference points in this vocabulary and most crucially the distinction between the public and private spheres, were conceived without any systematic conception of gendered dimensions of these forms of political and social activity. As a result, this post-war generation of political scientists and sociologists was unable to integrate its specific findings about sexual difference into its more general hypotheses about democratic stability or cultural change." (Mort 2006: 231)

Diese „Blindheit" wird gerade nach 1945, den Jahren der ‚demokratischen' Durchsetzung der Konsumgesellschaft, bei der nun alle Gesellschaftsschichten – auch die Arbeiterklasse – erfassenden Normierung der bürgerlichen Geschlechterkonstruktion („Hausfrauisierungsprozess"; Bernold u.a. 1990) besonders deutlich. Den signifikanten historischen Zusammenhang von Konsum und Geschlecht werde ich am Beispiel der Etablierung des Konsumentenschutzes im Nachkriegsösterreich diskutieren (wenngleich sich die geschlechterpolitische Verfasstheit von Konsum z.B. auch an der Warenhausgeschichte des 19. Jahrhunderts aufzeigen ließe). Ich frage in der Folge, wie, wann und warum bei diesem Prozess der langsamen Sichtbarwerdung einerseits „die Konsumentin" als politisches Subjekt zwar entdeckt wurde, andererseits sich die weibliche Adressierung von Konsum doch zunehmend verlor und wie aus der Konsumentin *(female consumer)* ein „aufgeklärter Konsument" *(citizen consumer)* werden konnte.

Getragen von den Erfahrungen der Vorkriegsjahre und des Zweiten Weltkrieges versuchten die europäischen Nachkriegsdemokratien und -regierungen neue Modelle der Kooperation zwischen Arbeitgeber- und Arbeitnehmerinteressen und damit neue Allianzen im alten Spiel der kontrahierenden Interessen zu etablieren. In Österreich bildete sich durch die verstärkte Zusammenarbeit zwischen Arbeitgeberorganisationen (Kammer der Gewerblichen Wirtschaft und Industriellenvereinigung) und Arbeitnehmervertretungen (Arbeiterkammern und Gewerkschaften) sowie eine Politik des Konsumverzichts in den ersten Jahren nach 1945 erstmals ein sozial- und wirtschaftspolitischer Konsens heraus: Mit dem Ziel ‚steigender Budgets für alle' und einem poli-

tischen Ausgleich wurden Konsumentenfragen und -anliegen immer
wichtiger und konnten auch auf höchster (politischer) Ebene nicht mehr
ignoriert werden. Es dauerte schließlich bis ins Jahr 1970, dass „der
vergessene Sozialpartner" Konsument (und wieder der Konsumentenrat
1958: 1) auch in der offiziellen Politik sichtbar wurde. Die erste Konsu-
menteninformationsausstellung eröffnete im Dezember 1950 und trug
den heute erklärungsbedürftig befremdend klingenden Titel: *Die Frau
und ihre Wohnung.* Dass es sich beim „vergessenen Sozialpartner" um
eine klassische Form von *gendered policy* handelte, ist ein von der Ge-
schichtsschreibung der Zweiten Republik bislang lediglich rudimen-
tär wahrgenommener Begleiteffekt.

Meine These lautet, dass sich gerade über die Entcodierung des „vergessenen Sozialpartners" Konsument die *gendered* Grundlagen des (europäischen) Wohlfahrtstaates nach 1945 gut nachzeichnen lassen. Hier
wurde die Figur der Konsumentin in repräsentativ-politischen Zusammenhängen tatsächlich relevant, als spezifisch ‚weibliche' Wirtschafts-
kundige angepriesen (meist im Frauen- und im populär aufbereiteten
Wirtschaftsbereich) und dabei die „Macht der Hausfrauen" als Konsumentinnen beschworen.

ZUR KONSTRUKTION DER „KONSUMENTIN" NACH 1945

Die wirtschaftliche und politische Konsolidierung Österreichs nach
1945 basierte auf einem Geschlechterkontrakt, zu dem eine Neuposi-
tionierung der Konsumentinnen gehörte. In einer verbreiteten Lesart
wird die gesellschaftliche Verfasstheit dieser Jahre mit ‚Aufbau', steigendem Wohlstand, Konzentration auf die materielle Ausstattung des
Privaten, Antikommunismus, insgesamt mit gesellschaftspolitischem
Konservatismus wie mit dem Vergessen der Ersten Frauenbewegung
assoziiert. Diese Konnotationen der atmosphärischen Befindlichkeit
der österreichischen Nachkriegszeit sind um eine gesellschaftspolitische Facette zu erweitern, die bislang noch nicht in die Schulbücher
Eingang gefunden hat.

Gehen wir von der traditionellen Annahme der konservativen, ehe-
freundlichen 1950er-Jahre aus und fragen, warum es gleichwohl notwendig war, „Familie" massiv zu bewerben, kann das zu weitergehen-
den Fragen hinsichtlich der Geschlechterverhältnisse zwischen den
heimkehrenden Soldaten und den zu Hause gebliebenen – aufgrund
der Kriegsumstände gezwungenermaßen überaus selbstständigen und
teils auch offensichtlich selbstbewussteren – (Ehe)Frauen führen. Die

bis in die 1970er-Jahre gleichbleibend schlechte öffentliche Positionierung von Frauen bei politischen Entscheidungen wie auch in politischen Ämtern (Bauer 1995) mag vielleicht einiges zu dieser Grundhal-
tung beigetragen haben. Oft scheint es ja tatsächlich so gewesen zu
sein, dass die Frauen selbst am intensivsten vom Konzept „Familie"
überzeugt werden mussten. Zeitschriften- und Ratgeber-Literatur, die
in den 50er-Jahren einen enormen Aufschwung erfahren hatte, konnte
als Zeichen für „Angebote" („Versprechen" nannten es Bernold/Ellmeier
1992) gelesen werden, die kulturindustriell transportiert wurden (Bernold 1997). Diese Aufbaufrauen, von manchen auch Trümmerfrauen
genannt (Bandhauer-Schöffmann/Hornung 1992, 1995, 2005), des
Kriegs- und Nachkriegsösterreichs waren die Mütter der Feministin-
nen der Zweiten Frauenbewegung.

In öffentlichen Diskussionen über die „Familie" war auffällig selten
davon die Rede, dass die Zahl der unselbstständig erwerbstätigen Frau-
en zwischen 1951 und 1961 um 25 Prozent, die der Männer um nur 10
Prozent gestiegen war (Ausch 1962: 13; Firnberg/Rutschka 1962). Interessanterweise zeigten sich nicht Politiker bzw. Politikerinnen, sondern Psychologen und Psychiater um „die soziale Bedeutung der
Psychohygiene der Familie", d.h. um die Doppelbelastung verheirate-
ter, berufstätiger Frauen besorgt (Ausch 1962; Strotzka 1962). Zahlreiche soziale Einrichtungen, Krippenplätze, Horte und Teilzeitar-
beit sollten die Situation entschärfen.

Lohnenswert wäre es an dieser Stelle, geschlechtsneutrale zeitgenössische Slogans wie „Durch Eigentum zur Freiheit" (Was wir wollen 1967)
und „Wohlstand für alle" (Erhard 1957) hinsichtlich ihrer Gültigkeit für
Mann und Frau nachzugehen. Die konkreten Möglichkeiten für Frauen
zur persönlichen Vermögensbildung wurden durch das österreichische
Familien- bzw. Eherecht deutlich eingeschränkt. Bis in die 1970er-Jahre
(Große Familienreform 1975) konnte der Ehemann über das in der Ehe
(gemeinsam) gebildete Vermögen frei verfügen und war (juristisch) das
„Haupt der Familie". Die seit Beginn der österreichischen Republik (1918/
19) unternommenen parlamentarischen Versuche, das österreichische
Familienrecht zu reformieren, blieben auch in den ersten Nachkriegsjahrzehnten ohne Erfolg (vgl. Initiative 70 Jahre Frauenwahlrecht 1989). In
dem Artikel *Familienrecht mit Patriarchenbart* wurde im Jahr 1962 einmal mehr auf diesen rechtlichen Missstand hingewiesen und bezeichnenderweise über *Mein, dein, unser Geld* (Familienrecht mit Patriarchenbart 1963) diskutiert.

Auf der konsum(enten)politischen Ebene zeigte sich, dass Frauen
im Wirtschaftsbereich – wenn schon nicht in der Bilderproduktion über

den *Aufbau nach 1945* (vgl. Mattl 1992) – durchaus präsent waren. Die
für die Geschlechter ungleichen Rechte führten zur bemerkenswerten
Tatsache, dass es parallel zur „Konsumrevolution" (vgl. McKendrick/
Brewer/Plumb 1982; Agnew 1993) der 1950er-Jahre keineswegs zu einem deutlich besseren rechtlichen wie kulturellen Status der Akteurinnen im Konsumbereich gekommen war. Hier ist der Analyse der US-
amerikanischen Konsumhistorikerin Victoria de Grazia für Westeuropa voll zuzustimmen:

> „We have to consider that the consumer revolution occured without a
> prior or contemporaneous revolution in women's legal and cultural status.
> Postwar legislation, although postulating civic equality, tended to reaffirm
> long-time discrimination both in the family order and the labor market.
> This conservativism of custom and law may have obtained a certain social
> stability during a period of extraordinary social transformation – the 1950s
> and the silent revolution of the 1960s, at least down to 1968-9. The costs
> were born by the intensified labor of women in the home and the
> workplace." (de Grazia 1994: 22; 1996a, 1996b: 159)

Während der Reorganisation von Öffentlichkeit und Privatheit in den
1950er-Jahren wurde trotz eines Anstiegs der Frauenerwerbsarbeit auffallend oft von der „Macht der Hausfrauen beim Einkaufen" (Ellmeier
2005: 95ff. u. 123ff.) gesprochen. Nach der Erosion der geschlechtsspezifischen Zuordnungen während des Zweiten Weltkriegs sollten Teile
der weiblichen Erwerbstätigen durch eine Restrukturierung des Ar-
beitsmarktes wieder in eigene Frauensegmente verwiesen werden. Dafür wurden neben arbeitsmarktpolitischen Maßnahmen ideologische
Versatzstücke wie der genannte Slogan (wieder)gefunden und verstärkt
eingesetzt. Der bundesdeutsche Wirtschafts(wunder)minister Ludwig
Erhard formulierte diese geschlechtsspezifische Interpretation politischer Macht ganz unmissverständlich und verband sie in den heißen
Jahren des „Kalten Krieges" mit der kapitalistischen Wirtschaftsideo-
logie:

> „Gegenüber der Planwirtschaft, wo der Staat und die Bürokratie ange-
> ben, was produziert werden soll, huldigt die Marktwirtschaft ganz ande-
> ren Prinzipien. Ihre Lenkung erfolgt vom Verbraucher her, und Überein-
> stimmung findet dadurch statt, dass jetzt die Unternehmer auf Gedeih
> und Verderb darauf angewiesen sind, mit ihrer Arbeit, mit ihrer Ware,
> mit den Erzeugnissen Gnade vor den Augen der Verbraucher zu finden.
> … Das gibt ihnen als Hausfrau diese unerhörte Macht in die Hand, weil
> von ihrem Verhalten, von der Art, wie sie ihre Kaufkraft verausgaben,
> mit jeder solchen Entscheidung üben sie eine Lenkungsfunktion in der
> Wirtschaft aus." (Erhard 1954: 9f.)

Hier wurden die einkaufenden Frauen umworben und der „Konsumentin" eine ganz spezifisch „weiblich" konnotierte politische Macht zugesprochen, die nur sie und nicht etwa ihr Ehemann ausüben könnte. Sie sei das Gegenüber des Unternehmers, der „mit den Erzeugnissen Gnade vor den Augen der Verbraucher" (ebd.) finden müsse.

Diese politische Interpretation, die auch von Sozialisten und Sozialistinnen (Freundlich 1922; Hanzlik 1959; vgl. Ellmeier 2006: 128ff.) verwendet wurde, nahm Frauen als Wählerinnen politisch (d.h. öffentlich) über ihre Konsumentinnenposition und nicht über ihre Erwerbstätigkeit wahr, schrieb sie auf diese Weise in das mediale Gedächtnis ein und erklärte ihre Konsumarbeit zu ihrer bedeutendsten Staatsbürgerinnenaufgabe (Heinrich 1984). Politisch wurden Frauen in den ersten Nachkriegsjahrzehnten damit über das dem Privaten zugeordnete Einkaufen und nicht etwa über ihre Position als (meist schlecht bezahlte) Erwerbstätige adressiert.

Die heftig umworbene „Konsumentin" konnte gleichzeitig als von der Wirtschaft abhängig und wenig selbständig, als ein ‚passiver und übervorteilter Partner' angesehen werden. Das Bild von der mit ungenügend Informationen ausgestatteten und daher unwissenden Arbeiterfrau bildete eine zentrale Grundannahme für die in den 1950er-Jahren verstärkten Bemühungen der SPÖ-Funktionärinnen um den Konsumentenschutz. Hier setzten sie einen jahrzehntelangen Kampf der Sozialdemokratie für mehr Konsumentenrechte und gegen die Haustürgeschäfte fort, die den Arbeiterinnenhaushalten immer wieder Probleme machten. Diese Geschäfte waren oft mit einem Ratenvertrag verbunden, der nicht mehr den Ansprüchen der beginnenden Wohlstandsgesellschaft entsprach. Seit Beginn der 1950er-Jahre wurde als ein wesentliches Kernstück sozialistischer Konsumentenpolitik ein neues Ratengesetz gefordert, das der Nationalrat Ende des Jahres 1960 verabschiedete. In diesem neuen Gesetz wurde u. a. die Dauer eines möglichen Rücktritts vom Kaufvertrag verlängert (vgl. Reichard 1962).

Ob aktiv oder passiv, in den 1950er-Jahren kam erstmals die „Konsumentin" als politisches Subjekt und als Subjekt der Politik ins Bild und in den Text (Ellmeier 2006; vgl. Merkel 1959). Die Literaturwissenschafterin Erica Carter analysiert diesen Diskurs anhand von bundesdeutschen Quellen und interpretiert die Konsumentenposition als „Restitution der kulturellen Ordnung" („restitution of cultural order") durch die (zumeist von Frauen) verrichtete (Aufbau-)Konsumarbeit. Sie appelliert an die Geschichtsforschung, die als Hausfrauen etikettierten (erwerbstätigen und nicht erwerbstätigen) Frauen als Akteurinnen sehen zu lernen:

„The post-war generation of housewife-consumers must be viewed as
the bearers of a specifically feminine form of historical agency – as active
participants in (rather than victims of) the reconstruction of the Federal
Republic as social market economy. (…) Housewives played an important
part in the restitution of cultural order of the post-war ‚nation‘, through
their work as cultural producers of consumer lifestyles in the family
home." (Carter 1991: 15)

Carter sieht die in der prosperierenden Warenökonomie mit Konsumarbeit befassten Frauen nicht als passiv dem Marktgeschehen ausge-
lieferte Einkäuferinnen und Kundinnen, sondern interpretiert sie als
„cultural producers of consumer lifestyles", als Kulturproduzentinnen,
„Macherinnen" und Gestalterinnen der sich materiell aufwärts entwi-
ckelnden jungen Nachkriegsnationen. Ähnlich wie die Frauenorganisationen der Parteien (vgl. Bauer 1995) plädiert sie dafür, die Konsum-
aufgaben der (westdeutschen und allgemein der westeuropäischen)
Frauen als einen aktiven Beitrag „to the formation of a Cold War political
consensus" zu lesen. Ein solcher Ansatz könnte die lange als ‚nur‘ „materielle" und „wirtschaftliche" Konsum-Fragestellung in eine „kulturelle" transformieren. Eine „aktive Leseart" der vorwiegend dem weiblichen Geschlecht aufgenötigten bzw. überlassenen Konsumarbeit
würde auch andere Perspektiven verändern: Da Einkaufen und Konsumieren einen immer größeren Platz im Alltag und in Lebensstilfragen
von Industriegesellschaften einnehmen, wird aus der ‚banalen‘ und
‚vernachlässigbaren‘ Hausarbeit eine beachtenswerte Tätigkeit, bei der
es neben dem Einkaufen von Notwendigkeiten (*necessities*) auch um
die Herstellung eines neuen Selbstverständnisses der modernen, später der postmodernen Subjekte geht.

KONSUMENTEN(SCHUTZ)POLITIK.
ZUR GENEALOGIE EINES
„VERGESSENEN SOZIALPARTNERS"

Im Mittelpunkt der Politikwerdung des „Konsumentenschutzes" stand
die Figur des informierten und bewusst agierenden Einkäufers, einer
dem „*homo oeconomicus*" nachempfundenen Figur eines wissenden
und rational agierenden (männlichen) Konsumenten. Andererseits stellte es bis in die 1970er-Jahre eine Selbstverständlichkeit dar, dass Frau-
en für das Einkaufen, für das Einholen der für die Familie notwendi-
gen Nahrungsmittel zuständig blieben. In den 1960er-Jahren wurden
für den Erwerb größerer technischer Geräte wie dem Fernseher, später der Stereoanlage die Werbeimages leicht verändert. Die in den Wer-

bematerialien für Grundnahrungsmittel wie auch den Werbungen für die erstmals leistbaren Haushaltsgeräte wie Kühlschrank und Waschmaschine dominierende „junge Frau" wurde langsam von einem modernen, jungen Paar abgelöst (vgl. Bernold 1996, 1997); insgesamt blieben Frauen weiterhin aber das beliebteste Sujet der Produktwerbung.

Die Entstehung der Kategorie „Konsument"

Die Entstehung der Kategorie „Konsument" stellt – so der Frühneuzeithistoriker John Brewer (Brewer 1997: 55) – ein signifikantes Charakteristikum der Konsumgesellschaft dar. „Der" Konsument wurde im 20. Jahrhundert in den westlichen Industriegesellschaften einerseits Objekt von Produktaufklärung (Konsumentenschutz) und Marktforschung, andererseits führte die Bedeutungssteigerung und -aufladung der (Konsum)Wahl zu neuen Formen der modernen Subjektkonstitution. Zentraler Ausdruck davon ist die Herstellung des Konsumenten-Subjekts in der Politik. Diese führte z.B. dazu, dass „der Konsument" im Europa-Wahlkampf Anfang der 1960er-Jahre (interessanterweise mit ähnlichen Argumenten wie 1994 vor der österreichischen EU-Beitrittsvolksabstimmung) als der ‚große' Gewinner der europäischen Integration bezeichnet wurde: „Er wird – abgesehen von anderen Vorteilen – mehr Waren in reicherer Auswahl in höherer Qualität zur Verfügung haben, und der lebhaftere Wettbewerb wird zu niedrigeren Preisen führen." (Wiltschegg 1962: 30)

Die Deklaration von „Grundrechten des Verbrauchers" – „the right to safety, the right to be informed, the right to choose, the right to be heard" (Stockhammer 1976: 43) –, im Jahr 1962 vom amerikanischen Präsidenten John F. Kennedy als Botschaft an den Kongress formuliert, lässt sich international als Ausdruck der veränderten Positionierung von Konsum und KonsumentInnen in einem gesamtpolitischen Diskurs lesen. Auf internationaler Ebene angekommen sind „die Konsumenten" aber schließlich erst im Jahr 1985, als vom *Economic and Social Council* der UNO „Guidelines for Consumer Protection" (UNO 1999) verabschiedet wurden.

Der vergessene Sozialpartner Konsument

In Österreich wurde 1961 der von allen Sozialpartnern getragene „Verein für Konsumenteninformation" (VKI) gegründet, der die noch heute erscheinende Zeitschrift mit dem sprechenden Titel *konsument* herausgibt. Die „sozialen Partner" umfassten den Österreichischen Gewerkschaftsbund, den Österreichischen Arbeiterkammertag, die Präsidentenkonferenz der Österreichischen Landwirtschaftskammern und die Bundeskammer der gewerblichen Wirtschaft. Diese spezifische österreichische Form der polit-ökonomischen Kommunikation, in der Klassen- und Geschlechterverhältnisse zu einer Frage der Stärke ihrer Interessenvertretungen mutierten, erzeugte eine neue Öffentlichkeit, die nach dem Zweiten Weltkrieg wesentlich als Konsum-Öffentlichkeit entworfen wurde. Oft verkehrte sich in diesen Jahren die Rede von der politischen Freiheit sogleich in eine über die Freiheit der Warenwahl und benannte damit, worauf man lange gewartet hatte: ein ‚besseres Leben‘. Zu diesem von den Sozialpartnern mitgeschaffenen und mitgetragenen Konsens in der gesellschaftlichen Verfasstheit der Zweiten Republik gehörte auch die zunehmende politische Adressierung der bislang wenig hervorgetretenen Gruppe der Konsumentinnen und Konsumenten. Neben den vier größten Interessenvertretungen, übernahm ab Mitte der 70er-Jahre auch die Republik Österreich die direkte Verantwortung für die Gewährleistung einer umfassenden unabhängigen Konsumenteninformation und für die Förderung und Entwicklung eines wirksamen Konsumentenschutzes.

Dass für den Konsumentenschutz auch die Arbeitgeberseite (Wirtschaftskammer, Landwirtschaftskammer) gewonnen werden konnte, verwundert und überrascht in einem europäischen Vergleich. In fast allen anderen westlichen Staaten waren nämlich zivilgesellschaftliche Verbrauchervereine und nicht interessenpolitische Vertretungsorgane Träger dieser in den 1950er-Jahren aufkommenden Informationszentren (vgl. z.B. Arbeitskreis der Verbraucherverbände e.V. in der BRD, die Consumer Association (CA) in Großbritannien) (Trumbull 2006). Fritz Koppe, der österreichische „Mr Konsumentenschutz" der 1960er- bis 1990er-Jahre, beantwortete die Frage nach dem Grund für die geglückte Kooperation mit der Arbeitgeberseite folgendermaßen:

> „Also die Landwirtschaft ist immer dabei gewesen, für die Bundeswirtschaftskammer war das ungefähr so nach dem Prinzip wie einmal der Raab gesagt hat: ‚Mir san die Sozis am Tisch lieber als auf der Straße‘ – also lieber drin sein und mitreden können und kontrollieren, als von außen streiten und dieses System funktioniert bis heute (…) de facto hat jeder der vier (Sozialpartner, Anm. A.E.) so etwas wie ein VETO-RECHT." (Koppe 1994: A46–53)

Der Gründung des VKI ging ein jahrzehntelanges Bemühen der Arbeiterkammer und Gewerkschaft voraus, einen wirksameren Konsumentenschutz zu erreichen, wie überhaupt das Thema ‚Schutz vor Übervorteilung durch den Anstieg des privaten Konsums „für alle" im Laufe der 1950er-Jahre politisch immer wichtiger wurde (Kollmann 2004).

In der Transaktionsökonomie zwischen Produzenten und Konsumenten hatte sich mit der anwachsenden Warenfülle ein Wissensvakuum und auffälliges Ungleichgewicht zwischen den beiden herausgebildet. „Es gibt eine Vertragsmacht des Anbieters. (…) Der Konsument bedarf eines korrigierenden Eingriffs in das Vertragsrecht, wenn er nicht unter die Räder kommen soll" (Koppe 1994: A19–21), meinte dazu der langjährige Geschäftsführer des VKI, Fritz Koppe. In anderen Ländern, etwa in Großbritannien war die Rolle des Staates bei der Entwicklung eines wirksamen Konsumentenschutzes – so Matthew Hilton – alles andere als klar:

> „The creation of the welfare state and the post-war consensus in British politics had articulated a positive role for government in relation to the citizenship of workers, the precise relationship between the individual consumer, consumption and the state was by no means as clear." (Hilton 2001: 255)

Das Molony Committee (1962) gilt in Großbritannien als der große Meilenstein für die Entwicklung des Konsumentenschutzes. Wie in vielen anderen hoch industrialisierten Ländern auch, begann sich der Gesetzgeber für „den Konsumenten", vertreten durch die Consumer Association (CA) und das Women´s Advisory Committee (WAC) zu interessieren und dem Endverbraucher eine Stimme zu geben. Im Gegensatz zu den Produzenten und Distributoren (Händlern) und ihrem spezifischen Fachwissen über die Produkte, waren die Endverbraucher großteils unwissend und wurden von keiner gesellschaftlichen Agentur auf das ‚gefährliche' Abenteuer „Einkaufen" vorbereitet. Genau das wurde im Laufe der 1950er-Jahre zum Anliegen unterschiedlichster politischer Gruppen und der neuen Konsumentenschutzorganisationen und -institutionen. Im Zentrum stand überall dieselbe Frage: Wie kann das offensichtliche Informationsdefizit verringert werden, ohne dass man den Produzenten und Händlern ‚dunkle' Absichten unterstellte. Oder wie es 1962 im englischen Final Report of the Committee on Consumer Protection hieß:

> „Even if no advantage is taken of his [sic] ignorance, his ill-informed approach to the shopping problems arising in an era of plenty and prosperity is likely, it is said, to lead him into purchases unsuited to his needs." (Hilton 2001: 243)

Hilton betont, dass Ende der 1950er-/Anfang der 1960er-Jahre auffälligerweise nicht eine „general public", sondern „the consumer" ins Zentrum der Debatte gerückt wurde, wobei „it has become conventional

to make an amusing speech on this subject." (ebd.). Lachen und Gelächter über „den Konsumenten", meist über „die Konsumentin" war
scheinbar eine in der Konsum-Literatur über sämtliche Ländergren-
zen hinweg bekannte Reaktion, so findet sich in den Protokollen, z.B.
bei Wortmeldungen von Genossenschafterinnen, Funktionärinnen und
Abgeordneten bei konsumgenossenschaftlichen Verbandstagen und Parteitagen immer wieder „Gelächter" verzeichnet (z.B. Freundlich 1918,
1926), wenn von den „Wünschen der Frauen" gesprochen wurde
(Freundlich 1924: 86). Dies deutet auf eine weitgehende politische
Inferiorisierung und Abwertung des Themas „Konsum" und seiner
geschlechterpolitischen Dimensionen hin.

Nach 1945 wurde nicht mehr auf die Figur der „sozialistischen" „Mrs.
Consumer" zurückgegriffen, der *Consumer* wurde nun in vielen Staaten, so auch in Österreich, primär als „economic agent" definiert (vgl.
Trumbull 2006). Damit trat eine individuelle Wahrnehmung der Konsumenten und Konsumentinnen in den Vordergrund und erklärte das
konsumierende Individuum zu einem der wichtigsten Stabilisatoren
der kapitalistischen Wirtschaft der Wohlfahrtsstaaten. Nicht mehr der
„soziale", sondern der „individuelle" Konsum trat ins Zentrum der Kon-
sum-Imagos, was wesentlich dazu beitrug, dass sich die Idee des öffentlichen („sozialen") Konsums in den liberal geprägten kapitalistischen Staaten USA und Großbritannien deutlich weniger durchsetzen
konnte als in den mehr korporatistischen Staaten Kontinental- und
Nordeuropas.

In den konsumorientierten USA wurde der vergessene Wirtschafts-
partner „Konsument" erst im US-Präsidentenwahlkampf (Richard Ni-
xon gegen John F. Kennedy) des Jahres 1960 öffentlich sichtbar. John
F. Kennedy entdeckte den neuen politischen *player:* „The consumer is
the only man in our economy without a high-powered lobbyist. I intend
to be that lobbyist." (Peterson 1995: 19, zit. n. Cohen 2003: 345) Bei
seinen Wahlauftritten soll Kennedy dafür enthusiastischen Publikums-
response geerntet haben (vgl. Cohen 2003). Die hier bewusst männliche Konnotierung der Konsumenten als neuer politischer Gruppe
markierte den Beginn eines neuen Zeitalters.

Meine These ist, dass „the authority of the consumer" (Keat/Whiteley/
Abercrombie 1994) nach einer „allgemeinen" Lesart (Pomata 1991) von
politischen Imagos, d.h. nach einer nicht (nur) weiblichen Repräsentation verlangte, was sich auch in sämtlichen Schriften der Konsu-
menteninformationsvereine und -zentren nachlesen lässt. Indem sie
den Konsumenten als „vergessenen Sozialpartner" (Und wieder der
Konsumentenrat 1958: 1) bezeichneten, wollten Konsumgenossenschaf-

terinnen in den 1950er-Jahren in Österreich darauf hinweisen, dass
diese (großteils noch als Hausfrauen gesehenen und bezeichneten) Konsumenten keineswegs die ihnen zustehende Bedeutung bekamen. Nach
der ersten Aufhebung der Lebensmittelrationierung 1949 (die bald
darauf für einige Lebensmittel erneut eingeführt und erst 1953 endgültig verabschiedet wurde) und parallel zum langsamen Aufbau eines
so genannten ‚freien‘ (weniger stark staatlich reglementierten) Marktes zeichnete sich eine Verschiebung in der Benennung der AkteurInnen
ab. Immer öfter nämlich adressierte die Politik ein Publikum, das als
„der Verbraucher" bzw. „der Konsument" bezeichnet und dem Ent-
scheidungs- sowie Machtkompetenz zugeschrieben wurde. Das Leitbild der Hausfrau-Konsumentin verlor in dieser neuen wirtschaftspolitischen Landschaft an Konturen, sollte aber als Projektionsfläche in
ausgewiesenen Frauenmagazinen noch eine Weile erhalten bleiben.

Die Ausstellung „Die Frau und ihre Wohnung": „erster gelungene(r) Versuch einer bewussten Konsumentenpolitik in Österreich"

Am Beginn der österreichischen KonsumentInnenschutz-Bewegung,
die wesentlich als Aufklärungs- und Informationsbewegung zu beschreiben ist, standen nicht die Sozialpartner, sondern FunktionärInnen der
Sozialistischen Partei Österreichs. Ihnen war aufgefallen, dass es für
den sozialen Wohnbau nach 1945 keine entsprechenden Einrichtungsgegenstände gab. „Moderne" Einbaumöbel, Anbauküchen und Serien-
möbeln sollten mehr Verbreitung finden, als Vorbild wurde immer wieder Schweden genannt. Aus diesen Überlegungen heraus entstand Ende
1950 in Wien die erste „Wohnkultur"-Ausstellung mit dem sprechenden Titel *Die Frau und ihre Wohnung*. Aus- und vorgestellt wurde vor
allem die Wohnkultur des Nordens. Im Rahmen der Ausstellung gab es
kostenlose Wohnberatungen, Modeschauen und Kochvorführungen,
Vorträge über Gesundheit und Erziehung sowie Säuglingspflege, Informationen über den „richtigen Kauf" von Elektrowaren sowie „rich-
tiges Heizen". Der Titel der Ausstellung signalisierte, dass Wohnen und
Einkaufen in erster Linie eine ‚Sache für Frauen‘ war.

Die Veranstaltung wurde als „erster gelungene(r) Versuch einer
bewussten Konsumentenpolitik in Österreich" (Gibs 1975: 31; Albrecht
2005; Koppe 1994) angesehen. Im Jahr 1954 wurde von der Arbeiterkammer eine eigene Einkaufsberatung gegründet, 1957 forderte die
genossenschaftliche Frauenorganisation eine offizielle Konsumentenberatung (Krämer 1958). In der zeitgenössischen konsumentenpolitischen Literatur gab es erstaunlich wenig Diskussion über solche Be-

ratungseinrichtungen – vielleicht weil es einerseits ein so profanes
Thema war, andererseits einen Konflikt innerhalb der Arbeiternehmer-
vertretungen darstellte. Sowohl die Arbeiterkammer als auch die Gewerkschaften beanspruchten eine führende Rolle. Franz Olah, Präsi-
dent des ÖGB, stellte in der Eröffnungsrede einer Konsumententagung
im Frühjahr 1960 – also kurz vor der von ÖGB und Arbeiterkammer
mitgetragenen Gründung des Vereins für Konsumentinformation
(VKI) – fest: „Wenn Priorität – dann ist der ÖGB der erste, der diese
Priorität für sich in Anspruch nimmt. Denn wir vertreten 1 1/2 Millionen mit ihren Familienangehörigen." (Olah 1960: 6) Im Laufe der
1950er-Jahre verstärkte sich die Dringlichkeit der Konsumentenberatung und die Sorge um die Konsumenten und ihren Umgang mit
dem Geld wurde zu einem allgemeinen wirtschaftspolitischen Thema
(Ledl 1956; Lettner 1960; Reichard 1960; Reichard 1961). „Einkaufen –
ein Problem" hieß es 1959 in „Arbeit und Wirtschaft", dem theoretischen Organ von Arbeiterkammer und Gewerkschaftsbewegung (Kratochwil 1959). Der Autor meinte, „gute Einkäufer sind selten" und fragte
wann und warum denn das Feilschen aufgehört habe – „vielleicht sind
wir zu ‚fein' geworden oder zu bequem?" Und weiter: „Jene Hausfrau-
en, die einst feilschten, erzielten dabei nicht bloß für sich einen Vorteil, sie erfüllten auch eine marktwirtschaftlich bedeutsame Funktion:
sie drückten die Preise." Klar sei, „dass das Wichtigste in dem Kampf
gegen überhöhte Preise von den einzelnen Konsumenten geleistet werden muß. Der Konsument muß mit Verstand einkaufen, er muß spar-
sam einkaufen." Die KonsumentInnen benötigten mehr Informationen über die Waren und die Konsumentenberatung, „wie sie in den
USA bereits praktiziert wird", könnte zur Förderung einer „echte(n)
Qualitätskonkurrenz" (ebd.: 235) beitragen.

Auch die „KONSUM-Familie" fordert eine Konsumenten-Beratung

Die Konsumgenossenschaften expandierten nach 1945 stark und waren die ersten, die die neue Vertriebsform „Selbstbedienung" aufgriffen (Seibert 1978). Sie verstanden sich seit ihrer Gründung Mitte des
19. Jahrhunderts als „Hilfe zur Selbsthilfe" und demnach als eine Initiative, die untypischerweise an der Entwicklung des Konsumentenschutzes seitens des Handels interessiert war. In der konsumgenossenschaftlichen Presse wurde das Thema in den 1950er-Jahren regelmäßig besprochen und in verschiedenen Formaten an den Mann und
die Frau gebracht. Eine davon war der Comic „die KONSUM-Familie"
in der Mitgliederzeitschrift *wir vom Konsum*. Die Familie wurde den

Leserinnen das erste Mal in der Februar/März-Ausgabe 1957 vorgestellt und trat bis Ende 1960 auf. Diese Zeitspanne korrespondiert exakt mit den Diskussionen über die Einrichtung von Konsumenten-
beratungsstellen: Die genossenschaftliche Frauenkonferenz hatte sich
im Jahr 1957 darauf geeinigt, eine „offizielle Konsumentenberatung"
zu fordern, gleichzeitig aber auch festgestellt, dass innerhalb der Konsumgenossenschaften eine ähnliche Einrichtung aufgebaut werden
sollte. Ende 1960 war der Verein für Konsumenteninformation (VKI)
gegründet worden (Krämer 1960: 58).

Die Hauptpersonen der „Familienrepublik" waren „die Hausfrau"
Helga, „der Mustergatte" und „Haupteinleger in die Familienkasse" Paul
und Tochter Susi „mit Sitz und Stimme in so mancher unserer Familien-
besprechungen" (wir vom Konsum 1957/Februar/März: 3). Diese Figuren traten auch variierend als AutorInnen der Kolumne auf. Frau Helga begann die Kommunikation mit den LeserInnen als eine von Ihnen,
„Mustergatte Paul" führte gemeinsam mit ihr ganz vorbildlich das Haus-
haltsbuch. Die nicht mehr so kleine Susi wusste ihren „Leser-Tanten
und Leser-Onkeln" bereits Vernünftiges zu berichten:

> „Wenn ich einmal groß bin und selber Mutti sein werde, dann will ich es
> besser als so viele andere machen. Und ich werde mich beraten lassen,
> wo es nur geht. Vielleicht gibt es bis dahin schon mehr Konsumenten-
> beratungen." (wir vom Konsum 1957/Juni/Juli: 3)

Ein anderes Mal war es Frau Helga selbst, die den LeserInnen einen
Besuch in der Einkaufsberatung des Verbands österreichischer Konsumentenorganisationen (VÖKO), der VÖKO-Einkaufsberatung (Wien 16,
Lerchenfeldergürtel 37) ans Herz legte. Dort würde man kostenlos und
firmenunabhängig beraten und könnte außerdem die „große SW-Mö-
belausstellung" (vgl. Ellmeier 2005: 163ff.) besuchen. Informiert würde – so „Ihre Helga" – über „Heizgeräte, Kühlschränke, Waschmaschinen,
Fußbodenbelege, Herde, Kochgeschirr, Elektrokleingeräte, Staubsauger,
Bodenbürsten und vieles andere" (wir vom Konsum 1959/Juni/Juli).

Der „Mustergatte Paul" war gleichzeitig auch „Muster-Konsument"
und erklärte den Leserinnen, warum sie kein Kalbfleisch kaufen oder
eine Gütezeichenregelung für Textilien fordern sollten (wir vom Konsum 1959/August: 7). Er wusste über die Produkte Bescheid, hatte alles ‚im Griff' und gab sein Wissen an all die wissbegierigen aber ‚unbe-
darft' einkaufenden Frauen gerne weiter. „Mr. Konsumentenschutz"
Fritz Koppe, die Personifizierung des österreichischen Konsumentenschutzes, mag durchaus als Fortführung dieser männlichen konsumpolitischen Lichtgestalt interpretiert werden. Es war bezeichnenderweise immer eine männliche Figur, die in Sachen Konsum Vernunft

und Wissen repräsentierte. Monika Bernold fand in „Repräsentationsformen des Fernsehens" eine ebensolche „Figur des ‚Fachmannes', des technischen Experten, der das zukünftige Fernsehpublikum in den Gebrauch der neuen Technik einführt" (Bernold 1995: 28). Auch die Anfang der 1960er-Jahre laufende ORF-Fernseh-Konsumentensendung „… *Hausfrau sein dagegen sehr"* setzte auf einen allwissenden männlichen Verkäufer, der einer Rat suchenden, aufklärungs- und zuhörbereiten Hausfrau-Konsumentin die Multifunktionalität der technischen Haushaltsgeräte erklärte.

„Die Konsumentin, eine Königin?"

„Die Konsumentin, eine Königin?" (Arbeit und Wirtschaft 16.3.1962: 40) fragte provokant die ÖGB Frauensekretärin und Vorsitzende des VKI Rosa Weber. Konsumentin und Wirtschaft seien ein sehr ungleiches Paar, und deshalb müssten deutlich höhere öffentliche Mittel für die Konsumenteninformation zur Verfügung gestellt werden. Mehr Information und die Schaffung von Konsumberatungsstellen standen auf dem Plan der sozialdemokratischen, gewerkschaftlichen und konsumgenossenschaftlichen Frauenorganisationen. Auf „Frauenkonferenzen", die den allgemeinen Verbands- und Parteitagen vorgelagert waren, erhoben sie nach den ‚geschlechtslosen' Referaten ihrer männlichen Kollegen die „Stimme der Konsumentinnen". So auch Hertha Tiltsch auf der 7. Genossenschaftlichen Zentral-Frauenkonferenz im Oktober 1959, wo sie in ihrem Beitrag „Wir Käuferinnen, unser Verhalten und unsere Bedürfnisse" ausführte:

> „1,700.000 Hausfrauen kaufen täglich ein, durch ihre Hände fließen 80 Prozent des österreichischen Volksvermögens. … Sie könnten erreichen, dass der Markt mit erprobten Geräten und Artikeln beschickt wird, dass den Waren genaue Deklarationen mitgegeben werden, dass Qualitätsunterschiede deutlich gemacht werden, damit auch die ungeschulte Hausfrau Preis und Qualität leichter beurteilen kann." „Fehleinkäufe können vermieden werden, wenn sich der Konsument beraten läßt. In den österreichischen Konsumgenossenschaften wirken derzeit 36 Hausfrauenberaterinnen. Sie werden laufend und gründlich geschult und sind in der Lage, bei der Lösung schwieriger hauswirtschaftlicher Probleme zu helfen. Sie wirken erzieherisch und belehrend im genossenschaftlichen Sinn." (Waldeck 1959: 354)

Am sozialistischen Parteitag 1959 – am Höhepunkt der öffentlichen Debatte um die Konsumentenberatung – war das Thema so dringlich, dass sich sogar der Parteivorsitzende Pitterman über die Konsumenten äußerte. Die Nationalratsabgeordnete Stella Hanzlik, eine der konsumpolitischen SprecherInnen der SPÖ, gab danach folgendes Statement ab:

> „Genosse Pittermann hat ausgeführt, daß es eine schwer organisierbare Schicht von Menschen gibt, nämlich die Verbraucher, die Konsumenten. An erster Stelle steht die Frau als Konsumentin und es wird sehr oft zitiert, daß zwei Drittel der Gesamtausgaben des österreichischen Volkes durch die Hand der Frauen gehen. Wenn wir die Frauen nun zum Bewußtsein bringen, welche wirtschaftliche Macht sie dadurch besitzen, werden wir aus der unbewussten Konsumentin die bewußt wählende, die denkende, die richtig entscheidende Frau machen können." (Hanzlik 1959: 164)

Im Zusammenhang mit dem signifikanten Konnotationswandel, der durch den so genannten „Objektivierungsdiskurs" in den 1960er-Jahren vorangetrieben wurde und aus der „einkaufenden Hausfrau" einen „Konsumenten" machte, ist die Einstellung der konsumgenossenschaftlichen Frauenpresse im Jahr 1966 zu sehen (vgl. Ellmeier 2005: 175ff.). Nun entsprachen Frauenzeitschriften und die mit Frauenanliegen verbundenen Konnotationen (wie Alltag, unpolitisch, sekundär, banal, unwichtig, Nebenwiderspruch) scheinbar nicht mehr dem Bild „des modernen Konsumenten", der genau rechnete und mithilfe von Warentests objektiv verglich.

„Der Kunde ist tot – es lebe der Verbraucher!"

Die Ambivalenz, mit welcher die Begriffe „Kunde" und „Verbraucher/ Konsument" konnotiert waren bzw. verwendet wurden, mag ein Beispiel aus einer im Jahr 1960 erschienenen Publikation verdeutlichen: Fritz Klein stellte in *Die Umwerbung des Verbrauchers aus konsumgenossenschaftlicher Sicht* fest, dass der Begriff „Kunde" durch den des „Verbrauchers" auf allen Ebenen, nicht nur in den Konsumgenossenschaften, abgelöst worden sei: „Der Kunde ist tot – es lebe der Verbraucher!" (Klein 1960: 284) Er markierte damit auch den Beginn einer neuen Bewegung – des Konsumismus –, die einen besseren Konsumentenschutz und einen leichteren Zugang zum Konsumentenrecht einforderte. „Der" Konsument sollte als ein ernst zu nehmender Partner der Wirtschaft angesehen werden – so eines seiner Ziele. In Österreich wie in den anderen westlichen Industriegesellschaften verstanden die aktiv gewordenen *Consumer Movements* (Konsumentenbewegungen) die „Verbraucher" nun als bewusst agierende Käufer und Käuferinnen. US-Präsident John F. Kennedy sprach deshalb den *Con-*

sumer nicht nur als neuen *Player* des Wirtschaftsgefüges an, sondern machte Esther Peterson zur State Secretary for Women and Consumer Affairs und damit zur ersten auf höchster politischer Ebene agierenden Konsumentenanwältin. Die Verabschiedung vom „Kunden" und Hinwendung zum „Verbraucher" war aber noch sehr instabil, „der ‚entdeckte' Verbraucher" konnte nämlich schnell wieder zum „manipulierten' bzw. malträtierten" Konsumenten" (Klein 1960: 284) werden.

ZUM EINTRITT DES KONSUMENTEN IN DIE (HOHE) POLITIK

Im Prozess der Durchsetzung verbindlicher Produktinformation, von Verbesserungen der Konsumentenrechte und der institutionellen Vertretung von Konsumenteninteressen verlor sich sukzessive die weibliche Adressierungsform der „Konsumentin" und verwandelte sich in den „aufgeklärten" Konsumenten. Mit dem Eintritt der Konsumentin in die Politik wurde aus der „Konsumentin" ein „Konsument" – „the autorithy of the consumer" (Keat/Whieley/Abercrombie 1994) blieb ihr dabei verwehrt.

Bis zum Ende des 20. Jahrhunderts fungierten auf politischer Ebene vor allem Mandatarinnen und Funktionärinnen als Vertreterinnen von Konsum(entInnen)fragen und -interessen. Im Jahr 1979 wurde unter Bruno Kreisky als Zugeständnis an Frauenforderungen eine Staatssekretärin für Konsumentenschutz eingesetzt (Anneliese Albrecht) und Konsumentenfragen kamen erstmals zu höchsten politischen ‚Würden'. Unter Ministerin Gertrude Fröhlich-Sandner wurde der Konsumentenschutz 1983 dem Familienministerium übertragen, bis 2000 waren hohe konsumpolitische Funktionen regelmäßig mit Frauen besetzt. Daraus kann allerdings keine wesentliche politische Mitbestimmung und Partizipation von Frauen abgelesen werden. Denn nichtsdestotrotz wurde und wird Konsum bis in unsere Zeit immer dann als weiblich konnotiert, wenn Unvereinbares vereinbart werden soll: Sind nämlich einerseits einkaufende Frauen gezwungen, gemäß ihrer Verhältnisse rational zu handeln, so können sie andererseits gleichzeitig auch als von Werbung und Produkten Verführte behandelt werden. Diese Form der Indienstnahme von „Weiblichkeit" für unterschiedlichste Ebenen einer zunehmend auf Konsum basierenden Gesellschaft stellt einen demokratie- und geschlechterpolitischen Grundkonsens dar, an dem Frauen nicht wesentlich mitzubestimmen hatten und haben. Das ist auch eines der Ergebnisse des Wandels von der *Female Consumer* zum *Citizen Consumer*.

Mit dem Konsumentenschutz rückte in Österreich der aufgeklärte, sich seiner materiellen Bedürfnisse voll bewusste und rational agierende „Konsument" immer mehr ins Zentrum des wirtschaftskritischen Weltbilds. Abgespalten und zurück blieb die Vorstellung von einer durch die Warenfülle, die materiellen Wunschphantasien und die Werbung „verführten Konsumentin", eines nicht-rational agierenden, in einer Scheinwelt operierenden Subjekts, das passiv den Waren verfallen und ausgeliefert war. Eine solche Aufspaltung des Konsumierens in eine rationale und informationsgesättigte männliche und eine leidenschaftlich von den Waren und Dingen „besessene" und unvernünftige weibliche Warenauswahl steht in einer langen Tradition der Entwertung weiblicher Arbeit und Tätigkeit. Tatsache ist, dass in kapitalistischen Gesellschaften nicht zuletzt die gesellschaftliche Bewertung (und Bezahlung) von Tätigkeiten deren Wert bestimmt und dass darauf der Handel und jegliche Wirtschaftstransaktionen sowie letztlich wohl auch das Verhältnis zwischen den Geschlechtern basieren.

LITERATUR

Agnew, Jean Christophe (1993): Coming up for Air. Consumer Culture in Historical Perspective. In: Brewer, John /Porter, Roy (Hg.): Consumption and the World of Goods. London/New York: 19–39

Albrecht, Anneliese (2005): Interview mit Anneliese Albrecht, Frauenstaatssekretärin für Konsumentenschutz, 1979–1983, geführt von Andrea Ellmeier am 4.8.2005 in Wien, Tonband bei A.E.

Ausch, Karl (1962): Das Volkseinkommen sinnvoller verwenden! In: Arbeit und Wirtschaft 16/11:13–15

Baltzarek, Franz (1975): Konsumgenossenschaften und Konsumentenvertretung. Der Plan Karl Renners und Emmy Freundlichs zur Errichtung von Konsumentenkammern in Österreich. In: Wiener Geschichtsblätter 30/1: 61–69

Bandhauer-Schöffmann, Irene/Hornung, Ela (2005): Das Geschlecht des Wiederaufbaus. Verfügbar unter http://www.kreisky.org/hornung.pdf (Zugriff 14.09.2005)

Bandhauer-Schöffmann, Irene/Hornung, Ela (1995):, Von der Erbswurst zum Hawaii-Schnitzel. Geschlechtsspezifische Auswirkungen von Hungerkrise und ‚Freßwelle'. In: Albrich, Thomas u.a. (Hg.): Österreich in den Fünfzigern. Innsbruck/Wien: 11–34

Bandhauer-Schöffmann, Irene/Hornung, Ela, Hg. (1992): Wiederaufbau weiblich. Wien/Salzburg

Bauer, Ingrid (1995): Von den Tugenden der Weiblichkeit. Zur geschlechtsspezifischen Arbeitsteilung in der politischen Kultur. In: Albrich, Thomas u.a. (Hg.): Österreich in den Fünfzigern. Innsbruck/Wien: 35–52

Berghoff, Hartmut/Vogel, Jakob (2004): Wirtschaftsgeschichte als Kulturgeschichte. Ansätze zur Bergung transdisziplinärer Synergieeffekte. In: Berghoff, Hartmut/

Vogel, Jakob (Hg.): Wirtschaftsgeschichte als Kulturgeschichte. Dimensionen eines Perspektivenwechsels. Frankfurt am Main: 9–42

Bernold, Monika (1995): Der Einzug des Fernsehers ins Wohnzimmer. Repräsentationsformen von Fernsehen und Familie in Österreich, 1955–1967. unveröffentlichter Forschungsbericht im Auftrag des Bundesministeriums für Wissenschaft und Verkehr, Teil I. Wien

Bernold, Monika (1996): ein paar österreich – von den ‚Leitners‘ zu ‚Wünsch dir was‘. Mediale Bausteine der Zweiten Republik. In: Österreichische Zeitschrift für Geschichtswissenschaften 7/4: 517–532

Bernold, Monika (1997): „Die österreichische Fernsehfamilie" Archäologien und Repräsentationen des frühen Fernsehens in Österreich. phil. Diss. an der Univ. Wien

Bernold, Monika u.a. (1990) Arianes Faden? Im Labyrinth feministischer Ansätze. In: Bernold, Monika u.a.: Familie. Arbeitsplatz oder Ort des Glücks? Wien: 203–240

Bernold, Monika/Ellmeier, Andrea (1997a): Addressing the Public. Television, Consumption and the Family in Austria in the 1950s and 1960s. In: Nava, Mica u.a. (Hg.): Buy this Book. Studies in Advertising and Consumption. London/New York: 191–206

Bernold, Monika/Ellmeier, Andrea (1997b): Konsum, Politik und Geschlecht. Zur ‚Feminisierung‘ von Öffentlichkeit als Strategie und Paradox. In: Siegrist, Hannes/Kaelble, Hartmut/Kocka, Jürgen (Hg.): Europäische Konsumgeschichte. Zur Gesellschafts- und Kulturgeschichte des Konsums (18. bis 20. Jahrhundert). Frankfurt am Main/New York: 441–466

Bernold, Monika/Ellmeier, Andrea (1992): Zur Politik des Versprechens. Wählerinnen Zuschauerinnen Konsumentinnen. In: Aufrisse. Zeitschrift für Politische Bildung 13/4: 19–25

Brewer, John (1997): Was können wir aus der Geschichte der frühen Neuzeit für die moderne Konsumgeschichte lernen? In: Siegrist, Hannes/Kaelble, Hartmut/Kocka, Jürgen (Hg.): Europäische Konsumgeschichte. Zur Gesellschafts- und Kulturgeschichte des Konsums (18. bis 20. Jahrhundert). Frankfurt am Main/New York: 51–74

Carter, Erica (1991): How German Is She? National Reconstruction and the Consuming Woman in the Federal Republic of Germany and West Berlin 1945–1960. PhD Birmingham

Cohen, Lizabeth (2003): A Consumers' Republic. The Politics of Mass Consumption in Postwar America. New York

de Grazia, Victoria (1994): Changing Consumption Regimes, 1930s–1960s. Time, Money, and Labor in the New Western European Household. Unveröffentlichtes Manuskript. New York

de Grazia, Victoria (1996a): Part I: Changing Consumption Regimes. Introduction. In: dies./Furlough, Ellen: The Sex of Things. Gender and Consumption in Historical Perspective. Berkeley/Los Angeles/London: 11–24

de Grazia, Victoria (1996b): Part II: Establishing the Modern Consumer Household. Introduction. In: dies./Furlough, Ellen: The Sex of Things. Gender and Consumption in Historical Perspective. Berkeley/Los Angeles/London: 151–161

de Grazia, Victoria (1996c): Part III: Empowering Woman as Citizen-Consumers. Introduction. In: dies./Furlough, Ellen: The Sex of Things. Gender and Consumption in Historical Perspective. Berkeley/Los Angeles/London: 275–286

de Grazia, Victoria/Furlough, Ellen, Hg. (1996): The Sex of Things. Gender and Consumption in Historical Perspective. Berkeley/Los Angeles/London 1996 de Grazia, Victoria/Furlough, Ellen (1998): Changing Consumption Regimes in Europe, 1930–1970. Comparative Perspectives on the Distribution Problem. In: Strasser, Susan/McGovern, Charles/Judt, Mathias (Hg.): Getting and Spending. European and American Consumer Societies in the Twentieth Century. Cambridge: 59–83

Eder, Franz X. u.a. (2003): Wien im 20. Jahrhundert. Wirtschaft, Bevölkerung, Konsum. Innsbruck u.a.

Erhard, Ludwig (1954): Appell an die deutschen Hausfrauen. In: Bonner Hefte. Zeitschrift für Politik, Wirtschaft und Kultur 2/5: 9–20

Erhard, Ludwig (1957): Wohlstand für alle, bearbeitet von Wolfram Langer. Düsseldorf

Ellmeier, Andrea (1990a): Das gekaufte Glück. Konsumentinnen, Konsumarbeit und Familienglück. In: Bernold, Monika u.a.: Familie. Arbeitsplatz oder Ort des Glücks? Wien: 264–280

Ellmeier, Andrea (1990b): Konsumentinnen. Einkaufen in Wien 1918–1933 (II). Eine Analyse konsumgenossenschaftlicher Frauen(presse)Politik und bürgerlicher Frauen- und Kundenzeitschriften. Diplomarbeit aus Geschichte an der Univ. Wien

Ellmeier, Andrea (1995): Handel mit der Zukunft. Zur Geschlechterpolitik der Konsumgenossenschaften. In: L'homme. Zeitschrift für feministische Geschichtswissenschaft 6/1: 62–77

Ellmeier, Andrea (1998): Konsum als politische Praxis. In: Diendorfer, Gertraud/ Jagschitz, Gerhard/Rathkolb, Oliver (Hg.): Zeitgeschichte im Wandel. 3. Österreichische Zeitgeschichtetage 1997. Wien: 248–255

Ellmeier, Andrea (2005): Konsum, Politik und Geschlecht. Österreich in den 1950er- und 1960er-Jahren. Diss. an der Univ. Wien

Ellmeier, Andrea (2006): Die Konsumentin" als politisches Subjekt / Subjekt der Politik. Am Beispiel Österreich im 20. Jahrhundert. In: Stuhlpfarrer, Karl/Rettl, Lisa (Hg.): Demokratie-Zivilgesellschaft-Menschenrechte, Zeitgeschichtetag 2001. Innsbruck u.a. (im Erscheinen)

Ellmeier, Andrea/Singer-Meczes, Eva (1989): Die Modellierung der sozialistischen Konsumentin. Konsumgenossenschaftliche (Frauen)Politik in den 20er-Jahren. In: Zeitgeschichte 16/11/12: 410–426

Feigl, Susanne (1993): „Die besondere Arbeit unter den Frauen". Organisation und Agitation. In: Susanne Feigl/Karl-Renner-Institut (Hg.): Beharrlichkeit, Anpassung und Widerstand. Die sozialdemokratische Frauenorganisation und ausgewählte Bereiche sozialdemokratischer Frauenpolitik, 1945–1990. Wien: 7–176

Familienrecht mit Patriarchenbart (1963). In: Arbeit und Wirtschaft. Rubrik: Frauen-arbeit-Frauenrecht 17/3: 37–39

Firnberg, Hertha/Rutschka, Ludwig S. (1962): Die Frau in Österreich. Wien

Freundlich, Emmy (1918): Referat. In: Sekretariat des Zentralverbandes österreichischer Konsumvereine in Wien (Hg.): Jahrbuch 1912. Wien: 117–129

Freundlich, Emmy (1922): Die Hausfrau, der Einkaufskorb und die Konsumvereine. Wien

Freundlich, Emmy (1924): Wortmeldung. In: Jahrbuch des Verbandes deutsch-österreichischer Konsumvereine 1923–24. Wien

Freundlich, Emmy (1926): Referat. In: Jahrbuch des Verbandes deutschösterreichischer Konsumvereine 1925–26. Wien

Freundlich, Emmy (^{2}1927): Die Macht der Hausfrau. Ein Aufruf an die Frauen. Wien

Gibs, Helga (1975): Kritisch kaufen. Wien

Hanzlik, Stella (1959): Protokoll des 14. Parteitages der Sozialistischen Partei Österreichs, 11.-13. November 1959. Wien: 164–166

Hausen, Karin (1993): Wirtschaften mit der Geschlechterordnung. Ein Essay. In: Hausen, Karin (Hg.): Geschlechterhierarchie und Arbeitsteilung. Zur Geschichte ungleicher Erwerbschancen von Männern und Frauen. Göttingen: 40–67

Heinrich, Gisela (1984): Durch ihre Hände gehen Millionen. Zur Konstruktion der Konsumentin. In: Andresen, Sünne (Hg.): Geschlechterverhältnisse und Frauenpolitik. Berlin: 131–143

Hilton, Matthew (2001): Consumer Politics in Post-War Britain. In: Daunton, Martin/ Hilton, Matthew (Hg.): The Politics of Consumption. Material Culture and Citizenship in Europe and America. Oxford/New York: 241–255

Huyssen, Andreas (1988): Mass Culture as Woman: Modernism's Other. In: ders.: After the Great Divide. Modernism, Mass Culture and Postmodernism. London: 44–62.

Hybbinette, Anna Greta (1960): Konsumenteninformation – ein europäisches Problem. In: Arbeitstagung über Konsumenteninformation, Wien 28. und 29. April 1960. Wien: 8–15

Initiative 70 Jahre Frauenwahlrecht (1989). Wer wählt, gewinnt? Reader zur Ausstellung. Wien

Karazman-Morawetz, Inge (1995): Arbeit, Konsum, Freizeit. Veränderungen im Verhältnis von Arbeit und Reproduktion. In: Sieder, Reinhard/Steinert, Heinz/Tálos, Emmerich (Hg.): Österreich 1945–1995. Gesellschaft Politik Kultur. Wien: 409–425

Keat, Russell/Whiteley, Nigel/Abercrombie, Nicholas, Hg. (1994): The Authority of the Consumer. London/New York

Klein, Fritz (1960): Die Umwerbung des Verbrauchers aus konsumgenossenschaftlicher Sicht. In: Vershofen, Wilhelm u.a. (Hg.): Der Mensch im Markt. Eine Festschrift zum 60. Geburtstag von Georg Bergler. Berlin: 273–284

Kollmann, Karl (2004): Verbraucherpolitik in Österreich. Institutionen, Praxis, Theorie. Ein kleiner Rück- und Ausblick. In: Blaschek, Beate u.a.: Konsumentenpolitik im Spannungsfeld von Liberalisierung und sozialer Verantwortung. Festschrift für Gottfried Mayer. Wien/Graz: 101–114

Koppe, Fritz (1994): Interview mit Fritz Koppe. Generalsekretär des Verein für Konsumenteninformation (VKI), geführt von Andrea Ellmeier am 20.9.1994, Tonband bei A.E.

Krämer, Franziska (1958): Resolution der genossenschaftlichen Frauenkonferenz am Verbandstag der österreichischen Konsumgenossenschaften 1957. In: Konsumverband. Zentralverband der österreichischen Konsumgenossenschaften (Hg.): Jahrbuch 1957/58. Bericht über den 23. Ordentlichen Verbandstag. Wien

Krämer, Franziska (1960): Bericht der Vorsitzenden der Genossenschaftlichen Frauenorganisation. In: Konsumverband. Zentralverband der österreichischen Konsumgenossenschaften, Bericht über den 25. Ordentlichen Verbandstag am 9. und 10. Oktober 1959 in der Wiener Stadthalle. Wien: 56–60

Kratochwil, Hermann: Einkaufen – ein Problem. In: Arbeit und Wirtschaft 13: 234–235

Ledl, Edmund (1956): Rechtliche Beurteilung der Konsumentenberatung. In: Arbeit und Wirtschaft 10: 17–19

Lettner, Franz (1960): Hilfe für den Konsumenten in europäischer Sicht. In: Arbeit und Wirtschaft 14: 155–157

Liechtenberger-Fenz, Brigitte (1992): „Frauenarbeit mehrt den Wohlstand". Frauen und das Wirtschaftswunder der 50er-Jahre. In: Zeitgeschichte 19/7/8: 224–240

Lipset, Seymour Martin (1960): Political Man. The Social Bases of Politics. London

Löpfke, Philipp (1999): „In Sam we trust" – ein Kapitalist als Sekten-Guru". In: Tages-Anzeiger 31.08.1999.

Mattl, Siegfried (1992): „Aufbau" – eine männliche Chiffre der Nachkriegszeit. In: Bandhauer-Schöffmann, Irene/Hornung, Ela (Hg.): Wiederaufbau weiblich. Wien/ Salzburg: 15–23

McKendrick, Neil/Brewer, John/Plumb, John H. (1982): The Birth of a Consumer Society. The Commercialization of Eighteenth-Century England. Bloomington

Miller, Daniel (1995): Consumption as the Vanguard of History. A Polemic by Way of an Introduction. In: Miller, Daniel (Hg.): Acknowledging Consumption. A Review of New Studies. London/New York: 1–57

Merkel, Helga (1959): Aktive und passive Hausfrauen. In: Der Volkswirt. Wirtschafts- und Finanzzeitung. Beilage zu Nr. 28 vom 11. Juli 1959: 40–42

Mort, Frank (2006): Competing Domains. Democratic Subjects and Consuming subjects in Britain and the United States since 1945. In: Trentmann, Frank (Hg.): The Making of the Consumer. Knowledge, Power and Identity in the Modern World. Oxford/New York: 225–248

Olah, Franz (1960): Eröffnungsansprache. In: Arbeitstagung über Konsumenten-information, Wien 28. und 29. April 1960. Mit einem Vorwort von Franz Olah, veranstaltet vom Österreichischen Gewerkschaftsbund und dem Verband öster-reichischer Konsumentenorganisationen (VÖKO). Wien: 3–7

Ortega, Bob (1998): In Sam We Trust. New York (deutsche Übersetzung: Bob Ortega, Wal-Mart. Der Gigant der Supermärkte. Wien 1999)

Österreichischer Gewerkschaftsbund (ÖGB) und Verband österreichischer Konsumen-tenorganisationen (VÖKO), Hg. (1960): Arbeitstagung über Konsumenteninfor-mation. Wien 28. und 29. April 1960. Mit einem Vorwort von Franz Olah. Wien

Packard, Vance ([11]1969): Die geheimen Verführer. Der Griff nach dem Unbewussten in jedermann. Düsseldorf

Parr, Joy/Ekberg, Gunilla (1996): Mrs. Consumer and Mr. Keynes in Postwar Canada and Sweden. In: Gender & History 8/2: 212–230

Peterson, Esther (mit Conkling, Winifred) (1995): Restless. The Memoirs of Labor and Consumer Activist Esther Peterson. Washington, D.C.

Pomata, Gianna (1991): Partikulargeschichte und Universalgeschichte. Bemerkun-gen zu einigen Handbüchern der Frauengeschichte. In: L'Homme. Zeitschrift für feministische Geschichtswissenschaft 2/1: 5–44

Reichard, Edmund (1960): Der dritte Sozialpartner. In: Arbeit und Wirtschaft 14: 129–131

Reichard, Edmund (1961): Die Verschuldung des Konsumenten. In: Arbeit und Wirt-schaft 15: 97–101

Reichard, Edmund (1962): Das neue Ratengesetz. In: Arbeit und Wirtschaft 16/1: 31–33

Seibert, Franz (1978): Die Konsumgenossenschaften in Österreich. Geschichte und Funktion. Wien

Seidel, Hans (2005): Österreichs Wirtschaft und Wirtschaftspolitik nach dem Zweiten Weltkrieg. Wien

Singer-Mezces, Eva (1987): Einkaufen in Wien 1918–1933 (I). Greißler Konsumge-nossenschaften Warenhäuser. Diplomarbeit aus Geschichte an der Univ. Wien

Stockhammer, Siegmund (1976): Der „Verein für Konsumenteninformation". Institutionelle Verbraucherpolitik in Österreich und konsumeristische Zielvorstellungen. Phil. Diss. an der Univ. Linz

Strotzka, Hans (1962): Die soziale Bedeutung einer Psychohygiene der Familie. In: Arbeit und Wirtschaft 16/11: 11–12

Trumbull, Gunnar (2006): National Varities of Consumerism. In: Jahrbuch für Wirtschaftsgeschichte / Economic History Yearbook 2006/1: Verbraucherschutz in internationaler Perspektive / Consumer Protection in International Perspective: 77–96

Und wieder: der Konsumentenrat (1958). In: Mitteilungsblatt der genossenschaftlichen Frauenorganisation Österreichs 2: 1

UNO Economic and Social Council (1999). Expansion of the United Nations guidelines on consumer protection to include sustainable consumption: 7; verfügbar unter: www.un.org/documents/ecosoc/res/1999/-7.htm (Zugriff 5.10.05)

Waldeck, Anna (1959): 7. Genossenschaftliche Zentral-Frauenkonferenz. In: Konsumgenossenschaft 53/44: 353–555

‚Was wir wollen' (1967). Das Grundsatzprogramm der Österreichischen Volkspartei, 1958. In: Berchtolt, Klaus (Hg.): Österreichische Parteiprogramme 1868–1966. Wien: 386–402

Wiltschegg, Walter (1962): Macht und Ohnmacht des Verbrauchers. Wien

EVENTS, FREIZEITWELTEN, ERLÖSUNGSHOFFNUNGEN

Voraussetzungen und Praxis des Erlebniskonsums

GABRIELE SORGO

Der Begriff „Erlebniskonsum" lässt zwei Deutungen zu: Entweder ist das Einkaufen selbst ein Erlebnis, oder man kauft und verbraucht warenförmige Erlebnisse. Im besten Fall trifft beides zu. Anders als ein einfacher Einkaufstrip kann ein Event, etwa ein Konzertbesuch oder ein Drachenbootrennen an einem Stausee, sogar präzise vorformulierte Erlebnisse bieten. Die inflationäre Verwendung das „Erlebnis"-Begriffs in der Konsum- und Tourismusbranche weist jedenfalls darauf hin, dass der durchrationalisierte Alltag den Menschen scheinbar zu wenige Erlebnisse bietet oder angeblich sogar daran hindert „etwas zu erleben." Dass man das Leben mittels Waren gestalten und verbessern kann, hat sich im medial-öffentlichen Diskurs in Österreich erst im letzten Drittel des vergangenen Jahrhunderts herausgebildet. Bis dahin galt das Einkaufen für den größten Teil der Bevölkerung als rationale Tätigkeit, die einem konkreten Bedarf entsprach. Beim Erlebniskonsum spielen diese kausalen Verknüpfungen zwischen Bedarf und Bedarfsdeckung keine Rolle mehr. Schnäppchenjagd, Fetischisierung von Objekten und die kultische Verehrung von Marken oder Stars zeigen, dass nicht der Verbrauch käuflicher Gegenstände, sondern die Gestaltung konsumistischer Praktiken im Zentrum steht.

Erlebniskonsum entsteht in ‚satten' Gesellschaften jedoch nicht automatisch. Der erlebnisträchtige Umgang mit Waren und Dienstleistungen bedurfte einer Einschulung ins Konsumieren, die sich historisch nachvollziehen lässt. Die Geburtsjahrgänge der 1920er- bis 1940er-Jahre blieben z. B. der großen Warenfülle und den Selbstbedienungsläden gegenüber zumeist skeptisch. Vor der Wende zum Konsumzeitalter hatte es sich beim Einkaufen eher um eine notwendige Arbeit gehan-

delt, wenn es darum ging, frische Milch, echten Kaffee und unverdor-
benes Fleisch zu einem angemessenen Preis zu erwerben. Ein Erlebnis
(im heutigen Sinn) waren diese Transaktionen wohl nicht. Verbunden
mit Konsum erwartete man sich in der Zeit vor dem Zweiten Weltkrieg
aufregende Sinneseindrücke am ehesten bei Veranstaltungen und kollektiven Festzeiten wie Jahrmärkten, Messen, Kirchweih u. Ä. Zwar
konnte auch in der Zwischenkriegszeit das Flanieren auf einer Einkaufsstraße ein individuelles konsumorientiertes Erlebnis darstellen,
allerdings für die Menschen des weitgehend noch agrarischen Österreich wohl ein sehr seltenes. „Konsumgesellschaft" war daher ein Begriff, der in Österreich erst im Selbstverständnis der Nachkriegsgene-
rationen verankert werden sollte.

DIE BEWÄLTIGUNG DES ÜBERFLUSSES

Um die Veränderungen der Lebensstile gegen Ende des 20. Jahrhunderts auf den Punkt zu bringen, hat der Soziologe Gerhard Schulze
(1997) den Begriff der „Erlebnisgesellschaft" kreiert. Demnach führte
die Vermehrung von Freizeit und Konsummöglichkeiten seit den
1950er-Jahren dazu, dass sich die KonsumentInnen bei Ihren Entschei-
dungsprozessen kaum noch vom Gebrauchswert, sondern weitgehend
vom Erlebniswert einer Ware überzeugen lassen. Konsumtheoreti-
kerInnen sprechen vom Zusatznutzen (vgl. Reisch 2002) eines Produktes, wenn es sich nicht nur konkret materiell verwenden lässt, sondern
auch Bedürfnisse nach Distinktion, Selbstdarstellung oder Unterhaltung zu stillen vermag. Schulze hebt dabei die besondere Erlebnisorientierung hervor, die seiner Meinung nach Auswahlprobleme lösen
soll: Wenn ein Gebrauchsgegenstand unter einer Vielzahl gleichwerti-
ger Angebote auszuwählen ist, wird jenes Produkt gekauft, das nicht
nur von praktischem Nutzen ist, sondern zusätzliche Genüsse und
Emotionen beschert. Solche Genusserlebnisse entstehen dann z. B.
weniger aus dem Verzehr der Luxusschokolade als vielmehr aus dem
Vergnügen an ihrer schönen Verpackung oder an dem Tagtraum, den
die Werbung dazu liefert. Ein Sportwagen verhilft nicht nur zu einem
Geschwindigkeitsrausch, sondern beschert auch den angenehmen Neid
der Nachbarn. Laut Schulze würden Menschen dazu tendieren, solche
Erlebnisse zu optimieren, sobald genügend Mittel dafür zur Verfügung
stünden (vgl. die Kritik bei Günther 2006). Doch dieser Standpunkt
misst der sozialen Einbettung, die anthropologisch betrachtet die angeführten Erlebnisse und Genüsse erst ermöglicht, einen zu geringen
Stellenwert bei.

KulturanthropologInnen nehmen an, dass die Entstehung menschlicher Kooperation mit nachhaltig erfolgreichen Methoden der Ressourcenteilung verbunden war. SammlerInnen- und Jägerkulturen, soweit sie heute noch existieren, halten daran fest, lebenswichtige Nahrungsmittel zu teilen. Solcherart können sich weder tüchtige SammlerInnen noch erfolgreiche Jäger mittels Ressourcen, die alle benötigen, Machtpositionen verschaffen. Eine andere Vorgangsweise würde zu Konflikten führen und die Überlebenschancen der kleinen Gruppierungen verringern. Genussvoller Konsum gelingt den Individuen daher nur oder vor allem im Rahmen von Teilungspraktiken. Bei kontinuierlichem Ressourcenüberfluss haben jedoch einige der beforschten Gesellschaften eine Neigung zum Horten und prestigeträchtigen Vorzeigen und Verschwenden entwickelt. Der Ethnologe Brian Hayden (1994) zieht daraus den Schluss, dass ein Zusatznutzen von Lebensmitteln und Gebrauchsgegenständen in Sozialgefügen erst dann entstehen kann, wenn grundlegende Bedürfnisse langfristig als gesichert gelten. Allerdings wachsen damit auch, wie seine Beispiele zeigen, die sozialen Widersprüche. Ressourcenverteilung und Verbrauchspraktiken werden komplexer. Immer mehr Arbeit dient der Erzeugung von Prestigegütern, die jedoch oft gar nicht mehr verzehrt, sondern bei Festen oder in Kriegen demonstrativ zerstört werden. Mit dem Begriff des „Erlebnisses" mag diese Vorgangsweise vereinbar sein, wenn man davon ausgeht, dass solche Macht-Performances mit höherem emotionalem Aufwand einhergehen als die alltäglichen „kleinen" Handlungsweisen. Jedenfalls erhöht sich der Umsatz der Güter. Der Mehraufwand fließt in die Spezialisierung und Organisation der Produzierenden, die eine müßige Schicht erhalten müssen, welche ihrerseits die Güter zur Gestaltung der komplexeren Sozialstrukturen verwendet. Aufwendig hergestelltes Brot dient eben nicht mehr nur der Sättigung, sondern unterscheidet die Essenden von jenen, die nur Brei zur Verfügung haben; die Produktion eines Kilogramms Fleisch verschlingt sieben Kilogramm Getreide etc. Der Verhaltensforscher Gerard Baudy (1983) und der Religionswissenschaftler Burkhard Gladigow (1984) haben die Güterverteilung in frühen mediterranen Hochkulturen untersucht und ebenfalls festgestellt, dass Sozialprestige mit Ressourcenanhäufung verbunden war, welche zumeist durch religiöse Kulte legitimiert und repräsentativ gestaltet wurde. Von solchen religiös-politischen Machtzentren ausgehend scheinen sich dann komplexere politische Verwaltungsstrukturen entwickelt zu haben. Insgesamt bestätigen Anthropologen daher, dass ein Überfluss an Ressourcen Subsistenzgesellschaften dazu veranlassen kann, ihre Distributionspraktiken zu verändern (vgl. Eder

1973). Dabei tritt jedoch nicht automatisch ein Erlebnishunger zutage, vielmehr wird die Bedeutung gewisser begehrter Stoffe auf sozialsymbolischer Ebene erweitert. Thomas Luckmann (1991: 173) hat darauf hingewiesen, dass auch subjektive Gefühle der Lebenserhöhung immer an gesellschaftlich konstruierten Mustern solcher Erfahrungen ausgerichtet sind. Beispielsweise verdanken wir das Genusserlebnis einer fair gehandelten Schokolade ebenso sehr ihrem guten Geschmack wie dem sozialen Umfeld, dessen Werte übernommen und beim Verzehr realisiert werden. So wird Konsum zur Mitarbeit am Sozialen. Die Genusssuche der modernen KonsumentInnen kann daher ebenso gut als egoistischer Hedonismus wie als Versuch interpretiert werden, mit den Waren die sozialen Strukturen zu reproduzieren (vgl. Böhme 2006). Auch das Marketing hat stets auf soziale und politische Anliegen Rücksicht genommen (vgl. Gries 2006). Michel de Certeau (1988: 82ff.) hat sogar die These formuliert, dass die KonsumentInnen am globalen Produktionssystem Rache nehmen, indem sie die Produkte anders gebrauchen und bewerten, als ihnen die Medien und Verkaufsformen nahe legen (vgl. Illouz 2003: 145). Denn die Produktion verfolgt heute ihre eigene Logik, die den gewachsenen sozialen Zusammenhängen oft widerspricht. Die Erlebnisgesellschaft wäre dann nicht, wie Schulze meint, der Versuch, individuelle Genüsse zu optimieren, vielmehr entstünden diese aus den Listen der KonsumentInnen, welche den Warenbergen beharrlich soziale Enklaven abzuringen versuchen, indem sie den Objekten zusätzliche symbolische Bedeutungen verleihen.

In den alten europäischen Gesellschaften flossen die Überschüsse in die Hände einer schmalen müßigen Schicht, die Reste auf den Markt. Die völlige Ausrichtung der Produktion auf den Markt vollzog sich als langsamer Prozess von etwa 1600 bis 1900 und darüber hinaus. In diesen Jahrhunderten der „großen Transformation" (Polanyi 1997) änderten sich das Weltbild, die Arbeitsmethoden und die Distributionspraktiken in Europa grundlegend (vgl. W. Schulze 1986). Trotzdem versorgten sich in Österreich viele (klein)bäuerliche Produzenten bis zum Zweiten Weltkrieg noch weitgehend selbst mit Nahrungsmitteln. 1934 waren etwa noch 50 Prozent der Bevölkerung (inklusive mitarbeitender Familienangehöriger) ausschließlich und weitere 25 Prozent mehrheitlich in der Land- und Forstwirtschaft tätig (Bruckmüller 2002: 428). Man kann davon ausgehen, dass vor allem Lebensmittel am Land nur zu einem geringen Teil am Markt eingekauft werden mussten. Ab den 1950er-Jahren setzte die Mechanisierung der Landwirtschaft jedoch viele Menschen zur Lohnarbeit frei und lieferte die für den Wirtschaftsaufschwung dringend benötigten Arbeitskräfte. Wirtschaftshistoriker-

Innen sprechen von einer gewaltigen Verschiebung der Beschäftigten weg vom Primärsektor, der Landwirtschaft, hin zu den Industrie- und Dienstleistungssektoren. Diese Entwicklung setzte dem traditionellen bäuerlichen Konsumverhalten, das ein Hindernis für die Ausbreitung des Massenkonsums in Österreich dargestellt hatte, ein Ende. Von 37,1 Prozent der rein statistisch erfassten in der Land- und Forstwirtschaft tätigen Personen der Zwischenkriegszeit blieben 1991 nur mehr 5,8 Prozent übrig (Butschek 1999: Übersicht 3.9).

Betrachtet man die Entwicklung von Freizeit und Konsum in Österreich, so zeigt sich, dass die Koppelung dieser Bereiche für die unteren Einkommensschichten erst sehr spät erfolgte. Sozialwissenschaftliche Studien der 1930er-Jahre rechneten in Zeiten schlechter Wirtschaftslage außerdem bis zu 85 Prozent der Bevölkerung der Unterschicht zu und nannten für die Mittelschicht Ziffern um 12 Prozent (Bodzenta 1980: 291). Das bedeutet, dass der Großteil der arbeitenden Bevölkerung in der ersten Hälfte des 20. Jahrhunderts zwischen 50 und 60 Prozent des Einkommens für Nahrungsmittel ausgeben musste (Bodzenta 1980: 285). Für Unterhaltung in der Freizeit blieb da nicht viel übrig (Leichter 1932: 108ff.). Zwar avancierte auch in Österreich bei den jüngeren ArbeiterInnen in der Zwischenkriegszeit die Ein-Kind-Familie zum Ideal, sodass weniger Geld für die Ernährung notwendig war und mehr für anderweitigen Konsum ausgegeben werden konnte (Langewiesche 1980: 340), aber letzterer blieb doch minimal im Vergleich zur Gegenwart. Da ein neues Paar Schuhe schon den halben Wochenlohn eines qualifizierten Arbeiters verschlang, wird leicht verständlich, dass Erlebnisse und Unterhaltung damals nicht auf den Einkaufsstraßen gesucht wurden. Mitgliedschaften in Sport- und Turnvereinen ermöglichten die Teilnahme an deren (Fest)Veranstaltungen und kosteten wenig. Ebenso zogen Fußballspiele viele Zuschauer und Mitspieler an (Sandgruber 1995: 378). In Wien konnte man sich für wenig oder ohne Geld in den Bädern, Schrebergärten und im Wienerwald vergnügen. Zahlreiche Vereine der sozialistischen Arbeiterbewegung boten Möglichkeiten für geselliges Zusammensein beim Schwimmen, Wandern und Radfahren. Die Jugendlichen suchten Abwechslung und Unterhaltung bei den Naturfreunden oder beim Verein „Der Wandervogel". „Die schönste Zeit haben wir gehabt, wie wir bei der Jugendorganisation gewesen sind. Weil wir alle miteinander gleich nix gehabt haben! Dass koaner 50 Groschen mehr gehabt hat wie der andere, das hat so viel ausgemacht." (zit. nach Pils 1994: 70) Das Solidaritätsprinzip solcher Vereine ermöglichte gesellige Erlebnisse mit sehr geringem Konsumaufwand.

Die wesentlichen Veränderungen am Unterhaltungssektor, die als Grundlagen späteren Massenkonsums betrachtet werden können, zeichneten sich in den 1920er-Jahren im Bereich der Medien ab. Das Radio eroberte auch die ärmeren Haushalte. Träume vom guten Leben blieben im Kino selbst für Arbeitslose erschwinglich. Film und Radio drangen außerdem in ländliche Bereiche vor und begannen die Unterschiede zwischen Stadt- und Landleben zu verringern – ein Prozess, der zu einem der nachhaltigsten des Jahrhunderts werden sollte. Denn während einerseits Formen des städtischen Lebens auf dem Land immer selbstverständlicher wurden, wanderten die LandarbeiterInnen kontinuierlich in die Städte ab. Individualistische städtische Lebensgewohnheiten sind heute auch in größeren ländlichen Gemeinden selbstverständlich geworden. Ab den späten 1950er-Jahren konnte das Fernsehen die Menschen in Sachen Konsum insofern „gleichschalten", als die Bilder vom guten Leben alle Schichten erreichten und ähnliche Begehrlichkeiten weckten. Doch diese gemeinsamen Träume gingen mit einer Vereinzelung ihrer Realisierung einher.

Die meisten Menschen, die heute im sekundären und tertiären Sektor ihr Geld verdienen, haben ihre Lebensführung vom agrarischen Jahreskreis völlig gelöst. Gaststätten haben als Treffpunkte eindeutig Vorrang vor institutionalisierten Vereinslokalen (ÖIfJ 1999: 61). Der bäuerliche Lebensstil, der sich aus der engen Verbindung des jahreszeitlichen Zyklus von Fülle und Kargheit mit religiösen Dramatisierungen entwickelt hatte, existiert nicht mehr. Der urbane Lebensstil, gekennzeichnet durch marktabhängige Güterversorgung und eine gleichmäßig verlaufende Arbeitszeit, hat sich durchgesetzt. Auch die Löhne fließen regelmäßig und unabhängig von der Witterung, sodass einer individuellen Organisation der Freizeit nichts im Wege steht. Die zunehmende Flexibilisierung der Arbeitszeiten ermöglicht es oder zwingt sogar immer mehr Menschen dazu, sich auch wochentags zu entspannen und an den ehemals arbeitsfreien Sonn- und Feiertagen tätig zu sein. Dementsprechend wurden die Öffnungszeiten der Läden und Supermärkte bis Samstagabend ausgeweitet. Arbeit und Konsum wechseln sich nicht mehr in einem kollektiven Rhythmus ab, sondern können rund um die Uhr stattfinden. Daher haben sich auch die Erwartungen an die arbeitsfreie Zeit geändert. Viele Menschen der modernen Konsumgesellschaften sehen ihren Lebenssinn immer weniger in der Arbeit und immer häufiger in der frei gestaltbaren Zeit, die möglichst intensiv erlebt werden soll (Zellmann/Opaschowski 2005: 26-33). Die individuelle Gestaltung dieser Zeit stellt sie vor neue Aufgaben der Selbstführung und Selbstsorge.

VOM KONKRETEN GENUSS ZUR KONSUMARBEIT

„Nicht das Leben an sich, sondern der Spaß daran ist das Kernproblem, das nun das Alltagshandeln strukturiert. Unsicherheit ist ein Teil dieses Problems: Was will ich eigentlich?" (Schulze 1997: 60) Es sei die Fähigkeit zur Selbstreflexivität, so meint Schulze, die eine organisierte Suche nach Erlebnissen erst möglich mache. Seiner Meinung nach sind die Mitglieder der Erlebnisgesellschaft daher innenorientiert. Der Soziologe Colin Campbell (1994: 69ff.) legt die Gründe für die gegenwärtige Erlebnisorientierung auch aus historischer Perspektive dar. Campbell differenziert zwei Strategien des Genusses von Waren. Die erste bezeichnet er als traditionellen Hedonismus, der die Basislüste, die für alle Menschen erstrebenswert sind, umfasst. Essen, Trinken, Geschlechtsverkehr, geselliges Zusammensein, Spiele können direkt mit den Sinnen genossen werden. Diesem Umgang mit konkreten Freuden stellt er den modernen Hedonismus gegenüber, der nicht vom Materiellen ausgehende Sinneseindrücke, sondern Emotionen sucht. Wer seine Gefühle mit Hilfe käuflicher Requisiten in die gewünschte Richtung lenken kann, verfügt über eine Quelle des Begehrens und der Genüsse, die sich nicht durch die Stimulation der Sinne erschöpft. Die Voraussetzung für die moderne Art des Konsumierens bildet so gesehen paradoxerweise eine disziplinierte asketische Lebenshaltung, die es ermöglicht, sich die erforderlichen Kompetenzen in der Kunst der Selbstführung anzueignen. Innerlichkeit erfordert einen asketischen Abstand von der sinnlichen Welt, der die Eröffnung eines imaginären inneren Erlebnisraumes erst ermöglicht. In den alten nicht marktindustriellen Gesellschaften Europas, wo der traditionelle Hedonismus laut Campbell seinen Platz hatte, leitete sich die symbolische Bedeutung der Werkzeuge, Speisen oder Kleidungsstücke von ihrer statusorientierten Verwendung innerhalb der Kollektive ab. Brauch und Gebrauch waren eng verbunden und ließen keinen großen Raum für den Ausbau individueller imaginärer Erlebnisräume. Nicht so in den reichen Konsumgesellschaften: Dort müssen die Waren von den EndverbraucherInnen in das individuelle Konglomerat an Deutungsmustern eingefügt werden. Eine Handkaffeemühle dient nun nicht mehr dem Mahlen von Kaffee, sondern soll als Dekorationsstück die Vorstellung großmütterlicher Häuslichkeit vermitteln. Die Farben der Kleidung entsprechen den individuellen Vorlieben der Personen aber nicht mehr dem Stand eines Bauern oder Adeligen. Somit ergeben sich aus Campbells Theorie zwei Schlussfolgerungen: Erstens wäre der moderne Konsum weniger materialistisch als vielmehr illusionär, weil es um die zugehörigen Phantasien geht, die anhand von Waren entwickelt und genossen werden. Und zweitens muss diese Form des Konsumierens bis hin zur Virtuosität gelernt und geübt werden. Parallel zur Arbeit bei der Produktion von Gütern entstand im Verlauf der Konsumgesellschaft daher die Arbeit beim Ge- und Verbrauch derselben (Galbraith 1974: 47ff.; Knobloch 1994: 38ff.; Miller 1998).

URSACHEN DES ERLEBNISHUNGERS

Historisch betrachtet wurde Konsum zur Verwirklichung stets wechselnder Träume in breiten Teilen der österreichischen Bevölkerung erst im späteren 20. Jahrhundert möglich, in den USA jedoch schon ein halbes Jahrhundert früher. Eli Zaretsky (2005: 201ff.) sieht die Popularität der Psychoanalyse in engem Zusammenhang mit der Entstehung des modernen Marketings in den USA. Denn diese neue Wissenschaft schien den Experten Einblick in innerpsychische Abläufe der KonsumentInnen zu gewähren, half dabei aber gleichzeitig, Formen von Innerlichkeit erst entstehen zu lassen, die für das moderne Konsumieren notwendig waren. In den USA verknüpfte der Fordismus schon in den 1920er-Jahren die Befindlichkeit der Arbeiter mit der Konsumnachfrage. Neben der Grundversorgung mit Nahrung, Kleidung und Wohnraum erschien es nun auch profitabel, die Wünsche und Motive der Menschen in die Produktionsplanung miteinzubeziehen. Ein Ford-Arbeiter sollte die Wagen nicht nur herstellen, sondern auch kaufen wollen und können. Die Filmindustrie sekundierte mit den entsprechenden Träumen. Gary Cross (1993) bestätigt den Einstieg arbeitender Schichten in den Massenkonsum auch für Großbritannien in der Zwischenkriegszeit. In den anderen Nationen Europas konnten die unteren Einkommensklassen diesen konsumorientierten Lebensstil erst nach dem Zweiten Weltkrieg ergreifen.

Doch bereits 1958 beobachtete David Riesman einen neuen Konsumstil. Laut seiner Analysen bestimmte das Vorbild des innengeleiteten Individuums die Berufsmenschen des 19. Jahrhunderts, verlor aber im 20. Jahrhundert in den USA zugunsten einer neuen Außenorientierung an Bedeutung. Gerade letztere sei es nun, die den Erlebniskonsum begünstige. Unter „außenorientiertem Konsum" versteht Schulze (1997: 427f.) nur die schlichte Befriedigung konkreter Bedürfnisse nach Nahrung oder wärmender Kleidung etc. Riesman hingegen umschreibt mit diesem Begriff das Verhalten von KonsumentInnen, die ständig neue Bedürfnisse und Wünsche zum Zweck der Einordnung in ein soziales Umfeld entwickeln. Nach ihm gewinnen außenorientierte Konsument-

Innen angenehme Erlebnisse aus ihren Versuchen, sich mittels einer bestimmten angepassten Art des Konsumierens gegenüber ihren Mitmenschen sozial zu positionieren. Das Leben wird nicht mehr so geführt, dass irgendwann ein individuell gewähltes Selbstbild verwirklicht werden kann, dem man in der Gegenwart Opfer bringen muss, sondern indem man sich mit Besitztümern und Lebensstil in die aktuellen Ansprüche der Umgebung einfügt. Erlebnisse entstehen kaum aus selbstreflexiver Innerlichkeit, sondern aufgrund geglückter sozialer Einpassung in einen Kreis von FreundInnen, NachbarInnen und ArbeitskollegInnen. Deshalb werden beispielsweise Kredite aufgenommen anstatt für ein zukünftiges Ziel zu sparen. Die Grenzen zwischen Arbeit und Freizeit verschwimmen ebenfalls, weil die Freizeitgestaltung meist dazu dient, den sozialen Rang abzusichern. Markenartikel, Trendsportarten und Wellness-Urlaube sind Teil des sozialen Settings.

Nach Riesman herrschte in ständischen Gesellschaften der traditionsgeleitete Konsum vor. Sitten, Rituale und schicksalhaft eintretende Situationen schrieben vor, wer zu welcher Zeit wie viel konsumieren durfte. Die Impulse kamen weniger von den Individuen selbst, als von den sozialen Strukturen, die das Kollektiv performativ umsetzte. Diesen Konsumstil praktizierten bäuerliche Bevölkerungsschichten in Österreich oft noch bis in die 1970er-Jahre.

Mit zunehmender Individualisierung und Warendiversität entwickelte sich nach der Aufklärung in bürgerlichen Schichten der innengeleitete Konsum. Man entwarf Vorstellungen vom idealen Leben und versuchte diese mittels Waren zu verwirklichen. Diese Zeit war durch eine besondere Hochschätzung der Arbeit gekennzeichnet, welche dem Erreichen der Lebensziele diente. Konsum galt dabei noch als Nebensache. Madame Bovary, die Romanfigur Gustave Flauberts, führt deutlich vor Augen, wie die Warenwelt angeblich vor allem so „schwache Geschöpfe" wie Frauen zu Fall bringen konnte, die der Fülle der Verführungen – noch dazu mit einem ebenfalls „schwachen" Ehemann an der Seite – nicht zu widerstehen vermochten. Konsum und das gleichzeitige Schwelgen in Tagträumen erschien weder heroisch noch entsprach es den Aufgaben eines (primär männlich vorgestellten) Berufsmenschen des 19. Jahrhunderts. Erst nach dem Siegeszug des Fließbandes konnten auch die einkommensschwachen Bevölkerungsschichten die asketische Lebenshaltung, die weniger auf privaten Entscheidungen als vielmehr auf strukturellen Zwängen basierte, fallen lassen. Sparsamer sowie zweckmäßiger Konsum wurde in einem nun breiteren Mittelstand zugunsten einer freieren Entfaltung der persönlichen Wünsche bei der Warenwahl aufgegeben. Selbst Arbeitslose verzichteten nicht auf Zigaretten oder Kinobesuche, wenn sie diesen „kleinen Luxus" als wesentliche Bausteine ihrer Identität zu schätzen gelernt hatten (Cross 1993: 144ff.). In den USA und in Großbritannien definierten seit den 1920er-Jahren auch Arbeiter ihren sozialen Status und ihre Identität immer mehr über die Waren, die sie sich mit ihrem Lohn kaufen konnten. Die Wirtschaftskrise der 1930er-Jahre tat dieser Entwicklung keinen Abbruch. Nach dem Zweiten Weltkrieg konstatierte Riesman eine weitere Wendung im Konsumverhalten der US-AmerikanerInnen, das seither eine Mischung aus traditionellem und innenorientiertem Konsum darzustellen scheint. Die KonsumentInnen richten sich zwar wieder stark nach ihren Mitmenschen, es handelt sich jedoch nicht mehr um ständische oder kirchliche Vorschriften, die das Kaufverhalten bestimmen, sondern um kurzlebige Trends. Riesman (1958: 69) wählte die Metapher eines inneren Radars, das nun den Kirchturm und den Glockenschlag ersetzte. Die individualisierten KonsumentInnen tasten förmlich ihre Umwelt ab, um in ihrem sozialen Umfeld mit den richtigen Modewaren „Kurs zu halten".

Aus dieser Sicht erscheint die Rede vom innenorientierten Subjekt an der Wende vom 20. zum 21. Jahrhundert für die reichen Gesellschaften Europas nicht mehr zutreffend. Vielmehr erleben die KonsumentInnen aufgrund des beschleunigten sozialen Wandels eine Verunsicherung ihrer Lebensführung. Wenn Erlebnisrationalität einerseits heißt, den Strom der Erlebnisse im Hinblick auf eine bestimmte Lebenskonzeption regulieren zu wollen, andererseits die Entscheidungen aber aufgrund der Fülle und Geschwindigkeit der Eindrücke vor allem spontan und emotional getroffen werden müssen (Schulze 1997: 430), dann bleibt für Reflexion nicht mehr viel Raum. Die KonsumentInnen reagieren nur mehr auf äußere Eindrücke. Daraus schließen SoziologInnen, dass Erlebnisse vor allem deswegen gesucht werden, weil sie sowohl von der Bürde der Reflexion und damit kurzfristig auch vom Zwang zur Selbstführung befreien, als auch emotional in eine Gruppe Miterlebender einfügen.

Aus diesem Grund halten FreizeitforscherInnen die Suche nach sozialer Verortung für die stärkste Motivation, an Events jeglicher Art teilzunehmen. Nicht die Konstruktion und Stabilisierung des Ich, sondern die Erlösung davon sei heute das Ziel (Ebertz 2000: 359). Events und Erlebnisparks bieten Vorstellungen kollektiver Identitäten an (Bormann 2000: 140), denen man sich selbstvergessen anschließen kann. Konsumpräferenzen hängen immer auch davon ab, was jemand im sozialen Umfeld mit entsprechenden Erwerbungen mitteilen will, und vor allem auch davon, welcher Gruppierung man sich zugehörig fühlt.

Die Frage nach dem Wollen ist von der Frage, wer jemand ist oder zu sein glaubt, nicht abzukoppeln. „Selbstreflexive Innenorientierung" allein greift als Beschreibung dieser Anpassungsprozesse zu kurz. Das Konzept des außengeleiteten Individuums von Riesman macht hingegen verständlich, warum der Erlebnishunger zunimmt, wenn aufgrund vermehrter Wahlmöglichkeiten die Selbstverantwortung der Individuen wächst. Verantwortungsvolle Entscheidungen zu treffen, kann – wenn die Parameter immer schneller wechseln (Rosa 2005) – zu einer Überforderung werden, der man gerne entkommen möchte.

Für die Entwicklung von Identität und die von ihr abgeleiteten Entscheidungen für die Lebensführung benötigen Menschen, das hat schon Walter Benjamin (1974: 107) festgestellt, individuelle Erfahrung. Sie entsteht dort, wo neue Informationen sich mit älteren, früher erworbenen und von der sozialen Umwelt bestätigten, verbinden (vgl. Peskoller 2007). In traditionalen Strukturen wurden Erlebnisse kollektiv verarbeitet. Deren Vor- und Nachbereitung, oft in Form von Übergangsritualen (Gennep 1999), fügte sie in den Fluss des ständisch geordneten Lebens ein. In den modernen individualistischen Gesellschaften, so beobachtete Benjamin bereits in den 1920er-Jahren, sammeln die Individuen zwar viele Informationen auf, verarbeiten diese aber nicht mehr. Statt Erfahrungen sammeln Personen mit urbanem Lebensstil eher Ereignisse, die nur wenig Spuren in ihrer Psyche hinterlassen. Auf diese Weise bleiben sie flexibler und schnell wechselnden Trends gegenüber anpassungsfähig. Ging es bisher bei Identität darum, eine nachhaltig stabile Passung zwischen dem subjektiven Innen und dem gesellschaftlichen Außen zu finden (Keupp 1999: 28), so minimiert sich in den spätmodernen Konsumgesellschaften die Verankerung der Erlebnisse in der Erfahrung, um immer wieder neu an der Identität „basteln" zu können (vgl. Bauman 1997: 146), die den rasch wechselnden äußeren Anforderungen entspricht. Riten, die Feste und Höhepunkte des Jahres begleiteten und kollektive Erlebnisse vor dem Hintergrund einer geteilten Weltanschauung gestalteten, sind heute entweder verschwunden oder zur Folklore, das heißt vom historischen Hintergrund abgelöst und warenförmig geworden. Mit dem Ausstieg in eine Wir-Identität (vgl. Elias [4]1999) bei inszenierten Events bietet der Markt nun Möglichkeiten, trotz der Individualisierung je nach Bedarf und Laune zumindest kurzfristig die Ganzheitlichkeit des Daseins zu spüren (Knoblauch 2000: 43; Steinecke 2000).

POSTTRADITIONALE VERGEMEINSCHAFTUNGEN

1983 prophezeite der Freizeitforscher Horst Opaschowski einen Erlebnis-Boom. Heute laden Erlebnis-Urlaub, Erlebnis-Gasthöfe, Erlebnis-Weekends in den Schlagzeilen der Fremdenverkehrs-Prospekte zu emotionalen Highlights ein. Für das kommende Jahrzehnt müssen sich die touristischen Veranstalter nun auf „Wellness" einstellen, ein Trend, der angeblich den Erlebnishunger abgelöst hat. Doch so groß ist der Unterschied nicht: die Erlebnisse werden nur unter die Haut verlegt. Die ekstatische Verzückung bei Massenveranstaltungen wird durch das Eintauchen in die eigene Sinnlichkeit ersetzt. Beide Vorgangsweisen stellen einen Ausstieg aus der anstrengenden Selbstführung dar. Denn der Körper kann wie ein Auto oder ein Haus behandelt werden, das man genießt, aber auch zu pflegen hat. Auf diese Weise verbindet ein Wellness-Erlebnis die Freizeitgestaltung mit der Instandhaltungsarbeit am Körper-Kapital: Investition und Wertschöpfung in einem. Letztere formuliert sich dann unter anderem als Erlebnis.

So gesehen könnte man viele KonsumentInnen gegenwärtig als vereinzelte ErlebnisnomadInnen bezeichnen: Sie sammeln Erlebnisse statt vertiefender Erfahrung, wobei das Kollektiv, in das sie sich dabei fallweise einfügen, nur ephemer bleibt, sich schnell zerstreut und keine dauerhafte soziale Figuration mehr bildet. Erlebniswelten und Erlebnisparks mit ihren speziellen Events, Konzerte und Rave-Veranstaltungen bieten eine „hautnahe Gemeinschaft der Leiber" (Ebertz 2000: 352), außeralltägliche Erlebnisse und meistens eine räumlich und zeitlich begrenzte Eingliederung in eine kollektive Identität. Wer über die modernste technische Ausstattung verfügt (Großbildfarbfernseher mit Kabelanschluss), der kann sich vom Wohnzimmer aus life bei den Dancing-Stars oder in ein Fussball-Event einklinken. In erster Linie ist es aber die körperlich fühlbare Kopräsenz mit anderen Menschen, die anzieht.

Heute überwiegen Ein-Personen-Haushalte und Ein-Kind-Familien, in denen möglichst jede Person über ein eigenes Zimmer verfügt. Auch Drei-Personen-Haushalte schaffen es immer seltener, sich zum Essen zusammenzufinden, geschweige denn die Speisen zu teilen oder sich gemeinsam eine Fernsehsendung anzusehen. Damit fehlen Gefühle der körperlichen Nähe und Übereinstimmung immer häufiger (vgl. Giddens 1993). Der Sexualwissenschaftler Volkmar Sigusch (2006) konnte außerdem feststellen, dass Singles erheblich weniger sexuelle Kontakte haben als monogame Paare, da sie ihre Beziehungen strategisch planen und mit anderen Singles koordinieren müssen. Das erfordert

Managementkompetenzen, die man sich gerne auch einmal von Profis abnehmen lässt.

So kommt es, dass in den modernen Konsumgesellschaften nicht mehr Gemeinschaften vorgeben, was und wann etwas zu feiern ist, sondern es sind die Feste selbst, die Gemeinschaft konstituieren (Gebhardt 2000: 28). Konsumierbare Events, „strategische Rituale der kollektiven Einsamkeit" (Knoblauch 2000: 49), können Menschen zusammenführen und ihnen trotz ihrer individualisierten Privatinteressen das Gefühl vermitteln, eine gemeinsame Sache und damit Gemeinschaft zu haben.

Gefühle der Lebenserhöhung und des Nicht-Alltäglichen wurden in traditionalen Gesellschaften zumeist durch religiöse Rituale erzeugt und kontrolliert (Gebhardt 2000). Jahrmärkte und Messen, wo zahlreiche Produkte zusammenflossen, galten als festliche Ausnahmezustände, die sich vom Alltag abhoben, und waren nicht selten an kirchliche Festtage gekoppelt. In den komplexen arbeitsteiligen Gesellschaften der reichen Industrienationen haben Einkaufszentren das ganze Jahr rund um die Uhr für individuelle Ausstiege aus dem Alltag geöffnet. Doch statt den Religionen und Traditionen obliegt es heute allein den Individuen zu entscheiden, wann sie sich in den „Flow" (Bowlby 1997: 106) von Einkaufsstraßen oder Supermarktregalen einfügen und eine „schnelle Freiheit" (Legnaro 2005: 139) von der Last des Alltags genießen möchten.

Ausstieg und Wiedereinstieg, Beginn und Ende der unterhaltsamen oder genussvollen Tätigkeit müssen vom Individuum selbst bestimmt werden. Gelingt das nicht, dann leidet daran auch der Genuss, der eine klare Begrenzung und ein Maß braucht, um Intensität zu gewinnen. (Heintel 2007).

Einkaufszentren und größere Kaufhäuser bieten jedenfalls keine klaren Regeln, wie der Genuss oder Gebrauch zu begrenzen und zu gestalten ist. Als Umschlagplätze haben sie diese Aufgabe auch nicht. In den Diskursen der Kritiker gelten sie sogar als „Nicht-Orte" (Augé 1992), an denen man sich weniger aufhält als vielmehr vorbeigeht oder durchgeht. Diese Nicht-Orte, die weder der Produktions- noch der Konsumtionssphäre zugerechnet werden können, sind allen Behausungen äußerlich, es sind Durchgänge und Übergänge. So gesehen stellen Einkaufszentren Formen eines innerweltlichen Jenseits dar (Sorgo 2006), wo die Regeln der Arbeit oder des Privatlebens außer Kraft gesetzt sind. Der Anthropologe Victor Turner verglich die Verkaufssphären mit der Schwellenphase in Übergangsritualen (Gennep 1999), die von einer sozialen Position in eine andere geleiten (Turner 1995: 87). Deshalb zeigen diese Zwischen-Zustände in der Warenwelt Merkmale des Karnevals oder der verkehrten Welt. Wie Legnaro und Birenheide (2005) beschrieben haben, werden im Bereich zwischen dem Öffentlichen und dem Privaten „Situationen" simuliert. Supermärkte und Einkaufszentren nennen die KäuferInnen z. B. „Gäste". „Besuchen Sie uns wieder!" steht auf den Ausgangstüren. Aber ein Einkauf ist kein Besuch. Und ein Restaurant, das Nudelgerichte serviert, ist ebenso wenig ein Stück Italien wie der Camembert Frankreich nach Hause bringt. Dennoch: Identitäten können in Tagträumen anhand von Jeans, Parfums, Zigaretten (Marlborough-Man!) etc. imaginär und emotionsreich erprobt, das soziale Gefüge kann spielerisch verändert werden. Denn nur an solchen Nicht-Orten ist das Einüben in neue Rollen möglich, ohne Konsequenzen fürchten zu müssen.

Ein traditionelles kollektives Erlebnis: Fronleichnamsprozession im nördlichen Weinviertel 2005. © Andrea Zimmerl

Erlebniswelten wie die Swarovski-Kristallwelten in Wattens oder der Wasserspielpark im steirischen Naturpark Eisenwurzen bieten den TeilnehmerInnen eine Anzahl unterschiedlicher Rollen zum Mitspielen an. Während man in Wattens durch die glitzernden Phantasiewelten von André Heller geschleust wird, um in einer simulierten Nacht statt echter Sterne die Swarovski-Kristalle aufleuchten zu sehen, soll man in der steirischen Wasserwelt wie ein Steinzeitmensch Flöße bauen oder wie ein/e WissenschaftlerIn winzige Lebewesen unter dem Mikroskop betrachten. Beide Erlebnisareale bieten einen sicheren Rahmen für den Ausstieg aus dem Alltag. Der religiöse Charakter, den SoziologInnen diesen Ausstiegen zuschreiben, zeigt sich nicht nur in den verwendeten sakralen Elementen – Erhöhung und Präsentation der Objekte auf altarähnlichen Podesten, Durchschreiten magischer Schranken an Ein- und Ausgängen, mystische Beleuchtung etc. – sondern beruht auch auf den sozial unbestimmten Räumen, die die Verkaufsareale eröffnen. Das Religiöse existiert hier völlig unabhängig von den Situationen, in denen die Menschen sich von den Fragmentierungen, die ihnen die Zweckrationalität der Arbeitswelt zufügt, kurzfristig befreien. Spielerisch in eine andere Rolle zu schlüpfen oder sich in kollektive Gefühlswellen fallen zu lassen, das sind Jahrtausende alte Praktiken, um Transzendenzerfahrungen zu erzeugen. Auch Perchtenläufe und Kreuzwegprozessionen intendierten nichts anderes. Hier werden festliche Akzente im täglichen Müssen und Sollen gesetzt und damit der Alltag einmal aus einer anderen Perspektive wahrgenommen. Das kann zu neuen Einsichten führen, mindestens aber dazu beitragen, neue Energien zu sammeln (vgl. Illouz 2003: 179). „Heute fahren wir etwas Schönes einkaufen" oder „Heute gehen wir in die Wasserwelt und bewundern die Geheimnisse der Natur", lauten die entsprechenden Aufrufe zum gemeinsamen Ausstieg. Vieles kann man aber auch allein erleben. Gerade Singles können einen Abstecher ins Einkaufszentrum samt Fitnessclub und Kinowelt während der Woche so gestalten, dass aus der gleichförmigen Lebenszeit ein individuelles Erlebnis im Einklang mit der Notwendigkeit entsteht.

KLEINE TRANSZENDENZEN

Die Lugner City im 15. Wiener Gemeindebezirk ist ein so genanntes kombiniertes Freizeit-Einkaufs-Center (vgl. Franck 2000). Die Lage am Wiener Gürtel, einer der größten Verkehrsadern der Metropole, die zugehörigen Tiefgaragen und eine in Glas gehüllte Fußgängerbrücke zur U-Bahnstation gewährleisten gute Erreichbarkeit. Nach den Kategorien der Freizeitforschung stellt die Lugner City aufgrund ihres Branchenmix mit Shows und Ausstellungen eine Freizeitwelt dar. Sie ermöglicht sowohl die tägliche Lebensmittelversorgung als auch zusätzliche Erlebnisse in der Gastronomie, im Kino sowie im Fitness- und Wellnessbereich mitten in der Stadt.

Der Baumeister Richard Lugner, Initiator und Namensgeber des Gebäudekomplexes, sieht sein Einkaufszentrum als einen Ort, an dem

Ein spätmodernes Einkaufserlebnis: Das Interieur der Lugner City.
© Lugner City Zentrumsleitung

auch Menschen, die nicht in Österreich geboren sind, sich „einordnen"
und „verschmelzen" können (Miljkôvic 2006). Ganz falsch liegt er damit
nicht, da hier sowohl fremde Menschen als auch fremde Waren aufeinander treffen. Die Inszenierung eines indischen Neujahrsfestes, türki-
scher oder ungarischer Wochen und eine als marokkanische Innenstadt
gestaltete Gastronomiezone mit orientalischen, japanischen und italienischen Speisen bieten immer wieder „Fremdes" an. Doch „Verschmelzung" würde Selbstvergessenheit und neue Ordnung für alle Benützer-
Innen gleich welcher Herkunft bedeuten. Ob die BesucherInnen daher,
wie Lugner in einem Interview bemerkte, mit der christlichen Kultur
verschmelzen, muss in Frage gestellt werden. Die zum Teil exotische
Inneneinrichtung des Einkaufszentrums lässt eher das Gegenteil ver-
muten. Außerdem hofft der Unternehmer auf eine Ausweitung der
Ladenschlusszeiten, was eine weitere Unterminierung der christlichen
Sonntagsruhe bedeuten würde. Doch das Entertainment-Center bietet
Ersatz: Denn auch innerhalb seiner Mauern findet eine Aufhebung und
Bearbeitung von Differenzen statt. Man ist sich im Makroritual (Wulf/
Zirfas 2001: 345) dieser Warenwelt der Gemeinschaft sicher.

Zu Werbezwecken macht der Baumeister sogar sein Familienleben
via Medien so weit öffentlich, dass das Einkaufszentrum eine Art er-
weitertes Wohnzimmer simulieren und Zugehörigkeit anbieten kann.
Im Stil von Talk-Shows veröffentlichte Lugner sowohl seine Erfahrung

mit Viagra als auch Ehestreits mit seiner Gattin, nach deren Kosenamen „Mausi" der Gastronomiebereich benannt ist. So präsentiert sich die Lugner City als buntes Potpourri aus Society-Klatsch, Autogramm schreibenden Prominenten und Urlaubserinnerungen an Mittelmeeraufenthalte. Das sind Gemeinschaftsvorstellungen, an denen jeder partizipieren darf.

Die Architektur entspricht dem Standardmodell von Shopping Malls rund um den Globus: Auf mehreren Etagen bieten 106 Geschäfte von Lebensmitteln über Textilien bis zur Schlüsselherstellung entlang straßenähnlicher Spazierwege alles an, was durchschnittliche WienerInnen brauchen. Teure Markenware fehlt, da viele BewohnerInnen der umliegenden Bezirke ihre Wurzeln in der Türkei oder dem ehemaligen Jugoslawien haben und über bescheidene Gehälter und Einkommen verfügen. Auch bei widrigen Witterungsverhältnissen punktet die Lugner City – anders als die nahe gelegene Einkaufszone der Mariahilfer Straße – durch ihre geschützte Atmosphäre unter einem Glasdach, in der auf jeder Etage zahlreiche Cafés mit Blick über die Geschäfte und die flanierenden Menschen zu einer Ruhepause (und zum Konsumieren) einladen. Auf der „Plaza" im Zentrum der Anlage befindet sich eine Showbühne für Events. Kinder können sich in einer Hüpfburg austoben und der Kasperl kommt mehrmals pro Woche. Besonders Jugendliche und Mütter benützen die (halb)öffentlichen Räume als Treffpunkt, konsumiert wird dann nebenbei. Shopping – allein oder mit FreundInnen – hat einen fixen Rang unter den Freizeitaktivitäten österreichischer Jugendlicher (ÖIFJ 1999: 54ff.), da es mit Kommunikation und dem Besuch von Lokalen und Kinos verbunden ist. Aber auch für Erwachsene „tut sich immer was" (http://www.Lugner 30.5.2006). Zum Beispiel wenn auf der Showbühne ein Boxkampf stattfindet oder zu Tanzvorführungen eingeladen wird. TouristInnen zieht dieses Einkaufszentrum nur wenige an, für die StadtbewohnerInnen der Umgebung bietet es aber eine Vielzahl kleiner, leicht erreichbarer Transzendenzen. Nach Prognosen werden zentral gelegene Shopping-Center wie die Lugner City aufgrund ihrer Erreichbarkeit in großen Städten langfristig die Einkaufscities an der Peripherie ersetzen.

Am Höhepunkt der Erlebniskonsum-Welle beurteilte Opaschowski (1993: 132) die postfordistische „Erlebnisgeneration" nicht gerade rosig: „Einkaufszentren, Malls und Passagen werden nicht nur Walhallas des Erlebniskonsums sein, sondern auch Fluchtburgen für Menschen, die der Langeweile und Vereinsamung entfliehen wollen. Sie konsumieren ‚aus dem Frust heraus', als Ersatz für ein gutes Lebensgefühl. Die Lust auf Konsumieren entspringt dann der Unlust an der eigenen inneren Leere." Solche Interpretationen entstammen den kulturpessimistischen Vorstellungen eines gewiss innengeleiteten Berufsmenschen. Hält man sich an Norbert Elias (1999), dann resultiert die Erlebnissuche vielmehr aus dem Bedürfnis vieler Menschen, den Verantwortungsdruck, der in einer Arbeits- und Leistungsgesellschaft auf den Individuen lastet, durch kleine Transzendenzen auszugleichen. Das Shopping-Center nebenan liefert dafür jederzeit die Gelegenheit.

LITERATUR

Augé, Marc (1994): Orte und Nicht-Orte. Vorüberlegungen zu einer Ethnologie der Einsamkeit. Frankfurt am Main

Baudy, Gerhard J. (1983): Hierarchie oder: Die Verteilung des Fleisches. Eine ethologische Studie über die Tischordnung als Wurzel sozialer Organisation, mit besonderer Berücksichtigung der altgriechischen Gesellschaft. In: Gladigow, Burkhard/Kippenberg, Hans G. (Hg.): Neue Ansätze in der Religionswissenschaft. München: 131–174

Bauman, Zygmunt (1997): Flaneure, Spieler und Touristen. Essays zu postmodernen Lebensformen. Hamburg

Benjamin, Walter (1974): Charles Baudelaire. Ein Lyriker im Zeitalter des Hochkapitalismus. Frankfurt am Main

Böhme, Hartmut (2006): Fetischismus und Kultur. Eine andere Theorie der Moderne. Reinbek bei Hamburg

Bormann, Regina (2000): Eventmaschinerie Erlebnispark. Systemintegration durch performative Institutionen. In: Gebhardt, Winfried/Hitzler, Ronald/Pfadenauer, Michaela (Hg.): Events. Soziologie des Außergewöhnlichen. Opladen: 137–160

Bowlby, Rachel (1997): Supermarket Futures. In: Falk, Pasi/Campbell, Colin (Hg.): The Shopping Experience. London: 92–110

Bodzenta, Erich (1980): Gesellschaft im Wandel. In: Schulmeister, Otto (Hg.): Spectrum Austriae. Österreich in Geschichte und Gegenwart. Wien/München: 272–302

Butschek, Felix (1999): Statistische Reihen zur Österreichischen Wirtschaftsgeschichte. Die österreichische Wirtschaft seit der industriellen Revolution. Wien

Campbell, Colin (1994): The Romantic Ethic and the Spirit of Modern Consumerism. Oxford/Cambridge (Mass.)

Certeau, Michel de (1988): Kunst des Handelns. Berlin

Cross, Gary (1993): Time and Money. The Making of Consumer Culture. London

Ebertz, Michael N. (2000): Transzendenz im Augenblick. Über die „Eventisierung" des Religiösen – dargestellt am Beispiel der Katholischen Weltjugendtage. In: Gebhardt, Winfried/Hitzler, Ronald/Pfadenauer, Michaela (Hg.): Events. Soziologie des Außergewöhnlichen. Opladen: 345–362

Eder, Klaus, Hg. (1973): Seminar: Die Entstehung von Klassengesellschaften. Frankfurt am Main

Elias, Norbert (1999): Die Gesellschaft der Individuen. Frankfurt am Main

Franck, Jochen (2000): Erlebnis- und Konsumwelten. In: Steinecke, Albrecht (Hg.): Erlebnis und Konsumwelten. München/Wien: 28–43

Galbraith, Kenneth John (1974): Wirtschaft für Staat und Gesellschaft. München/Zürich

Gebhardt, Winfried (2000): Feste, Feiern und Events. Zur Soziologie des Außergewöhnlichen. In: Gebhardt, Winfried/Hitzler, Ronald/Pfadenauer, Michaela (Hg.): Events. Soziologie des Außergewöhnlichen. Opladen: 17–32

Gennep, Arnold von (1999): Übergangsriten (Les Rites de Passage [1909]). Frankfurt am Main/New York

Giddens, Anthony (1993): Wandel der Intimität. Sexualität, Liebe und Erotik in modernen Gesellschaften. Frankfurt am Main

Gladigow, Burkhard (1984): Die Teilung des Opfers. Zur Interpretation von Opfern in vor- und frühgeschichtlichen Epochen. In: Frühmittelalterliche Studien 18. Jahrbuch des Institutes für Frühmittelalterforschung der Universität Münster: 18–43

Gries, Rainer (2006): Produkte & Politik. Zur Kultur- und Politikgeschichte der Produktkommunikation. Wien

Günther, Armin (2006): 20 Jahre Erlebnisgesellschaft – und mehr Fragen als Antworten. Zwischenbilanz oder Abgesang auf die Erlebniswelten-Diskussion. In: Reuber, Paul/Schnell, Peter (Hg.): Postmoderne Freizeitstile und Freizeitträume. Neue Angebote im Tourismus. Berlin: 47–62

Hayden, Brian (1994): Competition, Labor and Complex Hunter-Gatherers. In: Burch, Ernest S. Jr./Ellanna, Linda J. (Hg.): Key Issues in Hunter-Gatherer Research. Oxford/Providence: 224–239

Heintel, Peter (erscheint 2007): Kulturelle Nachhaltigkeit. Eine Annäherung

Illouz, Eva (2003): Der Konsum der Romantik. Liebe und die kulturellen Widersprüche des Kapitalismus. Frankfurt am Main

Keupp, Heiner u. a. (1999): Identitätskonstruktionen. Das Patchwork der Identitäten in der Spätmoderne. Reinbek bei Hamburg

Knoblauch, Hubert (2000): Das strategische Ritual der kollektiven Einsamkeit. Zur Begrifflichkeit und Theorie des Events. In: Gebhardt, Winfried/Hitzler, Ronald/Pfadenauer, Michaela (Hg.): Events. Soziologie des Außergewöhnlichen. Opladen: 33–50

Knobloch, Ulrike (1994): Theorie und Ethik des Konsums. Reflexionen auf die normativen Grundlagen sozialökonomischer Konsumtheorien. Bern/Stuttgart/Wien

Legnaro, Aldo/Birenheide, Almut (2005): Stätten der späten Moderne. Reiseführer durch Bahnhöfe, Shopping Malls, Disneyland Paris. Wiesbaden

Leichter, Käthe (1932): So leben wir. 1320 Industriearbeiterinnen berichten über ihr Leben. Wien

Luckmann, Thomas (1991): Die unsichtbare Religion. Frankfurt am Main

Lugner City: http://www.lugner.at/html/index2.htm, 30.05.2006

Miljkovic, Marijana (2006): Lugner City und christliche Lebensweise. In: Der Standard, 18. 05.2006: 8

Miller, Daniel (1998): A Theory of Shopping. Cambridge

Opaschowski, Horst (1983): Arbeit, Freizeit, Lebenssinn? Opladen

Opaschowski, Horst (1993): Freizeitökonomie: Marketing von Erlebniswelten. Opladen

ÖIfJ (= Österreichisches Institut für Jugendforschung), Hg. (1999): Jugendarbeit und Freizeit in Österreich. Situation und Bedarf. Wien

Peskoller, Helga (erscheint 2007): Erfahrung. In: Bilstein, Johannes/Liebau, Eckhart (Hg.): Das Bild des Menschen heute. Weinheim/Basel

Pils, Manfred (1994): „Berg frei". 100 Jahre Naturfreunde. Wien

Reisch, Lucia A. (2002): Symbols for Sale. Funktionen des symbolischen Konsums. In: Deutschmann, Christoph (Hg.): Die gesellschaftliche Macht des Geldes. Wiesbaden: 226–250

Riesman, David/Reuel, Denney/Glazer, Nathan (1958): Die einsame Masse. Eine Untersuchung der Wandlungen des amerikanischen Charakters. Reinbek bei Hamburg

Hartmut Rosa (2005): Beschleunigung. Die Veränderung der Zeitstruktur in der Moderne. Frankfurt am Main

Sandgruber, Roman (1995): Ökonomie und Politik. Österreichische Wirtschaftsgeschichte vom Mittelalter bis zur Gegenwart. Wien

Schulze, Gerhard (⁷1997): Die Erlebnisgesellschaft. Kultursoziologie der Gegenwart. Frankfurt am Main

Schulze, Winfried (1986): Vom Gemeinnutz zum Eigennutz. Über den Normenwandel in der ständischen Gesellschaft der frühen Neuzeit. In: Historische Zeitschrift 243: 591–626

Sigusch, Volkmar: Die sexuelle Frage. Jahrgänge 1942, '57, '72. In: http://www.fraktuell.de/in_und_ausland/kultur_und_medien/feuilleton/?em_cnt=885196, 18.05.2006

Sorgo, Gabriele (2006): Abendmahl in Teufels Küche. Über die Mysterien der Warenwelt. Wien

Steinecke, Albrecht, Hg. (2000): Erlebnis- und Konsumwelten. München/Wien

Turner, Victor (1995): Vom Ritual zum Theater. Der Ernst des menschlichen Spiels. Frankfurt am Main

Wulf, Christoph/Zirfas, Jörg (2001): Das Soziale als Ritual. Perspektiven des Performativen. In: Wulf, Christop u. a. (Hg.): Das Soziale als Ritual. Zur performativen Bildung von Gemeinschaften. Opladen: 339–348

Zaretsky, Eli (2006): Freuds Jahrhundert. Die Geschichte der Psychoanalyse. Wien

Zellmann, Peter/Opaschowski, Horst (2005): Die Zukunftsgesellschaft … und wie wir in Österreich mit ihr umgehen müssen. Wien

AUTORINNEN UND AUTOREN

SUSANNE BREUSS, Kulturwissenschaftlerin, Lehrbeauftragte an der Universität Wien und Kuratorin im Wien Museum; susanne.breuss@univie.ac.at

FRANZ X. EDER, Wirtschafts- und Sozialhistoriker, ao. Universitätsprofessor am Institut für Wirtschafts- und Sozialgeschichte der Universität Wien; franz.eder@univie.ac.at

PETER EIGNER, Wirtschafts- und Sozialhistoriker, ao. Universitätsprofessor am Institut für Wirtschafts- und Sozialgeschichte der Universität Wien; peter.eigner@univie.ac.at

ANDREA ELLMEIER, Historikerin und Kulturwissenschaftlerin, Lehrbeauftragte an der Universität Wien und an der Musikuniversität Wien, Konsulentin des Europarates; andrea.ellmeier@univie.ac.at

RAINER GRIES, Historiker und Kommunikationswissenschaftler, Vertragsprofessor für Kultur- und Kommunikationsgeschichte am Institut für Publizistik- und Kommunikationswissenschaft (IPKW) der Universität Wien und Privatdozent für Neuere und Neueste Geschichte am Historischen Institut der Friedrich-Schiller-Universität Jena; rainer.gries@univie.ac.at

OLIVER KÜHSCHELM, Historiker, derzeit Provenienzforscher am Technischen Museum Wien; oliver.kuehschelm@univie.ac.at

SIEGFRIED MATTL, Historiker, Dozent am Institut für Zeitgeschichte der Universität Wien und Leiter des Ludwig Boltzmann Instituts für Geschichte und Gesellschaft; siegfried.mattl@univie.ac.at

ANDREA MORAWETZ, Kommunikationswissenschaftlerin, Doktorandin am Institut für Publizistik- und Kommunikationswissenschaft der Universität Wien; morawetz.andrea@gmx.at

Roman Sandgruber, Wirtschafts- und Sozialhistoriker, o. Universitäts-professor am Institut für Sozial- und Wirtschaftsgeschichte der Johannes Kepler Universität Linz; roman.sandgruber@jku.at

Werner Michael Schwarz, Historiker, Dozent für Zeitgeschichte an der Universität Klagenfurt und Kurator im Wien Museum; werner.schwarz@wienmuseum.at

Gabriele Sorgo, Kulturhistorikerin, Lehrbeauftragte an der Universität Innsbruck; gabriele.sorgo@univie.ac.at

Andreas Weigl, Statistiker und Historiker, Dozent am Institut für Wirtschafts- und Sozialgeschichte der Universität Wien und Mitarbeiter des Magistrats der Stadt Wien, Abteilung „Finanzen, Haushaltswesen und Statistik"; wea@m05.magwien.gv.at

Hubert Weitensfelder, Wirtschafts- und Sozialhistoriker, Dozent am Institut für Wirtschafts- und Sozialgeschichte der Universität Wien und Bereichsleiter am Technischen Museum Wien; hubert.weitensfelder@tmw.at

Rudolf de Cillia/Ruth Wodak

Ist Österreich ein „deutsches" Land?

Sprachenpolitik und Identität in der Zweiten Republik
Österreich – Zweite Republik. Befund, Kritik, Perspektive, Band 16
96 Seiten, fest gebunden, € 9.90/sfr 18.10,
ISBN 3-7065-4180-7

Sprachpolitik und Sprachenpolitik werden in Österreich in der Regel nur
dann wahrgenommen, wenn sich Sprachkonflikte zuspitzen und zum
Gegenstand öffentlicher Debatten werden wie beispielsweise in der Frage
der verfassungsmäßig geforderten Aufstellung zweisprachiger Ortstafeln
in Kärnten.
Rudolf de Cillia und Ruth Wodak führen zunächst in dieses nur wenigen
bekannte Wissenschaftsfeld ein und blicken dann zurück auf 60 Jahre
österreichischer Sprach/en/politik in wichtigen gesellschaftlichen Bereichen:
Von den Maßnahmen zum „geschlechtergerechten Sprachgebrauch" über
das „Österreichische Deutsch" und dessen Rolle beim EU-Beitritt („Erdäpfelsalat bleibt Erdäpfelsalat"), die Sprachenpolitik gegenüber den autochthonen
Minderheiten und den neuen Zuwanderungsminderheiten bis hin zur Rolle
des Deutschen als Staatssprache der Zweiten Republik.

Michael Gehler

Vom Marshall-Plan bis zur EU

Österreich und die europäische Integration von 1945 bis zur Gegenwart
506 Seiten, zahlreiche s/w-Abbildungen, fest gebunden, € 53.00/sfr 91.00
ISBN 3-7065-1913-5

In kompaktem Überblick: die Beziehungen Österreichs zum europäischen
Integrationsprozess und seine EU-Mitgliedschaft!
Das Buch gibt Antworten auf die Frage, wie „Europa" ein Leitbild österreichi-
scher Politik werden konnte – ergänzt durch zahlreiche Abbildungen,
Graphiken, Tabellen und eine aktuelle Chronologie.

Portofrei mit Rechnung und Erlagschein:

www.studienverlag.at

Reinhold Wagnleitner (Editor)

Satchmo Meets Amadeus

Transatlantica, vol. 2
328 pages, € 33.90/sfr 58.80, ISBN 3-7065-4150-5

Satchmo Meets Amadeus examines the close encounters between classical music, the soundtrack of the Europeanization of the world, and jazz, the classical music of globalization. This collection of essays by renowned experts in the history of European and American music, African American culture, international cultural encounters, the political, economic, and cultural histories of New Orleans and Salzburg, the political exploitation of music during the eras of National Socialism and the Cold War, the economic utilization of art by music and tourism industries, bypasses the artificial crevice between classical music and jazz, the new world and the old. Satchmo Meets Amadeus analyzes the cultural, economic, social, and political structures shaping or hindering the creation of music as well as the construction of popular images and myths about (and against) these seminal musical figures – in short, the creation of Satchmo™ and Amadeus™ – from the 18th to the beginning of the 21st century.

The collection is enhanced by the insights of noted musicians Joe Muranyi (the last surviving member of the Louis Armstrong All Stars), Tom McDermott, Wolfgang Pillinger, Abi von Reininghaus, and S. Frederick Starr. Other authors include Connie Atkinson, (University of New Orleans), John H. Baron (Tulane University, New Orleans); Erwin Giedenbacher (University of Salzburg), Hubert Giesinger (Salzburg), Christian Gruber (University of Salzburg), Rainer Gstrein (University of Innsbruck), Robert Hoffmann (University of Salzburg), Tad Jones (New Orleans), Kurt Luger (University of Salzburg), David Nelson (University of North Carolina at Greensboro's School of Music), Berndt Ostendorf (Ludwig Maximilians University Munich), Clemens Panagl (Salzburg), Gilda Pasetzky (Université de Franche-Comté, Besançon), Lawrence N. Powell (Tulane University, New Orleans), Oliver Rathkolb (University of Vienna), Jack Stewart (New Orleans), Penny Von Eschen (University of Michigan, Ann Arbor), and Reinhold Wagnleitner (University of Salzburg).

Portofrei mit Rechnung und Erlagschein:

www.**studienverlag**.at